린 경영전략

MIT 우주항공 린 추진팀으로부터 얻는 통찰

린 경영전략

얼 머만 외 지음 | 네오플럭스 옮김

이 책을 산업계, 정부, 노동계 그리고 MIT 교수진과
대학원생 등 미국 항공우주산업 공동체에서 함께 일하
는 모든 분에게 바칩니다. 이 모든 분들이 항공우주 린
추진 컨소시엄을 통해 이 책에 영감을 불어넣어 주었
으며, 그들의 재능과 헌신은 항공우주산업계의 미래를
만들어가고 있습니다.

단순한 비용절감에서 전략적 가치창출을 향하여…

린 경영은 낭비를 제거하여 생산성을 높이고 효율을 극대화하는 경영기법으로, 시간기반경쟁(Time-based Competition)으로 잘 알려진 경영학자 제임스 워맥과 다니엘 존스의 연구로 1990년 이론이 정립되었으며, MIT를 중심으로 실행 모델이 개발되었다.

비용의 개념이 없었던 미국 국방 항공우주 산업은 1991년 소비에트 연방의 붕괴로 야기된 국방 예산의 삭감과 우선순위의 변경에 대응하기 위해 '더 좋게, 더 빠르게, 더 값싸게(Better, Faster, Cheaper)' 라는 화두와 함께 혁신을 통하여 개발과제에 총체적으로 접근하는 '린 엔터프라이즈 가치' 의 추구를 강조하게 되었다.

린 엔터프라이즈 모델은 10년간 연구와 실행을 통해 검증된 혁신전략으로써, 그 출발은 도요타의 린 생산방식에서 시작되었지만, 제조 부문은 물론 비제조 부문에서도 효과를 발휘하고 있다.

비용절감과 가치창출의 다양한 도구를 활용하여 기업들의 경쟁력 강화를 도와온 네오플럭스 컨설팅 사업본부에서 '린 경영전략'을 소개하는 것은 의미있는 일이다. 이 책을 통하여 많은 기업들이 더욱 경쟁력이 있는 기업으로 거듭나기 바란다.

김언수 (고려대학교 경영대학 교수)

세계적으로 주목받는 '린 경영전략'

린 경영전략은 세계적으로 주목을 받는 새로운 비즈니스 패러다임이다. 린 경영은 포드의 대량 생산방식 이후 생산방식의 진화 과정에서 나타났으며, 프로세스의 속도를 높이고, 낭비를 줄이고, 지속적인 개선으로 가치를 창출하는 진보적인 비즈니스 프로세스이다.

21세기에 들어서면서 기업들의 경쟁은 더욱 심해지고 있으며 불확실성으로 이어지고 있다. 회사가 공장을 건설하여, 좋은 제품을 만들고, 그 다음 독자적인 경쟁 우위를 지키면서 한 동안 그 제품에서 이익을 얻을 수 있었던 시절은 사라졌다.

린 경영의 적응력과 혁신, 탄력성은 지난 경영 방식을 밀어내고 비즈니스에서의 생존을 위한 필수 요소가 되었다. 이제 린 경영은 자동차 산업을 넘어 항공우주산업, 건설, 화학, 제약 등의 모든 제조업뿐만 아니라 은행, 보험, 병원 그리고 그 이상의 서비스 산업에서도 낭비제거와 가치창조를 위해 적용하고 있다.

독자들이 이 책을 통하여 린 경영전략을 도입하여 린 엔터프라이즈 가치창조의 원리를 배우고, 미래를 준비하기 바란다.

이병남(보스턴컨설팅그룹 서울사무소 대표)

날렵한 기업을 위한 '린 경영전략'

21세기에 들어들면서 미국 제조업을 상징했던 GM과 포드, 크라이슬러 등 빅3 자동차 회사들이 들이 몰려 있는 디트로이트의 몰락을 경고하고 있지만, 도요타는 더욱 세계 시장에서 경쟁력을 발휘하면서 성장하고 있다.

이 밑바탕에는 위기에서 더욱 힘을 발휘하는 '도요타 생산방식'이 있었던 것이다. MIT 국제자동차연구프로그램(IMVP)에서는 이러한 도요타 생산방식을 바탕으로 미국의 환경에 맞는 '린(Lean) 경영'의 개념을 정립하였다.

린 경영은 기업의 군살을 제거하여 생산성을 높이고 가치를 창출하는 전략으로써 MIT는 미 국방부 그리고 항공우주 산업과 함께 '항공우주 린 추진팀(LAI)'을 구성하여 '린 엔터프라이즈 가치창조' 시스템을 구축하였다.

이 책에서 소개하고 있는 린 엔터프라이즈 모델은 항공우주 산업뿐만 아니라 모든 산업에 적용이 가능하며, 많은 이해당사자들에게 최대의 가치를 제공하는 윈윈 전략 모델이다. 우리 기업들도 날씬해지고 날렵해지는 린 프로젝트에 도전해보기 바란다.

김기찬(가톨릭대학교 경영학과 교수, MIT IMVP 연구위원)

옮긴이의 글

'린'의 진정한 가치는 진화하는 것이다

최근 몇 년간 기업들의 도요타 따라 배우기 열기가 높다. 1960~70년대의 급격한 산업화를 이루며, 경제성장의 중심축을 형성해왔던 우리나라 대부분의 기업들은 1980년대 들어서면서 완만해진 경제성장의 둔화와 경쟁의 격화라는 새로운 환경 속에서 새롭고 차별화된 경쟁력을 확보하기 위해 쉼 없이 기업혁신에 관심을 기울이며 다양한 노력을 기울여왔다.

1970년대 정부의 주도하에 도입된 TQC 활동 이후, TPM, TQM, 6시그마 등 해외에서 성공적이었던 혁신기법들이 앞다투어 도입되었으며, 각 기업의 업의 특성과 문화적 특성을 무시한 모방적 혁신에 대한 반성의 소리가 나올 정도로 혁신이 기업성장의 기본적인 화두가 되어왔다.

근래에는 또 다시 도요타를 따라 배우려는 기업들이 급격히 늘고 있다. TPS라 약칭되는 도요타의 생산방식이 새로운 경쟁력 창출의 핵심으로 주목받으면서, 많은 기업에서 매년 수천 명의 핵심인력을 도요타로 보내 벤치마킹하고 있다.

도요타의 생산방식은 기본적으로 전통적인 컨베이어 생산방식과 뿌리를 같이 한다. 포디즘(Fordism)이라 불리며 미국 자동차산업을 지배하던 분업식 생산방식이 1970년대에 들어서면서 다양한 모델과 성능을 요구하는 시장의 변화에 대응하지 못하며 한계를 드러냈다. 즉, 다품종소량으로 변해가는 시장요구에 대응하기 위해서 필연적으로 요구되는 설계, 개발, 조달 및 획득과정과 제조기술 자체의 다양화는 대량생산에 적합한 단순 분업식 생산방식으로는 따라갈 수 없는 새로운 생산시스템의 필요성을 제기했다.

이 시기에 일본 자동차업계를 대표하는 도요타는 높은 생산성과 급속한 품질향상을 바탕으로 미국시장에 진출하며 성공적으로 정착하게 되었고, 이때부터 도요타의 생산방식이 주목을 끌게 된다.

작업시간과 노동조건, 작업의 방법이 기계와 설비에 의해 결정된다는 점에서는 포디즘과 유사하나, 다기능화로 대변되는 작업분배의 유연성, 극단적인 수준으로 운영되는 부품재고를 통하여 다품종 소로트 생산을 가능하게 하는 혼류생산과 JIT 물류체계는 전통적인 컨베이어 생산시스템에 비해 적은 노동력과 작업공간으로 원하는 생산성을 달성할 수 있었고, 다품종 소량의 시장요구에도 적절한 대응이 가능했다.

이 획기적인 생산시스템을 MIT에서 수행했던 국제자동차프로그램(IMVP)에서 '군더더기가 없다'는 의미로 린(Lean)이라는 용어로 정의하며 린 생산방식(Lean manufacturing)이 알려지게 되었다.

많은 기업들이 이미 TPS 또는 린 생산방식의 도입을 시도하고 있다. 특히, 지리적으로 일본과 가까운 우리나라의 기업들은 도요타의 생산방식과 일본식 모노츠쿠리(물건만들기)의 본질을 이해하고 이를 새로운 경쟁력 확보의 돌파구로 삼기 위해, 이 새로운 생산방식을 각 기업의 제조현장에 접목시키려고 부단한 노력을 기울이고 있으며, 부분적으로 성공한 사례들도 만들어지고 있으나, 전 영역에 걸쳐 크게 성공한 사례는 나오지 못하고 있다.

린 생산방식이 쉽게 모방하고 실행할 수 없는 이유는 린 생산방식 자체가 기법이기보다는 제조의 개념과 철학이기 때문이다. 자동차 산업의 특성과 형태에 적합하게 발전해 온 린 생산체제를 다양한 산업으로 응용하여 적용하기 위해서는 먼저, 각자 산업의 특성을 잘 이해하고 린 생산방식의 핵심을 이해해야 하며, 린 생산방식의 철학과 원칙, 개념을 자신의 업의 특성과 기업문화, 기업정서에 일치시킬 수 있는 방법을 스스로 개발해내야 한다.

이것은 린 생산방식을 원하는 기업의 CEO, 혁신 에이전트 그리고 TPS 컨설팅을 하는 컨설턴트들이 한결같이 하는 말이지만, 대체 어떻게 해야 업의 특성과 기업문화를 고려하여 '몸에 맞는' 린 생산체제를 구축할 수 있는지에 대한 답변을 주는 사람은 없다. 일부 성과를 거둔 기업들도 있으나 총체적인 린 생산방식의 적용에는 한계를 느끼는 기업이 대부분이며, 이러한 책임은 결국 경영진의 관심과 참여부족, 조직의 혁신역량 미흡, 혁신기반의 취약, 열정의 부족으로 전가된다.

하지만 이러한 책임전가는 내 회사의 문화와 기반이 도요타와 같지 않으므로 TPS를 성공적으로 적용할 수 없다는 이야기와 같아지는 것이며, 진정한 의미의 린 생산방식의 본질을 이해하지 못한 탓이라고 할 수 있다.

이러한 의미에서 이 책은 단순히 도요타의 린 생산방식을 넘어서, 다양한 산업에서 각 기업들이 자신의 문화와 특성을 살리면서 미래지향적인 생산시스템을 구축해 나가기 위해 어떤 과정을 겪어야 하며, 어떤 노력을 기울여야 하는지를 파악할 수 있도록 한다.

미국의 국방산업의 축을 이루며 성장해 왔던 항공우주산업은 소비에트 연방의 붕괴로 냉전체제가 무너짐에 따라 급속히 위축되고, 기술과 성능 중심의 시장에서 가격경쟁력을 요구받는 새로운 사업환경에 처하게 되었다. 이는 정부의 보호 아래 경제적 관점에서는 비교적 유약하게 성장해온 항공우주 산업계에 있어서는 사업전략과 기업운영 전반에 걸쳐 새로운 변화와 혁신을 요구하는 총체적 위기상황이었다.

이러한 난관을 극복하기 위하여, 미 국방부에서는 MIT에서 수행했던 IMVP의 결과물인 '린 생산방식'을 항공우주산업에 적용하기로 결정하고 1993년 항공우주 린 추진팀(LAI)을 구성하였다. LAI에는 미 공군과 국방부, 관련 정부기관, 개발, 제조, 조달과 관련된 항공우주산업계의 회사들, MIT 등 다양한 이해관계의 조직들이 참여했다.

LAI는 이 다양한 조직들의 이해관계를 포괄적으로 충족시키기 위하여 이들이 상호학습하고 개방적으로 협조하며 공동의 비전을 추구할 수 있는 협업 모델을 구축한다. 이 과정을 통해 많은 성과를 얻고 위기상황을 극복해 나가고 있으나, 이 책은 린을 통해 얻어진 성과물을 가치라고 말하지 않는다.

오히려 상호간의 이해를 조정하고, 공동의 목표를 위해 협업함으로써 지속적으로 진화하는 성공적인 협업 모델 자체가 린의 진정한 가치이며, 궁극적인 혁신의 완성은 기존의 문화를 바꾸는 것이라고 말해주고 있다.

이 책을 통하여 우리는 린 생산방식을 구축한다는 것이 단순히 자동차 산업에서 성공을 거둔 생산방식을 어떻게 응용할 수 있고, 유사한 생산성 향상을 이루어 낼 수 있는가 하는 방법론의 문제가 아니라, 수많은 기능조직이 어떻게 공동의 목표를 공유하고 그 목표를 달성하기 위해 어떤 방식으로 협업해야 하며, 그 협업과정 자체를 어떻게 끊임없이 진화하고 발전하도록 유지하는가 하는 문제가 바로 린 생산체제의 핵심이라는 것을 이해할 수 있다.

린의 핵심 사상은 '낭비의 제거'이다. 어떤 제품을 만들어내는 제조공정이든 그 제품을 만들어내는데 불필요한 낭비요소들을 모두 제거할 수 있다면, 궁극적으로 그 공정에는 제품을 생산하는데 필요한 필수불가결한 작업만 남게 될 것이며, 바로 그 공정이 해당 제품을 생산하기 위한 '린 생산방식'이 된다.

그래서 무엇이 낭비인지에 대한 정의가 필요하고, 그 낭비를 제거하기 위한 끊임없는 개선이 필요하며, 이 개선은 공정의 전 영역에서 동시에 이루어져야 한다. 그래서 해당 공정의 작업자들이 린에 대한 공통의 이해를 가져야 하고, 공통의 목표를 공유해야 하며, 그 목표를 향해 끊임없는 개선에의 참여라는 자신의 역할을 수행해 주어야만 한다.

비단 생산 공정에서만의 문제가 아니다. 무엇을 낭비로 규정하는가에 따라 전 비즈니스 영역에서의 지속적 개선체제는 엄청난 성과와 가치를 발휘한다. 끊임없는 진화를 통해 새로운 낭비를 찾는 창의적 관점과 새로운 낭비를 제거하기 위한 새로운 문제해결 역량의 확보는 기업의 미래 경쟁력을 창출하고 영속을 보장하는 핵심가치가 된다.

이 책은 진정한 린 생산방식에 대한 통찰을 제공해준다. 치열한 글로벌 시장경쟁 속에서 기업의 미래를 걱정하며 새로운 경쟁력 창출을 고민하는 CEO들과, 각 기업의 혁신의 최일선에서 '린 생산방식'의 도입과 정착을 고민하는 혁신 에이전트들 그리고 린을 처음 접하는 신입 엔지니어들에게, 이 책은 그 동안 수많은 기업들이 '린 생산방식' 도입에 실패했던 원인을 설명해주고, '린 생산방식'의 구축을 위해 우리가 지향해야 할 방향과 지켜져야 할 원칙을 알려주며, '린 생산방식' 구축 이전에 우리가 진정으로 추구해야 할 '린의 가치'가 무엇인지를 깨우치게 해준다.

네오플럭스 컨설팅 사업본부

지은이의 글

'린 엔터프라이즈 가치'를 창조하라

이 책은 미국 항공우주산업의 혁신을 돕기 위해 1993년에 산업계, 정부, 노동계 및 학계 공동 제휴로 창립된 항공우주 린 추진(Lean Aerospace Initiative; LAI) 컨소시엄 활동의 결과물이다. 이 린 추진 컨소시엄이 존재하고, 환경의 근본적인 변화가 이루어지고 있는 현 상황에서 기업이 지속적인 성공을 실현하기 위해서 반드시 가치를 창조해야 한다는 것이 이 책의 중심 메시지이며, 우리는 이것을 믿고 있다.

우리는 이러한 중심 메시지와 린 추진 컨소시엄 활동으로 축적된 학습 경험을 수준에 관계없이 모든 기업과 산업계의 변혁을 이끌어가는 데 도움을 주기 위해 제시하고자 한다.

LAI의 기원과 이 책에 소개한 사고의 발전을 이해하기 위해 1990년 초반으로 거슬러 올라가기로 한다. 이 때는 미 국방 항공우주산업계에 있어서 과거 소련의 붕괴 직후, 맞이한 불확실성의 시기였다. 국방 예산의 대폭적인 삭감, 국방 우선순위의 변경이 상업용 항공산업계 국제시장의 침체와 더불어 사업환경을 위축시켰다. 비용에 상관없이 성능을 추구하던 상황에서 가격적합성이 국방 획득조달의 새로운 지침으로 변경되었다.

이렇게 급진적으로 변하는 환경에서 생존하기 위해 항공우주산업계는 스스로 변신을 해야만 했다. 이 시기에 미국 항공우주산업부와 MIT의 항공우주학부는 항공우주산업계의 장래에 관해 전략적으로 심사숙고하고 있었다.

LAI 컨소시엄은 이러한 환경 속에서 당면한 과제에 부응하기 위해 발족되었다. 1992년 중반에 토마스 퍼거슨(Thomas R. Ferguson, Jr) 중장이 미 공군의 모든 군용기 획득 책임을 지고 있던 라이트패터슨 공군기지 항공시스템센터(Aeronautical Systems Center; ASC)의 사령관이 되었고, 국방 예산의 급격한 감축이 이루어진 가운데 조달 비용이 상승하는 문제에 직면하게 되었다. 그는 국제자동차프로그램(International Motor Vehicle Program; IMVP)의 후원으로 MIT가 주도한 세계 자동차 산업계에 관한 5년 동안의 연구 내용이 요약한 〈세상을 바꾼 기계(*The Machine that Changed the World*)〉라는 책을 막 읽고 난 후였다.

이 책에는 어느 한 일본 자동차 회사의 뛰어난 성과를 설명하며 근본적으로 전혀 다른 생산 시스템인 린 생산에 관한 원칙이 소개되어 있었다. 도요타에서 발전한 린 개념은 비용, 품질, 출하시점, 제품의 다양성 및 구매 적합성 측면에서 뛰어난 결과를 만들어내었고 일본 자동차 회사가 경쟁력이 있어서 세계적인 선두 그룹이 되는 원동력이었다.

퍼거슨 중장은 MIT의 IMVP의 책임자였던 다니엘 루스(Daniel Roos) 교수와 함께 린 법칙이 국방 항공우주산업계에 적용할 수 있을지 모색하였다. '신속한 타당성 조사'가 이루어졌다. 연구 결과는 1992년 11월 5일에 오하이오 주 데이튼에서 있었던 ASC 사장

단 연례 모임에서 퍼거슨 중장과 항공우주산업계 29개 회사 사장들이 모인 가운데 발표되었다.

준비 기간을 거쳐 항공우주 린 추진(LAI) 컨소시엄은 1993년 5월에 탄생하였고 시간이 지나면서 독특한 제휴관계로 변화하였다. 이 컨소시엄은 MIT, 제휴관계를 맺고 있던 미 항공우주산업계의 주요 회사들, 미 공군 및 관련 정부기관으로 구성되었다. MIT의 항공우주학부와 슬로안 경영대학원(Sloan School of Management)과의 긴밀한 협력을 바탕으로 이 프로그램은 IMVP의 본산이었던 MIT의 산학연구센터인 기술 및 정책 산업개발센터(Center for Technology, Policy and Industrial Development; CTPID)에 자리를 잡았다.

린 추진 컨소시엄은 시스템의 구매적합성 대폭 향상, 효율 제고, 우수한 품질, 기술 우위 강화 및 미 국방 산업의 기반을 강하게 만들기 위해 항공우주산업계는 물론 국방 항공우주 부문 정부 운영 관리의 근본적 변혁을 이끌어낼 수 있도록 스스로 대담한 헌장을 정의하였다. 이 기본 헌장은 후에 국가 인적자원의 유효성 확대 문제까지 포함된 항공우주 린 추진 컨소시엄을 계속 이끌고 있다.

1998년 초 우주 부문이 포함되어 컨소시엄의 명칭은 '항공우주 린 추진팀(LAI)' 이 되었다. 보잉사의 상용 항공기 그룹이 1년 후에 이 프로그램에 참여하면서 프로그램의 관심 범위가 비로소 항공우주산업의 모든 부문을 전부 포괄하게 되었다.

1992년에 시작된 '신속한 타당성 조사' 에서 본질적으로 미국의 군용기 산업계는 '대량 생산 마인드를 가진 조합 시스템' 의 특징을 보여주었다. 이런 곳에 혁신을 한다는 것은 자동차 산업의 환경에서 만들어진 린 원칙을 파악하여 단순히 항공우주산업계에 적용하는 것처럼 쉬운 일이 아니었다.

문제해결을 위한 추진 노력은 국방 항공우주산업에 중심을 두었고 그것의 지적 영역의 범위는 상업용 항공우주산업도 포함된 더 큰 영역을 포함하고 있었다. 오직 연구조사 수행에만 초점을 두는 것과 또는 산업계와 정부의 이해관계자들을 충족시키는 결론만을 기대한다는 것 역시 한계가 있는 일이었다. LAI는 이에 따라 이행 도구를 개발하는 것이 필수적이라는 결정을 내리게 되었다

해결책은 학습 공동체 개발을 촉진하기 위해 개방적이고, 포괄적이며, 진화하는 프로세스를 구성하는 것이었다. 오늘날 LAI는 산업계, 정부, 노동계 및 MIT의 핵심적인 이해관계자들이 공통 비전을 중심에 놓고 함께 참여하고 있다.

모든 참여 단체의 회사 고위 임원들로 구성된 집행위원회는 방향을 제시하며 감독하고 있다. 이해관계자들이 제휴관계의 틀 속에서 잘 정의된 역할과 책임을 가지고 함께 작업한다. 파트너 자격을 가지고, 이들 모두 광범위한 연구 방향과 우선 순위를 공동으로 결정한다. 명확하게 설정된 성공 판정 기준으로 전반적인 발전 사항을 이끌어간다.

객관적이고 체계적인 연구조사가 LAI 중요한 임무이다. 연구조사는 모든 이해관계자가 팀원으로 참여하고 산업계, 정부의 이해관계자가 주도하고 MIT가 함께 이끌어가며, 제품 개발, 제조 시스템, 공급업체 네트워크, 사람과 조직, 획득조달 및 기업의 현안 문제 분야에 대한 활동을 수행하고 있다. 다른 대학의 연구원도 역시 이 팀에 참여한다. 스폰서가 되는 회사는 구체적인 연구 프

로젝트를 지원하며, 이로 인해 팀 연구실이 실제 현실 속에 자리 잡게 된다.

활동결과 만들어지는 일련의 연구 결과물은 다양한 이행 도구의 수단, 워크숍, 컨퍼런스 및 새로운 아이디어를 테스트하기 위한 파일럿 프로젝트를 통해 인지도가 올라가고 실제 구현이 가능하게 만들어진다.

이것은 다시 보다 폭 넓고 깊은 이해를 얻는데 기여하여 새로운 연구조사를 위한 의문과 가설을 만들어낸다. 연구조사 활동에 실제로 기여하는 많은 대학원생들과 뒤이어 항공우주산업계로 진출한 사람들이 이 분야의 미래 모습을 그려가는 데 지속적으로 도움을 주고 있다. 영속성 있는 가치창조를 위해, 오늘날 성공적인 것으로 증명된 '선순환'이 제대로 이루어지고 있는 중이다.

항공우주 린 추진 컨소시엄은 산업계, 정부, 노동조합 그리고 대학 간 공동협력 관계의 뿌리에서부터 시작하여 성장하고 결실을 맺어가는 새로운 모델이 되었다. 린 이행 활동을 가속화하여 엄청난 수확이 이루어졌고 문서화되었다.

그럼에도 불구하고 미 항공우주산업계를 혁신시키는 일은 간단하지 않고 복잡한 사업이다. 기존의 유지되던 문화를 바꾸는 것이 가장 큰 변혁 과제임이 증명되었다. 비록 많은 과제가 실현되었기는 하지만, 이루어야 할 과제 역시 더 많이 남아있는 형편이다.

MIT 역시 그 스스로 한 이해관계자로서 중요한 변화를 겪었다. 연구 결과물을 신속하게 실제 행동으로 전개해야 할 필요성이 있었고, 이것은 MIT 연구원들과 실제 실천에 옮기는 사람들과의 새로운 상호작용 방법을 만들어내게 되었다. 연구조사의 이슈가 되었던 것들은 수많은 공학 분야에 파급되었을 뿐만 아니라 경영 및 정책적인 이슈까지 포괄하였으며, 서로 다른 학교와 학과를 아우르는 통합적인 학제적 연구에 새로운 중점이 주어지게 만들었다.

공과대학과 슬로안 경영대학원도 LAI에 참여하게 되었다. 첫 3년간의 단계가 지나면서, LAI는 프로그램의 공동 집행부를 슬로안 경영대학원을 대표하는 고위 교수진이 포함되도록 확장하였다. 최근에는 모든 이해관계자에게 가치 제공을 보다 확고하게 할 수 있도록 파트너 후원사의 대표가 새 공동 집행임원으로 지명되었다.

다른 핵심적인 이해관계자와 마찬가지로, MIT 역시 LAI에 참여함으로써 가치를 실현하였다. 중요한 혜택은 근본적인 산업계 변혁, 성과 및 경쟁력을 지배하는 원칙에 관한 기본적인 지식을 생성해 낸 것이었다. MIT의 학위 프로그램과 학과 교육과정은 이미 이 새로운 지적 자산을 반영하고 있다.

이 외에도 산업계, 정부 및 노동계와 더불어 일을 하는 그 자체가 공학과 경영 분야의 미래 지도자를 교육시키고 공공 서비스를 통해 공익을 증진시키는 기본 사명을 고양시켰다. 이보다 더 큰 혜택은 교육자에 대한 교육이 이루어지고 있다는 것이다. LAI는 MIT의 학문적 미래를 위한 중요한 투자이기도 하다.

항공우주 린 추진 컨소시엄으로 대표되는 성공적인 협업 모델은 국제적으로도 적용되었다. 그 중 특기할 만한 사례는 항공우주산업 회사, 정부 그리고 영국 내 4개의 대학(Warwick, Nottingham, Cranfield, 및 Bath)이 참여하고 있는 영국 항공우주 린 추진(UK-LAI) 컨소시엄이다. 다른 것으로는 스웨덴의 린코핑(Linkoping) 대학에 기반을 두고 있는 린 항공기 연구 프로그램(Lean Aircraft

Research Program; LARP)이 있다. 시너지 효과를 얻기 위해 MIT와 이 두 개의 프로그램에 참여한 대학들 간에 협력연구 연합이 구축되었다.

최근에 미국 내에서 린 지속 추진팀(Lean Sustainment Initiative; LSI)과 항공우주산업 노동연구의제(Labor Aerospace Research Agenda; LARA)를 만들어내기 위해 개념이 확장되었으며, 이 모두 MIT의 동반 연구 프로그램이다.

LSI는 1996년에 시작된 이래 물류, 수리 및 비용 효율성, 품질 주도, 신뢰성 있는 미 공군의 유지보전 시스템과 기민하고 지속성이 있는 21세기 엔터프라이즈의 근본적 변혁 실현에 도움이 되는 방안을 찾고 있다.

이 혁신 의제의 추구 역시 미 공군과 다른 정부기관들, 주요 항공기 정비 회사와 공급업체들 그리고 MIT 간의 제휴 관계로 이루어지고 있다. 노동조합과 학원 간의 제휴관계인 LARA는 연구활동의 의제와 이로부터 도출된 권고안을 통해 미래 항공우주산업 노동자와 전문가의 역량 강화 방안을 찾고 있다. 1998년에 발족한 LARA는 LAI 참여 회사는 물론 비항공우주산업 회사도 끌어들여 연구 활동에 활용하고 있다.

과거를 되돌아보는 것은 미래를 바라보기 위한 교훈이다. 1993년 이래, 우리가 이 책을 통해 전달하고자 노력한 누적 학습 경험을 반영한 항공우주 린 추진 컨소시엄이 걸어온 길은 예외적으로 풍성하고, 활기차고 그리고 목적의식이 충만한 길이었다.

우리는 중요한 교훈을 얻었고, 이를 통해 얻은 통찰력이 근본적인 변혁 요구에 직면하고 있는 다른 산업계는 물론 정부 및 학교

간 비슷한 혁신의 제휴관계를 만들어가는 데에도 가치가 있을 것으로 믿고 있다. 여기 우리가 공유하고자 하는 그 몇 가지가 있다.

첫 번째, 항공우주 린 추진 컨소시엄은 학습 공동체의 출현을 대표하고 있으며, 초기에는 '낮게 달린 과실(단기적 이익)'에 초점을 두었지만 보다 폭 넓은 시각을 얻어가고 있으며, 장기 해결책을 중요시하고 있다.

두 번째, MIT가 촉진시킨 중립적 포럼이 창립됨에 따라 대화, 지식의 공유 및 열린 조건에서 상호 학습을 할 수 있는 독특한 장이 제공되었다.

세 번째, 공용어를 개발한 것이 모든 이해관계자 간 의사소통에 있어서 결정적으로 중요하였으며, 각 부문 간 및 이문화 간은 물론 기능적 특화 부문, 조직적 계층 및 경쟁적 이해관계자 사이에 가교 역할을 하였다.

네 번째, 편견을 갖지 않은 집단의 체계적 연구를 통한 공동 지식기반 생성이 프로세스의 근본적 변혁을 가속화시키는 결정적 역할을 한 것으로 증명되었다.

다섯 번째, 신뢰할 수 있는 변화추진자들은 모든 린 추진 컨소시엄 참여 회사와 항공우주산업 공급업체에 연구 주도의 변화 전략을 이행하는데 필요한 존재였다.

여섯 번째, 프로그램의 관리 구조와 모든 이해관계자의 참여 기간이 누적되어감에 따라 자기 교정 및 자기 적응 메커니즘을 제공하게 되었으며, 이것이 모든 이해관계자에게 가치를 창조하고 전달하는데 필수적인 것임이 증명되었다.

일곱 번째, 전체적인 컨소시엄 프로세스의 투명성은 경쟁 관계에 있는 엔터프라이즈 간에 신뢰 관계를 창조하는데 도움을 주었으며, 반면에 재산권의 대상이 될 수 있는 정보는 기밀이 유지되었다.

여덟 번째, 함께 일하고, 공유하고, 학습하고, 함께 설립하기 위한 모든 이해관계자들의 공동 참여가 프로그램의 발전과 전반적인 영향력에 필수적인 것이었다.

항공우주 린 추진 컨소시엄의 여정은 이 책에 제시된 여정과 마찬가지로 계속되고 있다. 공군 군수사령부의 레스터 라일스(Lester L. Lyles) 장군은 LAI를 19세기 서부개척시대 미 대륙을 가로지르는 철도 공사에 비유하였다. 2000년 겨울에, 프로그램 집행위원회를 향한 기조연설에서 라일스 장군은 아직 우리 모두 골든 스파이크(Golden Spike; 미 대륙 횡단철도 최종 완성 연결지점에 기념으로 박았던 황금 대못)를 박지 못했음을 주지시켰다.

프로그램의· 시작 이후에 도전 과제의 본질과 크기 그리고 구성에 있어서 수많은 것들이 바뀌었다. 우리는 이해관계자 공동체를 더욱 확장하고 심화시켜서 새로 재충전된 에너지와 비전을 가지고 LAI 여정을 계속할 것을 계획하고 있다.

마지막으로 하고 싶은 말은 우리가 이 책의 저술을 완료하였을 때, 2000년 9월 11일에 테러리스트의 공격이 가해졌다. 이 공격은 국가 안보에 미친 그 심각성과 참상에 있어서 비할 데 없는 것이었다. 이 공격은 또한 안전한 항공 수송에 관한 새로운 필요성을 제기하였으며, 신속한 글로벌 커뮤니케이션과 정보 확산이 우리의 일상적인 삶에 미치는 영향에 대해 다시 생각하게 만들었다.

우리는 이 사건이 향후 미래를 어떻게 만들어갈 것인지 예측할 수 없지만, 미래는 우리가 2001년 9월 10일 그날에 당연하게 느꼈던 것과는 사뭇 다를 것이라 생각하고 있다. 우리는 이 책을 저술하면서 항공우주산업이 사회의 미래 가치에 기여하고, 이미 진행 중인 변혁보다 더욱 거세게 우리를 몰고 갈 미래 도전 과제에 맞서기 위해 부름을 받을 것으로 기대하고 있다.

우리는 린 엔터프라이즈 가치를 결정하는 계속되고 있는 프로세스가 국가적으로 그리고 이 사건으로 인해 타격을 받은 국제 공동체가 미지의 바다로 항해를 시작하고 새로운 위협에 대응하기 위한 혜택을 가져올 것으로 확신하고 있다.

위기의 시기이든 평화의 시기이든 자원의 효율적인 사용이 요구되고 있다. 린 엔터프라이즈 가치창조의 바탕에 있는 원칙들은 동일하게 적용될 것이다.

지은이 일동

CONTENTS

PART 1

더 높이, 더 빨리, 더 멀리

Higher, Faster, Farther

항공기 속도 경쟁에서 달 여행 경쟁에 이르기까지 항공우주산업에서 항상 암송해온 주문은 "더 높이, 더 빨리, 더 멀리"라는 말이었다. 이 분야는 항공 및 우주비행의 기술적 도전에 의해 발전해 왔으며, 또한 산업의 발전은 관련 기술을 번성시키는 계기가 되기도 했다.

1915년 미국에서 NASA의 전신이었던 미국 항공자문위원회(National Advisory Committee for Aeronautics)가 설립된 이래, 항공우주산업에 대한 국가적이며 국제적인 위신 그리고 군사적 우위의 필요성 때문에 국가에서 투자를 주도해 왔다.

항공우주산업은 미국은 물론 유럽, 아시아 그리고 아메리카의 다른 국가들에서 현재 가장 중요한 산업분야 중 하나이고 앞으로도 그럴 것이다. 이 산업은 지속적인 흥분과 도전의 여지가 충분히 있다. 하지만 항공우주산업은 과거에 진행되어 왔던 모습과는 상당히 다른 모습으로 미래를 맞게 될 것이 분명하다. 바로 이러한 이슈가 1장 '21세기 엔터프라이즈의 도전' 에서 다룰 주제이다. 이는 이미 다른 몇몇 산업에서 직면했던 문제이고 동시에 다른 산업이 미래에 부딪치게 될 문제이기도 하다.

우리가 '린 엔터프라이즈 가치' 라고 이름 붙인 단어들을 근본적으로 이해하고 실행하는 것은 항공우주산업의 변화에 있어 핵심적인 역할을 하는 것이다. 1장에서는 항공우주산업이 '린', '엔터프라이즈' 그리고 '가치' 개념에 관해 새로운 통찰력을 갖도록 하는데 초점을 두고, 린 엔터프라이즈 가치를 창조하기 위해 필요한 다섯 가지의 근본 원칙을 설명할 것이다.

이 원칙들과 여기에 따르는 가치창조의 방법론들은 개별 프로그램이나 플랫폼 단계에서 적용할 수 있고, 우리가 멀티프로그램 엔터프라이즈라 부르는 회사나 정부기관 차원에서도 물론 적용할 수 있다. 린 엔터프라이즈 가치라는 개념이 일반적으로 사용되지는 않지만, 새로운 통찰력을 제시하는 측면을 고려하면 국가 내부는 물론 국제적인 수준에서도 적용될 수 있다.

많은 산업에서 생각과 행동을 지배하는 일련의 가치와 문화를 창조하는 과도기를 겪는다. 자동차 산업을 예로 들어보자. 이 책의 저자 중 상당수가 청소년기를 막 지났던 시기에는 해가 바뀔 때마다 더 길고, 더 넓고, 더 강력하고, 더 멋진 자동차 모델이 등장했다.

미국 자동차 산업은 이런 자동차가 고객이 원하는 가치에 부응하는 것이라 인식하고 있었고, 고객의 원하는 가치가 더 작고, 더 좋은 연비를 가지고 있으며 신뢰성이 더 높은 안전한 자동차로 옮겨가고 있을 때, 이것을 알아차리지 못했다. 그리고 모두 다 잘 아는 바와 같이 일본 자동차 산업에 의한 충격으로 눈뜨기 전까지 계속 그런 상태였다.

이 책의 1부는 항공우주산업에 기상나팔처럼 들이닥친 '웨이크업 콜'과 이에 따른 지난 12년 동안의 대응과정을 담고 있다. 이 웨이크업 콜은 1970년대부터 이미 속삭임처럼 들려오다가, 1989년 냉전 종식과 더불어 커다란 고함으로 변해 들이닥쳤다. 그렇지만 여전히 많은 사람들이 이 소리에 귀를 귀울이지 않았다. 항공우주산업은 아폴로 프로그램으로 대변할 수 있는 고도의 기술적 성과를 이룩한 유산을 가지고 있었지만, 국제적인 경쟁과 제품의 가격적합성 문제에 대응할 준비는 되어 있지 않았다.

2장 '냉전의 유산' 에서는 항공우주산업이 위기를 맞게 된 배경을 간략하게 하나하나 짚어보고 3장에서는 냉전 후의 '잔재들과 어긋나버린 것들' 을 만들어낸 조건들을 살펴보기로 한다. 여기서 우리는 1990년대에 들어서면서 비로소 드러난 항공우주산업의 유산이 가져온 결과를 하나하나 되돌아 볼 것이다.

1부 내용은 주요 산업이 반드시 생존하기 위해 어떻게 해야 할 것인가에 관한 우리의 처방, 즉 린 엔터프라이즈 가치의 도입 배경과 그 맥락을 살펴보는 것이다.

1 장

21세기 엔터프라이즈의 도전

21세기 산업 분야의 중요한 도전 속에는 모든 이해관계자에게 가치를 식별하고 전달해주는 일이 포함되어 있다. 이런 도전을 충족시키려면 전사적인 '린 능력(lean capability)'을 필요로 한다.

항공우주산업은 이 도전과 그리고 이 도전을 어떻게 충족시킬 수 있을까에 관해 우리가 논의할 수 있는 '살아있는 경험'을 제공한다. 항공우주산업은 그 임무를 수행하기 위해 복잡한 기술을 사용하여 국가에 희망과 꿈을 가져다 주었다. 오늘날 바로 미국의 항공우주산업 분야가 겪고 있는 현상들인 지금까지 유효했던 핵심 비즈니스 모델과 중요한 원칙에 대한 의문제기에서 얻을 수 있는 교훈은 경제분야의 나머지 모든 영역에 중요한 의미를 주고 있는 것이다.

냉전의 종말, 글로벌 경쟁의 등장 및 엔진과 기체와 같은 핵심 제품이 성숙기를 맞은 것은 항공우주산업 분야에서 도전을 이끌어내는 강력한 요인이다. 다른 산업 분야들도 역시 그들의 변화를 촉발시키는 요인들이 있기 마련이고, 종종 글로벌 경쟁체제와 제품 성숙기 이 두 가지가 여기에 포함된다. 모든 경우에 산업의 핵심적인 도전은 우리가 '린 엔터프라이즈 가치'라 부르는 것으로 귀결된다.

린(lean), 엔터프라이즈(enterprise) 그리고 가치(value)가 이 책의 핵심 테마이다.

세 가지 테마 모두가 행동으로 전환되어 나타나면, 너무나 다양한 경우에서 각기 해석된 '린'이라는 말의 의미를 바로 잡을 수 있는 강력한 수단이 된다. 단지 낭비제거에만 초점을 맞춘 '린'의 응용 사례가 너무나 빈번하였고 이런 시각은 그 자체에 위험한 한계를 지니고 있다.

이에 반해 '린'에 관해 우리가 가진 관점은, 가치창조의 목표와 함께 하는 낭비제거에 중점을 두는 것이다. 이것은 고객이 요구하고 원하는 것을 가져다주는 것, 주주가 정당하게 기대하는 실질적인 투자 수익 그리고 직무에 대한 만족과 더불어 일하는 사람이 당연히 누려야 할 평생학습의 권한을 의미한다.

이것은 환경이 좋은 시절이든 나쁜 시절이든 파트너로서 운영을 지속한다는 가정 아래 공급업체가 원하는 종합적인 혜택을 구체적으로 공유해야 함을 의미한다. 이것은 스스로 더 확장된 바람과 관심을 반영하는 사회로 가치를 전해주는 것을 의미한다.

우리가 제시한 엔터프라이즈의 시각은 전체적인 '가치흐름'을 볼 수 있게 해줌은 물론 국가와 국제 경계를 넘나드는 제반 활동의 상호 연결된 단계도 볼 수 있게 해준다. 이 시각은 생산이나 공급망처럼 단지 회사의 한 부문만을 대상으로 하여 변혁을 추구하는 좁은 의미의 '린'과는 많은 차이가 있다.

궁극적으로 우리는 린 엔터프라이즈 가치를 창조하는 일이 '일을 올바르게 하기' 위해 더 나은 방법을 구상하는 차원을 넘어선다는 것을 보여줄 것이다. 그것을 '올바른 일을 하는 것'과 관련된다.

린, 엔터프라이즈 그리고 가치에 초점을 맞추는데 있어서, 우리는 거의 10년 동안 이 독특한 컨소시엄에서 지속적인 연구와 활동을 수행하였다. 항공우주 린 추진(Lean Aerospace Initative; LAI) 컨소시엄은 미국의 주요 항공기 제작회사, 공급업체, 정부기관, 각 회사 노조 대표 그리고 MIT의 리더들을 한데 모았다. 우리는 영국과 스웨덴의 비슷한 린 추진팀과도 협력 약정을 맺고 있다.

이 책은 LAI 컨소시엄 내에서 진행되는 연구수행, 원칙의 적용, 진척사항의 평가 그리고 보다 광범위한 확산과 변환을 이루기 위한 도구 만들어내기와 같은 학습 사이클에서 나온 결과물을 보고하고 있다. 이 책의 내용들은 LAI 컨소시엄으로부터 유래된 것이지만 훨씬 더 넓은 분야를 포괄한다. 우리의 이야기는 복잡한 국가적 그리고 국제적인 환경에서 선도적 기술을 채용하고 있는 어떠한 산업에도 시사점을 줄 것이다.

18년 전, 중대한 위기에 직면한 산업분야에 초점을 맞춘 또 다른 책이 MIT에서 출간되었다. 〈세상을 바꾼 기계(*Machine That Changed The World*)〉[1]라는 책은 자동차산업 분야의 미래를 대비하기 위한 수단으로서 그리고 다른 경제활동 분야에 적용할 수 있는 것으로서 '린' 제조 개념들을 소개하였다. '가치'와 '엔터프라이즈'에 대한 우리의 새로운 생각은 이러한 개념들을 항공우주산업에 적용하는 과정에서 직접적으로 도출된 것이다.

활동을 통해 얻은 결과물들은 LAI 참여 회사 내에서 일어난 수많은 혁신활동을 이어주는 가교가 되고 있으며, TQM, 리엔지니어링, 식스시그마 등의 활동을 하기 위한 통합적 프레임워크를 제시하기 위한 것이다.

이 책은 변화의 여정에 들어선 조직들에게 직접적으로 말하고 있다. 현재 관심의 초점은 항공우주산업에 맞추어져 있지만, 이 산업분야에서 변혁을 이루어내는 열쇠는 린 엔터프라이즈 가치를 새롭게 조명해볼 필요가 있는 곳이라면 어디에서나 적용할 수 있다.

린 엔터프라이즈 가치

1994년 미 공군 책임 과학자 그룹의 만찬 연설에서 공군 참모총장 메릴 맥픽(Merrill A. McPeak) 장군은 2020년을 예견하며 근본적으로 새로운 사고를 역설하였다.[2] 항공우주산업 분야를 예로 들며 이 분야는 비행 속도를 항상 최우선에 두도록 강요되어 왔음을 지적하였다. 전직 조종사이기도 한 맥픽 장군은 '속도가 생명' 이라는 사고를 잘 이해하고 있음을 이야기했다.

그렇지만 그는 비행기 제작 주문 프로세스의 속도를 높이는 것, 지능과 계기 조작의 순환 고리를 강하게 결속시키는 것 그리고 항공기와 우주선 개발 기간을 단축하는 것까지 포함시켰다. 달리 말하면, '더 빠르게' 가 국방력의 개선에 중점을 둔 기술의 최첨단에 속하는 것일 뿐 아니라, 항공우주산업 모든 부분에 해당되는 요구조건이라는 것이다. 실은 모든 산업분야에 해당되는 말이기도 하다. 그리고 이것은 완전히 다른 종류의 역량을 의미한다.

'린' 원칙과 실행이 제시하는 약속은 수많은 미국의 항공우주산업 지도자들이 공감하고 동조하게 만들었다. 정부 관료는 린의 개념들 속에서 국방능력을 강화시킬 수 있는 역량뿐만 아니라 국방예산이 삭감되고 있는 중에도 가격적합성을 향상시킬 수 있는 기회까지 보았다.

린 사고가 주도하는 체계적인 낭비제거는 맥픽 장군이 역설한 바로 그 사이클 타임 혜택을 지원할 수 있는 것이다. 여러 산업분야의 경영진들도 전통적인 비용삭감 수단은 글로벌 경쟁으로 특징 지워지는 냉전 이후 시대에는 적합하지 않은 것임을 역시 알고 있었다.

그렇지만 새로운 방식에 우려도 있었다. 자동차산업 분야에서 개척된 모델이 수량도 적고, 복잡도가 아주 높은 제품을 만들며 그 어느 산업보다 시장의 불안정성도 현저한 항공우주산업의 상황에 실제적으로 효과를 낼 수 있을 것인가? 또한 직업의 안정도에 대한 두려움은 어찌할 것인가? 하는 우려들이었다. 작업자들은 종종 '린'을 '효율 개선'이라는 미명하에 일자리를 없애버리는 '수단'으로 인식하고 있었다.

이런 의문에 답하기 위해, 우리는 먼저 수십 년 동안 '더 높게, 더 빠르게, 더 멀리'라는 한결같은 지상 명령의 지배를 받았던 미 항공우주산업의 역사적 유산을 필히 이해해야 했다. 이 책 1부의 나머지 부분에서 강조하는 것처럼, 항공우주산업 분야에서는 인간을 달에 보내고 상업용, 군용 항공기의 설계를 주도하고 냉전을 '이기겠다는' 국가적 공감대가 있었다. 이 시기의 록히드사의 전설적인 '비밀(연구개발)공장' 운영과 같은 일부 혁신적인 것들은 지금 우리가 린 원칙과 실행으로 보고 있는 것들의 전조가 되기도 하였다.(2장에서 상세하게 다룸)

그러나 이 시기의 지배적인 역사적 유산은 산업의 핵심 부분이 성숙기에 접어들었고 국제적 안보환경도 완전히 변해버린 현재에 와서는 기능성이 떨어지는 문화이자 실행이다. 산업분야마다 '시장 지배제품' 단계에 도달하는 것은 일반적인 현상이며, 항공우주산업의 특별한 역사 역시 경제 영역의 다른 많은 부분과 궤를 같이하고 있다.

다른 산업들처럼 기반구조, 제도 및 사고방식조차 새로운 환경에 효과적이지 못했기 때문에 이제는 전진을 가로막는 '잔재물'이 되어버렸다. 다운사이징, 아웃소싱, 합병, 인수 및 규제개혁과 같이 이런 장애를 다루려 했던 시도는 모두 문제의 근본 원인을 다루는데 실패하였다.

실제 요구되었던 것은 광범위한 항공우주 시스템의 라이프사이클 넘어서서 산업, 경제활동 영역 그리고 크게 본다면 사회적으로 수많은 이해관계자를 위한 가치를 창조하는 근본적으로 다른 지향점이었다.

전통적인 린 원칙과 실행이 새로운 지향점에 필요한 주요 관점을 제시하기는 하지만 항공우주산업에서의 경험은 일반적으로 이해되는 린의 방식을 확장시킬 필요가 있었다. 2부에서 살펴보겠지만, 린은 해야 할 일을 적어놓은 목록만으로 접근할 수 없다. 이것은 다르게 생각하는 방식이다. 린은 단지 낭비제거만이 아니며 린은 또한 가치를 창조하는 것이다.

우리는 반드시 '린'이 강력한 것이면서도 주의를 요하는 단어라는 사실을 받아들여야 한다. 이는 슬림화된 조직이 보다 역량 있게 변하는 것처럼 대부분 직관적으로 이해하기 힘든 개념을 담고 있는 강력한 것이다. 린 조직은 더 많은 유연성과 융통성을 갖춘 조직이다.

재고를 줄이고, 불필요한 단계를 제거하고, 다른 형태의 낭비를 제거하는 것은 지속적인 개선으로 가는 길을 깨끗이 닦아놓을 수 있다. 동시에, 이 단어는 무거운 짐도 함께 지고 간다. 비용을 삭감하는 측면에 지나치게 중점을 둘 위험을 가지고 있다. 이보다 더 좋지 않은 것은 때때로 린이 일자리를 없애버리는 코드처럼 비추어지고 있다는 점이다.

‘린’과 ‘가치’를 병행시키려는 우리의 접근 의도는 이런 문제와 정면으로 부딪쳤다. 낭비를 제거하는 것은 항상 보다 큰 목적을 위한 것으로서의 역할을 가지고 있는데, 그것은 반드시 가치창조를 지향해야 한다. 이에 따라 우리는 린으로 되어가는 것에 대한 새로운 정의를 내리게 되었다. 즉 린으로 되어가는 것은 가치창조의 목표를 가지고 낭비를 제거하는 프로세스이다.

린에 매료된 항공우주산업과 기타 산업의 리더들은 처음에는 쉽게 가시적인 성과를 볼 수 있고 상대적으로 다루기도 쉬운 개선 기회, 즉 소위 말하는 ‘낮게 매달린(따 먹기 쉬운) 과실’에 끌려들었다.

항공우주산업의 통합개발팀 구성, 공급업체의 초기 설계단계 참여, 공장 내 재공품 감축, 눈으로 볼 수 있는 표시(장치) 도입, 조달기능 조정, 작업 인력에 대해 통계적 프로세스 통제원리나 예방보전 실무교육과 같은 사례들은 다른 산업을 친숙하게 알고 있는 독자들도 공감할 수 있을 것이다.

이런 유형의 개선기회는 종종 ‘카이젠 이벤트’를 통해 다루어지며, 이것은 다수의 이해관계자를 한데 참여시켜 전격적으로 일시에 개선 활동을 수행하는 것이다. 그러나 일본어로 ‘카이젠(kaizen; 改善)’이라는 말은 린 용어 중에서 일반적으로 사용되는 것으로 ‘지식에 기반을 둔 지속적인 개선’에 가까운 뜻으로 풀이되며, 이것은 일시적 시도와는 상충되는 것이다.

비록 성공적이었다 할지라도, 이런 노력은 고립된 ‘성공의 섬(공감을 얻지 못하는 독자적인 혹은 비웃음거리일 수도 있는 성공 사례)’을 만들어낼 위험이 상존한다. 각 개선 노력이 현저한 성과를 얻었을 수도 있겠지만, 그것은 홀로 고립되어 전사적인 수준에서 우위를 가지지도 못한다. 이 수준에서 우선순위는 오히려 라이프사이클 가치에 초점을 집중시키기 위해 방침과 절차를 변경하거나 혹은 지속적 개선 활동을 추구하기 위해 노동력을 충분히 고용하는 것일 수도 있다.

이런 카이젠 이벤트보다는 공급업체와 진정한 장기 제휴관계를 수립하거나 완전히 통합된 제품과 프로세스 설계팀을 만드는 것 혹은 주어진 엔터프라이즈의 전반적인 방향과 제품 구색을 평가하는 것이 더 중요할 수도 있다.

이런 과업은 손에 닿는 과실을 따 먹는 것보다 훨씬 어려운 일이다. 그리고 이런 활동을 통합적인 방식으로 수행하여 주어진 엔터프라이즈에서 수많은 이해관계자의 전반적인 목표 달성에 힘이 될 수 있도록 엮어주는 것은 훨씬 더 큰 과제이다. 진정한 린 엔터프라이즈는 최종 사용자, 주주, 고용인력, 공급업체와 파트너 그리고 사회적 관점에서 지속적으로 성공하는 엔터프라이즈일 것이다.

우리는 이렇게 더 광범위해진 엔터프라이즈 사고와 이로써 얻어진 혜택에 관해 늘어나는 증거를 보고한다. 항공우주산업의 경험을 보면 실제로 전사적 수준에 초점을 맞추어 추진하였으며, 신제품 개발, 공급사슬 통합 및 라이프사이클 유지와 같은 활동에 비해 제조 부문에 주어진 역할은 상대적으로 작았다.

'가치' 이야기로 옮겨가기 전에 여기서 우리가 이야기하는 '엔터프라이즈'가 무슨 의미로 사용되고 있는지 명확하게 해두기로 한다.(6장에 보다 상세한 설명이 나와 있음.) 먼저 각각 핵심적이고 확장된 엔터프라이즈로 이루어진 구별되는 엔터프라이즈를 구성하는 개별적인 프로그램들이 있다.

미 공군의 록히드 마틴 F-22 랩터 제트 전투기가 한 사례인데, 이것은 수십억 달러의 프로그램으로 우리는 일차 계층의 공급업체들이 모든 개발, 생산, 배치 단계에 체계적으로 통합되어 있음을 볼 수 있다. 보잉 사의 통합직격탄(Joint Direct Attack Munition; JDAM)은 또 다른 사례로 써, 보다 작은 프로그램이기는 하나 린 엔터프라이즈 접근 방법을 채택 하여 큰 폭의 비용 절감을 이루어냈다.

항공우주산업계나 다른 산업계의 리더들이 주어진 제반 활동의 집합 체를 그 스케일에 상관없이 반드시 상호 연결된 전체로서 바라보아야 한다고 말하는 것은 중요한 의미가 있다. 이렇게 상호 연결된 전체가 바 로 엔터프라이즈이다.

개별적인 프로그램 엔터프라이즈 너머에는 큰 회사의 각 부문, 정부 기관 그리고 우리가 멀티엔터프라이즈라고 부르는 다른 실체들이 있다. 여기서 우리는 한 프로그램이 서로 다른 여러 프로그램과 맺은 상호 의

프로그램, 프로젝트, 플랫폼 및 제품

항공우주산업계에서 '프로그램'이라고 부르는 것은 다른 부문에서 '프로 젝트', 혹은 '플랫폼'이나 '제품생산 라인'이라는 용어로 쓰이기도 한다. 단어의 쓰임새가 어떻든 간에 이 용어들은 가치창조의 핵심적인 구성 단 위체이다. 각각의 구성체는 고객과 이해관계자에게 최선의 봉사를 하기 위해 원자재와 정보를 완성된 제품이나 서비스로 변환시키는 다양한 활 동이 이루어지는 뚜렷이 구분되는 '가치흐름'으로 생각할 수 있다. 핵심 포인트는 여기에 책임과 의무의 할당에 뚜렷한 선이 그어진 조직 구조가 정의되어 있다는 점이다.

이 책에서는 '프로그램'이라는 용어를 계속 사용하지만, 우리가 논의하 는 것은 프로젝트, 플랫폼 혹은 제품생산 라인에게도 적용될 것이다.

존관계의 수만큼 복잡하게 엮어진 한 덩어리의 실체를 보게 된다. 일단의 개별 프로그램의 리더가 있을 수 있고, 수많은 지원부문의 리더도 물론 있을 것이다. CEO나 정부기관장과 같은 단 하나의 멀티프로그램 엔터프라이즈의 리더도 있을 수 있지만, 자신의 역할을 적절하게 분담해서 수행해야 하는 일단의 리더들도 있을 것이다.

다시 말하지만, 이런 활동의 전체 범위를 각각 나누어진 부분이 아닌 전체적인 시스템 최적화에 초점을 맞추는 하나의 상호 연결된 엔터프라이즈로 바라보아야 한다는 점을 리더가 강조할 때 중요한 의미가 있는 것이다.

멀티프로그램 엔터프라이즈 너머에는 우리가 미국 항공우주산업 엔터프라이즈, 유럽 항공우주산업 엔터프라이즈 그리고 다른 지역에서 떠오르는 항공우주산업 엔터프라이즈와 같이 국가적인 그리고 국제적인 엔터프라이즈가 있다. 린 원칙들은 국가적인 차원은 물론 국제 엔터프라이즈까지 확장하여 적용할 수 있다. 행동을 이끌어내기 위해, 이 책은 이러한 계층에 속한 모든 사람들에게 린 엔터프라이즈 변환을 촉구하고 있다.

린 엔터프라이즈 개념은 '진정한 지향점'에 관한 것을 우리에게 가르쳐준다. 고객을 진정한 지향점으로 식별한 것은 도요타였다. 고객에게 초점을 맞춘다는 이 생각은 고객이 린 원칙과 실행의 지침과 방향을 제공한다는 점과 함께 지금도 린의 핵심을 차지하고 있지만, 고객에게 또는 최종 사용자에 대한 봉사만으로는 충분치 않다. 엔터프라이즈 수준에서는 고객이나 최종 사용자뿐만 아니라 주주, 내부 인력, 획득자(항공우주산업계에서는 통상 최종 사용자와는 다른 의미이다), 공급업체와 파트너 그리고 사회에 대해 봉사하는 것 또한 마찬가지로 중요하다.

그러므로 진정한 지향점을 찾는 것이 원칙적으로 요구되는, 고객에게 봉사하는 것뿐만 아니라 엔터프라이즈 이해관계자 모두를 위한 가치창조를 지향하도록 방향을 잡아야 한다는 점을 항공우주산업이 우리에게 가르쳐주고 있다.

진정한 지향점으로서의 가치

급박했던 변화의 필요성에 압도된 측면이 있긴 했지만, 다른 산업과 마찬가지로 항공우주산업 역시 큰 물음에 직면해야 했다.

방향과 리더십과 지원을 어떻게 제공해야 할 것인가? 통합타격기(Joint Strike Fighter)와 같은 막대한 자금이 들어가는 엔터프라이즈에 자원을 얼마나 많이 쏟아야 할 것인가? 정보기술 지원시스템을 개발하기 위해 얼마나 많은 역량을 구축해야 할 것인가? 제트 수송기와 통신위성 사업은 일차적으로 제조업인가 아니면 서비스업인가? 이런 종류의 질문은 일을 올바르게 한다는 차원을 넘어서, 해야만 하는 올바른 일이 무엇인가에 관한 어려운 선택에 초점을 맞추었다.

그리고 이 질문에 대한 답은 가치와 가치창조에 대한 체계적인 이해를 요구하였다. 다시 말해 최종 사용자와 다수의 서로 다른 이해관계자들에 대한 것이었다.

3부에서는 우리의 가치창조 프레임워크와 그 세 가지 단계 즉 가치식별, 가치제안 그리고 가치인도에 대해 상세한 내용을 전개할 것이다. 〈세상을 바꾼 기계(*The Machine That Changed The World*)〉나 〈린 사고(*Lean Thinking*)〉[3]과 같은 책에 나와 있는 고전적인 린 개념은 고객 가치의 식별을 포함하고 있다. 그러나 거의 대부분의 린 원칙과 실행 측면이 세 번째 단계(가치인도)에 중점을 두었고, 낭비제거에 초점을 맞추고 있었다. 대부분의 노력이 고객에게 봉사하기 위해 '일을 올바르게 하기'에 집중되었지만 다른 이해관계자들은 종종 무시되었다. 그렇지만 가치식별 단계에서는 필수적으로 '올바른 일 하기'에 초점을 둔다.

예를 들어 보잉의 음속에 가까운 여객기와 에어버스에서 나온 A380 메가제트의 대조적인 전략을 생각해보자. 이 제품들 모두 전통적인 린 원칙과 실행이 적용되기 오래 전부터 가치식별을 하기 위한 시도들이 반영되어 있다.

에어버스는 장거리 허브 공항 간 노선에 더 많은 가치가 있음을 믿고 있는 듯 보이고, 보잉은 보다 빠르고 자주 이용하는 지점과 지점 간 연결 서비스에 더 큰 가치가 있다고 믿고 있는 듯 보인다. 이렇게 중추적인 가치 선택의 문제는 엔터프라이즈 가치창조를 위한 체계적 노력의 일환이다.

가치인도는 주요 이해관계자들 간 상호 합의가 있을 경우에만 가능한 것으로서 이것은 가치제안이 확립되는 두 번째 단계에 반영된다. 여기서 보잉과 에어버스가 만든 크고 넓은 동체의 제트기와 미국, 캐나다, 브라질 그리고 유럽에서 만들어진 이보다 작은 지역 운항용 제트기처럼 서로 상이한 가치제안을 예로 들어 생각해보자.

동체가 넓고 큰 제트기의 가치제안에는 아마 인구 밀집지역 간 저비용 수송, 안정적인 수익 기반, 주요 산업의 안정적인 일자리 그리고 수출 이익과 같은 것들이 포함되어 있을 수도 있다. 지역 운항 제트기와 관련된 가치제안은 저렴한 운영비로 노선 비행기를 띄우는 항공사의 역량 훨씬 너머까지 미칠 것이다.

이것은 이용도가 낮은 공항이나 부분 노선을 다시 살리거나, 새로운 지역의 일자리 증가, 항공사 직원의 신분이나 역량의 변화 그리고 여행객에게 진정한 통합 운항 서비스를 제공하기 위한 노력의 일환으로서 잠재적으로 중요한 구성 단위를 나타낼 수도 있다.

다시 말하면 린 엔터프라이즈 가치창조에 초점을 맞출 때에는 반드시 이렇게 서로 다른 가치제안들을 감안해야 한다. 이렇게 해야만 전통적인 린 도구를 3단계 가치인도에 적용할 수 있다.

우리의 3단계 모델과 엔터프라이즈의 세 수준을 연결하면 그림 1-1에 있는 것과 같은 3×3 격자 형태가 만들어진다.

그림 1-1에 나타난 것처럼 린 원칙과 활동의 적용은 프로그램 엔터프라이즈 수준의 '가치인도' 영역에서 이루어졌다.(8~10장에서 격자 내 각 영역에 대해 알아보게 될 것이다.) 가치창조 프레임워크 각 단계는 역동적으로 되풀이되는 양상을 보여준다.(그림 1-2) 목표는 가치창조이며, 린 원칙과 실행 영역은 가치창조 프로세스 전체를 통하여 이루어지며 이를

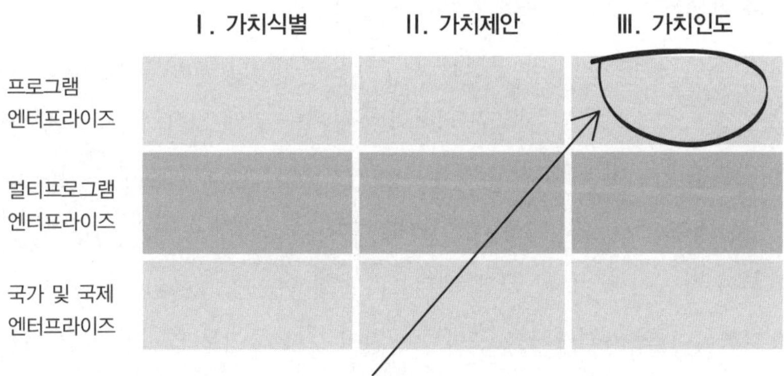

그림 1-1 세 가지 수준별 엔터프라이즈 가치창조 프레임워크

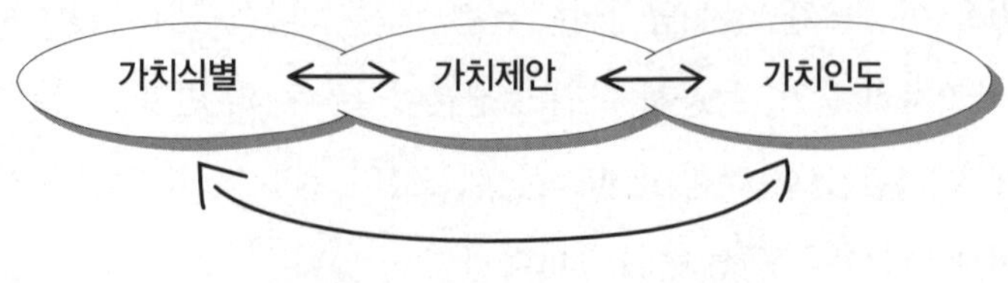

그림 1-2 가치창조의 순환과 적응

가능하게 만들어주는 동인이다.

가치창조 프로세스를 이해하는 것은 프로그램 도입 수준에서 비롯된다. 이것은 각각 분리된 기능이나 개별 활동만을 바라보는 것이 아닌 전체 가치흐름을 보는 일을 포함한다. 또한 가치식별과 가치제안 단계를 통해 표현화된 전조들을 조명하는 역할도 한다. 앞으로 길게 드리운 그림자에 중점을 둔다. 다시 말하면, 엔터프라이즈 어느 수준에서도 '진정한 지향점'은 고객에게 봉사하는 것뿐만 아니라 광범위한 다른 이해관계자 모두를 위한 가치가 무엇인지 발견하는 일이기도 하다.

이와 동일한 가치창조의 세 단계를 우리가 멀티프로그램 엔터프라이즈라 부르는 기업이나 정부조직에서 볼 수 있다. 여기서 우리는 멀티프로그램을 지원하는 기반 구조를 조정하고, 일부 단일 프로그램에 초점을 맞춤으로서 도출되는 하위 최적화의 방지를 위해 지속적으로 노력하는 모습을 발견하게 된다. 이것은 우리가 시장의 힘과 조직 구조 사이의 긴장관계 속에서 볼 수 있는 것이기도 하다.

분석 작업이 국가 및 국제 엔터프라이즈 수준으로 올라가면 가치를 식별하는 일과 가치제안을 구성하는 일이 눈에 보이는 명시적인 협상인 동시에 암묵적으로 보이지 않는 프로세스임을 알게 된다. 여기서 우리가 발견한 것은 가치창조를 뒷받침하기도 하고 그 밑둥을 잘라버리기도

하는 제도적 합의, 공공 정책, 전략적 연합 그리고 수많은 다른 메커니
즘들이다.

말하자면 린 엔터프라이즈 가치창조의 과제는 항공우주산업뿐만 아
니라 다른 산업의 다양한 부문에도 적용되는 것이다. 가치창조와 가치
인도를 하는 일에 있어서 먼저 이해관계자들을 식별하고 건실한 '가치
제안'을 구성하는 것은 아무리 강조해도 지나침이 없다. 대부분의 경제
영역에서, 이러한 필요는 새로운 지도 원리와 근본적으로 다른 기반구
조를 시사하고 있다.

린 엔터프라이즈 가치의 원칙

우리가 연구활동을 통해 새롭게 알게 된 지식을 정리하는 일 중에서
중요하게 고려한 과제는 알게 된 내용을 기존 린 원칙의 토대 위에 얹어
확장하는 지도원칙을 조목조목 요약하는 일이었다. 이런 지도원칙을 훌
륭한 이론으로 구성하기 위해 엄밀한 테스트를 만족시켜야 했고 실행
응용에 있어서도 역시 동일하게 엄밀한 테스트를 통과해야 했다.[4]

우리가 제시하는 다섯 개의 원칙들이 우리가 수행한 연구 활동과 경
험에 깊은 근거를 두고 있기 때문에, 이 제안들은 항공우주산업은 물론
다른 산업에서도 충분하게 테스트가 이루어져야 한다.

원칙을 이야기하기 전에 일단 '린'과 '가치'라는 두 가지 용어를 다시
생각해보자. 문자 그대로 본다면 각 용어는 거의 반대되는 의미를 가지
고 있는데 '린'의 경우 특히 낭비를 제거하는 것과 관련하여 무엇을 떼
어내 버린다는 뜻을 가지고 있고 '가치'의 경우, 특히 혜택을 주는 무엇

을 더하거나 창조한다는 의미를 내포하고 있다.

우리의 정의는 두 개념을 두 가지 방법으로 결합한다. 먼저 단순히 낭비를 제거하는 것만으로는 충분하지 않으므로, 낭비제거와 더불어 가치창조의 목표에도 초점을 맞추어야 한다. 두 번째, 효과적으로 낭비제거가 이루어지면 가치를 식별하고 인도하는 능력이 강화되는 선순환이 일어나므로 가치를 창조하는 일은 보다 깊이 숨어있는 낭비제거에 필요한 자원과 동기를 가져올 수 있다는 것이다.

우리는 이 두 가지 용어를 한데 묶어 린 개념의 폭넓은 의미와 가치집중 접근방법을 의미하는 린 가치(lean value)라는 용어를 쓰기로 한다.

첫 번째 원칙은 말하기는 쉽지만 실천은 어려운 것이다. 이것은 지금까지 일반적으로 행해진 린 실행 활동의 영역을 훨씬 더 확장시키자는 단순한 메시지이다.

> **원칙 1**
> 올바른 일을 올바르게 함으로써 가치를 창조한다.

일을 올바르게 하고 또 올바른 일을 하는 이 두 가지를 함께 실행하면 건설적이고 역동적인 긴장이 만들어진다. 각각은 서로를 가능하게 만드는 동인이 된다. 이것을 염두에 두고, 이제 온전한 가치창조 틀을 짚어보기로 하자.

> **원칙 2**
> 이해관계자의 가치를 식별하고 확고한 가치제안을 구성한 후에만 가치를 인도한다.

이 일에는 순서가 있다. 가치제안이 빈약하게 구성되면 가치인도가 제약을 받게 되며, 짜임새 있게 구성이 잘 이루어진 가치제안이 있으면 가치인도가 이루어질 것이다. 그리고 짜임새 있는 가치제안은 빈약하게 식별된 가치로 이루어질 수는 없는 것이다.

'린 가치'의 역동성을 식별했다면, 이제 그것을 '엔터프라이즈' 개념의 연장선상에 두기로 하자. 역동적인 린 가치를 키우려는 시도와 관련하여 엔터프라이즈 수준에서는 하위 최적화(부분 최적화)의 위험이 도사리고 있기 때문에 세 번째 원칙이 등장한다.

> **원칙 3**
> 엔터프라이즈 시각으로 린 가치를 채택하였을 때에만 린 가치를 온전하게 실현할 수 있다.

제조나 구매 같은 어느 한 부문에서 린 활동을 할 수도 있겠지만, 린 활동이 전반적인 엔터프라이즈 전략의 일환으로서 통합된 것이 아니면 순수한 결실을 거둘 수 없다. 여기서 '엔터프라이즈'의 의미가 항상 명료한 것은 아니라는 점을 주지할 필요가 있다.

리더나 다른 사람들은 다양한 이해관계자들 사이의 상호 의존성을 강조해야 하며, 그들이 공통적인 엔터프라이즈의 한 부분이라는 점을 명확하게 해주어야 한다. 이것은 엔터프라이즈 수준에서 운영이 이루어질 때 하찮게 볼 수 없는 측면이다.

우리의 네 번째 원칙은 프로그램, 멀티프로그램 및 국가 또는 국제 수준의 서로 다른 단계의 개념을 구축하는 것이다.

이러한 상호의존성은 역동적인 것으로서 프로그램 엔터프라이즈가
린 가치의 역동성을 가지고 갈 경우 멀티프로그램 수준에서 린 활동을
할 수 있는 건실한 토대를 제공하게 된다. 멀티프로그램 엔터프라이즈
수준의 린 실행 능력이 있다면, 프로그램 수준의 린 실행을 가능하게 하
는 기반구조를 보다 신속하게 제공할 수 있으며, 이른바 선순환이 이루
어지는 것이다.

멀티프로그램과 국가 및 국제 엔터프라이즈 간에도 이것이 동일하게
적용된다. 이것의 반대도 역시 성립하며, 어느 한 수준의 위험도가 증가
하면 이 역시 다른 수준으로 파급된다.

관련 기관이 있을 경우 린 엔터프라이즈 가치의 역동성을 가속화시키
거나 약화시킬 수 있으며, 이는 그것이 어느 정도로 구성되어 있는가에
달려있다. 기관은 종종 느리게 변화하기 때문에 구조적으로 잘못 구성
되면 위험은 크다. 그렇지만 기관의 기반구조 역시 필수적인 동인이 될
수 있으며, 카리스마가 있는 리더에 대한 의존성도 최소화 할 수 있게
해준다.

마지막으로 우리는 사람의 지식과 능력 그리고 새로운 사고에 초점을
둔 린 엔터프라이즈 가치를 지속시키기 위한 근원적인 메커니즘에 관한
대안을 제시한다.

린 엔터프라이즈 가치는 지식이 억제되거나 혹은 사람들이 개인적인 역할과 경험의 고유한 지식을 가진 존재라는 것이 무시되는 경우 제약을 받는다. 린 엔터프라이즈 가치의 실현은 가치식별로부터 시작하여 가치제안과 관련된 합의를 통해 흘러서 가치인도를 통해 확장된다. 모두 세 단계의 엔터프라이즈에서 가치창조를 위한 낭비제거를 가능하게 만들어주는 것은 지식과 능력이다.

조직은 항상 "사람이 가장 가치 있는 자원이다"라고 말한다. 그러나 역량향상을 위한 투자를 목전에 두게 되면, 보유 중인 인적자원의 하락세를 방관하거나, 사람들을 직무 단위로 취급하는 기본 원칙을 수립하는 등 현실은 말과 한참 동떨어져 버린다. 대량생산 모델에서 가장 큰 가치는 소수의 리더와 전문가에게 주어졌고, 이들은 종종 강요된 경쟁을 통해 발탁되었다.

이 다섯 번째 원칙을 온전히 적용하는 일은 린 가치 실현을 이해하고 돕기 위해 정해진 엔터프라이즈 내에서 사람들의 능력을 극대화하는 메커니즘을 창조하는 것도 포함한다.

생텍쥐페리가 50여년도 더 전에 다음과 같은 글을 쓴 바 있다. "미래에 관한 한, 우리의 과업은 그것을 미리 보는 게 아니라 그것이 다가 오게 만드는 것이다."[5] 우리가 가진 관점은 우리가 현재의 행동을 통해 미래를 창조한다는 것이다.

린 엔터프라이즈 가치에 관한 다섯 가지 원칙들은 행동을 지도하기 위해 만들어진 것으로써, 전체 항공우주산업 엔터프라이즈와 21세기 다른 산업의 성공을 가능하게 만들어줄 것이다.

항공우주산업의 몇몇 특정 사항에 관해 간단히 살펴보면서 린 엔터프라이즈 가치의 틀이 왜 결정적인 것인지 설명해보기로 한다. 이 맥락 안에는 오늘날 경제 환경에서 다른 산업에서 일하는 독자도 친숙하게 알고 있는 분업화된 제반 부문, 제품에 대한 사고, 복잡성, 국제적 역학관계 및 고용인력이 느끼는 불안과 같은 특성들이 포함되어 있다.

항공우주산업계의 과제

항공우주산업의 과제는 무궁무진하다. 이 산업은 글로벌 마켓에서 미국의 가장 큰 수출분야 중 하나이다. 상당한 수의 과학자와 엔지니어가 이 산업에서 일하고 있으며, 이것은 로켓 과학이다. 20세기에 항공우주산업은 국가적으로 중대한 그리고 많은 측면에서 전 세계적으로도 의미가 큰 다음 네 가지의 핵심 사명의 중심적 역할을 담당하였다.

- 사람과 상품의 국제적인 이동을 가능하게 함.
- 정보와 자료의 국제적인 확산과 인수를 가능하게 함.
- 국가 안보에 관한 이해관계의 진전.
- 탐험과 혁신의 경계를 계속 넓히는 영감의 근원을 제공.

이 중에서 어느 것도 틀에 박힌 듯 평범한 것은 하나도 없으며 기술능력을 한껏 사용하고, 엔지니어의 비전에 도전하였으며, 사회에 영감을 불어넣었다. 그렇지만 과거의 이런 사명의 성공을 인도하였던 원칙들이 미래에도 동일하게 요구되는 것이 아니다.

현재 이 산업의 선도적인 회사가 미래의 성공을 계속 주도하거나 혹은 과거와 현재 요구되었던 사명이 우리가 '항공우주산업'이라고 생각하는 영역에 그대로 남아있을 수 있는지조차 장담할 수 없다. 이 산업이 그리고 다른 산업도 마찬가지로 직면한 도전 과제의 전체적인 크기와 범위를 생각해 보기로 하자.

분업화된 부문

거의 모든 산업의 엔터프라이즈는 종종 분업화된 부분으로 이루어져 있거나, 혹은 최소한 서로 다른 부문 간의 역학관계를 다루어야 한다. 항공우주산업의 경우, 린 엔터프라이즈 가치를 실현하는 데 있어서 군과 상용 부문 간의 유사성, 차이점 그리고 상호의존성에 주의를 기울여야 할 것을 요구한다.

이 산업의 군사적 부문은 오늘과 내일의 국제적 평화와 안보에 헌신하고 있지만 냉전과 관련해 산업이 정의되었던 50년간의 유산을 처리해야 한다. 냉전시대에 단 하나의 적대국보다 항상 더 높이, 더 빨리, 더 멀리 가도록 추진해온 이후, 현재에 와서는 서로 경쟁하는 국가들, 테러리스트 그리고 불량배 국가들 등 다양한 원인으로부터 파생된 산적한 과제들이 더욱 복잡하게 얽힌 위협에 대처하기 위해 이 산업은 스스로를 어떻게 재정의할 수 있을 것인가?

변화하는 안보 상황에 따른 필요를 충족시키기 위한 미 국방성의 새 군용 항공우주 시스템 구축 노력이 국방 예산의 감축 때문에 복잡하게 된 것은 아니다. 다른 요인들도 자금 조달, 획득 실무, 산업 기지 및 프로그램에 작용하면서 지속적으로 불안정한 상황을 만들어내었고 '일을 올바르게 하기 위한' 역량의 기반을 약화시켰다.

불안정성에 대한 비용은 심각했고, 이는 낭비된 자원, 해고된 인력, 숙련도의 상실 그리고 산업 내에 존재하는 모든 회사의 위험을 초래하였다. 문제를 더욱 복잡하게 만든 것은 미국과 거의 모든 고객 국가의 항공우주산업 시설 배치 문제로서, 이는 각 군수품과 관련된 일을 서로 분담하고자 하는 정치적 압력을 반영한 것이었다.

이 산업의 상용 부문은 설계, 제조 및 항공기와 우주선을 지원하는 국제적 기준을 설정하였으며, 항공 여행, 데이터 수집 및 원거리 통신의 글로벌 혁명을 가능하게 했다. 그러나 미 항공우주산업은 에어버스 아래 유럽의 각 정부와 회사들이 참여한 컨소시엄은 물론 예전 소비에트 연방의 군산 복합체, 중국, 일본 등 다른 국가 등과도 경쟁을 해야만 하는 스스로의 모습을 보게 되었다.

여기에는 브라질과 캐나다 같은 국가에서 개발한 단거리 제트 비행기의 급속한 성장도 한 몫을 하였다. 다시 말하자면 일을 올바르게 하는 것과 올바른 일을 하는 것 모두 도전을 받고 있으며, 이것은 전 세계적인 항공우주산업계의 상호의존성이 증가함에 따라 차례로 경쟁과 협력 문제를 제기하고 있다.

상용 및 군사 부문 내에서 산업의 각 영역들은 성숙한 정도가 각기 다르다. 기체와 엔진의 '시장 지배제품'[6]이 나타나면 재료기술, 항공전자공학, 정보기술 및 설계 방법에 극적인 약진이 일어났다. 또한 항공우주산업의 결과물들은 전쟁, 우주 탐색 혹은 항공 운송에서 성공적인 성과를 보장하기 위해 더 큰 임무 수행이 가능한 시스템으로 점점 더 통합되어 가고 있으며, 이에 따라 전통적 기준에 의한 각 영역간의 경계와 구분도 모호해지고 있다. 통신, 감시 및 기타 시스템과의 통합과 관련된 문제 역시 여기에 포함된다.

이미 살펴본 것과 같은 항공우주산업의 중대한 과제에 대해 유용한 가치를 인도하려면, 산업 내 모든 시스템들이 함께 작용해야 한다. 게다가 중대하고 선도적인 첨단 정보기술은 이제 항공우주산업계 내 R&D 부문에서 도출되는 대신 산업 밖에서 도입하는 경우가 늘어가고 있다. 이것은 항공우주산업 내 거의 모든 인력의 교육과 훈련이 지향하는 사고방식에 변화를 요구한다.

제품에 대한 사고

많은 산업에서 기존의 개별적인 제품이나 서비스를 만들어내는 것만이 아니라 완전한 고객 '솔루션'을 제시해야 하는 과제에 직면하고 있다. 항공우주산업의 경우, 수십 년에 걸쳐 '시장지배 제품'이 확실한 기체, 엔진 그리고 인공위성의 많은 생산자들이 특히 이 과제에 직면하고 있다. 이 회사들이 만드는 것은 상대적으로 라이프사이클 가치흐름의 협소한 단면에만 초점을 두기 때문에 일차적으로 제품으로서 취급된다.

이것은 엔지니어가 자신의 직무 목표에 관해 무엇을 고려하는가와 관련된다. 이는 야전 병참 보급물자 영역에서 군대의 조직화를 이루려는 방식이다. 그러나 편협한 초점은 아주 큰 한계가 있으며, 린 엔터프라이즈 가치창조의 과제에 어울리지도 않는다.

오늘날 수많은 국방 항공우주산업 제품의 고객인 미 공군은 자신을 조종사와 플랫폼의 집합체만이 아닌 군사적 역량의 통합된 네트워크로 인식해야 하는 병렬적인 과제에 직면하고 있다. 오늘날의 F-16 조종사는 그들과 그들의 전투기가 군사적 임무를 수행하는데 필요한 정보와 기타자원의 복합적인 지원시스템의 최선두에 있음을 이해해야 한다. 감축된 라이프사이클 비용의 틀 안에서의 스피드, 정밀성, 유연성, 적시성, 신뢰성, 적응성, 효율 및 상호운용성은 성공적으로 능력이 통합된 시스템의 핵심 특성이 될 것이다. 우리는 아직 그 정도 수준에 도달하지 못하고 있다.

다용도 플랫폼에 관한 사고로 전환하는 것은 올바른 방향으로 내딛는 한 걸음이다. 이것은 엔터프라이즈 전역의 상호의존성에 대해 더 주의를 기울이도록 만든다. 항공기 편대 관리와 통합 예약 시스템의 초점 역시 엔터프라이즈 사고를 나타내지만, 더 많은 것이 요구되고 있다.

예를 들면, 미 육군에서 퇴임한 웨슬리 클라크(Wesley Clark) 장군의 현역 시절이 반영된 그의 최근 저서[7]에서 그는 유연하고 시의적절한 그리고 효과적인 자원 사용을 약속하는 사이클 계획에 대한 비슷한 규모의 투자 없이 수십억 달러의 자금이 항공기에 투자되고 있음을 지적하였다.

달리 말하면, 클라크 장군은 라이프사이클 관리 접근 방법으로 변화해야 할 과제에 대해 지적한 것이다. 마찬가지로 센서, 계획수립, 통신 및 기타 정보기술에 대한 투자를 판단하는 기반에 대해 고려해보자. 이 중 어느 것도 어떤 단일 플랫폼을 구체적으로 지칭하는 것이 아니다. 이것은 전체 산업이 항공기를 날리는 구체적 방법에 대한 좁은 범위의 집착이 아닌 목표로 정한 사명을 충족시키는 데에 초점을 둘 것을 진정으로 요구하고 있다.

복잡성의 과제

복잡한 제품을 만들고, 복잡한 조직적 구조 아래에 있으며 실질적인 정부 규제가 존재하는 산업은 항공우주산업으로부터 많은 것을 배울 수 있다.

항공우주 시스템은 설계적 특징, 기술적 전문성, 자재, 제조 프로세스 및 조립 방법의 요소들이 가지는 기능적 관계와 상호작용을 포함하는 내부적으로 복잡한 시스템이다. 여기서 어려운 과제는 많은 요소들만이 아니라 이들이 항상 단순하게 정해진 패턴이 아닌 다른 방식으로 상호작용을 한다는 사실이다. 게다가 항공우주 시스템은 항공교통 관리 혹은 통신 시스템과 같은 더 큰 시스템을 구성하는 수많은 다른 요소들과 연결되기 때문에 대개 외부적으로 상당히 복잡하다.

이와 같은 복잡성은 개별 항공우주 제품에서 일반적인 실수가 용납되지 않는다는 사실 때문에 더욱 강화되며, 제품들은 어느 한 부분의 고장이 재앙을 불러 올 수 있다는 극도의 압박감과 조건 하에서 반드시 완벽하게 기능을 해야 한다.

제품의 복잡성 문제는 많은 항공우주 시스템의 서비스 수명이 수십여 년에 이르고 있다는 사실로 인해 더욱 악화된다. 예를 들어, 원래 B-52 조종사의 손자가 수십 년 전 기본 플랫폼의 도입 이래로 완전히 새로운 세대의 기술이 도입된 오늘날의 B-52를 조종할 수 있을 것이다. 시간이 흐름에 따라 새로운 기술이 채택된 기존 항공기 제품의 효과적인 쇄신 과정은 전환적 과제가 이루어지는 것을 나타내며 항공우주산업에서 이런 경우는 안정적으로 새로 개발되는 제품의 경우의 수에 비해 많다.

항공우주산업 제품과 시스템이 가지고 있는 고유의 복잡성은 또 다른 핵심 특성에 의해 반영되는데, 파트너와 공급업체, 경쟁자, 정부기관 및 산업 내 다른 이들과의 관계의 복잡성은 다른 산업계에게 본보기가 된다.

항공우주산업은 많은 산업에 걸쳐있는 광범위하고 깊게 그리고 계층화가 이루어진 다면적인 공급업체 기반에 의존하고 있다. 항공우주산업에서 최종제품 가치의 60~80퍼센트는 이와 같은 공급업체 기반, 설계물, 부분품, 구성부품 및 최종 제품이나 시스템에 통합되는 하위 시스템으로부터 나온다. 공급업체들 또한 새로운 제품의 설계와 개발에 참여하고 있다.

공급업체나 고객 혹은 서로간의 파트너로서 회사들이 서로 연결되어 있다. 동일한 회사가 서로 다른 시장이나 프로그램의 경쟁자가 될 수도 있다. 이렇게 광범위하고 깊은 관계는 두 가지 면을 보여주는데 하나는 산업 자체의 복잡성과 상호의존성에 기인한 제약조건이고 다른 하나는 새로운 아이디어와 기회를 뿜어내는 에너지의 근원으로서의 모습이다.

항공우주산업은 사회정치적으로 복잡하고 규제가 있는 제도적 환경 내에서 운영이 이루어지고 있다. 산업과 정부의 관계 그리고 사실 산업 재화에 있어 사실상 명백하게 '보이는 손' 역할을 하는 정부의 존재가 복잡성을 더한다.

정부는 초기 시작부터 감독자로서, 고객으로서 그리고 기술적 혁신을 가능하게 만든 동인으로서 이 산업의 진화 발전에 중요한 역할을 하였다.[8] 지난 수십 년 동안 제트엔진에서부터 전자공학, 컴퓨터와 재료 기술의 진보까지 군용 및 상용 '파급 효과'는 상업용 산업 기반에 혜택을 준 혁신의 근원이 되어왔다.

그러나 전통적인 항공우주산업 기술이 성숙기에 들어감에 따라 연구

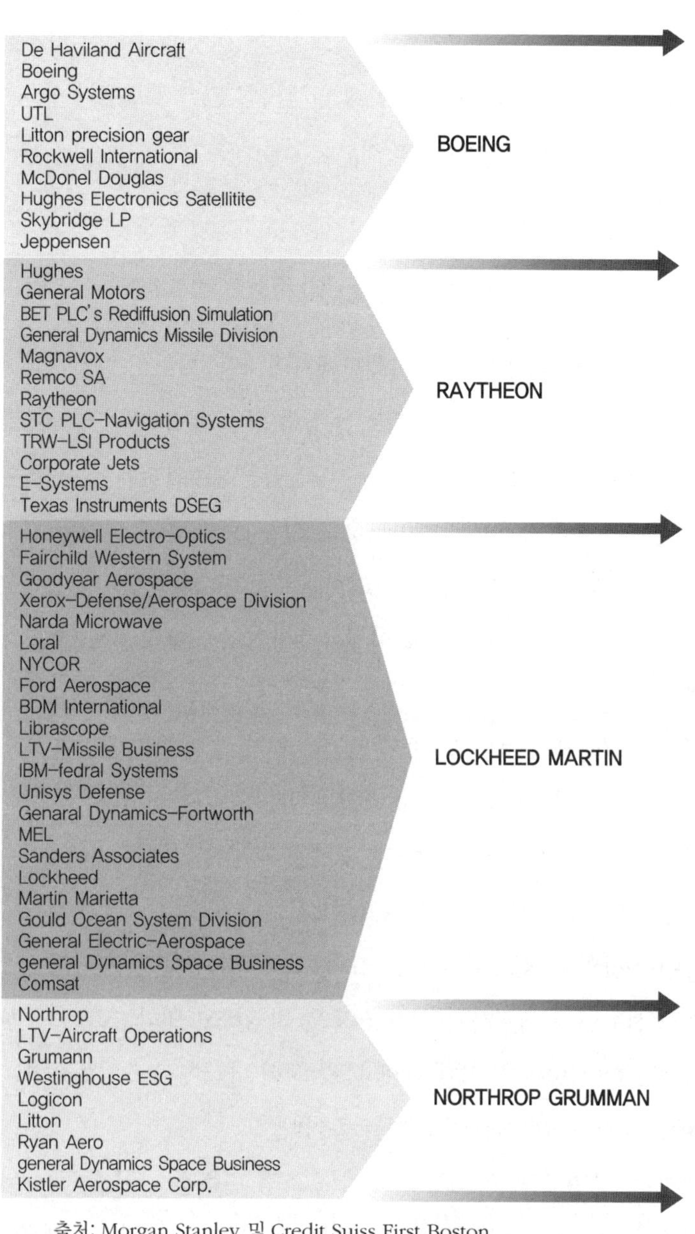

출처: Morgan Stanley 및 Credit Suiss First Boston

그림 1-3 지난 20년간 항공우주산업계 합병 현황

개발 자금도 줄어드는 추세를 보이고 있다. 이것은 수익이 감소한 것을 반영하고 있으며, 항공우주산업에 열광적인 많은 사람들에게는 당황스러울 정도로 놀랄 일이다.

금융시장의 강화되는 영향력

금융시장은 항상 중요한 이해관계자였지만, 그들이 행사하는 영향력은 다양한 영역에서 지속적으로 성장하였다. 항공우주산업의 경우, 산업의 지도자들은 1990년대 말에 미국 항공우주산업에서 가장 큰 회사들의 결합 가치평가에서 마이크로소프트사보다 한참 아래인 사실을 발견하고 충격을 받았다. 월 스트리트는 수익률, 예측가능성 그리고 성장성을 평가했고, 어떤 지표도 항공우주산업의 고유특성을 반영할 수 없었다.

이런 맥락에서 보면, 과거 수년간은 한때 강력했고 차별화 되었던 회사들에게 있어서 극적인 구조조정과 합병의 기간이었다. 그 중 특기할 만한 사항은 보잉, 록히드 마틴, 노드롭 그루만 그리고 레이시온이 미국 항공우주산업의 주요 회사로 등장한 것이다.

이런 산업 내 집중화 현상은 기체, 항공전자공학 관련 사업 부문의 과잉 생산능력에 대처하기 위한 시도를 반영하고 있다.(그림 1-3 참조) 이와 비슷한 집중은 한 세대 전에 유럽 여러 나라에서도 있었으며, 지금도 유럽 각 지역에서 일어나고 있는 중이다.

인수, 합병 그리고 회사 조직의 구조적 변화를 넘어 항공우주산업은 그들의 사업 모델을 바꾸어가는 중이다. 그들은 만들어 낸 제품을 단순히 인도하는 것뿐 아니라 서비스를 제공하는 것도 가치가 있음을 알게 되었다. 많은 자동차 회사들이 자사의 금융부문을 통해 커다란 사업 기회를 발견한 것처럼, 프랫 & 휘트니와 GE 같은 엔진 회사들은 그들 제품의 총 라이프사이클 관리를 통해 더 큰 수익률을 얻을 수 있었다.

이것은 제트 엔진만 제작하는 것을 넘어서 유지보수, 업그레이드, 임대, 재활용 그리고 다른 수많은 방법으로 고객에게 가치를 제공하는 것이다. 동시에 우리는 전통적인 항공우주산업 제품의 통합을 통해 더 높은 수익률을 약속하는 새로운 첨단 정보 및 통신 기술에 투자가 이루어지고 있음을 본다.

이것은 항공기에 인터넷과 위성통신을 제공하는 것에서부터 조종실을 새로 설계하는 것까지의 모든 영역을 포함한다.

21세기의 노동력

오늘날 이 산업은 다른 경제영역에서와 마찬가지로 21세기에 필요한 노동력을 끌어들이고 유지해야 하는 문제에 직면하고 있다. 최근 조사에서 5백여 명의 미 항공우주산업 엔지니어, 관리자, 생산 작업자 그리고 기술 전문가들에게 "나의 아이들도 이 분야에서 일하도록 강력하게 권장할 것입니다"라는 물음에 단지 17퍼센트의 엔지니어만 이에 동의하였을 따름이다. 이 수치는 다른 그룹 역시 비슷하였지만 전반적으로 다섯 명 중 네 명은 그들의 아이들이 항공우주산업에서 일하는 것을 권장하지 않겠다고 하였다.

개인별 인터뷰를 통해 사람들은 그들이 이 산업계에 종사하면서 공헌한 바에 대해 매우 큰 자부심을 가지고 있었지만, 다른 모든 요인 중에서 고용의 불안정성 때문에 그들에게는 가슴 아픈 결론으로 이어질 수

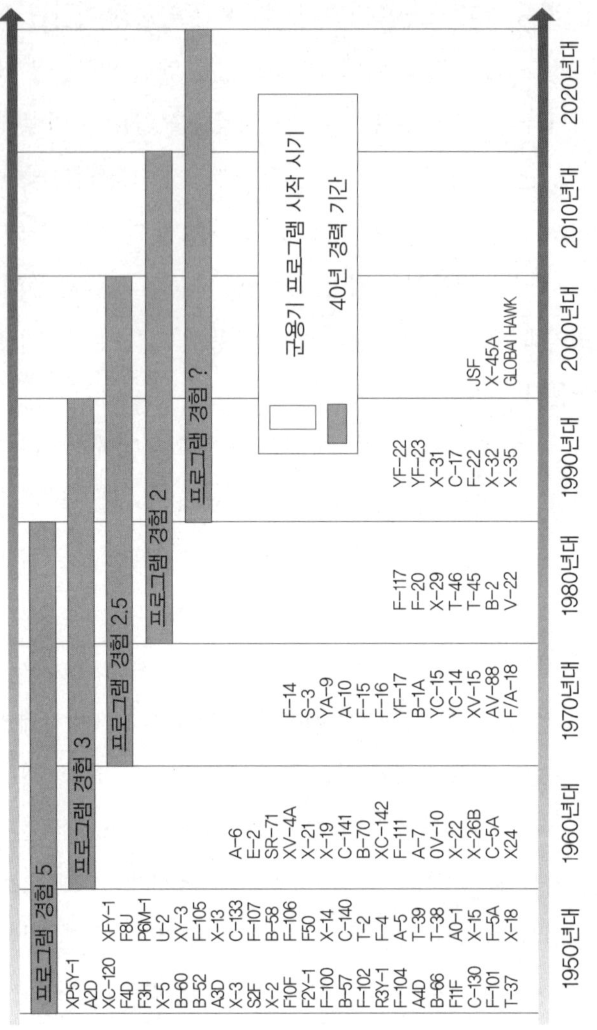

출처: Jeffrey A. Drezner, Giles K. Smith, Lucille E. Horgan, Curt Rogers, and Rachel Schmidt, 'Maintaining Future Military Aircraft Design Capability', RAND #R-41 00 (Santa Monica, CA: RAND, 1992), pp. 48-9. '경험'의 의미는 설계 팀에서의 평균적인 경험 수를 의미함.

그림 1-4 군용기 프로그램 사업기회 축소 현황

밖에 없었다는 말을 하였다.[9]

노동력 측면에서도 항공우주산업은 성숙기에 접어든 산업이다. 예를 들어, 미 군수제품 생산 부문의 현장 작업자 평균 연령이 53세이고, 20퍼센트 이상이 향후 5년 이내에 퇴직 대상이 된다.[10] 이 수치는 엔지니어의 경우 더 높으며 한 연구조사 결과 33퍼센트의 과학자와 기술자가 현재 혹은 향후 5년 이내에 퇴직 대상이 될 것으로 보고되었다.[11] 핵심적인 기술력을 상실하는 것뿐만 아니라 남아있는 인력이 앞으로 더 중대한 과제 해결에 필요한 종합적인 기술력을 확보할 가능성도 희박한 상황이다. 이 문제는 특히 정보기술의 영역에서 결정적으로 중요한 것이다.

물론 항공우주산업이 '성숙기'에 접어든 유일한 산업은 아니다.[12] 진정한 문제는 이 산업이 가능성을 끊임없이 개척하는 선두주자로서 새로운 항공우주산업 제품을 보여주었다는 것이다. 항공기와 우주선은 '구' 경제와 '신' 경제 모두에서 수송과 통신의 중추임을 동시에 나타낸다. 이렇게 나누어지는 지점에서 보면 중심적인 과제가 모습을 드러낸다. 그림 1-4에 나타난 것처럼 각 세대별 엔지니어는 갈수록 새로운 기체 프로그램에 참여할 기회가 점점 적어지고 있음을 볼 수 있다.

이 산업과 그 고객들이 우선적으로 개별적인 기체나 플랫폼 제품의 견지에서 생각을 계속하는 한 사업의 새로운 가능성은 점점 축소될 것이다. 그러나 이미 소개한 4개의 핵심 사명의 모든 측면을 고려하는 관점에서 보면 광대하게 펼쳐진 가능성, 연계 및 상호작용의 기회를 만들 수 있다. 과제는 항공우주산업 노동력의 핵심적인 사고에 관한 것이다.

사고를 바꾸는 것이 왜 어려운 일인가? 그것은 가시화된 것이 아니고 지금껏 생각지 않았던 것을 생각해야 하기 때문이다. 게다가 기존 제도와 기반 구조 자체가 차단막을 만들어내고 있다. 전문가, 지도자, 로비스트 그리고 스태프 요원들이 모두 모여 시대에 뒤떨어진 가정에 근거를 둔 군수품과 상용 매출 프로세스에 초점을 맞추고 있다.

이것은 '린'이 현 운영 조건 하에서 낭비제거와 비용절감을 하기 위한 것이라는 협의의 관점에서 이해하게 만들었다.

많은 전문직, 기술직 그리고 생산직을 대표하는 노동조합들은 성과가 높은 회사 조직을 만들어가기 위해 일을 하는 동시에 고용자에 대한 그들만의 전통적인 투쟁방식에 젖어있다. 주의를 기울여야 할 것들이 많아지면서 강력한 노무관리 파트너십과 높은 수준의 직원들의 헌신은 가치를 창조하는 '진정한 지향점'에 의존하게 된다.

글로벌 역학 관계

항공우주산업은 글로벌 산업이 되었다. 모든 제품의 생산 라인마다 국제적인 경쟁이 존재함은 물론 신기술을 개발하고 새로운 시장을 개척하기 위한 협력도 증가하고 있다. 일부 제품의 생산 라인은 과잉 생산능력을 보이고 있다. 전략적인 이유로 미국은 이런 라인 중 어느 한 곳도 포기하려 하지 않는다.

이와 동시에 세 개의 에어버스 국영 회사를 하나로 합병시킨 유럽, 자국의 발사체를 개발하고 있는 일본, 단거리 제트기를 개발한 브라질, 항공기 부분조립에 관한 전문 기술을 구축하고 있는 중국, 우주정거장의 상용화를 시도하고 있는 러시아, F-16을 만들고 있는 터키 혹은 자국이 구매하는 항공기의 부품 생산에 참여할 수 있도록 판매하는 국가와 계약을 맺은 다른 모든 국가들에게 있어, 이 새로운 영역에서의 성공은 점점 더 국가적 자부심을 드러내는 핵심이 되어가고 있다.

여기서 문제가 되는 것은 발판을 구축하거나 혹은 항공우주산업 내에서 강력한 존재될 수 있는 모든 국가의 역량이다.

점점 증가하는 글로벌 경쟁 너머로, 지난 수십 년 동안 항공우주산업은 미국 내에서 그리고 국제적으로 좀 더 효과적으로 경쟁하기 위하여 회사 간에 협력이 이루어지고 있음을 보여주었다. 이와 같은 협력 관계는 다양한 형태를 취하고 있으며 조인트 벤처 혹은 자본, 기술 또는 다른 자산들의 파트너로써 실질적인 도움이 되는 형태로 가깝게 엮어진 회사 내 관계까지 포함하고 있다.

현재의 성공과 미래 전망

이 산업에 대해 우려하며 관심을 쏟는 이유는 명확하지만, 희망과 혁신의 서광도 비추고 있다. 이 산업은 위성 통신을 개척하였고, 화성에 성공적인 로봇 차량을 착륙시켰으며, 제트 비행기의 소음은 크게 줄이면서 가장 안전하고 가장 빠른 운송 수단을 개발하였고, 가장 진보한 스텔스 전투기를 개발하였다.

미래에 대한 도전에 초점을 둔 사명과 기술을 가지고 적합한 구조를 구축한다면 항공우주산업은 21세기의 가장 우수한 인력을 끌어들이는 요소를 갖추게 된다.

기술적 업적을 넘어서, 말콤 볼드리지 국가품질상을 수상한 많은 회사들이 포함되어 있는 산업이 바로 항공우주산업이다.[13] 고객에 초점을 맞춘 수많은 '린' 공장들을 거느리고 있는 산업이기도 하다. 특히 가장 복잡하고 요구사항이 까다로운 제품의 개발에 관해 새로운 사고의 틀을 개척하는 곳이 바로 이 산업이기도 하다.

또한 높은 수준의 업무역량 시스템에 중점을 둔 인력관리 파트너십과 비용을 절감하는 공급업체와의 전략적 연합 그리고 미래를 위한 혁신이 함께하는 산업이다.

항공우주산업의 많은 과제들은 사람들로 하여금 제조부문이나 공급 망뿐만 아니라 그 너머까지 보게 만들었다. 그들은 엔터프라이즈 전 부 문에 걸쳐 가치를 부여하는데 중점을 두려고 했으며, 고객이 요구한 가 치만이 아닌 이해관계자, 고용인력, 공급업체, 사회공동체, 의회 및 다 른 핵심 이해관계자들이 바라는 가치도 고려하였다.

바로 이러한 엔터프라이즈 시각에서 보면, 우리는 시간이 결정적으로 중요한 변수이며, 수많은 상호의존적 사이클에 있어서 아주 중대한 것 임을 본다.

여기에는 계획수립 사이클, 획득 사이클, 병참 물류 사이클, 개발 사 이클, 생산 사이클, 유지보급 사이클, 그리고 다른 여러 가지가 있으며, 이 모든 것들은 단순한 사이클 타임 개선 이상의 것을 필요로 한다. 초 점은 기존 공정이나 프로세스의 속도만을 배타적으로 올리는 일에 집중 하는 것이 아니라 전체적으로 새로운 역량, 즉 일을 올바르게 하고 올바 른 일을 하는 것에 맞추어져 있다. 간단하게 말한다면, 미래 가치의 창 조는 오늘의 린 엔터프라이즈 역량을 만들어내는 것에 좌우된다.

앞으로 나아가기

이 책은 산업을 근본적으로 변화시키는 것에 관한 내용을 다루고 있 다. 우리가 예로 들고 있는 항공우주산업은 기술적으로 복잡하고, 결코 평범하지 않는 사명을 달성하기 위한 시도가 이루어지는 곳이다. 인간의 안전, 국가적 안보 그리고 강력한 기술이 문제가 되고 있다. 다른 산업들은 이러한 특성을 서로 공유한다.

우리가 제시하는 린 엔터프라이즈 가치의 원칙은 항공우주산업만을 위한 것이 아니라, 이에 필적하는 도전에 직면한 다른 분야에서도 활용하기 위한 것이다.

항공우주산업의 복잡성과 추진력은 '린' 개념을 확장시켰다. 초점은 단지 낭비제거가 아닌 가치창조의 목표와 함께 엔터프라이즈 수준으로 끌어 올려졌다.

우리는 우리가 얻은 단순하지만 야심 찬 객관적인 통찰력을 제시할 것이다. 우리는 행동과 결합된 아이디어가 모든 산업을 바꿀 수 있다고 믿는다. 항공우주산업과 다른 산업이 이 여정을 시작하였다. 우리는 린 엔터프라이즈 가치창조를 위해 필요한 어떤 새로운 길에서도 변혁이 가속화되기를 희망한다.

2 장

냉전의 유산

1903년 12월 17일 키티 호크에서 라이트 형제의 그 소박했던 비행이 시작되었던 때부터(그 이전 다빈치의 스케치 북에서 시작되었다고도 볼 수 있지만) 중력을 극복하고자 하는 열망은 오늘날 항공우주산업 분야가 있게 만들었다. 그리고 인간이 비행을 시작한 그 순간 이후로 인간은 더 높이, 더 빨리 그리고 더 멀리 가기 위한 방법을 추구하였다.

이런 탐험은 제2차 세계대전 이후 수십 년간 미국의 국방과 위상이 사람과 물품의 운송 수요와 맞물려 미국 항공우주산업 엔터프라이즈의 엄청난 성장을 구가하게끔 만들었다. 이 국가적 공동체는 항공우주산업 회사, 미 정부 집행기관 및 각 부문, 의회 위원회, 전문 조직, 대학 그리고 노동계로 이루어졌다.

거의 모든 산업 부문은 조직의 문화와 이해관계자들의 가치에 대한 기대치가 확립되는 빠른 성장기간을 거치면서 성숙해진다. 항공우주산업의 경우, 이 기간이 냉전 시대였다. 항공우주산업은 특히 정부와 관련성이 깊으며 커다란 시장 불황에 민감한 군사적 유산을 가진 산업적 특징이 있다.

냉전의 유산을 받아들이고 이해하는 것은 1990년 이래 항공우주산업계가 취했던 반응과 린 엔터프라이즈 가치 원칙들이 다른 산업계에 어떻게 적용될 수 있을 것인지 이해하는 데 도움이 될 것이다.

냉전 기간은 제2차 세계대전의 종전 직후부터 소비에트 연방이 와해될 때까지 거의 50년 가까이 유지되었다. 이 기간 동안에 성취된 것들을 나열해 보면 실로 놀라운 것들이다. 세계 그 어느 곳이라도 단 하루 안에 갈 수 있게 되었고, 심지어는 대기권과 우주까지 나갈 수 있게 되었다.

우리는 군용기와 놀라운 능력을 가진 스파이 위성을 만들어내어 배치시켰다. 우리는 오늘날 대부분이 당연하게 생각하고 있는 세계 모든 곳에서 일어난 사건을 즉각적으로 가정의 거실이나 회의실에서 이야기 할 수 있는 통신방법을 개발하였다.

제2차 세계 대전은 미국을 ‘초강대국’ 으로 바꾸어 놓았으며, 전 지구적 군사 및 정치적 문제에 간섭하고 떠맡게 만들었다. 미국이 예전에 수행한 모든 전쟁이 끝난 후에는 군사적 인프라가 과감하게 감축되었다. 그러나 제2차 세계대전 이후에 이런 감축이 단지 일시적으로 이루어졌다. 유럽과 태평양의 힘의 축이 벌인 ‘열전’ 이 끝나고, 소련과 공산주의와의 ‘냉전’ 의 길로 접어들었다. 이 냉전과 여기서 파생된 분쟁으로 인해 군사적 무장이 필요하게 되었다.

제2차 세계대전의 승리를 위해 미 정부와 미 항공우주산업계 사이의 공동협력이 다져져왔고 이제 그것은 ‘자유세계’ 의 수호라는 모습을 띄게 되었다. 미국의 항공우주산업 엔터프라이즈는 이런 노력의 중심에서 세계 그 어느 곳보다도 뛰어난 성능을 발휘할 수 있도록 설계된 첨단 기술 항공우주산업 시스템을 효율적으로 만들어내었다. 일상적으로 소리보다 빨리 비행하게 되었고, 달에 사람을 보내기까지 했다.

정부, 산업계 그리고 공공의 우선순위가 밀접하게 한 방향을 향하던 협력 관계는 1960년대 말에서 1970년대에 서서히 악화되어가기 시작하였다. 베트남 전쟁을 앞에 두고, 정부는 팽창된 국방 예산을 중점적으로 관리하기 위해 복잡한 프로세스를 만들어 시행하였고, 항공우주산업을 감독하기 위해 대규모 관료제를 정립하였다. 이에 대해 산업계는 크고, 보수적이며, 위험을 회피하는 엔지니어와 관리자로 이루어진 집단을 새로 만들어 대응하였다.

신뢰의 토대 위에 세워졌던 공적 사적 항공우주산업 공동협력 관계의 정신은 결국 사라지고 그리고 이와 함께 항공우주산업계의 도전에 대해 신속하고, 빈틈도 없고, 효율적인 국가의 대응이 되돌아갔다. 이렇게 되자 결국 '더 높이, 더 빨리, 더 멀리' 문화에 젖어있던 미 항공우주산업계 엔터프라이즈는 장기적인 산업의 생존에 불가피한 가격적합성의 중요성을 인식하는데 기민하게 대응하지 못하게 되었다.

이런 경직성으로 수조 달러로 세 번째 많은 연간 국방 예산은 냉전의 공감대에 의해 가려졌고, 미국의 전투 역사상 다른 그 무엇보다도 가장 효율적이었던 1991년 쿠웨이트에서 이라크를 몰아내는데 열쇠가 되었던 하이테크 항공우주산업의 힘을 보여주었다. 우리는 아마 미국의 냉전 무기와 기계에서 나오는 관료적 가격을 달가워하지 않았을 수도 있지만, 어쨌든 이 기계와 무기들은 필요할 때 약속된 대로 제공되었다.

걸프 전쟁의 정당성에 대한 변명에도 불구하고, 미국 국민의 우선순위는 1990년대에 소련의 붕괴에 따라서 국방이 아닌 다른 것으로 옮겨갔다. 냉전 시대 한창 때의 절반 수준으로 떨어져버린 군용 설비 시장의 가파른 붕괴는 정부와 회사의 관료체제, 복잡한 규제 그리고 위험 회피의 거대한 문화를 드러나게 하였다.

냉전의 군사적 업무를 관리하기 위해 필수적 측면이 있기는 하였지만, 이런 행정적 잔재는 미 항공우주산업계 엔터프라이즈의 공적 및 사적 구성요소 간의 새로운 생존을 위한 균형 관계를 찾는데 있어 방해가 되었다.

이 책의 후반부에서 나오는 개념을 효과적으로 전달하기 위해, 우리는 이 항공우주산업계의 위기로 이끌어간 제2차 세계대전 이후의 사건들을 분석할 필요가 있다. 외부 시장의 극적인 변동에 대처하기 위해 스스로를 반드시 변화시켜야만 하는 산업계는 많다.

항공우주산업계가 직면했던 어려움의 선례를 설명하는 것이 특정 산업계 주변 상황의 전후 관계를 감안하여 제시하는 해결책의 이해에 필요한 배경을 제공할 것이다. 이렇게 되기까지, 이 장과 다음 장에서는 제2차 세계대전 이후 정부와 항공우주산업계 사이의 밀접했던 공동협력 관계 악화의 이력과 항공우주산업 공동체가 냉전 이후의 시장 현실에 적응하는 것을 방해하였던 정부와 산업 제도의 등장에 관해 살펴볼 것이다.

이렇게 드러난 것을 따라가 보면 상업용 항공기나 위성과 같은 기술적으로 더욱 성숙기에 접어든 시장에서 산업 변화에 대응하기 위한 구체적인 난제를 이해할 수가 있다. 이런 통찰력이 1장에서 소개된 네 가지 핵심적인 사명을 효율적으로 그리고 효과적으로 충족시키기 위한 미 항공우주산업계의 약속이 지켜지는 것을 이해하고 린 엔터프라이즈 가치의 원칙을 적용하는데 도움을 줄 것이다.

1945-69: 시장이 낙관적이었던 25년

전후 호황

제2차 세계대전은 모든 미국 국민이 직간접적으로 영향을 받았을 정도로 미국 경제에 엄청난 영향력을 미쳤다. 그 전성기에 대규모 군 동원에 미국내 총 생산량(GDP)의 38퍼센트가 흡수되었고, 이는 다른 전쟁에 투자된 것보다 훨씬 더 많았지만(한국전쟁의 경우 14퍼센트, 베트남 전쟁의 경우는 9퍼센트였음), 태평양에서의 최종 승리 이후 빠르게 감소하였다.[1]

항공기 산업계는 오늘날보다 훨씬 많은 수의 전투기, 폭격기 및 정찰기를 생산하였다.(그림 2-1) 이런 항공기들은 승리에 필수적이었고, 발

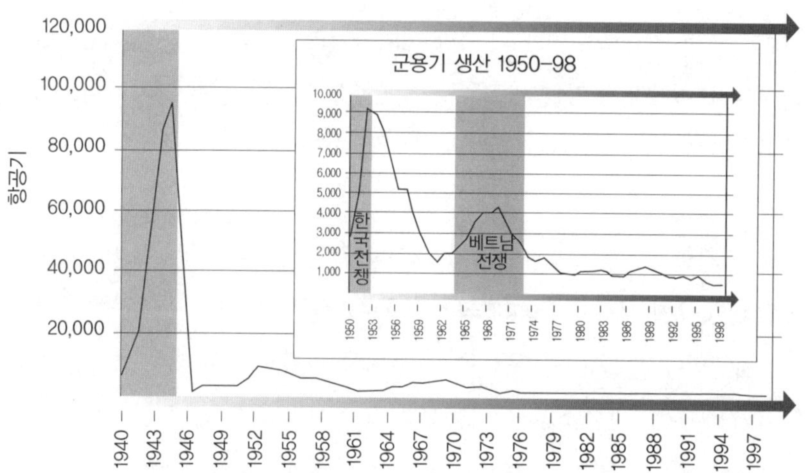

출처: 항공우주산업협회의 데이터, D. Patillo, Pushing the Envelop: The American Aircraft Industry(Ann Arbor, MI: The University of Michigan Press, 1998).

그림 2-1 미국 군용기 생산 추이

지 전투의 상공에서나 일본의 심장부를 향해 날아가는 등 전쟁 승리에 결정적인 역할로 대중의 상상력을 사로잡았다.

대공황의 궁핍과 전쟁 중 배급과 희생의 기간이 지난 후, 미국은 전후 경제호황을 누렸다. 세계 전역의 산업 시설이 파괴되었기 때문에, 피해를 입지 않은 미국의 공장들이 번창하였다. 항공우주산업도 번성하였고, 초음속 비행과 민간 수송의 새로운 세대를 가능하게 만든 제트 엔진과 미사일을 목표에 명중시키고 탑재물을 우주로 날려 보내는 로켓도 개발되었다.

일반 항공산업계의 경우, 업무용 항공기와 개인용 경비행기의 연간 생산량은 결국 1만 대를 초과하였고, 수십만 명의 제2차 세계대전 참전 용사와 조종사가 되기를 열망하는 사람들이 부분적으로 수요를 지탱해 주었다. 헬리콥터도 군용 및 상용 시장을 위해 개발되었다.

그리고 유도, 항법, 비행 및 화재 제어를 위한 항공전자 분야 혹은 '항공전자공학' 이라 불리는 새로운 분야에 수많은 전기공학 엔지니어들이 몰려들었다. 이런 발전으로 항공우주산업 회사의 건실한 성장은 숫자로도 나타났다.

민간 항공 운송은 1950년대에 급속하게 발전하였다. 새로 떠오르는 상업용 항공기 시장은 군의 자금지원으로 개발된 기체, 제트 엔진 및 항공전자공학 기술을 이용하였다. 항공 노선 경쟁은 규제로 인해 한정적이었기 때문에, 생산 효율에 대한 관심의 초점이 적은 대신 고객과 시장을 확대하기 위한 새로운 항공기 도입에 더 큰 관심이 주어졌다.

주요 항공사와 항공기 제조업체는 긴밀한 관계를 가지고 새로운 모델을 정의하고, 개발하고, 출시하기 위한 정기적으로 진행되는 상호작용이 이루어졌다. 미국과 유럽의 제조업체들은 시장 지배와 시장 점유율을 놓고 경쟁하였다.

제트 항공기 승객 서비스는 1952년 브리티시 드 하빌랜드 코멧[2]이 시작하여 몇 년 후 1958년 보잉 707의 도입으로 정규화되었으며, 맥도넬 더글라스의 DC-8기와 콘베어 880이 그 뒤를 재빨리 이어갔다. 민간 항공이라는 안락하고 가격도 적당한 글로벌 운송의 새로운 시대가 열렸다.

가족, 친구, 사업가들 그리고 정부 관료들은 이제 그들의 목적지가 지구상 거의 대부분 그 어느 곳이건 간에 하루 안에 갈 수 있게 되었다. 승객 마일리지는 꾸준하게 늘어갔고, 오늘날까지 실질적으로 줄어드는 일 없이 기하급수적으로 계속 증가하였다.(그림 2-2)

군의 항공우주 응용사업으로 다져졌던 '더 높이, 더 빨리, 더 멀리'의 우선순위는 재빠르게 상용 항공기 시장에 보금자리를 발견하였다. 1960년대 말, 보잉사는 747, 더글라스사는 DC-10, 록히드사는 L-1011 여

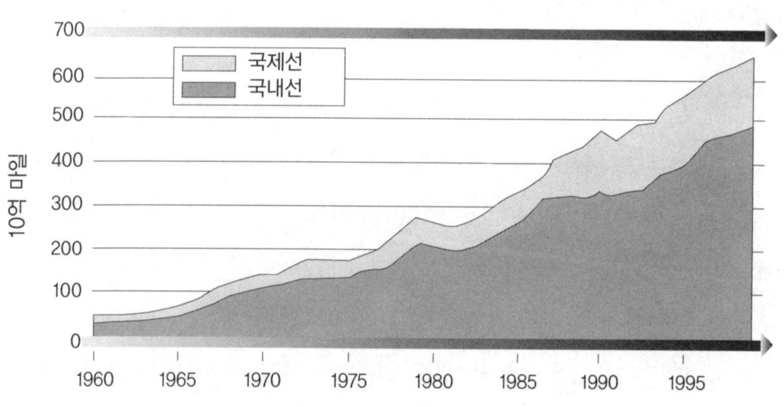

출처: Air Transport Association

그림 2-2 미 항공사를 통해 여행한 승객 마일리지 현황

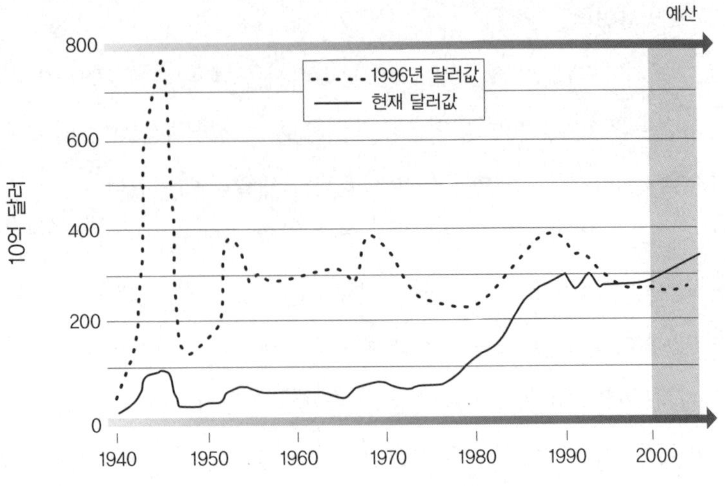

출처: 미국 대통령 비서실, '미국 정부 정부예산, 2001 회계연도'

그림 2-3 미국 국방 예산

객기 개발을 시작하였고 이 모두 적절한 가격으로 여행객의 장거리 운송을 겨냥한 것이었다.

군용 및 상업용 항공기 개발의 시너지 효과가 모든 곳에서 일어났는데, 747 프로젝트는 록히드사의 낙찰로 보잉사가 입찰에 실패하였던 대규모 군 수송기 C-5의 부산물이었고, 록히드사 L-1011의 전기 신호식 비행조종제어 기술은 군을 위해 개발한 기술로부터 나온 것이다.

국가 위상을 위해 항공우주산업을 매진하였고, 1960년대 말까지, 미국의 항공기 제조업체들은 빠르게 성장하던 세계 시장을 지배하였다.

제2차 세계대전 이후 국방 예산의 소비가 잠시 뜸했던 시기는 길지 않았고, 몇 년이 채 가지 않아 냉전 시대의 시작을 알리는 대규모 지출이 시작되었다.(그림 2-3) 나머지 냉전 기간 전체적으로, 심지어 오늘날

까지, 국가적 우선 순위의 변동에 따라 다소 많고 적음의 차이는 있지
만, 국방 예산의 지출은 거의 평균 3천억 달러에 이르고 있다.[3](이 장 전
체 내용 중에 언급되는 지출 비용은 1996년도의 달러 값이며, 그림에 나오는 수
치는 1996년도의 달러 값과 당해 연도 현재 달러 값이 함께 표시되어 있다.)

냉전

소련의 정치적 속셈은 1940년대 말에 체코 정부를 군사력으로 압박
하고 베를린 장벽을 세우면서 분명해졌다. 세계는 소련이 1949년 원자
폭탄을 시험했을 때에 충격을 받았으며, 핵실험으로 세계를 지배하고자
하는 소련의 야망으로 전 세계적으로 군사적 위협이 가해졌고, 1950년
대 초 소련의 북한 지원은 공포를 더욱 증가시켰다.

냉전 초기에 살지 않았던 독자라면, 그 시기에 살았던 사람들이 언제
어느 때라도 핵폭탄 공격으로 전체 도시를 쓸어버릴 수 있다는 공포에
시달렸음을 이해하기 어려울 수도 있을 것이다. 우리는 아직도 미국에
서만 수천만 명의 희생자가 나오는 일부 시나리오를 기억한다.

1950년대와 1960년대 초까지 계속 폭탄 대피소가 지어졌고, 학교에
서는 익숙한 화재 훈련과 함께 핵 공격 훈련이 진행되었으며, 라디오는
정기적으로 비상경보 시스템 테스트 때문에 중단되었고, 도시마다 피난
시의 대피 경로를 국민에게 알려주었다.

매일 같이 일어나는 일들은 냉전과 냉전을 둘러싼 맥락들은 대중들의
의식 중심에 자리 잡게 만들었고, 따라서 개인들이 우선순위를 정함에
있고 사회적 우선순위, 즉 소련의 위협으로부터 국가 안보를 지키고, 올
림픽에서부터 우주까지 모든 분야에서 소련과 경쟁하는 것을 반영하게

하늘의 스파이: U-2기

1950년대 초반 소련으로부터의 장거리 핵미사일 위협은 철의 장막 뒤에 있는 정보 데이터의 수집을 불가피하게 만들었다. 그러나 미국은 사진을 찍어야 할 곳, 미사일 수량, 혹은 배치를 알아낼 아무런 방법이 없었다. 아이젠하워 대통령은 MIT의 제임스 킬리안과 폴라로이드의 에드워드 랜드가 지휘하는 과학 태스크 포스의 자문에 따라 켈리 존슨과 유명한 록히드 비밀 공장(Skunk Works)에 강력한 카메라의 플랫폼으로 사용할 수도 있는 장거리 비행기를 개발을 명령하였다. 이 비행기는 소련의 요격기나 항공기 격추 미사일의 사정거리에 들지 않도록 훨씬 높이 날아야 했다.

이 비밀 공장은 (이 장의 후반부에 보다 상세한 설명을 하게 됨) 성공적으로 P-80 스타파이터와 국제적으로 사용된 F-104를 시간 기록을 세우며 개발하였다. 엄격한 보안과 최소한의 제약조건 및 감독 하에서 운영된 이 그룹은 단지 23명의 설계 엔지니어 만으로 첫 번째의 U-2 정찰기를 8개월 만에 개발할 수 있었다. 1956년, 단지 10개월 후에 이 비행기를 통한 작전이 이루어지게 되었다.[4]

이 U-2기는 기술적인 업적과 성취라는 측면에서 볼 때 값진 보석이기도 했다. 벤 리치가 기록한대로 '라인의 끝에서 우리는 실질적으로 총 U-2기 생산 비용의 약 15퍼센트를 CIA로 되돌려 줄 수 있었는데 … 그 이유는 비밀 공장과 U-2기가 너무나 환상적으로 작동이 이루어졌기 때문이었다. 이것은 아마 군과 산업계 합작 사업의 역사 속에서 비용이 계획보다 덜 들어간 단 한 번의 사례가 될 것이다.[5]

이 U-2기는 프랜시스 개리 파워스가 조종하던 비행기가 1960년 5월 1일 간접 미사일에 격추되기 전까지 4년 동안 효과적으로 임무를 수행하였다. 이 비행기는 오늘날에도 계속 군사적 및 민간 임무를 가지고 운행되고 있으며, 이는 서비스를 시작한 이래 거의 50년 동안 계속되고 있는 것이다.

되었다.

군사적 측면에서 무수한 임무와 응용을 하기 위한 새로운 항공기의 물결이 하나하나 뒤를 이어 나왔다. 개발된 지 1년도 안되어 노스아메리카 F-86 세이버 제트기는 그루먼의 F9F 팬더와 함께 한국 전쟁에서 사용된 미국의 제트 항공기 가운데 하나였다. 이와 동시에, 보잉 B-47 멀티제트 폭격기가 '강제로 밀어내기 식으로' 즉, 가능한 한 빨리 만들어 내는 방식으로 개발되었는데, 이것은 원자폭탄을 나르기 위한 것이었다.

그리고 그 당시 가장 빠른 비행기였던 핵폭탄 수송기 콘베어/제너럴 다이내믹스 B-58 허슬러를 포함한 더 급진적으로 이루어진 모험도 있었다. 시간이 가장 본질적인 요소였고 위험은 전쟁의 위험으로 간주되었다. 국방 예산은 연방 경비 지출의 대부분을 차지하였고, 이것은 모두 국민의 강력한 지지를 받았다.

항공우주산업의 다른 영역의 경우, 1950년대 중반 정보기관의 미사일 갭에 대한 경고에 의해 소련이 이미 우월한 핵 미사일 공격력을 축적했다는 국가적 인식이 생기게 되었다. 미국은 아틀라스와 미니트맨 대륙간 탄도미사일(ICBM)은 물론 보다 정확한 정보 데이터 수집을 위해 U-2기와 SR-71 스파이 비행기 및 코로나 스파이 위성을 개발하여 이에 대응하였다.

이 시기에 항공우주산업계의 생산능력은 국가 및 국제 정치문제에 따라서 복잡 미묘하게 엉켜버렸다. 1960년 5월 1일 격추된 U-2기의 조종사 프랜시스 개리 파워스 때문에 소련 수상 후르시초프와 아이젠하워 대통령 간의 회담이 무산되었다. 그리고 '미사일 갭'에 대한 책임은 아이젠하워 정부를 겨냥한 존 F. 케네디 진영의 1960년 대통령 선거 캠페인의 전략이 되었다.

우주의 스파이: 코로나 위성 프로그램

프랜시스 개리 파워스가 격추되기 이전에도, 미 국방 지도자들은 U-2 기에 대한 소련 미사일의 잠재적 위협을 고려하였다. 그들은 소련 ICBM 기지의 사진 정찰을 할 수 있는 대안을 필요로 하고 있었다. 1956년에 랜드 코퍼레이션(Rand Corporation)의 연구가 우주 인공위성 플랫폼 개발을 촉발시켰다. 이 개발은 1958년 2월에 아이젠하워 대통령의 재가를 받아 이중으로 분류된 프로젝트로서 시작되었는데, 하나는 기밀 취급이 이루어지지 않은 우주선 연구 프로그램이었던 디스커버러와 코로나로 불렸던 1급 기밀의 필름 재생 부문이었다. U-2 기의 사고 이후에 이 부문의 노력이 가속화되었다.

초특급 비밀기관이었던 국가정찰사무국(NRO)의 지휘 하에 록히드사는 인공위성을 개발하고 아이텍 코퍼레이션의 카메라와 제너럴 일렉트릭의 대기권 재진입 우주선 설계를 이용하여 제작된 회수 캡슐로 구성된 시스템을 통합시키는 책임을 부여받았다.

이 시스템은 원래 B-58의 보조 추진체로서 설계되었고 나중에 아제나 인공위성의 추진체가 되었던 로켓 모터의 도움으로 저궤도 비행을 할 수 있도록 프로그램 된 더글라스의 소중거리 탄도미사일(Douglas Thor IRBM)을 통해 발사될 예정이었다.

이 프로젝트는 쉽지 않았다. 3개의 운반체를 소진하고 나서야 궤도에 위성을 실어 보내기 전까지 사진을 하루 동안 찍어 보내고 그 필름을 지상에서 안전하게 회수하는 일을 할 수 있게 되었다. 이 임무는 점점 더 성공적인 작전이 이어지면서 계속되었다.

1964년에 일부 엄밀한 시스템 엔지니어링이 실행에 있어서 중요한 개선이 이루어진 덕분에 신뢰도가 90까지 상승하였다. 코로나는 1960년대의 10년 동안 세계적인 광학 정찰정보의 가장 중요한 수집자가 되었다.

이런 전략적 미사일과 정찰기 프로그램은 비밀의 장막 속에서 고위 계층의 정치적 지원을 향유하였고 중요한 기술적 진전을 필요로 하였다. 이 이야기에서 더욱 중요한 것은 이 프로그램들이 최소한의 감독하에서 실질적인 신뢰를 바탕으로 하는 소규모의 팀처럼 기능하여, 정부와 산업계가 밀접한 협력관계에서 이루어지는 효율성과 효과를 나타내었다는 점이다.

정부나 회사의 정상적인 관료주의 같은 형태의 낭비는 최소화 되었다. 그리고 개발자들은 드물지만 불가피하게 일어날 수도 있는 실패로 인해 프로그램이 취소될 염려 없이 신중하게 위험을 대할 수 있었다.

이와 비슷한 실행 역시 보다 비밀이 없던 다른 조직에서도 효과적이었다. 제2차 세계대전이 끝나고 얼마 되지 않았던 시기에는 극도로 경쟁적이고, 거의 발작적인 속도로, 각 회사들로 하여금 고객의 지원과 교사를 받아 첫 번째 비행이 이루어지기까지의 시간을 가속화시켰던 것이 특징이었다. 각 조직은 '린(lean)' 하였는데, 고도로 동기부여가 이루어진 규모가 작은 다기능 팀에서 성장한 사람들로 요원이 구성되었기 때문이었다.

정부 및 민간 고객과 항공기와 우주선의 공급업체 간에 밀접한 작업관계가 형성되어 있었다. 규격과 규제는 군이나 민간 항공위원회 및 민간 항공관리국의 기준에 적절한 수준이었지만 나중에 보다 규제적이고 비용을 잠식하는 조직이 되었다. 좌우명은 가장 먼저, 가장 최상으로 그리고 가장 최고로 목적지에 도달하는 것이 되었다.

비밀 공장

아마 냉전 초기의 클라렌스 '켈리' 존슨의 지휘 하에 있었던 록히드의 비밀 공장과 같이 기반구조를 갖춘 생산시설을 더 잘 설명해주는 조직은 없을 것이다. 록히드의 비밀 공장은 조직적으로 은폐되었으며, 그 자체를 과잉감독이나 더 광범위해진 항공우주산업 엔터프라이즈의 관료주의로부터 보호하기 위해 록히드의 주 부문과 별도로 분리되어 있었다.

이렇게 나중에 '켈리' 의 규칙으로 알려진 규칙에 따라 운영되었던 고도의 재능을 가졌던 조직은 놀라울 정도의 적은 비용으로 기록적인 시간 내에 군용기를 만들어냈다. 여러 가지 방식으로 켈리의 법칙은 오늘날의 린 엔터프라이즈 실행을 짜임새 있게 맞추어 놓은 것이었고,(6장에서 소개) 당시의 항공우주산업계에 대해 '미래로 다시 되돌아가는' 것과 같은 탐색의 길을 제시하고 있었다.

이 필수적인 비밀 공장의 실행은 고도의 기밀을 요하는 프로그램에 있어서 특히 효과적인 면모를 보여주었다. 코로나 위성 개발을 예로 들면, 프로그램의 성공이 정부 고객의 인정에 달려 있었기에 이 새로운 기술은 위험을 감수하면서도 계속해서 자금 지원을 하겠다는 고객의 의지가 필요했다.

고객 팀의 조직도 비밀 공장을 본떠서 만들어졌으며, 철저한 보안 속에서 U-2기를 만들어냈다. 아주 작은 정부 프로그램 사무실에서 계약자와 함께 일하느라 상당한 시간이 소비되었다.

그리고 각 계약자는 그들의 팀을 소규모로 그리고 고도로 통합시켜 유지하였고, 기본적인 디스커버리 위성을 제외한 나머지 모든 부분은 보안 유지의 혜택을 받았다. 요구된 변경사항에 대한 대응은 실질적으로 '바로 그 자리에서' 이루어졌다. 엔지니어링, 제조 그리고 조달 활동은 모두 기밀 처리되어 자체적으로 이루어져 숨겨졌다. 그 곳에는 극한적으로 높은 기대치, 동기 부여 및 사기가 충만한 경쟁적인 팀이 존재하였다.

그러나 이 비밀 공장의 경우와는 달리, 이런 능률적인 환경은 한시적으로만 유지되었을 뿐이다. 앞으로 우리가 보게 되는 것처럼, 냉전 초기 시절에 착수된 수많은 국방 시스템 프로그램들이 예산 지출의 우선순위 결정과 전반적으로 조화가 이루어진 군사력 달성을 위해 다양한 시스템의 상호작용을 조정하는 일로 미 국방부의 관리 부문에 스트레스를 주었다.

비밀 공장의 개념과 비슷하게 만들어진 많은 정부와 산업계 조직들은 대규모 냉전예산과 프로그램 감시를 위해 도입된 정부와 회사측 관료주의에 의해 슬그머니 다가오는 감독의 눈길에 결국 저항할 수 없었다.

스푸트니크의 도전

1957년 10월 4일 러시아 스푸트니크 인공위성의 발사는 아마 이 시절에 가장 중요한 항공우주 부문의 사건이었을 것이다. 비록 작고 직접적인 군사적 가치도 없는 것이었지만, 스푸트니크 위성은 국가적으로 소련의 기술 우위에 대한 공포를 강화시키는 항공우주 부문의 반응을 이끌어낸 촉매 작용을 하였다. 몇 개월이 채 지나기도 전에, 미국의 '우주 동원'이 이루어졌다.

1958년의 우주법(Space Act)은 NASA를 만들었다. 국방부의 로켓과 인공위성 프로그램 작업이 가속화 되었으며, 국방부은 자체 '국방고등연구기획청'을 설립하였다. 새로운 과학과 엔지니어링 과목이 대학에서부터 초중등 학교에 이르기까지 전국 교육 시스템에 도입되었다. 그리고 우리는 아폴로 프로그램이 등장하는 것을 보았으며, 이는 아마 20세기에서 가장 큰 기술적 성취일 것이다.

1960년에는 인간이 실제로 달에 발을 딛는다는 게 불가능해 보였다.

그 10년이 끝나기도 전에, '로켓 과학자'들은 문명 세계에 믿을 수 없는 성취를 가져다주었는데, 그 하나가 사회적 문제에 관해 그렇게 인상적인 일상적 판단기준이 되었던 말로, "만일 우리가 사람을 달에 보낼 수 있다면, 왜 우리가 … 도 해결 못하겠는가?"라는 말이었다.

아폴로 계획은 가장 최상의 영민한 재능을 가진 사람들을 매혹시켰음은 물론, 세계적인 주목을 받았다. 그 많은 '최초의 것'들 중에는 소련에 비밀리에 진행했던 주요한 일들을 전세계를 대상으로 실시하는 위성 TV 생중계도 포함되어 있었다.

아폴로 계획이 이룩한 그 좋은 성과에도 불구하고, 산업계와 사회에 부정적인 부작용도 있었다. 이것은 엔지니어링과 비행 영웅들을 많이 만들어냈지만, 프로그램 그 자체는 대규모의 관료주의와 그 인프라를 생성시켰다. 그리고 이런 것들이 자라면서, 항공우주산업 부문을 직업으로서 선택했던 많은 사람들의 기대 역시 너무나 자주 그런 일을 겪었다.

새로운 프로젝트는 아폴로 도전 계획에 필적 하거나 혹은 그 이상이 되었을 때에만 흥미가 있었다. 그러는 동안에, 사회적 우선순위는 거의 10년간 지속된 아폴로 계획 기간 중에 변화하였다.

1960년대 초기에 미국인들은 교육 시스템이 그 크기나 엄밀성 면에서 부족함을 인식하게 되었고. 엔지니어나 과학자의 수는 절대적으로 부족하였다. 그러나 1970년대에는 반대로 역전되는 현상이 일어났다. 한때 그렇게 절실하게 엔지니어나 과학자가 되기를 열망하던 수천 명의 사람들이 실업자가 되었다. 이 모든 일이 한때 혁신이 존재하고 있었던 곳에 숨막힐 듯한 제도화가 형태를 잡아가는데 기여하였다.

스푸트니크 위성의 발사는 또한 통신, 기상관찰 및 기타 다른 여러 감시 기능의 데이터 수집 및 전송을 하기 위한 우주기지 시스템 가능성의

NASA의 예산: 올라간 것은 반드시 내려오기 마련

항공우주산업은 아폴로 프로그램이 진행되는 동안에 그 진정한 전성기를 맞았다. 그렇지만 이 여세가 지속될 수 있었던 것일까?

NASA의 예산은 급격하게 상승하여 59.3억 달러에 이르렀다.(그림 2-4) 이는 연방 예산의 4.4퍼센트에 달했다. 1965년에, 1961년의 NASA 고용 인원 1만7천 명 대비 두 배로 늘어난 3만3천 명을 넘어 섰고, NASA 프로젝트를 위해 일하는 전국의 고용인력을 다 합하면 약 41만 명에 달하였다.[8] 국가적인 기반구조가 등장하였고, 텍사스, 앨라배머, 플로리다 그리고 캘리포니아의 중심부에서 밖으로 퍼져나가며, 우주 탐험을 위해 무인 우주과학 임무의 선두를 달리던 화성 탐사를 포함한 유인 및 무인 우주계획을 지원하였다. 아폴로는 국민들과 의회에 무인 우주탐사를 위해 자원을 이끌어낸 우주 프로그램이라는 인식을 하게 만들었다.

아폴로 프로그램 예산 지출의 정점을 지나 NASA 예산 규모는 내리막길에 접어들어 60퍼센트 이상 줄어들었다. 1970년대 초를 보면 NASA 예산 2/3가 삭감되어 10억 달러 수준으로 떨어져서 연방 예산의 1퍼센트 혹은 그 미만으로 오늘날처럼 유지되는 수준이 되었다.

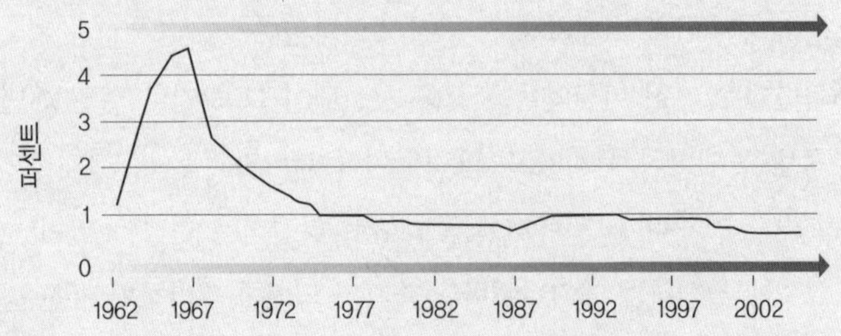

출처: 미국 대통령 비서실, '미국 정부 정부예산, 2001 회계연도'

그림 2-4 미 연방 총 예산 대비 NASA의 예산 규모 추이
(연방 총예산 대비 백분율)

문을 열었다. 1960년대 말에, 이런 시스템에 세계 첫 번째 기상위성 시스템(TIROS)과 첫 지구자원 기술위성(ETRS)과 같은 군사용 및 민간용 통신위성이 포함되었다.

우주를 통한 상업용 통신은 지상 유선망을 보완하기 위한 필수적인 방안으로 인식되었고 정부 투자와 이와 비슷한 콤샛(Comsat)[9]사의 사설 투자로 개발 프로그램에 대해 공동 자금지원이 이루어졌다.

이 외에도 국방부는 국방지원 프로그램 발사체에 탑재시켜서 적외선 센서로 탄도 미사일 발사의 조기 경보와 함께 영상이나 전자 정보를 제공하는 일련의 감시 우주선 계획도 수립하였다. 스푸트니크 위성 발사 후, 12년 만인 1969년에 이미 645개의 인공위성이 지구 저 궤도에 발사되었고, 초기 10년 동안은 빈번한 발사 실패가 있었지만 그 이후에는 실패가 자주 일어나지는 않았다. 비록 14번의 실패가 있었지만, 지구의 중력권을 벗어나 깊은 우주를 향하는 또 다른 42개의 성공적인 발사가 이루어졌다.

연이은 성공이 미래 위기의 전조가 됨

이미 이야기한 것처럼, 이 시기는 항공우주산업계에게 있어서 낙관적 전망이 팽배했던 사반세기였으며 정부, 산업계, 기술인력 그리고 미국의 시민들 상호 간에 항공우주산업의 중요성을 지지해 주었다. 국방의 공공 우선순위와 국가적 위신은 기술적 발전을 만들어갔다.

정치적 사건들은 그에 대한 대응방안을 만들어내었고, 니즈를 충족시키기 위해 제도가 새로 만들어지거나 형성되었다. 애국심이 있고 재능이 있는 사람들은 국방과 민간 응용분야 두 분야로 들어갔다. 미국 항공우주산업계 주요 회사의 수는 1960년대 합병이 이루어지기 전 1950년대에 18~23개였던 것이 16개로 줄어들었다.

제2차 세계대전의 기억이 아직 생생할 때에, 또한 냉전의 공포가 생생할 때에는 사회 전체적으로 궁극적인 성공을 위한 실패가 불가피함을 이해하면서 위험을 기꺼이 감수하였다. 실험에 사용된 항공기의 손실이 있었지만, 성공을 향한 진전은 가속화 되었고 용감한 테스트 조종사들은 자기의 생명을 바치기도 하였다.

이런 조건 하에서, (제도적 낭비와 감독으로 인해) 외부와 완전히 단절되어 있던 정부와 산업계 팀 간의 공동협력 작업은 항공우주 프로젝트를 경이로운 수준의 효율성과 유효성으로 이룰 수 있게 하였다.

산업계 홀로 정부의 냉전 지출의 혜택을 입은 것은 아니다. 자금 지원은 국가적 니즈의 충족을 위해 필수적인 기술과 지적 자산을 만들어내는 파트너로 간주되었던 대학 연구실로도 흘러 들어갔다.

새로운 엔터프라이즈, 새로운 팀 그리고 더 높이, 더 빨리 그리고 더 멀리 날 수 있는 제품을 창조하는 데 일차적으로 초점이 맞추어진 새로운 지식이 재빠르게 전체 미 항공우주산업계에서 형성되기 시작하였다. 이것은 개척 정신을 불러 일으켰고 아직까지 미 항공우주산업계의 문화에 심오한 영향을 미치고 있다.

냉전으로 탄생된 군산업계 복합체는 미 항공우주산업 엔터프라이즈로 하여금 그 정점에 도달하게 만들었다. 그렇지만 이와 동시에, 우리가 그렇게 잘 할 수 있었던 실행도 잠식하기 시작하였고, 변화하는 국제적, 국가적 조건에 신속하게 적응하는 능력을 제한하여 냉전의 종말 이후 이에 따른 그 여파가 드러나기 시작하였다.

1970-98: 국가적 우선순위의 변동

냉전 (제2부)

냉전 시대 후반부의 큰 이야깃거리는 미국의 새로운 설비, 즉 군 항공 우주산업계의 일용할 양식이라고 할 수 있는 군사 지출이 롤러코스터를 탄 듯이 오르락내리락 하였다는 점이다. 베트남 전쟁 후, 1969년 1천 억 달러 이상의 정점을 기록한 이후에 국방부의 연간 조달 예산은 연방 정부 역시 동남아시아에서의 패주 이후 군사 문제에 관해 대중의 확신을 잃었기 때문에 1970년대 중반에 4백 억 달러 수준으로 곤두박질쳤다.(그림 2-5)

카터 대통령 시절에 매년 조금씩 계속 예산이 증가하면서 1980년대 후반에 중부 독일의 평원과 숲에서 나토와 바르샤바 조약군 간의 지속적인 대치와 소련 핵무기의 전략적 위협에 대한 국민의 우려가 동기가

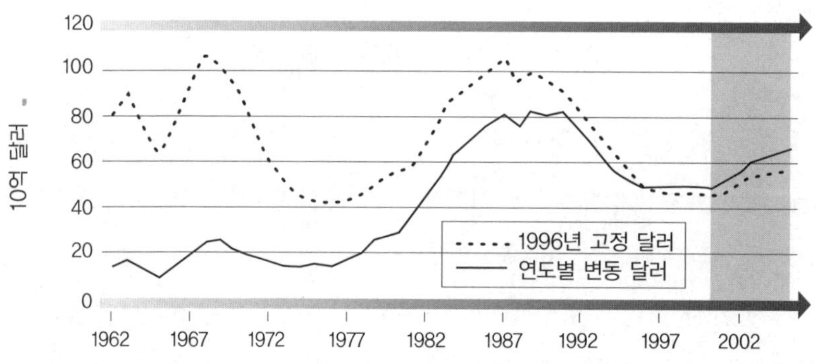

출처: 백악관 관리 및 예산 사무실 데이터(2000년)

그림 2-5 미 국방부의 조달 예산

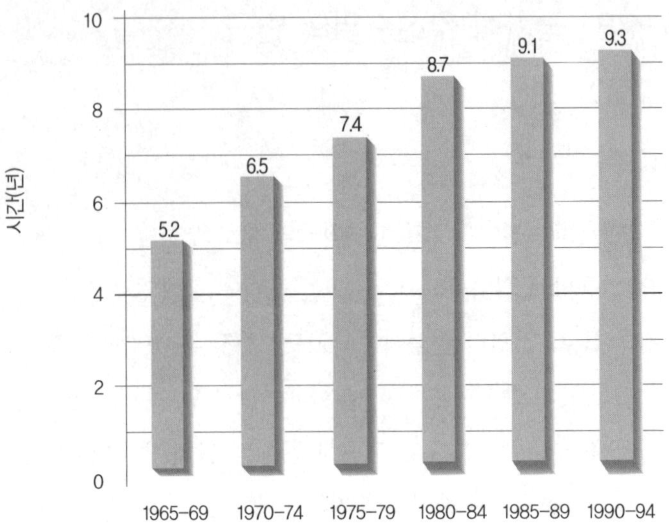

출처: RAND SAR 데이터베이스 데이터. J.M. Jarvaise, J.A. Drezner, and D. Norton, 'The Defense System Cost Performance Database: Cost Growth Analysis Using Selected Acquisition Reports' (Santa Monica, CA.: The RAND Corporation, 1996), MR-625-OSD. (1994년 12월 현재) 모든 주요 국방 획득 프로그램에 대한 가용 데이터의 평균치를 취한 것임. 1970~74년 동안에는 일부 장기 가동 프로그램 데이터가 SAR 보고 요건에 들어갈 수 없도록 날짜가 앞서 있기 때문에 SAR 데이터베이스에 포함되지 않았을 수가 있음.

그림 2-6 미국 주요 국방 시스템 개발 기간

된 '레이건 증강' 정책 집행 시기에 무기 시스템 획득 자금 수준은 다시 1천 억 달러 수준까지 회복되었다.

냉전 시대 초기에 형성된 경향이 계속 되면서, 미 국방부는 예산의 수준에 관계없이 소련과 전 세계적 사생결단의 싸움을 이야기하면서 새로운 설비에 대해 비용보다 성능을 강조하였다.

군사 시스템의 복잡성이 증가하고 전투에서 스텔스기나 스마트 폭탄

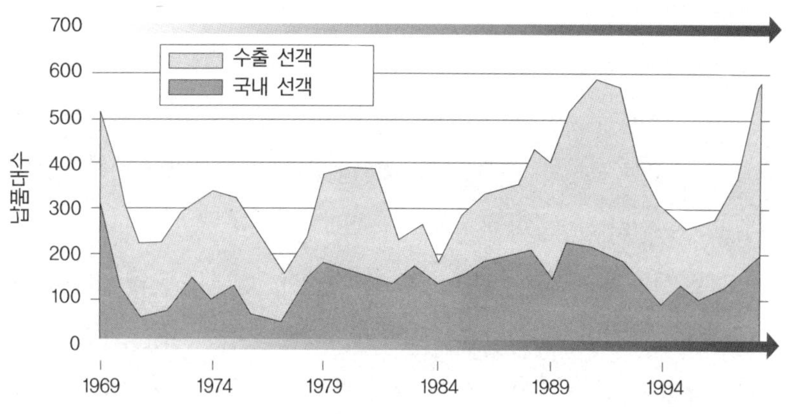

출처: 미국 항공우주산업협회 데이터

그림 2-7 미국 민간 여객기 납품 실적

과 같은 보다 복잡하고 기술적으로 더욱 정교한 시스템이 요구되고 있었기 때문에 항공우주산업계 회사들도 1970년대와 1980년대에 신속하고도 부지런하게 움직였다. 개발 시간과 비용도 제품과 제도의 복잡성과 함께 증가하였다.

비용이 너무 많이 들어가는 문제는 일정을 늘리고 지출 시점을 지연시켜서 해결하였다. 주요 국방 무기 시스템 개발 기간은 냉전 시기의 후반에 80퍼센트 증가하였다.[10](그림 2-6) 이에 따른 필연적인 비용 증가나 관련 예산 문제 때문에 정부의 감독이 더 강화되었고, 이 때문에 산업계의 유연성을 떨어뜨렸다.

1980년대를 통해 국가가 발전하면서 미 항공우주산업 엔터프라이즈의 국방 제품들이 대중의 확신과 자금 지원을 다시 얻게 되었다. 국방 예산의 크게 삭감되었던 1980년에 시작된 레이건 증강 정책은 개혁 필요성을 회피하였다.

국방예산의 삭감은 냉전 기간의 군 항공우주 업무를 관리하는 데 있어 과도한 행정적 부담을 드러내었고, 이런 자비로운 은혜는 나중에 볼 수 있는 것처럼 실질적인 연방 지출예산에 그대로 의존하게 되어버리는 저주로 바뀌었다.

상업용 항공기 사업은 1970년대 초기와 1980년대 중반의 불황을 겪어가면서 자체적인 롤러코스터 같은 경기의 흐름을 탔다.(그림 2-7) 제트 운송기술 때문에 가지고 있던 정기 항공기들을 폐기 처분함에 따라 베트남 전 이전에 가지고 있던 기민성도 없이, 그리고 정기 항공편의 자본재편성을 할 수 있는 기술도 없는 상태에서 상업용 항공기 사업은 심각한 타격을 받았다. 일부 회사는 사업을 접었고, 살아남은 회사는 비틀거리고 있었다.

민간 항공기 시장은 과거의 우선 순위였던 스피드와 높이의 중요성이 떨어지고 비용, 환경적 영향 그리고 소비자 보호 문제가 전면에 부상하였다. 민간 우주 탐색의 경우, 납세자들은 국가재정을 사용할 우선순위를 우주항공에서 다른 국가적 이슈로 변경하였기 때문에, 국가는 아폴로 계획과 같은 집행 대신에 예산이 한정된 프로그램을 선택하였다.

우리는 이 단원을 베트남 전이 미친 영향과 공산주의의 와해로 인한 종식 그리고 걸프 전쟁의 승리 이야기로 시작하였다. 우리가 겨냥한 것은 미국의 공공 우선순위 때문에 미 항공우주산업 엔터프라이즈의 궤적이 어떻게 그려졌고, 대처 준비가 거의 되어있지도 않았던 상황에서 냉전의 종말을 맞이하게 되었는지를 보여주기 위한 것이다.

베트남 전쟁 이후 예산의 골

제2차 세계대전이 미국 사회를 변화시킨 것처럼, 1960년대 말과 1970년대 초 베트남 전쟁의 종식도 역시 그런 영향을 가져왔다. 이 전쟁은 동남아시아에서 이른바 '도미노 현상' 처럼 공산주의 확산에 대한 우려가 커지면서 일어난 것으로 나라는 극렬하게 두 부분으로 양분되었다. 많은 사람들이 국가안보에 직접적인 위협을 주지 않았던 적에게 전쟁을 일으키기까지 한 미국의 정당성에 의문을 제기하였다.

베트남에서 전쟁이 정점에 이르렀을 때에, 국방 예산은 제2차 세계대전 당시 예산 최고치의 거의 절반 수준에 도달하였다.(그림 2-3) 대형 B-52 폭격기, 해군 및 공군 전투기와 공격기로 수행된 대규모 차단 작전 그리고 공격과 구조 작전에 투입되었던 육군의 휴이(Huey) 헬리콥터와 같은 공군력이 가장 두드러졌다.

이 전쟁은 사상 처음으로 텔레비전을 통해 중계방송이 이루어진 전쟁이었으며, 그 모두 새로 개발된 위성 통신기술 덕분에 '최전선에서 생방송' 되었다. 일반 국민들은 매일 사건에 대해서 야만스럽게 주의를 기울이고 있었으며, 전쟁을 반대하였던 많은 사람들이 이 쓸데없는 전쟁의 한 부분으로서 그 당시의 하이테크, 고성능 항공우주산업 무기 시스템을 보았다.

미국 내는 긴장된 상태였으며 군대는 싸우고 가시적인 승리 없이 전사자가 발생하며 귀향하는 일이 생겨났다. 1973년 1월 27일, 미국은 이 과실 없는 전쟁의 합의 종결에 서명하였다. 1975년 4월 30일 미국 대사관 직원이 사이공의 대사관 옥상에서 헬리콥터로 마지막으로 대피하는 장면이 사진으로 촬영되어, 역사적인 사진이 되었다.

　미국은 이미 사이공이 함락되었을 때에 10년 간의 사회적 격변이 요동친 상황을 겪었다. 국가 예산의 우선순위에도 의문이 제기되었다. 미국 모든 계층의 국민들이 개인적인 그리고 국가적인 목표를 다시 살펴보았고 냉전 중에 수립되었던 제반 제도들에 대해서 의문을 제기하였다.

　새로 떠오른 국민의 우선순위는 미 항공우주산업 엔터프라이즈와 그 산출물과 시스템의 기대 가치에 대해 중대한 영향을 끼쳤다. 냉전과 상존하던 소비에트의 위협에도 불구하고, 점점 더 많은 미국의 국민들이 군산 '복합체'의 국가 방위 우선순위를 더 이상 함께 공유하지 않았다. 국민들은 세금으로 낸 돈이 값비싼 군용기나 우주선을 만들기 위해 사용되는 것에 대해 거의 가치를 부여하지 않았으며, 국방 지출의 대폭 삭감을 지지하였다. 이에 따른 정치적 대응으로 인해 1970년대 국방 예산의 우선순위는 세 번째로 내려갔다.

　국민의 조급함은 실제 돈이 쓰이는 곳에만 한정되지 않았다. 1969년에, 상원에서 이른바 '맨스필드 수정안'이 통과되었는데, 이것은 '특정 군사적 기능이나 혹은 작전과 직접적이고 명백한 관계가 없는' 연구활동에 군사 자금의 지원을 금지하는 법안이었다.[11] 이로 인해 일어난 일 중 하나는 1974년 항공우주 부문 총 연구개발비의 40퍼센트가 감소한 것이었다.

　국방에 관련된 일들이 삭감되었거나 혹은 대학으로부터 분리되었다. 항공우주 부문의 학위를 따기 위해 공부하던 학생들은 1970년에서 1975년 동안에 실질적으로 감소하였으며, 오늘날 체감하고 있고 향후 20년 동안 이어질 이른바 '잃어버린 세대'를 만들어내었다.

'린'으로 갈 수 있었던 기회의 상실

1961년에 케네디가 대통령이 되면서 전직 포드 자동차 회사의 CEO였던 로버트 맥나마라(Robert McNamara)를 국방장관으로 지명하였다. 맥나마라는 몇몇 경영 귀재들을 워싱턴으로 데리고 왔는데, 그 중에는 연간 국방성 예산의 개발과 조정을 관리하기 위해 이른바 기획예산제도(PPBS)라 부르는 새로운 실행 방법을 도입한 찰스 히치가 있었다.[12]

이 실행 방법은 전체적인 병무행정의 계획수립, 프로그래밍과 의사결정의 단일화를 겨냥하고, 인력이나 자재 같은 일반적 기능 영역의 추상적 계획수립보다는 대안적 프로그램에 관한 보다 더 구체적인 다년간 계획수립을 할 수 있도록 새로운 프로그램을 개발하고 자금 지원을 하기 위한 통제된 단계적인 접근방법이 포함되어 있었다.

PPBS는 확실히 효과적인 군사 업무를 제공하면서 국방부 사무 요원들에게 이전의 그 어느 것보다 정밀한 옵션과 나은 프로그램 정보를 제공하였지만, 장기적인 비용도 없지 않았다. 이것이 끼친 영향 중에는 군과 계약자간의 밀접하고 가장 효과적인 관계, 즉 문제와 해결책을 조기에 가시화할 수 있도록 프로그램의 이슈에 관해 지속적인 논의를 통해 구축되는 활발한 협력 관계를 소멸시켜 버린 것도 포함되어 있었다.

따라서 이 새로운 지휘 통제 접근 방식은 공동 연합팀으로부터 시장원리를 따르는 상거래 관계로 패러다임 전환을 가져왔다. 많은 전문 군획득 부대가 PPBS 프로세스를 지원하기 위해 커졌으며, 산업계에서도 자체적으로 자신의 이익을 보호하기 위해 이에 대응하는 인프라를 확립하였다. 이 현상은 부분적으로는 경직성, 관료적 복잡성 및 위험 회피가 만연한 국방 문화 형성에 기여하였다.

베트남 전쟁 이후 다가온 혹독한 예산 삭감은 관료주의 낭비의 지출을 벗어 던지고 히치의 PPBS로 상징되는 프로세스를 개혁할 수 있는 기회였다. 그러나 1950년대에 성공적으로 사용되었던 린 프로그램과 관리 실행으로 되돌아갈 수 있는 기회는 상실되었다. 국민들은 다시 국방 지출을 지지하기 시작하였다.

국방 예산은 베트남 시대로부터 10년 후인 1979년에 정점에 도달하면서 캐스퍼 와인버거가 국방장관이 되면서 평시 수준을 기록하고, 1990년 초 냉전 종식이 일어날 때까지 결코 그 어떤 중요한 이유로도 다시 내려가는 일 없이 지속되었다.

다음 장에서 우리는 상대적으로 현저하게 작았던 냉전 이후 항공우주산업 시장 조정을 시도했던 대규모 정부와 산업계 관료주의가 군 항공우주산업계 엔터프라이즈에게 주었던 불행한 영향력에 대해서 알아볼 것이다.

상업용 항공기로 우선순위의 이동

미국의 군 항공우주산업계만 1970년대에 국민의 지지를 잃은 것은 아니었다. 미국의 초음속 운송(SST) 프로그램도 상원에서 국제 경쟁에 미국이 진입하는 것을 종식시키면서 1971년에 공공 우선순위의 변경에 따른 희생양이 되었다.

1960년대 초기에 제트 운송이 상용화된 지 10년도 안 되어 지구의 둥근 모습을 볼 수 있는 높은 고도로 날면서 아음속 제트기보다 두 세배 빠른 속도로 비행할 수 있는 초음속 운송 수단을 만들어내기 위해 정부 자금 지원을 받는 국제 경쟁이 시작되었다. 그러나 이렇게 크고 국가적 위신이 걸린 프로젝트는 프로젝트가 한창 진행중인 와중에서 형성되어 고조된 환경적 우려에 빠지고 말았다.

그러는 가운데 1960년대에 개발이 시작되었던 점보제트기들(보잉 747, 더글라스 DC-10, 록히드 L-1011)이 1970년대 초의 불황으로 항공기 판매대수가 급감하였을 때에 서비스에 들어갔다. 제너럴 다이내믹스는 상업용 항공기 사업으로부터 빠져 나온 상태였다. 자체 롤스로이스 엔진의 기술적 지연은 록히드 제품에 타격을 입혔고, 회사는 파산을 면하기 위해 정부 보증 차입금을 수령한 후에 상업용 운송 수단의 공급업체로서의 지위를 영구히 포기하였다. 보잉사 역시 파산 직전까지 갔었고, 1967~1971년 동안에 직원 수도 10만 명이 감축되었다.(거의 대부분 해고되었음)

항공우주산업 회사들은 점점 커가는 환경에 대한 관심과 석유 위기를 고효율의 바이패스 제트엔진을 개발하여 대처하였다. 이런 저소음 엔진은 1970년에 747기에 처음 상업용으로 도입되었으며, 승객 마일리지 연료 효율도 최상의 자동차와 견줄 수 있었고, 지상의 자동차 속도보다 열 배나 더 빠른 속도로 운행할 수 있었다. 한편 항공여행의 안전성에 대해 관심이 집중되면서 상업용 항공여행이 운송수단 중에서 가장 안전한 것이 되었다.

비록 일반 국민은 최신 기술의 초음속 비행기의 안전성에 관해 의심을 가졌지만, 국민들은 안전하고 안락한 항공여행을 절실히 원했고, 승객의 마일리지당 수익도 1970년대 초에 비해 매년 11퍼센트 이상 성장하였다.(그림 2-2) 이 모든 것이 이 산업계의 주기적인 경기 상승과 하강의 한 부분이기는 하지만, 이것은 민간 운송 시장의 회복으로 이끌어갔다. 항공기의 국제 판매 시장도 성장하여, 이 역시 항공우주산업 부문의 강력

초음속 운송: 우선순위 변동의 희생양

초음속 운송(SST) 경쟁의 참가자는 미국, 소련 그리고 영국과 프랑스 합작사업이었다. 1970년대 중반에 이 경쟁은 끝이 났고 그 어느 쪽도 확실하게 승리한 쪽은 없었다. 왜 그랬을까? 여기에는 재료와 항공역학적 설계에 있어서 기술적인 과제가 있었지만, 엔지니어들은 이런 문제를 좋아했다. 아니, 문제의 성격은 이보다 더 광범위하였다.

항공우주산업 엔터프라이즈의 '더 높이, 더 빨리, 그리고 더 멀리' 라는 슬로건은 SST에 대해 제기되었던 환경적 우려와 경제적 요인이라는 사회적 문제를 극복하지 못했다.

시작부터 SST와 같은 상업용 제품에 미 정부의 투자가 이루어지는 것에 대한 상당한 저항이 있었다. 그러나 국가적 위신이라는 문제 그리고 유럽이나 소련이 SST의 상업용 시장을 장악할 수도 있다는 전망만으로도 의회에 이어 케네디, 존슨 그리고 닉슨 행정부의 지원을 이끌어내기에 충분하였다. 이 프로그램은 항공기 개발의 자금 지원을 위해 최종 판매가 이루어지면 원금과 이자를 로열티로서 지급받을 수 있게 보증이 이루어진 '차관'을 제공하도록 고안되었다.

1966년 10월 31일에 보잉이 미국의 SST 설계자로 선정되어, 최종 설계안과 스윙 날개를 가진 B2707의 개발과 생산 계획을 위해 작업을 진행하였다. 그러나 거의 곧바로 문제가 시작되었고 새로운 구성안이 채택되었다. 상세 설계가 진행됨에 따라, 항공기의 중량은 꾸준히 늘어만 갔다. 초음속 비행기의 경우 작은 분량의 적재 하중이 미치는 특성 때문에 운영상 경제성이 악화되었다.[13]

국제 경쟁은 계속되고 있었다. 소련의 비행기는 1968년 12월에 처녀비행을 하였고, 영국과 프랑스의 콩코드기가 1969년 3월에 그 뒤를 이었다. 그러는 가운데 미국 프로그램의 개발비용은 계속 증가하였다. 선천적으로 더 높을 수밖에 없었던 초음속 비행기의 운영비용을 합리화하는 것은 갈수록 어려워지고 있었다.

한 힘이 미국의 무역 수지 균형에 좋은 영향을 미치는데 기여하였다.

다른 사건들도 민간 운송 산업에 심각한 영향을 끼쳤다. 유럽에서는 규모가 크고 확대되는 제트 운송 시장의 미국 독점에 대항하기 위해 에어버스 컨소시엄이 1970년에 만들어졌다. 에어버스 A300 시리즈는 새로운 지평을 열었는데, 회사 경쟁의 기초를 소위 보조금에 의한 가격 삭감에서 경제적으로 경쟁력 있는 제품으로 변환시킬 수 있는 진정한 새

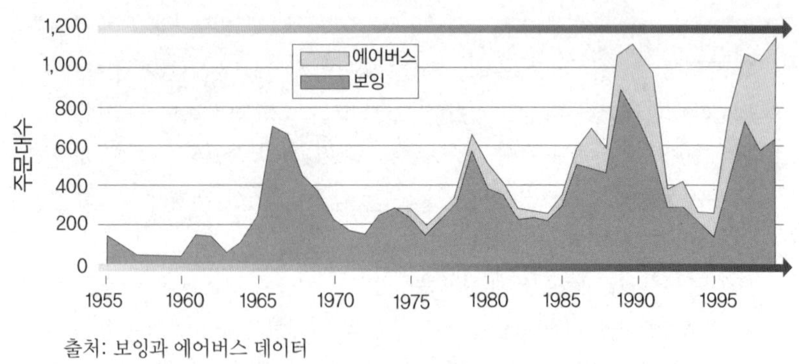

그림 2-8 상업용 항공기 주문 수량 – 보잉 및 에어버스

로운 기술의 적용으로 바꾸어버렸다.

처음에 에어버스의 영향력은 작았지만, 1980년대 말에 가서 이 컨소시엄의 시장 점유율은 무시할 수 없을 정도의 힘을 가지게 되었다.(그림 2-8) 그 이후 10년이 흐르면서 이들은 항공 노선 상품 시장에서의 경쟁에 전략적 초점을 집중하면서 게임의 중요한 참가자가 되었다.

일반 항공 부문도 대중의 새로운 기대 수준에 직면

베트남 전쟁 이후에 확립되어 있던 책임 규범에 대한 국민의 불안 때문에 항공우주산업계에 또 다른 사반세기 동안 압력이 가해졌다. 항공기 제조업체는 빈번하게 제조물책임에 관한 소송의 표적이 되었으며, 비행기 수명기간 중에 간접적으로 야기된 결함에 대해서까지 소송을 당했다. 이런 일은 과다하게 비용이 들어가는 보험을 필요로 하게 만들었고, 실질적으로 일반 경비행기 시장의 성장세는 지속되지 못했다. 연간 생산량은 5년 만에 9배가 줄어들었다.(그림 2-9)

미국 지배시장에 대한 에어버스의 도전

수십년 동안 미국의 생산자들은 대규모 상업용 운송 비행기의 세계 시장을 지배하였다. 그러나 약 30여 년 전부터 시작해서 예전에 의문의 여지가 없었던 미국의 지배적 위치는 이제 프랑스, 영국, 독일 그리고 스페인 정부가 중점적으로 투자하고 있는 에어버스(Airbus Industrie)의 커가는 도전에 직면하고 있다.

이 컨소시엄은 원래 1970년에 만들어졌고,[15] 오늘날 영국의 BAE 시스템즈(20퍼센트), 그리고 2000년 7월 프랑스의 에어로스페셜 마르타와 스페인의 콘스트럭션 에어로노티카 SA, 그리고 독일의 다임러크라이슬러 우주항공사의 합병으로 탄생한 유럽 항공방위 우주산업(European Aeronautic Defence and Space Company)(80퍼센트)이 소유하고 있다. 에어버스는 산업계 소유주들과 설계, 제조, 조립 및 자체 항공기의 지원 계약을 맺고 있다.

처음에는 현실성도 없고 편협한 국가적 이해관계로 부담이 될 것 같았기 때문에 기각되었으나 에어버스는 통념상의 지혜를 깨뜨리며 세계적인 상업용 항공기 시장으로 진입하는 중요한 교두보를 만들어내었다.

오늘날 일련의 대규모 에어버스(A300-600, A310, A319, A320, A321, A330 및 A340) 시리즈는 보잉에서 만들어내는 제품과 경쟁하고 있다. 555명에서 800명의 승객을 수용할 수 있는 이층 구조의 A380 점보 제트기는 보잉사와 경쟁하는 후발주자의 경쟁 본거지가 되고 있는 중이다. A380은 보잉의 가장 큰 747보다 좌석수가 140개나 더 많으며, 보잉이 항공기 시장에서 독점을 가능하게 만들어주었던 모델과 비교하면 400석이 더 많다. 이 새로운 에어버스의 시장 진입은 보잉의 능력을 테스트하게 될 것이고 두 라이벌의 운명을 결정할 수도 있을 것이다.

보잉은 에어버스의 경쟁 위협에 어떻게 대응하였는가? 이 회사는 보잉의 제품 계열 가운데 1990년대에 가장 인기가 있었던 차세대 보잉 737의 다양한 모델을 도입하였고, 1995년 6월에 21세기 항공기의 벤치마크를 확립하기로 결정함에 따라 보잉 777을 공개하였다.

MD-95를 계속 존속시키기 위해 맥도넬 더글라스와 합병이 이루어진 이 듬해였던 1998년에 보잉은 에어버스사가 노리던 100석 단위 항공기 시장을 선점하기 위해 이 기종의 이름을 변경하고 보잉 717-200으로 다시 도입하였다.

747기의 개량 기종을 개발하려던 초기 계획을 폐기한 후, 2001년 초 발표한 보잉의 175-220 승객용 근 초음속 트윈 엔진 음속항공기(20XX)는 미래 시장 기회에 대응하기 위한 결정적으로 다른 전략을 반영하는 중요한 경쟁적 조치였다.

에어버스가 A380으로 비행기의 크기에 치중하고 있음에 비해 보잉은 이렇게 큰 항공기의 시장은 한계가 있을 것으로 믿고 있다. 이 회사는 항공사가 초대형 항공기로 가장 큰 서비스를 할 수 있는 허브 대 허브 경로 시스템 대신 승객 요구로 인해 지점 대 지점간의 서비스 구조 개발 압력을 받게 될 것이라는 자체 평가에 따라 스피드와 항속 범위에 중점을 두고 소형의 항공기를 선택하고 있다.

세스나(Cessna), 파이퍼(Piper) 그리고 비치(Beech) 등 모두 유명한 회사들이었지만, 항공기 시장의 일반 경비행기 부문의 독립적인 회사로서 이름을 남기고 사라졌다. 민간 헬리콥터 산업도 비슷한 충격을 느꼈다. 1980년대 중반에 연간 생산량은 그 80년대 초반 정점에 달했던 생산량의 1/3 수준으로 떨어졌다.[16]

항공업계는 아직 국방 프로젝트에 관한 국민의 비판과 맞물려 정부와 산업계가 새로운 시스템 개발에 참여하고자 할 때 고려되는 위험도의 수준을 현격하게 뒤바꾸어버린 소비자의 소송으로부터 회복하고 있는 중이다. 이것은 냉전 초기 시절부터 이루어진 두드러진 변화이다.

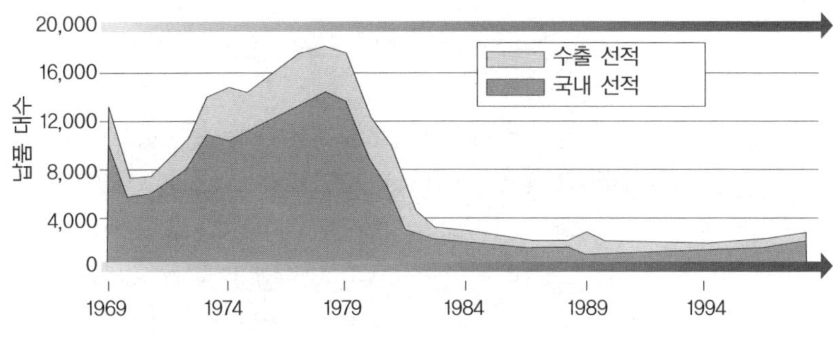

출처: 미국 항공우주산업협회 데이터

그림 2-9 미국 일반 항공기 납품 현황

NASA에 대한 국민적 지지의 변화

1970년대에 접어들면서 우주 탐색에 대한 국민의 관심도 기울었고, NASA 예산도 줄어들고(그림 2-4) 항공우주공학 분야의 대학 등록인원의 수도 줄어들었다. 그러나 아폴로 계획으로 현저하게 앞서나간 국가적 능력과 자원을 우주 프로젝트를 위해 지원해주어야 한다는 정치적인 압력이 커가고 있었다. 1972년에 이 압력에 화답하면서 닉슨 대통령은 우주왕복선으로 알려진 우주수송 시스템의 시작을 인가하였다. 인간의 우주비행은 우주항공 분야에 새로운 생명의 숨결을 가져다주었다.

이 외에도 과학자 공동체는 1976년에 허블 망원경이 포함되어 있는 거대한 천문대를 만들 자금 지원을 얻어내는 데 성공하였다. 1981년에 첫 번째 우주왕복선의 비행을 시작으로 우주에 대한 국민의 관심은 상당 부분 허블 망원경이 가져다 준 놀라운 사진들 덕분에 다시 자라나기 시작하였다.

우주왕복선: 타협적인 프로그램

이미 자금 지원도 줄어든 상황에서, NASA는 아폴로 계획을 계승하는 더 크고 원대한 프로젝트를 찾고 있었다. 1969년 9월에 스피로 애그뉴 부통령이 의장으로 있던 스페이스 태스크 그룹(Space Task Group)은 NASA를 위해 세 가지 가능한 장거리 우주 프로그램에 대해 보고하였다. 1980년대 중반까지 80~100억 달러의 예산을 들여서 유인 우주선을 화성에 보내는 것, 매년 80억 달러의 예산으로 궤도를 도는 달 우주기지를 건설하는 것 그리고 매년 40~57억 달러를 들여서 50명까지 상주할 수 있고 우주 왕복선으로 연락이 되는 지구 궤도 선회 우주정거장을 건설하는 것이 그것이었다. 1960년대 초와 케네디 시절에 비하면 국가적 분위기와 정치적 전망도 다른 우선순위에 가치를 두는 쪽으로 변해 있었다.

닉슨 대통령은 아이젠하워 대통령과 마찬가지로 대형 유인 우주선의 제작 노력을 '사람의 눈길을 끄는 것'으로 간주하던 검소한 정부 예산 지출자였다. 또한 그는 소련 및 중국과 협력 관계 증진에 더 많은 관심을 보였다. 더 나아가 우주는 그에게 있어서 정치적 결단에 있어 부차적인 정치 현안이 되었고, 심지어 의회는 상임우주위원회의 존재를 없애버리는 조직 개편을 단행하였다.

이 시기는 마지막 두 번의 아폴로 우주 비행이 취소되었던 때였고, 이 아폴로 응용 프로그램은 하나의 스카이 랩으로 바뀌었고, 공군에게도 치명타가 되었으며, 유인 궤도선회 실험실도 취소되었다. 애그뉴의 스페이스 태스크 그룹이 제시한 모든 옵션에 대해 닉슨 대통령이 거부하여, 그리고 새로운 큰 시도에 대해 의회의 지원 역시 시들해지고 있었기 때문에 NASA의 미래는 암운이 드리운 듯 보였다.

1972년 대통령 선거는 유인 우주 프로그램의 구세주가 되었다. 캘리포니아, 텍사스 그리고 플로리다는 많은 유권자 수를 가지고 있었고, 이 주들에서 항공우주산업계 고용 감소는 닉슨 대통령으로 하여금 NASA를 위한 일부 프로그램을 승인하도록 압박하였다. 그는 가장 예산이 적었던 옵션의 절반을 선택하였는데, 이것이 우주왕복선이다. 이 우주정거장은 그 자신의 목적지로 가기 위한 자금이 없었기 때문에 그 당시 '갈 곳 없는 우주 트럭'이라는 명칭으로 불렸다.[17]

우주왕복선의 특징을 나타내는 것이라면 가장 정밀한, 값싸고 준비된 우주선이라는 것이다. 이것은 괄목할 만한 비행 기계인데, 멋있게 튜닝이 이루어진 스포츠카와 같은 모습에 사용 준비에 손이 많이 가며 사용 비용도 비싼 것이다.

그러나 이것은 설계와 달리 가격과 재사용성에 있어 목표치를 대부분 달성할 수 없었다. 사회적 통념이 1970년대 중반까지만 하더라도 인정할 수 있는 가격에서의 성능이 그 한가지였지만, 아폴로 계획의 추억 속에서 살고 있던 NASA는 변화된 재정적 우선순위를 충족시키기 위한 충분한 준비가 되어 있지 못했다.

그러나 NASA의 예산은 1980년대 후반에 가서야 겨우 어느 정도 증가했을 뿐이었다. 지출을 증가시키는 것에 대해서 의회의 우려가 커지고 있었고, 오늘날까지 무인 대 유인 우주 탐색의 혜택과 우선순위에 관해 논쟁이 이어지고 있다. 아이러니한 일이지만, 1986년 챌린저 호의 폭발 참사는 어느 면에서 유인 우주 프로그램의 활기를 띠게 만들어준 측면이 있다. 우주 비행의 도전에 대한 국민의 관심이 증가하였고, 유인 우주 프로그램의 지원을 다시 얻을 수 있었다.

승리와 변명 평화와 생존

냉전 유산에 대한 이해를 마무리하기 위해, 군항공 우주 분야로 돌아가 보자. 냉전의 주위를 둘러싼 역사적 사건과 이에 대한 국가적 대응이 국방 산업계에 엄청난 경제적, 사업적 그리고 문화적 결과를 가져왔고, 미국의 항공우주산업 엔터프라이즈는 이런 결과를 경험했다.

1980년대 말에 레이건의 증강 정책에 따라 국방 예산이 역사적으로 최고를 기록한 그 직후에 미국의 국방 지도층은 소련의 위협에 방어하기 위한 동맹국들과 연합 작전을 진행하였으며, 이로부터 걸프 전쟁에서 이라크에 대해 멋진 승리를 거두었다.

수년 동안, 비판론자들은 군사 시스템의 비용과 복잡성에 대해 익명의 비난을 계속 해왔다. 그들은 대규모 군사 우주 프로그램이 그 혜택에 비해 너무나 비용이 많이 들어가는 것이라고 비판하였다. 그들은 군 항공기 시스템 설계도 신뢰성을 담보하기에는 너무 복잡하고, 싸구려 항공기로 무장한 적에 대한 대응력을 갖추기에 너무 비용이 비싸다는 점을 지적하였다. 걸프 전쟁 발발 전야에 어떤 사람들은 복잡하고, 취약한 전투기가 정교한 공중 방호망을 만나 무력화 되면서 굴욕적인 패배를 당할 것이라고 예상하였다.

나타난 결과는 그 예상과는 반대였다. 이 전쟁은 항공우주산업계의 힘을 널리 알려주는 성공 사례가 되었다. 믿을만한 전후 평가서에 따르면 공중 작전이 이라크와의 전쟁에서 결정적인 요인이었고, 이 억제력은 지상군이 이라크 군을 쿠웨이트로부터 몰아내기 위해 필요한 것이었다. 또 다른 중요한 결과로 첨단 기술의 효과적인 활용이 공군력과 지상군으로 하여금 높은 수준의 성과를 달성하고 미군과 연합군 희생자를 최소화하게 만든 핵심 요인이었다는 것이다.[18]

우주 센서는 공군과 지상군의 전투계획 수립에 결정적인 역할을 한 것으로 판명되었다. CNN은 발사체가 국가적인 우주 프로그램 투자를 통해 만들어진 통신위성 시스템을 사용하여 뉴스 중계방송에 대한 글로벌 기대 수준을 재정립하였다.

미 항공우주산업 엔터프라이즈가 다른 국방 체제의 각 부문과 더불어 미국이 참전한 그 어느 전쟁 보다 효율적인 승리를 거둔 걸프전에 첨단 기술을 능숙하게 응용할 수 있는 잘 훈련되고, 우수한 장비를 갖춘 전투 부대를 야전에 보낼 수 있었다는 것에 의문이 없다. 걸프 전쟁의 성과가 군산 복합체와 냉전 감시 무기 시스템 개발과 생산에 쓴 지출을 정당화시켜주었다.

국민은 냉전 시기의 군 전투력과 그 산업 유산을 갖추고, 유지하고, 감독하기 위해 사용된 비용과 속도에 대해 조급한 마음을 가졌을 수도 있고, 느리고 위험 회피적인이며 비효율적이고 값비싼 공공 및 회사 관료주의의 부수적 비효율성을 달가워하지 않았을 수도 있다.

하지만, 조지 부시 대통령이 1991년 2월 지상 전투가 시작된 지 나흘 만에 걸프 전쟁을 중단시켰을 때, 이 정부 산업 팀의 성공에 대해 이견을 말하는 사람은 아무도 없었다. 이것은 미 항공우주산업 엔터프라이즈가 40년 동안 준비해왔던 그리고 약속했던 대로 이루어낸 특수한 국가적 임무였다. 그것은 냉전시대 군산 체제가 최고 정점에 이르렀던 시기였다.

역설적으로 군 항공우주 부문은 자신의 역사적 약속을 충족시켰지만, 세계 다른 곳에서 일어난 사건들은 베트남 전쟁 직후에 일어났던 것처럼 다시 공공 부분 우선순위가 국방이 아닌 다른 무엇인가로 이동하고 있었다. 1989년 10월 베를린 장벽의 붕괴는 냉전의 끝을 상징적으로 보여주는 사건이다. 그렇지만 실질적으로 서방 진영은 보리스 옐친과 이름 없는 시민들이 1991년 8월에 시도되었던 군사 쿠데타를 지켜보기 전까지 소련의 위협이 줄어들었다는 확신을 할 수 없었다.

사막 폭풍 작전: 미국의 냉전체제 군사 제도의 고조점

1990년 8월 2일, 이라크의 사담 후세인은 쿠웨이트에 전격 침공하면서 세계에 충격을 주었다. 변변한 저항 없이 이라크 군은 신속하게 세계 석유 공급기지의 주요 부분을 장악하였고, 이는 인접 사우디아라비아와 세계 석유 소비국의 입장에서는 받아들일 수 없는 급박한 상황이었다.

부시 행정부는 유럽과 페르시아만 동맹국의 연합군을 결성하고 즉시 사우디아라비아와 걸프만에 육군, 해군 그리고 공군력을 구축하기 시작하였다. 미국이 50만 명의 육해공군을 투입하면서 사막 폭풍 작전을 주도하였다.

쿠웨이트 해방 전쟁은 1991년 1월 16일에 이라크 방공 시스템과 전략적 요충지에 일련의 타격을 가하면서 시작되었다. 미국, 영국, 쿠웨이트 그리고 사우디아라비아 공군의 7백 대 이상의 항공기가 그날 밤에 이라크의 영공을 뚫고 침투하였다. 이들의 임무는 공중 공격, 제공권, 방어 억제, 연료재 보급, 경계 감시, 정찰 및 전자전 등의 모든 공군력을 동원하여 이루어졌다. 이 모든 것들이 무수한 형태의 항공기를 필요로 하였다.

가장 주목할 만한 것은 첫 번째로 주요 전투에 모습을 드러낸 레이저 유도 폭탄으로 무장한 F-117A 스텔스 전투기였다. 이 공격용 항공기는 첫날밤에 바그다드의 도심을 공격하였고, 매일 밤마다 손상하나 입지 않고 도시를 방어하기 위한 밀집된 이라크 공중 방어능력을 무력화시켰다.

밤하늘을 가로지르는 대공포의 불빛을 뚫고 떨어진 폭탄이 폭발하는 환상적인 CNN 텔레비전의 영상과 소리는 미국 국민들에게 냉전 시기의 엄청났던 군비 증강 투자를 마음속 깊이 정당화시켜주는 인상을 남겼다. 잘 갖추어진 위성의 지원을 받아 공중전은 28일 동안 계속되었고, 처음에는 대공 방어망과 전략적 표적에 대해, 일단 제공권을 안전하게 장악한 후에 이라크의 지상군에 대해 공격이 이루어졌다. 최종적으로 2월 24일에, 지상군의 작전이 시작되었다. 연합 지상군 병력에게 약화된 이라크 지상군이 여러 번 저항하였다.

비록 정확한 숫자는 알려지지 않았지만, 믿을만한 정보에 의하면 공중 공격이 시작될 무렵 이라크 지상군은 약 36만 명이 있었다. 지상군 부대가 이라크와 쿠웨이트로 진격해 들어갈 시점에는 절반 정도의 병력이 탈영, 사망 혹은 부상을 당하여 잔류 병력이 18만 명 정도 남아 그보다 다섯 배나 더 많은 병력과 전투를 벌여야 하는 상황에 처해 있었다.[19]

1991년 2월 28일, 연합군 사상자도 거의 없이 약 100 시간 동안 지상 전투를 한 후, 쿠웨이트가 해방되었고, 부시 대통령은 전쟁 종식을 선언하면서 살육을 끝냈다.

이라크에 대해 놀라운 승리를 거둔 후 단 6개월 만에 살아난 러시아 공화국은 국방과 군 항공우주사업 부문에 대한 공공 지출을 급속하게 삭감하는 조치를 시작하였다. 정확히 5년 후, 미 국방부의 항공우주부문 및 연구개발 자금지원 수준은 걸프 전쟁 및 냉전이 종식되던 무렵 정점에 달했던 수준의 절반 정도로 내려갔다.(그림 2–5)

냉전 유산의 과제

이 책의 실체를 구성하는 중심적인 질문은 냉전의 유산으로부터 떠오른 것이다. 연간 시장 1천억 달러 규모의 고성능 제품에 집중하던 일단의 산업 엔터프라이즈가 가지고 있던 생산 능력의 거의 절반이 단지 몇 년 만에 잉여 생산능력으로 돌변하고 가격적합성이 지상 최고의 과제가 되었을 때에 사업의 균형을 어떻게 잡아나갔는가?

수십 년 동안 기술에서 앞서 나가 최정예화 된 산업계가 제조 효율과

라이프사이클 지원 프로세스가 지배적으로 다가온 새로운 시대에 적응하기 위해 어떻게 하였는가? 이 산업계가 복잡하고, 보수적이고, 위험 회피적인 정부 규제와 경영관리 상황에 처했을 때, 어떻게 스스로를 빠르고, 기민한 글로벌 경쟁자로 변환시켜 새 세기의 새로운 현실 속에서 생존할 수 있었는가?

그리고 이런 규제를 가져왔던 정부기관과 프로세스를 위협의 실체가 변하고 사업 문제에 혁명이 요구될 때에 어떻게 변환하였는가? 상업용 항공기, 우주선 그리고 발사체 산업계는 만만찮은 글로벌 경쟁에 어떻게 대처하였는가? 연방 예산의 약 1퍼센트 정도가 우주 기관에 투입되고 미국 국민이 만족한 듯한 모습을 보였을 때 사회는 대담한 우주 탐색 프로젝트에 대해서 어떤 책임을 떠맡았는가? 그리고 핵심 제품이 이미 성숙기에 도달한 이 부문에서의 혁신 기회는 무엇인가?

다음 장에서는 미 항공우주산업계 엔터프라이즈의 앞길을 가로막고 있는 장애물에 대해 알아보고 냉전 이후 사업의 새로운 균형을 잡아가기 위해 이들이 추구하고 있는 것을 알아보기로 한다. 다른 많은 산업계도 직면하는 장벽과 비슷한 이런 장애물의 조사를 통해 전체 가치흐름과 전체 엔터프라이즈를 망라하는 확장된 린 사고를 탐구하는 통찰력을 제시하고자 하며, 이것은 이 책 후반부 내용에 대한 중요한 전주곡이 될 것이다.

3 장

과거의 잔재들과 기존 관계의 어긋남

1990년대에 냉전이 끝나면서 미국의 항공우주산업 엔터프라이즈는 자신들이 미지의 영역에서 움직이고 있음을 발견하였으며, 공산주의를 몰락시키는 성공적인 군사행동을 하기 위해 설계되었던 제반 제도와 축적되었던 기반 구조, 그리고 조직들을 어디로 보내야 할지 갈피를 잡지 못했다. 설상가상으로, 안정성을 흐트러뜨리는 많은 세력들이 냉전에 의해 가려졌다가 갑자기 나타났다.

냉전의 종말은 미 항공우주산업 엔터프라이즈의 군사 부문뿐만 아니라 상용, 민간 우주부문에도 영향을 미쳐 동요의 물결이 파급되었다. 한때 이해관계를 같이 했던 항공우주산업의 고객과 근로자들 그리고 제조업체들 사이의 관계가 틀어지고, 제품도 성숙기에 도달해버렸다. 새천년이 시작되면서, 미국의 항공우주산업계 엔터프라이즈는 새로운 평형상태를 필요로 하고 있었다.

기존 제품 생산라인이 성숙기에 도달하면서 특별한 도전이 시작되었다. 군용 항공기 기술, 특히 기체 구조 기술은 1950년대 영광을 누렸던 그 시절에 비해서 오늘날의 진화 속도는 아주 느리다. 40년이나 묵은 비행기가 아직도 유용하게 사용되고, 새 항공기의 설계 주기가 늘어났다는 사실이 이를 뒷받침한다. 우주선도 지속적으로 진화하고 있지만, 발사체의 기본 설계, 그리고 우주 왕복선의 경우 선체 그 자체는 20년 전 혹은 그 이상 뒤로 돌아간 것이다.

한편 상업용 제트 항공기는 생활에 필수적이 되어서, 비행에 열광적으로 빠진 사람이나 혹은 아주 빈번한 항공 여행자들은 그들이 타고 날아가는 제트기 이름을 댈 수 있거나, 혹은 그 비행기의 제작과 믿을 수 있는 모델에 대한 관심을 갖는 정도가 되었다.

보통 기술의 진보는 그림 3-1에 나타난 형태의 곡선을 따른다. 모든 기술 주도 산업의 경우, 미개척 분야의 지식이 확보되면, 중요한 혁신이 계속해서 일어나면서 중요하고, 장기적으로 지속되는 영향력을 가진 혁신에 의해 발전이 지속된다. 항공우주산업계가 성숙되었다는 것은 이 기술적 장벽이 정복된 것을 반영하고 있다.

미국의 항공우주산업 엔터프라이즈는 아주 중요한 전기를 맞고 있다. 앞 장에서 미국 항공우주산업 엔터프라이즈의 구성 요소들 간에 서로 공유했던 이해가 변한 것을 강조하였다. 이 장에서는 이러한 것들에 대한 관찰을 기반으로 제품 성숙의 동시적 효과와 냉전이 남겨준 규범으로 인한 국가적 우선순위의 변화, 새로운 시장조건, 관료체제의 변화 그리고 핵심 제품의 기술적 성숙과 더불어 미국 항공우주산업계 엔터프라이즈의 어긋난 모습을 어떻게 존속시키고 있는지 보여줄 것이다.

항공우주산업계는 새로운 균형 상태에서의 첫 번째 시도에서 다운사

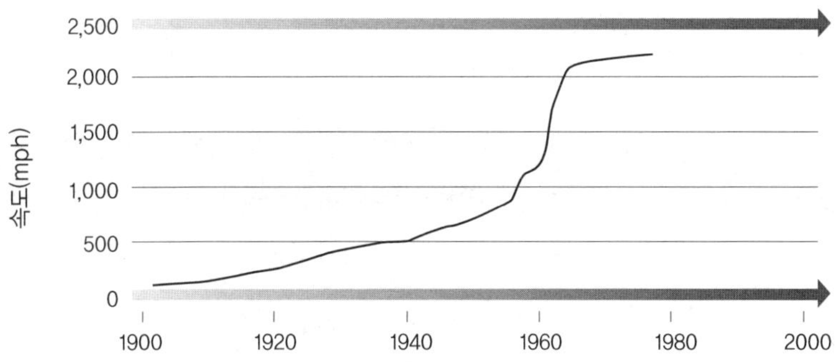

출처: John H. McMasters and Russell M. Cummings, 'Airplane Design - Past, Present, and Future', 제39차 미국 항공학협회 및 항공학 회의 발표자료, Reno, Nevada (January 9th, 2001). ⓒ McMasters and Cummings 2001. 사용 허락을 받아 게재.

그림 3-1 비행기 절대 속도 기록

이징이나 아웃소싱, 기업 인수합병, 인수 후 개혁 등과 같은 조치를 취함으로써, 재무적으로 건전하고 효율적인 산업 기반을 구축하기 위한 방안을 모색하였다. 이 각각의 조치들이 어느 정도 성공적으로 이루어지긴 했지만, 냉전 시대에 형성된 대부분의 제도, 조직, 기반구조, 규제, 문화 그리고 사고방식은 보다 광범위하게 요구되는 변환의 장애물로서 아직까지 작용하고 있다.

현 상황의 기원을 이해하기 위해, 우리는 두 가지 분석 방법을 개발했다. 첫 번째는 산업 혁신의 근본적인 개념에 의거하여 성숙해가는 산업계의 자연스러운 진보를 이해하는 데 도움을 얻고자 하는 것이다. 두 번째는 산업계 내에서의 건설적 변화에 장애물이 되는 것을 정의한다. 린을 이야기할 때에 쓰이는 용어상, 이러한 방해물은 잔재(monuments)라고 알려져 있다.

산업 혁신의 원동력

냉전이나 '달 여행' 붐이 일어났던 시절에 미 항공우주산업 엔터프라이즈는 명백한 사회적 소명을 동반한 혜택들을 누렸으나, 오늘날에는 이런 것들을 잃어버리게 되었다. 군사적으로 직면한 위협의 본질과 예측가능성, 이 두 가지가 변화함에 따라서 위협을 정의하고, 필요한 요건을 만들어 가고 그리고 무기 시스템을 선정함에 있어서 근본적으로 새로운 방식이 요구된다는 공감대가 형성되었다.

민간 측면을 보면, 항공우주산업계는 여객과 화물 수송기, 위성통신 그리고 이런 위성 발사체의 수요에 힘입어 꾸준한 증가세를 보였지만 붐이 일었던 사업 분야는 아직 수익을 내지 못하고 있다. 이 항공우주산업계는 신 경제체제 속에서 부지불식간에 자신 스스로 이런 상태에 상품 가격과 수익 폭을 맞추어야 하는 상품 공급자로 전락한 모습을 보이게 되었다.

시장의 힘을 인위적으로 제약했던 항공노선에 대한 규제가 1978년에 풀리면서 이런 변화에 대한 하나의 초기 사례가 제시되었다. 조기에 항공기 운항 성과를 높이려는 노력에 의해서 저비용, 적절한 가격의 수송 그리고 민간 항공을 상품 사업으로 이전시키는 방안을 얻을 수 있었다. 1980년대 말에 민간 항공 운송이 붐을 이루었지만, '더 높이, 더 빨리, 더 멀리'라는 영역에 도달하는 것과는 차이가 멀었다.

사실 제트여객기의 속도와 고도는 거의 대부분 1958년에 도입된 707과 같은 수준에 머물러 있었다. 증가한 것이라고는 지구의 거의 반 바퀴를 돌 수 있을 정도의 항속 범위 그리고 4백 명이 넘는 승객과 같은 적재 하중 정도였다.

항공사 규제 완화가 가져온 변화

1978년 미국 항공사에 대한 규제 완화는 상업용 항공기 산업의 발전에 전환점이 되었다. 이 일이 일어나기 10년 전에, 신기종을 출시하거나, 기술적 성능을 강조하거나, 지속적인 기술 혁신을 추진하는 데 있어서 항공산업을 지배하고 있었던 주요 국내선 항공사들과 주요 항공기 제조업체들은 밀접하게 연관된 그리고 서로 호혜적인 관계를 유지하였다.

항공 노선의 규제 완화는 군용과 상업용 간의 파급효과가 잦아들기 시작하는 시기에, 그리고 군과 민간의 기술 요구조건들이 이미 서로 분기하는 시기에 이루어졌기 때문에, 초기 혁신의 원동력을 약화시키는 일련의 연쇄 사건이 일어나게 되었다.

규제 완화는 항공사간 시장 경쟁을 더 크게 촉발시켰고, 요금의 인하로 주요 운송회사들의 수익성이 줄어들었다. 낮은 진입 장벽과 항공기의 풍부한 공급으로 갓 날개를 단 새로운 진입자들이 이 시장에 초대받았다. 이것은 시장 경쟁을 격화시켜서, 항공사들의 재무성과는 갈수록 더 악화되었다. 혁신의 전통은 항공기 선정의 새로운 주도적 판단기준이 되어버린 가격적합성에 대한 스트레스를 뛰어넘지 못했다.

규제 완화 후에 시장 구조가 변동함에 따라, 주요 항공기 제조업체들은 새로운 시스템을 개발하는 데 있어서의 보증을 위해 종종 국제 협력 벤처의 한 부분으로서 비용과 위험을 분담하는 약정을 맺게 만들었다. 항공기 생산자의 수는 줄어드는 가운데 항공 노선의 수, 비행기 임대계약의 수 그리고 항공 화물 운송에 대한 수요는 전 세계적으로 증가하였고, 이렇게 몇 안 되는 생산자들의 제품에 대한 전반적 수요에 자극을 주었다. 상업용 항공기 시장의 또 다른 측면 역시 변화하였다.

전후 상당한 기간 동안 국내선 항공기 생산자들은 정부 조달이 있었더라면 그래도 꾸준한 이익을 기대할 수 있었음을 잘 알고 있었지만, 서로가 잠재적으로 파멸적인 경쟁에 휘말리고 심각한 상거래상의 위험에 빠질 수도 있었다. 그들을 지켜주었던 그 안전망은 이제 그냥 사라졌다.

새로운 상업용 항공기 개발에 대한 가치 기준으로 인해 엄청난 변화가 일어났다. 비행기술은 냉전 초기에 급격히 발전하여, 안정성과 가격 적합성 그리고 안락함을 줄 수 있는 방안을 가져다주었다. 1990년대 보잉사의 현관에서는 다음과 같은 말을 종종 들을 수 있었다. "신기술은 제품에 적용될 수 있도록 스스로의 방안을 찾아내야 한다."

미 항공우주산업계 엔터프라이즈가 왜 오늘과 같은 상황을 맞게 되었는지 이해하기 위한 방법으로 제임스 어터백(James Utterback)의 저서 〈혁신의 원동력 마스터하기(*Mastering the Dynamics of Innovation*)〉[1]에서 개발한 모델을 사용하여 이 산업계를 그 자체 혁신의 역사적 시각에서 바라볼 수 있다. 항공우주산업은 혁신으로 특징지을 수 있는 산업이고, 논쟁의 여지는 있지만 보다 성숙한 단계에 들어서고 있는 중이다. 성숙기에 진입한 산업계에서 혁신과 개선의 이유는 어터백의 모델이 설명하는 것처럼 산업 초기 시절의 그것과는 사뭇 다를 것이다.

일련의 독특한 외부요인들이 복잡한 방식으로 항공우주산업계 발전에 영향을 미쳤다. 예를 들면, 냉전과 정부 우주 프로그램은 경쟁이 아주 심한 산업계에서나 볼 수 있을 정도로 심하게 그리고 오랫동안 기술혁신을 밀어 붙였다. 이것이 수많은 회사들의 자연적인 합병을 지연시켰으며, 사실 그림 3-3에서 볼 수 있는 1969년에서 1992년까지의 길고 상대적으로 평탄한 기간은 거의 대부분 항공우주산업 기술과 산업기지에 대한 정부의 투자를 통해 유지되었다.

상용 항공기 부문처럼 시장의 힘이 작용했다면, 더욱 더 성숙기에 들어선 이 시장의 특성에 변화가 일어나는 것을 아마 좀 더 일찍 볼 수 있었을 것이다. 이와 비슷한 현상이 항공업계의 규제가 풀리면서 이보다

혁신의 세 가지 특징적 단계

항공우주산업계는 여러 가지 측면에서 독특한 점이 있지만, 혁신의 어느 한 단계에서 다른 단계로의 이전에 성공한 다른 산업계에서 얻을 수 있는 교훈을 이해하는 것이 도움이 된다.

제임스 어터백은 산업계가 세 가지 단계를 거쳐 간다는 생각을 제시하였다. 첫 번째 단계는 유동 단계로서, 제품 혁신이 열쇠가 되는 시기이다. 이 단계에서는 제품 혁신이 매우 빠르게 이루어지고, 다양한 제품과 이런 제품을 만들어내는 회사가 확산된다. 이 단계의 마지막에는 시장 지배제품이 등장하고, 유용성, 표준화 및 시장의 지배적 우위가 조합되어 광범위한 제품 차별화를 바탕으로 시장 경쟁을 효과적으로 종식시킨다. 어터백은 QWERTY 자판의 배열을 가진 형식의 키보드를 상대적으로 저급 기술이 적용된 시장 지배제품의 사례로 들었다. 항공우주산업계에서

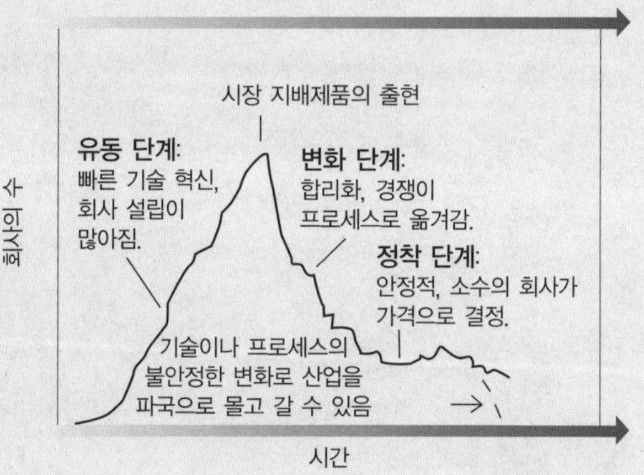

출처: Reprinted with permission from Entry and Exit of Firms in the U.S. Auto Industry: 1894-1992. Copyright 1987 by the National Academy of Science. Courtesy of the National Academy Press. Washington, D.C.

그림 3-2 혁신의 원동력

주목할 수 있는 사례는 제트엔진이 장착된 알루미늄 튜브에 날개가 달린 형태의 여객기가 될 것이다.

이 후에 오는 단계는 변화 단계인데, 혁신이 프로세스로 옮겨가며, 즉 설계, 개발 그리고 제조 영역에서 혁신이 일어난다. 이 단계에 놓인 산업은 참여 회사의 수는 빠르게 감소하며, 제품 혁신과 프로세스 혁신이 연계되어 더 높은 시장진입 비용장벽을 형성하기 때문에 이러한 감소세가 계속된다.

마지막 정착 단계는 주요 프로세스의 변경도 기대하기 어렵고, 시장 경쟁도 점진적 개선을 통해 얻어지는 비용과 고객 만족 차원으로 변화한다.

그림 3-2는 시간이 흘러가면서 주어진 제품을 생산하는 많은 회사가 등장하고 사라지는 모습을 일반적으로 표현한 것이다.

어터백이 보고한 여러 산업계 내에서의 진화 단계는 이 패턴을 반영하며, 그림 3-3은 이 패턴을 항공우주산업계에 적용할 수도 있음을 보여준다. 그림 3-4는 항공우주산업계의 역사를 조립 제품을 생산하는 두 개의

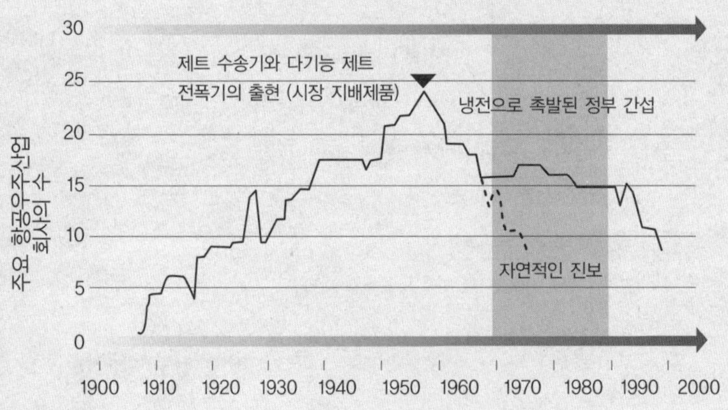

출처: S. Weiss and A. Amir. 'Aerospace Industry', In Encyclopedia Britannica (Chicago Encyclopedia Britannica, 1999)

그림 3-3 미 항공우주산업의 발전 현황

다른 산업과 비교하고 있다.[2] 항공우주산업 회사들의 몰락은 '시장 지배 제품'과 변화 단계 혹은 정착 단계에 들어 있는 회사들에게서 전형적으로 볼 수 있는 것이다.

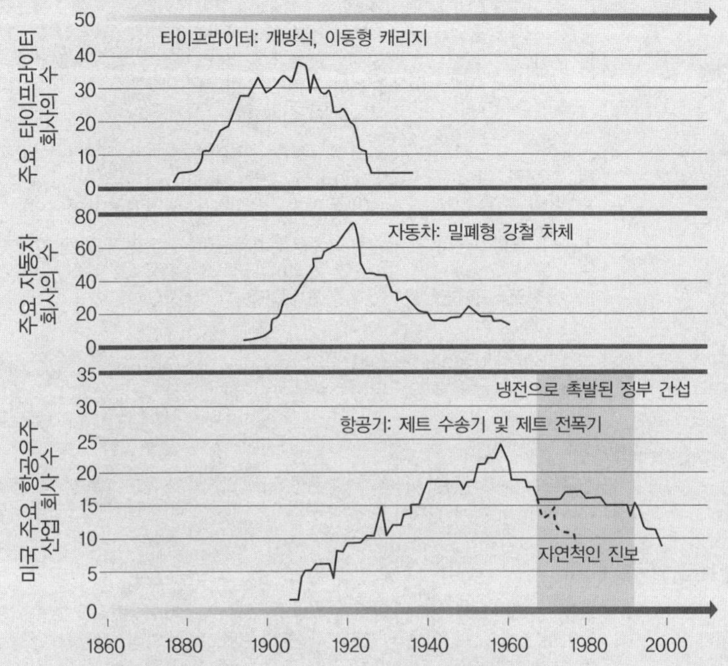

출처: Data from RAND SAR database. J.M. Jarvaise, J.A. Drezner, and D. Norton, 'The Defense System Cost Performance Database: Cost Growth Analysis Using Selected Acquisition Reports' (Santa Monica, CA.: The RAND Corporation, 1996), MR-625-OSD.(1994년 12월 현재) 모든 주요 국방획득 프로그램에 대한 가용 데이터의 평균치를 취한 것임. 1970–74년 동안에는 일부 장기 가동 프로그램 데이터가 SAR 보고 요건에 들어갈 수 없도록 날짜가 앞서 있기 때문에 SAR 데이터베이스에 포함되지 않았을 수가 있음.

그림 3-4 산업 발전과 시장 지배제품의 출현

	유동 단계	변화 단계	정착 단계
혁신	주요 생산품의 빈번한 변경	수요 증가에 따른 주요 프로세스의 변경	제품의 점진적인 그리고 생산성과 품질의 누적적인 개선
혁신의 출처	산업계의 개척자들 제품 사용자들	제조업체들, 사용자들	종종 공급업체들
생산품	종종 고객 맞춤의 다양한 설계안	충분한 생산량을 확보할 수 있을 정도의 안정성이 있는 최소한 하나의 제품 설계	대부분 차별화가 되어 있지 않음, 표준화된 제품들
생산 프로세스	융통성이 있고 비효율적, 중요한 변경사항도 용이하게 수용됨	주요 단계마다 변경이 발생하여 갈수록 경직성이 증가	효율적, 자본 집약적, 그리고 경직적, 변경에 들어가는 비용이 높음
연구개발	기술적 불확실성의 정도가 높기 때문에 초점이 특정화 되어 있지 않음	일단 시장 지배제품이 나오면 초점이 특정 제품 특징에 집중됨	점진적인 제품 기술에 초점, 프로세스 기술을 중요시
설비	숙련된 작업자를 필요로 하는 범용설비	일부 하위 프로세스 자동화, '자동화의 섬'을 형성	특수 용도, 거의 대부분 자동화되어 사람은 감시나 설비를 돌보는 일에 집중
공장	소규모 사용자 혹은 혁신의 출처 근처에 위치	특수 부문을 가지고 있는 범용 공장	대규모, 특정 제품을 위한 고도로 특수화된 공장
프로세스 변경비용	낮음	중간	높음
경쟁자	거의 없지만, 폭 넓게 요동치는 시장 점유율과 함께 수의 증가	많음. 그러나 시장 지배제품 등장 이후에 그 수는 감소 추세	거의 없음, 고전적인 독과점 시장의 안정된 시장 점유율
경쟁의 기초	기능적 제품의 성능	제품의 다양성, 사용의 적합성	가격
조직의 통제	비공식적 그리고 기업가적 통제	프로젝트와 태스크 그룹으로 통제	조직체제, 규칙, 목표로 통제
산업계 리더의 취약성	성공적으로 제품의 아성을 돌파하는 모방자들 그리고 특허 도전자들	보다 효율적이고 고품질의 제품을 만들어내는 생산자들	보다 우월한 대체 상품을 만들어내는 기술적 혁신

출처: J. Utterback, Mastering the Dynamics of Innovation (Boston: Harvard Business School Press, 1996)

표 3-1 제품 라이프사이클의 단계

일찍 일어났는데, 인위적 규제장벽이 제거되자 시장의 힘이 항공 요금을 인하하게 만들고 항공사들은 항공기 공급자로부터 효율적인 비용의 항공기 구입에 박차를 가하게 되었다.

　냉전이 지나가고 인위적 제약조건들이 이제 대부분 제거된 상태에서 항공우주산업계의 미래에 대해 어터백의 모델이 시사하는 것은 무엇인가? 첫째, 표 3-1에서 볼 수 있는 것처럼 기존 산업계에서의 혁신은 제품의 중요한 변화에 주어졌던 초점(유동 단계)에서 프로세스의 특화와 변화에 대한 초점으로 옮긴다.(변화 단계) 그리고 난 후에 정착 단계가 오며, 이 단계에서의 혁신은 종종 작지만 더 큰 위험도 감수할 준비가 되어있는 민첩한 조직들, 즉 공급업체를 통해 이루어진다. 이 단계에서의 개선은 보통 점진적으로 이루어지지만, 프로세스나 혹은 제품에 있어서 큰 변화가 이루어지기도 한다.

　그리고 정착 단계에 들어가 있는 산업계는 상당히 안정적으로 보이며, 아주 중요하고 독특한 혁신이 아닌 한 이 단계의 산업이 전부 사라지지는 않는다. 이런 혁신은 산업계의 주요 제품을, 예를 들면 타이프라이터가 워드프로세서에 의해 대체된 것처럼 그 산업계 내에 존재하지 않는 전혀 다른 일단의 기술 혹은 경쟁력을 가지고 기능적으로 대체 해 버린다.[3]

　이러한 시나리오는 이미 항공우주산업계에서 그대로 이루어지고 있는 중이다. 제2차 세계대전 이후 냉전의 종식과 함께 거의 대부분 무시되었던 프로세스의 결정적인 역할에 대해 특히 제조부문에서 새롭게 그 중요성이 부각되고 있다. 냉전 시기에는 일차적 초점이 '성과' 에 주어졌으며, 연구개발 투자는 기술적 능력의 획기적 진전을 이루기 위해 이루어졌다.

대체적으로 이 기간 동안에 항공우주산업의 생산 시스템과 실행은 제2차 세계대전 당시의 정점으로부터 최소한 상업용 수요가 이 부문의 사업에 관심을 다시 불러일으킨 1980년대 중반까지 단지 조금씩 발전하였을 따름이었다. 냉전의 종식과 가격적합성이 핵심 포인트로 부상하면서 항공우주산업계와 국방 관련 리더들은 제조부문에 투자할 필요성을 인식하기 시작하였다.[4]

어터백의 연구는 대량생산 시대의 산업계를 바라본 것이다. 이 책의 2부에서 우리가 다루게 될 린 원칙과 실행이 산업혁명의 원동력을 바꿀 수도 있을지는 두고 보아야 할 것이다. 어터백은 도요타에 대해서 정착 단계에 깊이 빠진 산업계에 혁명적 생산 시스템을 도입하여 자동차 산업의 안정적인 균형을 뒤집어버린 린 생산 스토리의 중심적 역할자라고 간략하게 언급하였다. 항공우주산업계의 경우, 타이밍이 매우 중요한데 린은 그것이 요구되는 지금 이 순간에 널리 퍼지고 있는 중이다.

어터백은 시장 지배제품에 있어서 큰 역할을 하는 회사가 아닌 회사들이 종종 기술적 혁신을 이루어낸다는 점도 언급하였다. 이 맥락에서 보면, 우리는 항공우주산업에 수많은 서로 다른 기술들이 포함되어 있으며, 그 각 기술의 단계가 서로 다를 수도 있음을 반드시 기억해야 한다. 대규모 상용 항공기 산업은 분명히 정착 단계에 있긴 하지만, 사업의 새로운 혁신과 단거리 제트 항공기는 유동 단계의 특성을 가지고 있으며 그 산업에서 새로운 돌파구의 원인이 된다.

아직 대부분의 항공우주산업계는 '더 높이, 더 빨리, 더 멀리'를 외치던 시대로부터 '더 빠르게, 더 좋게, 더 값싸게'의 규칙이 이끌어가는, 보다 더 성숙한 산업계로 향하는 고통스러운 변화를 이제 막 시작하였을 뿐이다. 이렇게 변화가 지연된 것은, 냉전 기간에 이루어진 군의 지배와 국가적 위신을 얻기 위한 기나긴 노력 때문이다.

이런 변화의 또 다른 끝에 있을 결말이 역동적이고 유연성도 있는 성숙한 산업이 될 것인가? 어터백이 경고하는 것처럼, 경기침체가 일어날 수 있으며, 기술이나 세계 주변상황의 예상치 못한 변화도 이 산업계를 영구적인 하락세에 빠뜨릴 수 있는 것이다.

항공우주산업 혁신

산업계가 일반적으로 더욱 더 성숙되어 가고 있긴 하지만, 항공우주산업계의 많은 부분이 기술, 제품 그리고 프로세스의 혁신을 이루어가고 있다는 것을 반드시 명심해야 한다. 사실 이 산업의 각 부분들은 이 산업계를 다시 번창시키는 혁신의 힘을 경험하고 있다.

스텔스 기술은 냉전이 종식되어갈 무렵에 전술 항공기와 미사일 개발의 혁명을 가져온 중요한 돌파구였다. 항법과 통신, 사업용 및 단거리 이동용 제트기, 정보 기술의 수많은 적용 그리고 제품개발과 제조의 극적인 개선을 위해 배치된 저궤도 위성들이 오늘날의 혁신 사례 중에서 두드러지는 몇몇 사례들이다.

지상, 해상 그리고 공중의 항법을 혁명적으로 변화시켰고 군용, 상용 및 개인의 수송에서도 응용할 수 있는 GPS(Global Positioning System)의 등장과 확산이 한 사례이다. 프로그램이 포함되어 있는 지도와 GPS의 결합은 이제 자동차, 보트 그리고 로봇이 수행하는 경작, 파종, 수확 기술이 들어가 있는 농장의 설비마저도 자동 운행할 수 있게 만들어준다.

단거리 운항용 제트 항공기 역시 혁신의 좋은 사례이다. 그림 3-5에

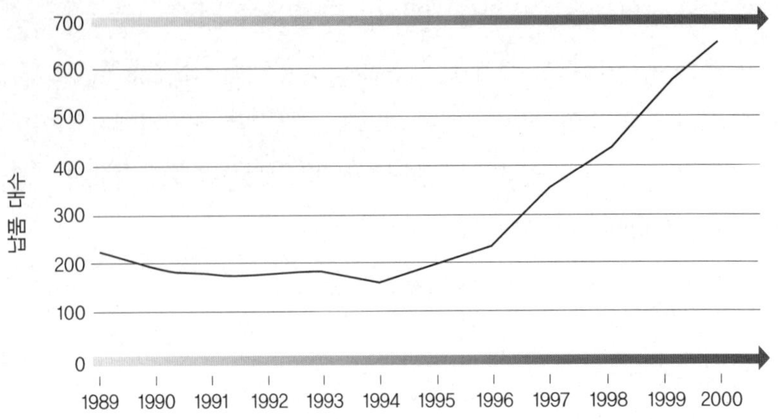

출처: Richard Aboulafia 'The Business Jet Market', in Aerospace America (August 2000), 18. Richard Aboulafia의 승인을 얻어 게재.

그림 3-5 사업용 제트 부문의 급속한 성장

서 사업용 제트기 부문의 급속한 성장을 볼 수 있다. 세계적으로 단 두 회사만이 대형 비행기를 공급하고 있는 가운데 네 개의 회사가 단거리 제트기를 공급하고 있으며, 그 중 한 회사는 이런 제트 비행기를 만들기 시작한 지 겨우 10년 밖에 되지 않았다. 15개 정도의 새로운 제트 비행기 모델이 지난 10년 동안에 세상에 등장하였다. 이와 마찬가지로 민간 항공 부문도 소형의 혹은 저비용 발사체와 비슷한 성장세를 보이고 있다.[5]

항공우주산업계는 항상 혁신적이었으며, 우리는 산업계가 지속적으로 번창하기 위해서 혁신이 계속될 것이며, 이러한 혁신이 미래의 항공우주산업에서 중심 역할을 할 것으로 기대한다. 그러나 혁신이 과거와는 다른 영역에서 일어날 수 있음을 인식하는 것이 중요하다.

냉전 이후에는 자원의 활용에 보다 많은 제약이 가해졌으며, 이것은 최고의 효과를 얻기 위해서는 연구개발에 대한 우선순위를 결정하는 것이 더욱 신중해야 했기 때문이다. 일부 한층 성숙기에 접어든 영역의 경우 지원이 중단되었을 수도 있기 때문에, 이런 현실은 줄곧 어려움이 되고 있을 것이다. 또 다른 영역에서는 이것은 새로운 기회를 의미한다.

작용과 반작용

1990년대의 새로운 현실에 적응하기 위해 항공우주산업계는 다양한 노력을 하였다. 여기에는 다운사이징이나 라이트사이징, 혹은 아웃소싱 및 인수 합병 등이 있다. 이러한 개개의 노력은 과잉 능력이나 쓸모 없어진 여력으로 인한 직간접 비용을 줄이기 위해 기반구조를 개혁하고자 한 것이다. 그리고 이런 노력으로 어떤 영역에서는 제한적인 성공을 거두기도 하였으나, 그 어느 것도 이 산업계를 위협하는 장기적 문제를 해결한 것은 없었다.

정부에 입장에서는 군사적 분야에서의 국방부 조달업무 개혁과 민간 분야에서의 NASA의 '더 빠르게, 더 좋게, 더 값싸게' 프로그램에 의해서 새로운 사업수행 방식이 장려되었고, 이로 인해서 종종 대중이 온전히 받아들이거나 이해하지 못했지만 극적인 결과를 얻어냈다. 이렇게 하면서 수많은 학습이 이루어졌다. 그러나 이런 성공사례는 그 프로그램의 수가 제한적이었고, 다른 프로그램으로 확산시키기 위한 노력은 더디기만 했다.

1990년대에 산업계와 정부에서 채택했던 이러한 일반적인 접근방법

의 강점과 약점을 간단하게 살펴보기로 하자. 이것은 주로 국방 부문에
적용된 것이다.

다운사이징 혹은 라이트사이징

수익이 감소하여 위기에 직면한 회사는 인력 운용에 초점을 맞춘 의
사결정을 하곤 한다. 불행하게도 회사를 더 효율적으로 그리고 효과적
으로 만드는 이상적인 생각이 종종 일시적 해고나 조기퇴직으로 나타나
곤 한다.

직원 감축은 그 자체로도 손실을 가져오는 경우가 있다. 여러 산업계
에서 수행된 많은 체계적인 연구 결과에서도, 여러 가지 이유 때문에 실
시한 이런 인원감축이 회사의 성과에 어떤 향상을 가져왔다는 증거를
찾을 수 없었다고 보고 있다.[6] 일시적 해고나 조기 퇴직은 급료를 줄여
돈을 절감하지만 다른 비용을 증가시킬 수가 있다.

예를 들어 회사를 떠나는 개인은 그가 일을 하면서 습득한 귀중한 지
식만 가지고 떠나는 것이 아니라, 그동안 그에 의해 맺어졌던 수많은 제
반 관계들 역시 함께 없어져 버린다. 몇몇 연구에 의하면 아주 훌륭하게
계획된 일시 해고라 할지라도 회사 네트워크가 회복이 거의 불가능할
정도로 손상을 입는 것을 보여준다.[7]

이런 관찰은 항공우주산업계와도 관련이 있다. 에비에이션 위크 앤드
스페이스 테크놀로지(Aviation Week & Space Technology)는 "가장 재
능 있고 경험 있는 엔지니어, 관리자 그리고 공장 현장의 숙련공들의 일
부가, 스스로 혹은 진행중인 다운사이징 캠페인 때문에 항공우주산업계
를 떠나고 있다"라고 하였다.[8] 우주 발사체 부문이 이 문제를 잘 설명해

주고 있는데, "새로 채용된 젊은 직원을 가르칠 사람들이 없어졌기 때문에 1950년대와 1960년대 실패를 통해 얻었던 경험과 지식을 잃어 버렸다. 우리는 나이든 사람들을 해고하고 젊은 사람들을 고용하였지만, 이 둘이 결코 교류할 수는 없는 것이다"라고 하였다.[9]

설상가상으로 만일 이 해고가 부당하다거나, 불공정하게 진행되었거나, 혹은 해고된 종업원에 대한 지원도 불충분하다는 식으로 근로자들이 판단할 경우, 이런 일시 해고가 남아있는 인력 사이에 긴장을 발생시킬 수 있다.[10] 이러한 긴장감은 종업원으로 하여금 공정 개선을 하기 위한 다른 변화에 헌신적으로 노력할 수 있도록 만들기 어렵다.

심지어 리엔지니어링의 옹호론자인 마이클 해머(Michael Hammer)는 이런 지식과 능력의 상실 문제를 충분히 감안하지 못했던 일차원적 접근 방법을 옹호한 것에 대해 공개적으로 사과까지 한 적이 있다.[11] 궁극적으로 이 모든 것은 우리가 나중에 다루게 될 핵심 문제를 제기하고 있다. 그것은 인력을 일차적으로 삭감해야 할 비용으로 볼 것인가 혹은 개선을 주도해나가는 아이디어의 출처로 볼 것인가의 문제이다.

아웃소싱

실리적인 측면 때문에 아웃소싱으로 방향을 바꾼 회사는 점점 더 늘어가고 있는 중이다.[12] 정의에 의하면, 아웃소싱은 새로운 책임을 감당할 수 있는 필수 능력을 가진 자격 있는 회사들이 있어야 한다는 것을 전제하고 있다.

이 전략은 자동차 산업에서 상당히 성공적으로 사용되었으며,[13] 지적 재산이나 광범위한 기술 능력을 유지하는 것과 관련된 기반 구조의 비용이 많은 주요 고객들로 하여금 아웃소싱을 고려하게 만드는 특별한 압박감을 주어 항공우주산업계에서도 점점 많이 사용되고 있다.

신제품 개발과 관련한 투자 요구와 함께 재무적 위험도 꾸준히 증가함에 따라 이러한 비용과 위험을 분담하고자 하는 공동협력 관계가 유발되었고, 따라서 아웃소싱으로 가는 길이 더욱 활짝 열렸다. 그리고 특히 상용 항공기 부분에서의 글로벌화가 증가함에 따라서 항공기 판매조건으로 생산 요소들을 구매국 내의 업체들에게 아웃소싱을 하도록 회사들을 압박하여 이러한 항공기의 요구조건들을 상쇄하였다.

그 결과 공급업체에게 할당된 작업 비율이 꾸준하게 증가하였다. 예를 들어 총 생산비용으로 보았을 때 보잉의 군용 항공기과 미사일 시스템에서 공급업체에게 할당된 작업의 비율은 1998년에 대략 60퍼센트였고, 2016년까지 약 75퍼센트로 증가할 것으로 예상된다.[14]

아웃소싱이 필요에 의해서 이루어졌든지, 아니면 신중한 계획을 가지고 이루어졌든지 간에 문제를 일으키지 않았던 경우는 없었다. 회사 내에서 직접 수행하던 작업을 외주로 처리하는 과정에서 원래의 공장과 설비가 가졌던 능력과 동일한 정도의 규모를 확보하는 데 실패할 수도 있다. 더 많은 일들을 공급업체에게 옮겨가는 것 또한 보다 큰 거래비용을 수반하는 결과를 가져오기도 한다.

아웃소싱 회사는 반드시 그 자신의 간접비용을 더 작은 프로그램 단위로 분담해야 하기 때문에, 따라서 모든 고객의 비용을 증가시켜 버린다. 그리고 실제 그들이 충분한 능력과 품질을 가지고 있는가에 관한 충분한 고려 없이 '경제성' 만을 기준으로 공급업체 아웃소싱 의사결정이 이루어진 상황도 있었다.

'외주업체' 로서의 공급업체 역시 문제를 가질 수도 있다. 광범위하게 주기적으로 변동하는 경제 조건 하에서 공급업체는 상대적으로 더 취약하기 때문에 장기적인 생산성 향상에 투자를 하기 어렵다. 이들이 새로운 투자를 이끌어내기 위해 자본시장에 접근하는 것도 흔치 않다.

게다가 수많은 항공우주산업계 공급업체들은 국방 조달업무 프로세스 특유의 불안정성에 호되게 당한 적이 있기 때문에, 상업용 시장에서 그들의 장밋빛 미래를 찾으려 할 것이고, 정부와 계약조차 맺기도 어려울 것이다. 이 모든 이유 때문에 아웃소싱의 의사결정과 관련하여 얻어지는 기대 효율은 실제로 구체화되지 않을 수도 있다.

MIT의 찰스 파인(Charles Fine) 교수는 공급사슬의 설계가 궁극적인 경쟁력의 핵심이라고 단정하면서, 아웃소싱에 관한 주의사항을 만들었다.[15]

고도로 통합이 이루어져 있는 항공우주산업의 제품에 있어서 핵심 지식과 능력들의 상당부분은 공급업체들에 기반을 가지고 있다. 회사는 아웃소싱이 공급업체의 능력 혹은 지식에 더 많이 의존하는 것인지를 민감하게 생각해야 하며, 이 각각의 경우 결과가 상당히 달라지게 된다. 만일 회사가 한 부분품 혹은 하위 시스템을 외주처리 하기로 선택했다면, 이 외주처리되는 구성부품에 내재된 주 계약자의 지식은 되찾기가 매우 어려워질 것이다.

오랜 세월 동안의 역동적인 감각으로 본다면, 아웃소싱 의사결정은 '처음 도입한 사람의 통제를 훨씬 벗어나며 진화한다.'[16] 이런 의사결정은 처음 아웃소싱을 도입한 사람의 미래 능력과 선택의 여지를 제한하는 경향이 있다. 최종적인 분석에서, 가격적합성을 얻기 위한 길로서 아웃소싱에 대한 의존은 수많은 함정을 가지고 있다.

기업 인수합병

1990년대 미 국방부는 국방 항공우주산업계 주요 역할자들에게 기업 인수합병을 장려하였고, 이에 따라 업체들의 수는 많이 줄어들었다.(그림 1-3 참조) 이 모든 현상은 국방 예산이 감축되고 새로운 프로그램이 줄어들기 시작한 것에 대응하기 위한 전략적 선택이었고, 종종 인력을 새로 감축하기 전에 이루어졌다.

그리고 당장의 목표는 사업의 침체에 따른 단기적 영향을 피해보고자 하는 것이었다. 장기적으로 보면, 합병된 회사들은 효율적인 합병 운영을 통해 수익성을 실현하면서 크기가 줄어든 파이 중 좀더 많은 부분을 얻을 수 있기를 희망하였다.

이 접근 방법은 최소한 월 스트리트의 기준으로 보았을 때 단기적으로는 성공적이었다. 그림 3-6에 나타나 있는 것처럼, 1990년대 첫 번째 인수 합병의 파동이 있었을 때에 항공우주산업계의 주가는 국방 예산의 급속한 감축에도 불구하고 일반 시장을 상회하는 수준이었다.

그러나 이런 흡수통합이 무조건 성공하지는 못했다. 수평적 합병은 전형적으로 두 개의 완전히 다른 사업, 즉 두 개의 엔지니어링 구성부문과 두 개의 연구개발 구성부문, 두 개의 제조수단 그리고 두 개의 야전 지원 조직을 하나의 실체로 동화시키는 일을 필요로 한다. 이 결과 통합된 회사는 예산과 프로그램의 파이가 줄었던 그 시점에 대규모 간접비용과 과잉 능력의 위험을 떠안고 가게 된다.

또 다른 문제점은 월 스트리트의 분석가들이 이 부문에 속한 회사들의 이익이 꾸준하게 성장할 것으로 기대했다는 것이다. 그러나 더 커진 합병 회사들은 종종 인수 비용의 빚을 지게 되었고, 이러한 기대를 충족

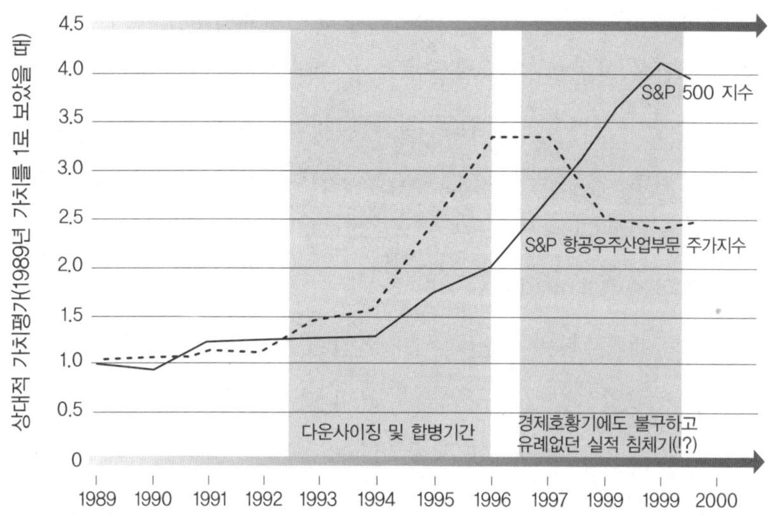

출처: Thomson Financial Datastream의 데이터

그림 3-6 냉전 이후 항공우주산업 주식시장 주가 현황

시킬 수 없었다. 인수합병의 실패는 이들 회사에게 대규모 시장가치 손실을 가져다주었고, 투자자들은 그들의 투자 포트폴리오에 이런 주식을 보유할 하등의 이유를 찾을 수 없었다.

그림 3-6을 보면 항공우주산업계 주식 값이 1990년대 후반에 몰락하고 있음을 보여주는데, 이는 최소한 부분적으로는 흡수 통합이 진행된 것에 대한 시장의 견해를 반영하는 것이다.

미 국방부 조달업무의 개혁

'더 높이, 더 빨리, 더 멀리' 패러다임으로부터 멀리 벗어나기 위한 과감한 시도로서, 미 국방부는 1990년대에 가격적합성에 더 큰 비중을 두면서 상업용 기술을 군용 제품에 도입시킬 의도를 가지고 보다 민간 상거래 관행에 가까운 조달업무 절차를 채택하였다. 군사업무 이행을 위해 조달업무 개혁사무국이 설립되고, 이 혁신적인 조치를 시범 파일럿 프로젝트를 통해 이행할 수 있도록 제도적인 노력이 더해졌다. 그 중 일부는 매우 성공적이었다.[17]

조달업무 개혁 덕분에 약 1/3에서 절반에 가까운, 국방산업공동체에 MILSPECs[18]로 알려진 군용 규격을 무효화 할 수 있었다. 1998년에 싱글 프로세스 이니셔티브(Single Process Initiative; 단일 업무 프로세스 추진방침)에 의해 최소한 140개의 생산 시설에서 ISO 9000 품질 표준의 인증을 받았다.[19]

이런 개선에도 불구하고 조달업무 개혁의 노력은 조달업무 체계의 기반 구조 전체적으로 실행을 확산시키는 것이 어려웠기 때문에 난항을 겪었다. 이 혁신적 조치에 군사업무 전반에 걸친 이행은 전혀 없었다. 수많은 MILLSPEC(군용 규격)들이 더 이상 필요하지 않았음에도 불구하고 아직 자발적으로 사용되고 있었고, 어떤 경우 이들이 사용할 수 있는 단 하나만의 표준이기도 했다.

게다가 비용을 독립 변수로 취급하거나 혹은 조달업무 합리화와 같은 일부 파일럿 프로그램들이 매우 성공적이었음에도 불구하고 대부분 장기적으로 지원받을 수 있는 정책이나 절차를 요구하기 위해 필요한 고위 계층의 관심을 얻어내지 못했다.

이런 상부의 지원을 받지 못한 채, 대부분의 프로그램은 그들만의 관행을 고수하기 위한 무사안일주의에 의지하면서 끝났다. 매 2년에서 4년마다 동일한 구성원과 최고 지도층의 직책이 바뀌는 조달업무 부문의

NASA의 '더 빠르게, 더 좋게, 더 값싸게'

NASA는 우주왕복선, 우주정거장, 거대 천문대와 같은 거대한 프로그램을 진행하고 있지만, 예산 감축 문제에 직면하고 있는 상황에서, '더 빠르게, 더 좋게, 더 값싸게'(Faster, Better, Cheaper; FBC)라는 이름을 붙인 행성 탐사 임무를 시작하였다.(이는 나중에 확대되었음) 그러나 더 큰 가치를 창조하는 일들을 통해 프로그램이 진행되도록 밀어 붙이면서도 돈과 시간은 덜 들인다는 목표는 그럴 듯 했지만, 그것을 이행하는 데에는 더 큰 문제가 있었다.

이 FBC의 비전을 만족시키기 위한 수많은 방안들이 나왔고, 프로그램의 관리자는 그 중에서 하나 혹은 다른 방안들을 채택하였다. '제약조건' 하의 접근방법에서, 자원(시간과 돈)을 줄이는 데에는 많은 고통이 있었다. 어떤 의견에 따르면, 이 제약조건은 측정가능한 방법의 핵심을 알 수 없었기 때문에 거의 임의의 방식으로 주어졌다.

또 다른 '단순화' 접근 방법은 막 진행중인 프로그램에서 해야 할 일의 범위를 축소시키는 것에 초점을 두었고, 이에 따라 비용과 개발 일정을 단축시킬 수 있었다. 두 가지 접근 방법은 '더 빨리 그리고 더 값싸게'의 비전에 상당한 관심을 두었지만, '더 좋게' 하자는 비전에 대해서는 관심이 부족하였다.

세 번째 접근 방안은 경영진으로 하여금 적절한 비용과 일정 감축을 결정하도록 이끌어간 계획과 함께 사용된 '예측된 위험' 방식이었고, 종종 혁신적 조치로 더 큰 혜택을 만들어낸 어려운 '목표 임무'를 확립하는 데 초점을 두었다. 이 접근 방법이 가장 성공적이었다.

1992년 이래 NASA가 FBC 패러다임 하에서 만들어낸 기록은 인상적이다. 2000년 초까지, NASA에서는 180억 달러 이상의 가치를 가진 146개의 물건들을 우주로 실어 보냈다. 그 물건들 중에서 손실된 것은 총 10개였고, 그 가치는 5억 달러 가량으로 총 투자금액의 3퍼센트 미만이었다.[20] 거의 대부분의 사업적 관점에서 보면, 이 정도의 신뢰도는 상당히 공동체에 있어서 이런 관료적 절차의 단계는 종종 혁신적인 아이디어와 프로그램의 발전을 방해하였다.

이러한 산업계와 정부의 조치가 어느 부분에 있어서는 성공하였지만, 국가적 차원에서의 우선순위가 변동하고 산업계가 성숙함에 따라서 이런 새로운 상황에 처해진 미 항공우주산업계 엔터프라이즈의 기존 관계는 더욱 틀어지게 되었다. 한때 가치 있는 기능을 수행하기 위해 설립된 제반 제도는 환경과 함께 변화하는 것이 느리다.

어느 한 시기에 중요했던 역량들은 이제 더 이상 다른 시기에 중요한 의미를 갖지 못한다. 변화하는 목표를 충족하기 위해서 자신의 역량들을 수정하기 보다는 살아남기 위해서 제도의 발전을 저지할 수도 있다. 이것은 린 용어로 잔재라고 부르는 건설적 변화를 가로막는 장벽이 되어버린다.

잔재는 어디에나 있다

잔재에 관한 이론의 저변에 깔려있는 생각은 특정 상황에서 성공을 이루어냈던 제도, 기반구조 및 사고들은, 그것이 일련의 새로운 상황에 놓이게 되면 장벽이 될 수 있다는 것이다. 예를 들면 정치학자들은 정치적 후원 시스템에 대응하는 민간 서비스를 성공적인 혁신으로서 종종 지적하지만, 다음 시대의 혁신을 억제하는 힘으로도 간주한다.

그러나 이미 말한 바와 같이, 시스템 장벽이나 억제력은 변화를 가져오거나 주도하는 것으로 변할 가능성도 가지게 된다.[22]

이러한 생각을 바탕으로 우리는 제도, 기반구조 혹은 지배적 사고가 없는 미래의 항공우주산업계를 만들어야 한다고 주장하는 것이 아님을 알아야 한다. 그것은 그 어떤 사업에서든 적절하지 않다. 항공우주산업의 경우 전혀 다른 일단의 제도적 구성, 기반구조 그리고 사고가 요구되고 있다.

궁극적으로 우리는 여기에서 모든 계층의 리더, 모든 엔터프라이즈가 미래 과제를 효과적으로 충족시키기 위해서 현재에 남아있는 기념비적 잔재물의 역사적 가치를 이해할 필요가 있다는 사례를 만들어가고 있다.

변화를 가로막는 장벽

어터백의 모델은 항공우주산업계에서 일어난 혁신의 원동력을 이해하는 데 있어서 유용하다. 그러나 이 모델은 모두에게 닥쳤던 1990년대 격동의 현실 한 가운데에서 미 항공우주산업계 엔터프라이즈의 요구들에 비해서, 변화가 찾아오는 것이 왜 그렇게 느렸고 그렇게 부적절 했는지 설명해주고 있지는 않다. 거기에 어떤 구체적인 조치가 있었다는 것은 확실하다. 그러나 왜 보다 더 큰 절박한 느낌을 가진 더 이상의 조치가 없었는가? 그에 대한 답은 단순하다. 오늘날의 미 항공우주산업계 엔터프라이즈는 냉전 시절의 잔재에 대해서 빚을 지고 있는 것이다.

잔재라는 것은 무엇인가? 다시 말하지만 그것은 전략, 제도, 공장 혹은 기반구조의 다른 부분들, 또는 마음가짐이나 사고에 이르기까지 한 때 유용했거나 절대적으로 필요했던 것으로 그 실체가 있는 것도 있고 없는 것도 있다.

린 시각에서 바라보면, 이 잔재는 절실히 요구되는 변화에 대해 방해물이 될 수도 있고, 그 존재만으로 엔터프라이즈의 현 위치와 앞으로 되어 있어야 할 곳 사이의 심각한 구조와 관계의 어긋남을 만드는 원인이 되기도 한다.

잔재에 대한 이 개념이 항공우주산업계에만 적용되는 매우 독특한 것은 전혀 아니다. 1970년대와 1980년대에 미국의 자동차, 철강 그리고 소비재 산업은 고객에게 그 어느 것도 친근하게 다가갈 수 없는 쓸모 없는 공장과 태도로 이루어진 잔재와 싸우는데 대부분의 시간을 보냈다. 그러는 가운데 그들의 아시아와 유럽의 경쟁자들은 새로운 고객에게 초점을 맞춘 접근방법을 취하여 시장 점유율을 크게 높였다.

미국의 항공우주산업계는 그 옛날의 영광스러웠던 이야기와 함께 특히 이런 잔재가 많이 있었다. 미 항공우주산업계 엔터프라이즈의 변화를 방해한 힘을 이해하는 것이 현재 상태와 앞으로 나아갈 앞길의 모든 가능성 모두를 이해하는 핵심 열쇠이다. 여기서 우리는 이 힘을 이해하기 위한 개념적 프레임워크를 구성할 것이다. 항공우주산업의 잔재는 이 프레임워크를 구성하는 본질이 될 것이다.

잔재는 항공우주산업계 엔터프라이즈 내 여러 계층에 존재하며, 우리가 논하는 사례들이 이 모든 것들을 다 망라하지는 못한다. 우리의 프레임워크는 과거의 전쟁에서 싸웠으나 더 이상 존재치 않는 적을 물리치기 위한 진부한 전략에 대해 주의를 기울인다. 한때는 문제가 되는 이슈를 독려하기 위해 만들어졌지만 새로운 상황에서 부적절하게 변해버린 제도들이 존재한다.

제2차 세계대전 당시로 거슬러 올라갈 수 있는 물리적 기반 구조도 존재한다. 그리고 사람들의 정신적인 습관도 존재한다. 이것은 옛날에는 이상적인 것이었으나, 빠르게 움직이는 새천년으로 바뀐 세상에서는 그 중 대부분은 맞지 않는다.

국가적인 그리고 세계적인 잔재들

냉전 시절에 계획을 수립하는 과정은 알려진 적에 관한 뚜렷한 행동 시나리오를 바탕으로 수행되었다. 오늘날 미국의 군사 활동은 현재 인지된 수요에 대응할 수 있는 것을 개발하기 위해 노력하는 과정에서 이 접근방법을 채택하고 있다.

냉전 이후 미국의 고도 전략적 정책에 관해 공공연하게 다시 논의된 생각 중에는, 두 개의 '중간 규모' 적과 동시에 전투를 하는 다른 시나리오, 말하자면 기존 전력 구조와 병참 계획을 정당화시키는 독자적 강점이라 할 수 있는 전략이 포함되어 있다.[23]

최근에 이 문제는 그 유명한 관료주의의 전사라 할 수 있는 도널드 럼스펠드 국방장관으로 하여금 그가 가진 모든 전문적 식견을 동원해서 합동참모본부가 이 전략으로부터 한 발짝 물러나, '한 쪽의 전쟁에서 확실하게 승리하고 대여섯 개 정도 될 수 있는 다른 지역에는 평화유지군

정도를 보내도록 한다'는 보다 현실적인 방안을 고려하게 만들었다.[24]

어떻게 냉전 시대의 전략을 잔재로서 규정할 수 있는가? 그것은 찌꺼기이며, 오늘날의 현실과는 어긋난 것이다. 우리는 다극화된 세상에서 살아가고 있으며, 그 가운데에서 미국은 유일한 '메가파워'로서 강력한 위치를 차지하고 있다. 적들의 테러리즘, 지역적 불안정 그리고 다른 형태의 공격과 같은 예상치 못한 군사행동과 같은 다양한 방향으로부터의 도전이 있다.

또 다른 가능한 전략은, 예를 들어 유연하고 고도의 기동성을 가진 그리고 쉽게 재구성이 가능한 전력 구조와 작전 방법을 개발하는 것이다. 아직은 군 지도자들이 이런 전략적 전환에 대해 신중한 입장을 견지하고 있다. 그들이 경험적으로 창조적 구성이 가능한 다양한 전력 구조로 오늘날의 위협에 대처해야 한다는 것을 안다고 해도, 그들은 전투 자산이 충분히 빠르게 조달될 수 없음도 알 것이다.

그러므로 군은 다른 전투용으로 설계되었을 수도 있고 일단 사용중인 것을 현실에 맞게 적용시킨 장비까지 함께 활용하여 이런 위협에 대처해야 한다.

이런 전략적 잔재와 연결되어 있는 것이 1960년대에 도입된 국방부의 기획예산제도(Planning, Programming and Budgeting System; PPBS)이다. 이 PPBS가 비록 국방 계획수립, 프로그래밍 그리고 의사결정에 보다 통제적인 방법을 사용할 수 있게 하였지만, 그 자체가 긴급한 위협 상황을 다루기 위한 제반 요건의 신속한 입력을 저해하는 잔재가 되어 버렸다.

국방 프로그램은 일단 제반 요건이 확인되면 전투력으로 구현되기까지 평균 9년이 소요되며, PPBS 시스템은 전투기에 대한 요구를 재정적 제약조건을 가진 환경에서 더 이상 신속하게 수용할 수 없기 때문에 이런 어이없는 결과물을 만들어내는 주요 공신인 셈이다.[25]

미 국방부의 조달업무는 관료주의의 악몽과 같은 것이다. 몇 가지 새로운 프로그램은 시행되는 과정에서 종종 성급하게 일정이 잡히고 자금 지원이 이루어졌다. 그러나 현실에 접어들면 일정 계획은 빠져 나가버렸다. 자금은 거의 대부분 양산 이행단계, 혹은 본격적으로 집행되어야 할 시기에 다른 국방 프로그램으로 전용되어 버렸다.

그 결과, 주요 조달업무 프로그램의 거의 절반의 일정이 당초보다 늘어났고 그 기간도 평균 14개월 정도 빗나갔다.[26] 물론 이것은 불충분한 자금지원이 이루어진 채 진행중인 프로그램의 포트폴리오 문제를 더욱 악화시켜서, 여러 프로그램들이 일이 늘어나거나 지연되는 원인이 되었다. 이런 악순환은 끝이 없는 듯 보였다.

전투력에 필요한 자산의 생산 책임을 지고 있는 국방 산업계는 종종 예산과 일정의 불안정에 따른 피해를 입었다. 이 모든 불안정성 때문에 납세자와 해고자가 부담하는 국방 제품의 가격이 더 높아지고, 혹은 긍정적으로 생각할 수 있는 상황이라고 해도, 국방 산업계 종사인력의 경력에 정체가 일어나는 비용이 발생한다.

상업적 측면에서 볼 때, 이렇게 최종 사용자에게 제공하는 성능에 반하는 것처럼, 제품만 생각하는 경향도 잔재로 간주할 수가 있다. 휴즈(Hughes)는 이 문제를 인식하고, 공공 DirecTVTM(직접 TV)로부터 통신회사 대상의 대역 임대에 이르기까지 고객에게 다양한 서비스의 직접 제공을 확대하였다.

휴즈의 사례는 그 자신의 위성 생산시설이 회사 성공의 희생양이 되어버렸다는 점에서 흥미를 주는데, 이 시설은 적어도 회사의 다른 부문

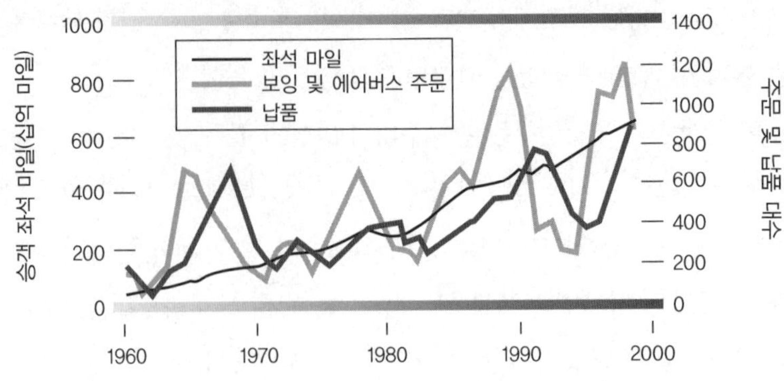

출처: Data from The Boeing Company, Airbus, Aerospace Industries Association, and Air Transport Association.

그림 3-7 항공기 주문 및 납품 실적 대 승객 좌석 마일 비교

과 비교했을 때 기대 이하의 성과를 보였기 때문에 매각되었다.[27] 항공기 엔진 회사들 역시 이 문제를 인식하였고, 이제 항공사에게 엔진뿐만 아니라 필요한 동력을 보장하기 위한 유지보수용 부품과 서비스까지 약정된 시한 내에서 '시간당 동력'을 기준으로 판매하고 있다.[28]

상업용 제트 엔진 분야의 경우, 제품에 대한 사고는 생산자와 항공사 간 수요와 공급의 '과열과 붕괴'를 만들어내는 기존 사업의 이해관계와 맞물려 있다. 그림 3-7에 연간 5~11퍼센트에 이르는 항공 여행 수요의 증가가 꾸준하게 이루어지고 있음에도 불구하고 이 산업계에는 9~11년 간 지속되는 축제와 기근의 주기에 의해 지배되고 있음을 잘 보여주고 있다.[29]

특히 고용 인력의 복지문제처럼 장기적으로 산업의 건강에 미치는 해로운 영향에도 불구하고 이런 상황 속에서 오랜 세월을 살아왔다. 그리고 자금지원, 임대 그리고 서비스 패키지 같은 보다 고객지향적 해결책

을 찾아 전진하고 있으며, 비록 엔진이나 통신 부문처럼 적극적이지는 않더라도 이런 노력은 이러한 사이클의 영향을 누그러뜨리는 경향을 보여주거나, 적어도 수익에 영향을 주는 경향으로 가고 있다.

모든 항공 여행객들에게 친숙한 상용 부문의 또 다른 잔재는 바로 정교한 허브와 주변 연결 시스템으로서, 복잡한 경로를 통해 승객이 이동하는 것이다. 모든 주요 항공사의 항공기, 터미널, 공항, 경로설정 및 티켓 발행 시스템 그리고 사업 계획이 이 잔재와 함께 묶여져 있다. 그러나 최종 고객, 즉 여행을 하는 대중은 이렇게 연결된 이해관계 속에서 최상의 서비스를 받지 못할 수도 있다.[30]

항공사의 이런 허브와 주변 연결 시스템 접근 방법의 몇 가지 예외가 성공적으로 진행되어 꽤 유명한 곳도 있는데, 특히 사우스웨스트 항공사의 경우, 주요 항공사들이 대부분 무시하고 있는 많은 여행 경로에서 지점 대 지점간 연결 서비스를 제공하고 있다.

기반구조와 제도적 잔재

미 항공우주산업계 엔터프라이즈의 가장 큰 잔재 중 하나는 군사 기지나 시대에 뒤떨어진 공장들, 우주비행 시설 등과 같이 옛 시절에 만들어져 남아있는 물리적인 기반 구조일 것이다. 과거의 냉전 시대에는 비행기, 선박, 탱크 등은 물론 사람도 포함된 수많은 전투 자산을 가진 거대한 전투력을 요구하였다. 이런 자산을 생산하고, 유지하고, 운영하기 위한 수많은 시설도 필요하였다.

국가 역시 분쟁 중에나, 혹은 분쟁을 목전에 두고 급속히 생산할 수 있는 설비 능력을 필요로 하였다. 정부가 소유한 하나하나의 시설이 뒷

잔재물이 되어버린 교육

미국에서 가르치고 있는 교육 과목의 각 분야는 거의 대부분 제2차 세계대전 직후부터 발전하기 시작해서 냉전 시대에 성숙한 과거 모델에 기반을 두고 있는 미 항공우주산업과 직접적인 관련이 있다.

여기에는 여러 가지 요소들이 관련되어 있다. 제2차 세계대전을 종식시킨 원자폭탄은 '자연과학'을 국력으로 변환시킬 수 있다는 교훈을 확신하게 만들었다.

그리고 냉전 초기 이 지식이 소련에 의해 사용되어 그들도 원자폭탄을 만들 것이라는 생각을 누구나 다 하고 있었을 때에, 첫 인공위성의 발사 기회를 빼앗은 소련의 스푸트니크 위성 발사는 또 다른 맥락의 이야기인데, 많은 미국 사람들은 1957년에 발사된 이 인공위성이 미국이 재래 군사력의 뒷전에서 '우주 경쟁'을 시작한다는 의미임을 확신하였다.

정부의 재정 지원이 대학으로 쏟아져 들어갔고, 과학 기술을 가르치는 과목에 대한 보조금의 비중도 높았다. 과학자들은 그들의 전문 분야에서 남보다 탁월한 성과를 얻어내고 보상을 받았으며 엔지니어도 특화된 세부 기술 분야에서 비슷한 방식으로 보상을 받았다.

경영과 기타 사회과학 부문도 역시 꾸준하게 진행되는 전문화에 대한 보상을 받으면서 자연과학 분야와 비슷한 경험을 하였다. 예를 들어 오늘날의 경영 아카데미는 20개 이상으로 나누어진 분과가 있고, 그 각각 그들 자신의 저널을 발행하고 있으며, 특화된 연구 활동과 그 하위 연구 분야를 가지고 있다.

시절은 변했지만, 한정적이고 심층적으로 이루어진 세분화된 기술 교육을 가르치는 학부의 교과목은 근대 산업의 요구와 합치되는 것이었다. 각 산업계의 초점이 기술적 진보를 이루는 것에서, 이런 발전된 기술을 고객을 위해 제품과 서비스에 통합시키는 것으로 옮겨감에 따라 엔지니어들에게 새로운 역할을 기대하게 되었고, 그 중에는 비 엔지니어 즉 마케팅 담당자, 전략기획자 그리고 고객지원 담당자와 같은 사람과 상호작용을 하는 일도 있었다.

1990년대 말 신기술에 기반을 두면서 이러한 추세를 강화시킨 창업 붐이 일어났을 때, 엔지니어들은 종종 창업자로서 혹은 파트너로서 작지만 신속하게 발전하는 회사 속에서 다면적인 역할을 하는 사람으로서 전면에 나섰다.

오늘날 산업계의 새로운 정의에서는 공학 교육의 핵심을 지속적으로 기술 교육을 확대해야 하는 절박함에 두고, 인문사회나 경영 등의 관련 과목들을 더욱 포함시키는 것을 필요로 하고 있다.[31] 많은 학교와 협회에서 이 새로운 정의와 인정 기준에 따라서 그들의 교과목을 변경시켜 나가고 있다.[32] 안타깝지만 그럼에도 불구하고, 고등교육 기관은 본질적으로 경직된 제도이기 때문에 오늘날과 같은 변화의 시대에 짐이 되고 있다.

새로운 것에 도전하는 기대되는 젊은 교수진들은 종신 교수직을 얻은 교수진의 요구에 의해 특수한 역할을 맡도록 압력을 받는다. 종신 교수진들의 경우 새로운 것을 지지할 충분한 자유가 있지만, 그들의 젊었을 때의 전공 분야와 관련된 것으로부터 다른 분야를 연구해야 할 인센티브가 거의 없다.

교과목과 그 교과 과정의 구조는 엄청난 시간과 노력을 투자하여 형성된 것이기 때문에, 이것들을 변경하는 것도 매우 어렵기 때문이다. 연구 요원과 운영진은 연구 자금에 의지하여 살아가고 있으며, 자금의 대부분이 각 분야별 연구 조직으로 배분되기 때문에 문제만 더 키우고 있는 것이다.

받침된 과잉생산 능력은 이런 급속한 상황을 대비하는 보험 역할을 하였다.

그러나 상황이 바뀌었다. 각 기지의 운영 비용이 급격하게 상승하였고, 자기 지역구에 있는 기지를 존속시키려고 하는 하원 의원들의 정치적 압력에도 불구하고, 이 기지들은 필요 이상으로 많아졌다. 군사기지의 과잉상태는 기지 재배치 및 폐쇄(BRAC) 위원회를 통해 다루어졌다. 이 그룹은 부분적으로는 정치적 결말이 빗나가게도 하였지만, 과잉 능력의 부분적인 감축이 가능할 수 있었던 것은 양당 프로세스를 통해 설립되었기 때문이었다.[33]

이러한 긍정적 추세가 반대에 부딪친 것은, 큰 비용을 들여서라도 반드시 깨끗이 정화시켜야만 할 유산으로 전락한 이들 수많은 기지시설에 대한 슬픈 환경보고서였다. 이 문제 때문에 종종 다른 용도로 전환시키려는 과정이 지연되기도 하였다.

항공기 제조업체들은 지금 필요한 생산 속도를 훨씬 더 초과하는 물리적 생산 능력을 가지고 있고, 많은 시설들의 설립 시기는 생산량이 현재보다 수백 배는 더 많았던 제2차 세계대전 당시까지 거슬러 올라간다. 제2차 세계대전 당시의 생산 속도에 적합했던 생산 시설들의 규모는 냉전 시기에 그 근거가 퇴색하기는 하였지만, 오늘날 이 시설들이 과잉 상태인 것은 틀림없다.[34]

기반구조의 잔재는 기반 구조의 감축에 저항하는 것이 있기 때문에 다루기가 힘든 문제이다.[35] 우리는 이미 회사 밖에 있는 정치적 압력에 대해 언급하였다. 회사 역시 정부와 사업을 하는데 있어서 자신들의 내부적인 논리를 가지고 있다. 정부의 새로운 프로그램이 감소하면 나머지 개발 계획의 낙찰이 점점 더 중요한 문제가 되고, 회사 입장에서는 기반구조를 감축하였을 경우의 생산 능력이 새로운 프로그램 입찰에 어떤 악영향을 줄 수도 있다는 걱정 때문에 기반구조 감축 계획을 거부해 버린다.

향후 30년간 4천대 이상의 항공기를 잠재적으로 생산하게 되어있는 통합타격기(Joint Strike Fighter) 프로그램이 좋은 사례이다. 이런 규모의 프로그램은 어떤 회사로 낙찰이 되든 간에 실질적으로 장기적인 생존 능력을 보장해준다. 회사가 만일 어떤 과업의 수행에 적당하지 못하다는 인상을 주어서 입찰에 실패할 수도 있다고 생각한다면 신중하게 기반 구조를 감축하려는 생각을 꺼리게 될 것이다.

오늘날 우주 부문에 있는 기반구조는 우주 경쟁이 한창이었던 시절에 만들어진 잔재로서, 프로그램과 그 수요가 감소하였으나 규모를 줄이기 어려운 '행진하는 군대' 처럼 보인다. 가장 심각한 사례는 우주왕복선인데, 이것을 위해서 필요로 하는 인력은 대규모이면서 동시에 영구적이다. 미국 정부는 (챌린저호 사고가 있기 전까지) 모든 발사를 우주왕복선으로 전환함으로써, 보다 경쟁적인 대안들을 효과적으로 억누를 수 있었다. 이것은 많은 문제점들을 가려버렸다.

특히 향후 모든 미국의 우주여행이 우주왕복선으로 이루어질 것이라는 가정을 하면서, 정책들도 높은 비행율과 같은 잘못된 예상을 밀어붙였고, 비용을 수많은 비행 횟수로 나누어 할당하여 '행진하는 군대' 를 경제성이 있는 것으로 둔갑시켰다. 오늘날 이것은 과거 훨씬 더 많이 시행되었던 비행들을 지원했던 것과 필적하는 대규모 지원을 필요로 하고 있으며, 이 때문에 매 발사당 비용이 불가피하게 높다.

만일 이러한 문제들이 이전에 분명히 드러나지 않았다고 한다면, 1986년의 챌린저호 폭발사고는 우주왕복선이 미 항공우주산업계 엔터프라이즈의 요구를 충족시킬 수 없음을 최종적으로 증명하였을 것이다. 그 순간, 이전까지는 그래도 비행율을 유지하려고 했던 압력이 간접적으로 챌린저호의 참사를 가져오게 되었고, 잔재를 만들어내었다.

또한 잘못된 정책으로 인해서 미국이 주도하고 있던 우주선 발사 능력에 대한 많은 도전들(첫번째 사례는 프랑스의 아리안 로켓 발사 시스템이 등장할 수 있는 기회를 제공한 것이 될 것이다)을 받게 되었으며, 여러 해 동안 개발되지 않았던 미국의 대안 시스템들을 포함해서 거의 대부분의 다른 모든 NASA 프로그램의 운영과 자금지원에 부정적인 영향을 끼쳤다.

문화적 잔재

실체가 없기 때문에 가장 보이지 않는 잔재가 아마 가장 허약하게 만드는 원인일 것이다. 미 항공우주산업계 엔터프라이즈에서 볼 때, 이런 '문화적 잔재' 에는 다른 고려사항들(위험 요소에 대한 구조적인 회피, 비용 절감에 대한 거부 등과 같은)의 손실에 대해서 최상의 기술 성과에 초점을 두는 사고가 포함된다. 이 모든 것들은 미 항공우주산업계 엔터프라이즈의 바로 그 핵심에 심오한 영향을 끼치며 장래성 있는 기업가와 인재들의 에너지와 혁신을 잠식해 들어간다.

미 항공우주산업계 엔터프라이즈의 오랜 역사 중 상당한 기간 동안 최고의 성능을 지향하는 문화는 좋은 영향을 주었다. 전시에는 춥거나 덥거나 간에 기술에 뒤처지는 것에 대해 가혹한 벌칙이 가해졌다.

그러나 베를린 장벽이 무너지면서부터 산업계 내의 생각이 있는 사람들과 정부의 정책을 수립하는 사람들 사이에 항공우주산업이 비용을 전혀 개의치 않는 성능 주도 문화에서 탈피해서, 한정된 예산 안에서 최대의 가치를 얻어내기 위한 초점을 맞추어야 할 필요가 있다는 인식이 퍼져갔다.

냉전 기간 중에 미 국방부의 조달업무 실무는 고정수수료 가산 원가계약(CPFF)을 사용하여 산업기지로부터 고성능의 제품을 '끌어내도록' 설계되었다. 그 결과 입찰자들은 낙관적 성능에 대한 약속이나 비현실적인 낮은 비용, 혹은 이 두 가지 모두를 가지고 주문을 따내기 위해 어쩔 수 없이 재협상에 임해야 했다.

결국 증가한 비용을 가지고 거래를 하는 것이 프로그램을 제거하거나 (따라서 일자리도 제거하는) 혹은 생산 능력을 감축시키거나 (그래서 국방이 취약하게 보이는) 하는 정치적으로 어려운 문제와 싸우는 것보다 쉬운 셈이 되었다.

일정을 늘려서라도 결과적으로 보상받을 수 있다면 자금 지원은 증가하였고, 결국 성능을 맞추기 위해서 증가된 비용 위에 시간과 관련된 비효율성과 비용을 더 얹어 놓았다. 이 전체적인 프로세스가 문화적 잔재이다. 어떤 비판자는 이를 '낙찰 받고 떼쓰는' 것으로 표현하였다.

다양한 조달업무 개혁의 활동으로 이 잔재를 부수고자 한 노력 중에 C-17 프로그램과 같이(8장에서 논의됨) 일부 성공을 거둔 것도 있다. 그러나 40년 이상 사업을 함께 하면서 형성된 정부와 회사간의 문화를 바꾸는 것은 시간이 걸리는 일이다

현재의 제품 설계 실무는 또 다른 문화적 잔재를 나타내고 있는데, 이것은 최상의 성능을 추구하는 문화와 연결되어 있다.

회사와 정부간의 제품 개발에서 흔히 볼 수 있는 문화는 가치기반 설계를 창조해 내는데 적합하지 않으며,[36] 보통 제품 개발 프로세스는 기술적 요건을 만족시키는 것과 함께 기술, 비용, 그리고 일정상의 위험을 줄이는 데에 초점을 맞추게 된다. 이것은 정형화된 절차와 수많은 점검과 검토가 이루어지는 단단한 시스템을 통해 가장 최상으로 달성할 수 있는 것이다.

그러나 이런 시스템은 제휴 관계를 어긋나게 할 수 있는 여러 가지 제약을 가지고 있다. 이것은 시스템 간의 특성들이 자유롭게 전환되거나,

F-20 타이거샤크: 큰 모험을 했던 작전

1980년대 초, 노드롭사는 자신들이 공급하던 T-38/F-5 시리즈 군용기의 뒤를 잇는 후속 기종이 있어야 한다고 생각하고 완전한 비행기 생산 능력을 유지하고자 곧바로 새로운 기종의 생산 기회를 모색하였다. 그 당시에 노드롭은 맥도넬 더글라스 F/A-18 기종의 1차 하청계약자이기도 하였고, 수출용 F-18(F-18L)기의 1차 계약자가 될 예정이었다.

그러나 결국 단 한 대의 F-18L도 생산되지 못했지만, 맥도넬 더글라스는 해외로 F/A-18의 판매를 계속하였다.[37]

이 문제로 인해 노드롭은 군용기의 미래를 유지하기 위한 선택적 대안을 찾기 위해 더 큰 압박을 받게 되었다. 이 회사는 회사 자금으로 이루어지고 있던 F-5G, 나중에 F-20 타이거샤크로 명명된 기종에 한 가닥 희망을 걸고 있었다.

이 F-20은 그때까지 시도되었던 상업적 군용기 프로젝트 중에서 가장 규모가 큰 것이었다. 이것은 해외 시장과 미국 내 시장에서 F-16과 경쟁하기 위해 설계되었고, 노드롭은 이 F-20에 무려 12억 달러의 투자를 하여 첫 비행이 1982년 8월 30일에 GE F404 엔진을 달고 이루어졌다. 세 가지 프로토타입이 만들어진 가운데, 두 개는 시험 비행에서 추락하였고, 나머지 하나는 현재 로스앤젤레스 지역 과학 박물관에 소장되어 있다.

F-20은 그 당시에 가장 기술적으로 앞선 비행기 중 하나였다. F-16에 비해 비용도 현저하게 적게 들었고, 완전한 디지털 전자 혁명을 처음으로 구현한 비행기이기도 했다. 그러나 그 이후 6년 동안의 판매 노력에도 불구하고 아직까지 고객을 얻지 못했기 때문에 F-20은 버려진 채로 남아있다.

판매가 성공적으로 이루어지지 못한 요인은 부분적으로 워싱턴의 정치 구도가 변한 것에 있고 비행기 그 자체의 어려움은 아니었다.(비록 이 기종은 단종되었지만, 결과적으로는, 시험 비행기 추락 역시 이 사업을 몰

또는 유연하거나 변수가 많은 조건들을 다루기 어렵게 만든다. 이것은 또한 본질적으로 느리며 따라서 변화하는 요구에 대해 취약하다.

이 시스템 내에서는 가장 결정적으로 중요하고 어려운 설계 기능이 성능과 관련된 것이다. 항공우주산업의 경우, 이것이 제품의 기술적 설계를 담당하는 팀이 제조나 품질관리와 같은 엔터프라이즈 내 다른 부문에 비해 더 많은 지위, 급여 그리고 배려를 받는 문화를 낳았다.

광범위한 위험 회피 의식이 이 문화적 잔재 아래에 깔려 있다. 수요가 변화하고, 위협이 등장하고, 자원이 줄어드는 시점에 과감하고 새로운 아이디어에 대한 필요성이 제기되었으나, 그 대신 미 항공우주산업계 엔터프라이즈는 '무너지기에는 너무 큰' 몇 개 안 되는 큰 시스템을 잘라 내버렸다.

예를 들면 서로 다른 시대에 성립된 일련의 요구조건들이 수면 위로 부상한 단 두개의 전술 항공기 시스템에만 부담을 지우게 되면, 계속적으로 변화하는 요구와 조건들을 다루는 것이 어려워질 수도 있다. 시스템 수준에서, 이것은 전투기, 시스템 획득자 그리고 회사들로 하여금 혁신의 위험 부담을 갖는 것을 꺼리게 만든다.

F-20 타이거샤크 전투기와 같은 혁신적인 프로그램의 역사와 실패를 되돌아보면 오늘날 조직의 모든 계층에 스며있는 시스템 수준에서의 위험 회피가 일어나는 것에 대해 이해하는데 도움이 된다.(박스 내용 참조)

성공은 흔히 혁신이나 비용 절감에 대한 보상 없이 기술되어 있는 요건만을 단순히 충족시키는 것으로 정의된다. 실패가 너무 잦은 곳에서는 실패의 근본 원인을 찾아내거나 그 경험으로부터 얻을 수 있는 학습을 옹호하는 대신 책임 문제에 대한 시시비비를 가리는데 에너지가 소비된다.

위험 회피 잔재를 구성하는 한 부분인 정부의 감독은 종종 부정이나 당혹스러운 일이 드러날 가능성을 방지하기 위해 미시적인 비용 관리에 초점을 맞춘다.[38] 때때로 장부가 정확하게 기재되어 있는지 확인하는 일이 정부나 전투기에게 가치를 가져다주는 정책이나 절차를 개발하는 것에 비해 우선순위가 높은 경우가 너무나 많았다.

어떻게 이와 같은 사고가 실제로 수행될 수 있었을까? 조달 자금지원이 줄고 대규모 기반구조가 기존에 자리잡고 있으면, 생산중인 제품의 원가 절감이 가능한 투자를 할 인센티브는 거의 없다. 오히려 '원가가산' 사고방식을 가진 고객이 종종 비용 절감을 통해 절약한 이익을 신속하게 흡수해버리는 사실 때문에 이것을 꺼리는 현상이 고착된다.[39]

정치적인 고려사항들로 인해서, 계약자가 '정상적인' 사업 기준으로 볼 때 합리적인 수익을 보아야 한다는 것과 그리고 개선과 원가절감에 대한 보상을 받아야 한다는 개념을 인정하는 것이 어렵게 된다. 이것들은 원가가산 기준을 바탕으로 산업계의 더 높은 수익율을 인정하는 것만으로 간단하게 다루어질 수 없는 진정한 문화적 잔재이다. 여타 산업계와 마찬가지로 이런 수익은 돈을 절약하고 더 나은 제품과 서비스를 제공해서 얻어야 한다.

이 모든 문화적 잔재들이 더욱 더 실망적일 때가 있는데, 그 이유는 이것들이 미국 경제를 그렇게 강하게 만든 면을 무시하고 있기 때문이다. 1990년대 미국 경제성장을 밀어붙인 에너지의 한 부분은 위험을 감수하고 잠재하고 있던 거대한 보상을 현실화시켰던 것으로부터 나온 것이다. 첨단기술과 정보통신을 주도하는 신경제 기업들은 그 좋은 사례이다. 대다수가 실패하는 곳에서 성공한 기업들은 전례 없던 새로운 부를 창출하였다.

그리고 이런 사례를 넘어서 다양한 분야에서 미국의 비즈니스는 위험을 감수하고 새로운 기술과 비즈니스 실무를 채택하여 세계적인 리더십을 쟁취하였거나 혹은 다시 사로잡았다. 모험을 감수하고 이것을 허용하는 유연성은, 제반 기술과 세계 정치 및 경제 시스템에 신속한 변화가 일어나며 확립된 구조를 불안정하게 만들어버리는 오늘날과 같은 시대에 핵심적인 경쟁우위를 형성한다.[40]

이런 잔재들은 미래에 긴 그림자를 드리운다. 게다가 다양한 유형의 잔재들은 서로 상호작용을 한다. 그러므로 전략적인 그리고 문화적인 잔재가 존재하면 기반구조 잔재들이 변화하는 것이 아니라, 잔재들을 보호되게 된다. 그리고 역할과 책임이 기존 기반구조 그리고 전략적 잔재와 관련되어 정의되어 있을 경우, 변화에 대한 장애물이 될 수 있는 문화적 잔재를 식별하는 일이 어렵게 된다.

앞에 놓인 과제

간단히 말하면, 미 항공우주산업계 엔터프라이즈는 새로운 안정된 상태를 찾아야 한다. 베를린 장벽의 몰락은 세계적 상황의 중요한 변화를 나타내는 상징적인 사건이다. 냉전은 지나갔고, 서방 세계는 승리를 만끽하였으며, 문제가 되었던 경쟁은 이제 일차적으로 경제적인 것으로 변해버렸다.

10년 이상 세월이 지나가는 동안 이 변화에 내포되어 있는 시사점은 아직 드러나지 않았지만, 최소한 한 가지 만은 분명한 것이 있는데, 미국의 안보와 경제적 요구, 즉 국가적 우선순위는 그 사건의 이쪽 측면에서 보면 아주 판이하게 다르다는 것이다.

이것은 미 항공우주산업계 엔터프라이즈에 대한 새로우면서 불안정한 요구를 반영하며, 이 요구는 새롭게 변한 세계 상황에 어긋나지 않은 제휴관계를 추구하면서 이 상황을 이해하고 적응하기 위해 여전히 노력해야 함을 말한다.

항공우주산업계는 그 자신의 성숙기와 싸우고 있다. 성숙기에 들어간 산업의 특징은 우리가 앞에서 제시한 것처럼 오늘날 항공우주산업계에서 관찰된 시장 지배제품과 이로 인한 기술적 진화 속도의 저하, 역할자 수의 대규모 감소, 생산과 제조의 중요성 등장 그리고 종종 새로운 혹은 소규모 역할자가 주도하는 틈새 시장에 대한 혁신의 집중과 같은 많은 점들을 시사하고 있다.

아직까지 우리가 지적하지는 않았지만, 아주 많은 혁신 기회들이 존재하고 있다. 그 어떤 복잡한 산업계라도 분명히 이와 같은 경험을 할 것이다.

항공우주산업계의 잔재를 이해하는 것은 우리 앞에 놓인 과제가 무엇인지 더 잘 파악할 수 있게 만들어준다. 이 잔재는 무시할 수는 없지만 그렇다고 이것과 꼭 싸울 필요도 없다.

우리는 미 항공우주산업계 엔터프라이즈에 필요한 것은 이런 잔재를 인식하고, 그것들이 어떻게 그리고 왜 잔재가 되어버렸는지 이해하고, 누구의 이해관계를 만족시키기 위해 이것들이 존재하는지 규정하고, 이런 잔재들이 강화되는 행위를 바라보고 그리고 서로 다른 행위들이 허용될 수 있도록 잔재를 변환시키기 위해 무슨 일이 취해져야 할 것인지 평가하는 것이라고 생각한다. 이것은 다른 어느 산업계에서도 적절하게 사용할 수 있는 접근방법이다.

어떻게 장애물을 뛰어 넘고 새로운 평형 상태를 확립할 것인가?

이 책의 2부에서는 다음과 같은 문제를 다루기로 한다. 참고로 우리는 먼저 어터백의 정착 단계 안에 깊숙이 들어와 있는 산업계, 즉 자동차 산업계가 주는 교훈을 살펴볼 것이다. 도요타 생산 시스템을 연구하면서 배운 교훈은 린 운동을 촉발시켰고, 자동차 및 소비재 상품의 제조산업에 심오한 영향을 미친 〈세상을 바꾼 기계〉와 〈린 사고〉에 담겨 있다.

미 항공우주산업계 엔터프라이즈에게 필요한 전체적인 변화의 크기와 범위는 자동차 산업계, 제조업계 혹은 다른 산업계에 비해 더 극적으로 크다. 그러나 2부에서 보겠지만, 이 여정의 초기 단계는 이미 시작되었다.

PART 2

더 좋게, 더 빠르게, 더 값싸게

Better, Faster, Cheaper

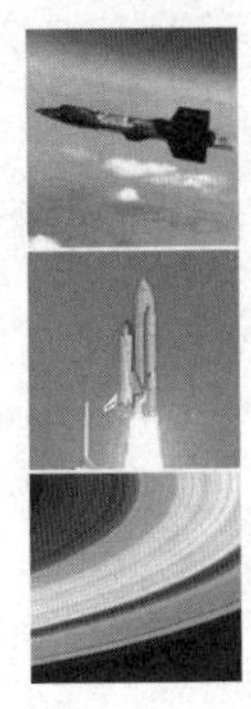

미국에서 새로운 우선순위에 대한 대응은 NASA 책임자 댄 골딘(Dan Goldin)이 대중화시킨 '더 좋게, 더 빠르게, 더 값싸게' 라는 주문 속에 담겨 있다. 냉전 시절의 특성인 아폴로 프로그램이나 초음속 여객기와 같은 대규모 노력에 대해 사회는 더 이상 가치를 부여하지 않았다.

군 고객이나 그 밖의 다른 고객들은 모두 더 좋으며, 더 빨리 사용할 수 있고 과거에 비해 더 저렴한 가격의 제품을 원했다. 항공우주산업의 경우, 이것은 냉전의 유산으로는 처리가 제대로 안되는 새로운 도전을 의미하였다.

미국이 제2차 세계대전 후 냉전에 관련된 현안 문제에 우선적으로 몰두하는 동안 일본은 경제 부흥에 집중하였다. 일본의 니즈는 자원 투자를 최소화하면서 경제적으로 경쟁력 있는 산업 육성에 집중하는 것이었다. 그 본보기로 들 수 있는 것이 도요타와 '린(lean)' 도요타 생산 시스템이었다. 그렇지만 자동차와 자동차 소비자들은 항공기 및 우주선의 고객이나 사용자와는 너무나 다르다.

과연 항공우주산업계도 그 스스로 이렇게 근본적으로 다른 패러다임으로 신속히 변환할 수 있는가? 또한 이에 요구되는 전혀 다른 새로운 문화를 창조할 수 있을 것인가? 이는 결코 확실치 않았으며, 따라서 이 책의 2부에서 제기하는 물음이 될 것이다.

2부는 우리를 린을 향한 여정으로 이끌고 간다. 4장 '린 사고'에서 우리는 린의 근원과 원칙과 실행을 심도 있게 파악하고 식스시그마, 전사적 품질관리, 리엔지니어링 및 기타 등등의 조직 혁신 의제와의 관계를 살펴볼 것이다.

근본적으로 '린'은 제품 및 서비스 창출과 관련된 모든 활동의 낭비를 제거하는 것이다. 그러나 낭비제거가 보다 중요한 이유는 최종 사용자, 고객, 주주, 근로자, 공급업체 및 파트너와 그리고 이보다 더 광범위한 국민과 사회에 이르는 다수의 엔터프라이즈 이해관계자를 위한 효율적인 가치창조를 가능하게 하려는 것이다.

항공우주산업계에 린 활동이 도입된 후 10년이 흘렀는데, 그 응용가능성이나 향상된 성과의 증거가 있는가? 우리는 단호하게 그렇다고 말하고자 한다. 5장 '성공의 섬'에서 상업용 및 군용 항공기, 엔진, 항공전자공학 하드웨어 및 소프트웨어, 미사일 및 우주선 발사 시스템에 이르는 항공우주산업 여러 부문의 수많은 린 응용 사례를 중점적으로 살펴볼 것이다.

이러한 사례들을 통해 그리고 이 책에는 포함되지 않은 많은 사례들을 통해서도 주요 낭비감소 및 가치창조가 이루어져 왔음을 확인할 수 있다. 그러나 대부분의 경우, 린 활동의 충분한 혜택이 아직 실현되지 못했는데, 그 이유는 린 활동을 전체 엔터프라이즈로 확장하는데 실패했기 때문이다.

6장 '린 엔터프라이즈'에서는 엔터프라이즈 수준의 린 원칙과 실행을 소개하고, 이것이 무엇이고, 어떻게 이행하고, 린으로 향하는 여정에서 엔터프라이즈의 진보를 어떻게 평가할 것인지 설명할 것이다. 우리는 린 엔터프라이즈가 된다는 것의 의미가 무엇인지 정의하고, 상호 관련되고 의존적인 항공우주 부문 엔터프라이즈의 세 가지 수준, 즉 프로그램, 멀티프로그램(회사 혹은 정부) 그리고 국가 및 국제 엔터프라이즈를 구분할 것이다.

우리는 또한 통합 엔터프라이즈, 확장 엔터프라이즈, 그리고 이해관계자들의 개념에 대해서도 다룰 것이다. 우리는 특히 린 원칙이 가치에 초점을 맞춘다면, 엔터프라이즈 수준에서 이러한 원칙이 적용되었을 때에 주요한 혜택이 실제로 실현되었음을 보여줄 것이다.

이 책 2부에서 얻은 교훈은 '린'으로 변화하고자 하는 방안을 찾는 모든 산업계에 적용할 수 있다. 그러나 3부에서 배우겠지만, '린'이 된다는 것만으로 충분하지 않다는 것이다. 이것은 가치를 창조하는 동인이며, 미래 번영의 열쇠이다.

4 장

린 사고

1998년 초 항공우주산업계의 주요 계약자와 공급업체로부터 온 경영자들, 엔지니어 그리고 노조 대표자들의 그룹이 공급사슬 통합(supply chain integration)에 관한 특별 워크숍의 일환으로 한데 모였다. 이 워크숍에 초청된 연사 가운데 도요타 공급업체 지원센터의 하지메 오바가 있었다.

오바는 몇 가지 간략한 언급을 하였다. 그리고 나서 이 그룹에서 새로운 공급업체와 일을 하는 것과 관련된 집요한 질문이 시작되었다. "당신이 맨 먼저 하는 일은 무엇입니까? 그리고 그 다음에 어떤 일을 하게 됩니까?" 그러나 오바는 어떤 비결과 같은 대답을 계속해서 거부하였다. 질문이 계속되었을 때 그는 최종적으로 이 그룹이 한 가지 이해해야만 할 것을 강조하였다. 그는 "린(lean)이란 생각하는 방식이며, 해야 할 일을 적어놓은 목록이 아니다"라고 이야기하였다.

그리고 오바는 각 공급업체를 만나야만 했고 그 각각의 특정 공급업체들이 그들 자신의 생산 시스템에 관해 어떻게 생각하고 있는지를 이해해야만 했음을 상세하게 설명하였다. 그렇게 이해를 한 후에 비로소 린 원칙과 실행의 초점을 어디에 두는 것이 타당할 것인지 확인할 수 있다고 하였다.

이 이야기에 신비로운 무엇이 있는가? '린'의 개념에 '일반적 기준'과 다른 사고를 요구하는 어떤 특별한 것이 있는가? 어떤 순서에 따라 이행되어야 할 것을 요구하는 일련의 린 원칙과 실행이라는 것들이 확실히 있어야만 하는가?

오바의 린에 관한 접근방식을 완전히 이해하려면 지금부터 50년 전 역사 속의 한 지점, 1950년 8월 15일을 되돌아보아야 한다. 이 날 일본 천황은 일본 국민들에게 일본군이 연합군에게 항복할 것이라고 발표하였다. 바로 이 날은 또한 매우 어려운 전략적 문제에 직면한 도요타의 새로운 출발점이 되는 날이기도 하였다.

이 당시 미국의 산업계는 세계에서 가장 우월한 제조 능력을 가지고 있었다. 도요타 사장인 기이치로 도요타는 다음과 같은 과제를 제시하였는데, 그것은 "미국을 3년 안에 따라잡자"라는 것이었다.[1] 미국 자동차 회사들이 규모의 경제라는 경쟁우위를 가지고 일본 시장 진입의 기회를 찾고 있는 상황에서, 기이치로 도요타는 미국을 따라잡는 길만이 일본 자동차 산업이 생존할 수 있는 단 하나만의 길이라고 생각하였다. 그는 이 과제를 그 당시 도요타의 핵심 엔지니어 중 하나인 다이이치 오노에게 주었다.

오늘날 도요타 생산 시스템의 창시자로서 존경 받고 있는 오노는 섬유업계에서 단지 2년간의 경력을 가진 후 도요타에 입사하였다. 그에게 주어진 임무를 완수하기 위해 오노와 그의 동료들은 미국과 미국 방식을 배우는 것이 필수적이라는 결정을 내렸다. 그들은 우리가 그 당시 세계적인 벤치마크라고 부를 수 있는 미시간 주 디어본에 위치한 포드의 리버 루지 자동차 제조 공단에 관심을 집중하였다.

오노는 미국의 자동차 산업계의 성공 근원을 재빨리 확인하였을 뿐만 아니라 그 시스템이 가지고 있는 취약점도 파악하였다. 그가 관찰한 것은 대량생산, 즉 재고를 쌓아둘 수 있는 대규모 창고를 보유한 대규모 로트 생산과 철광석 광산의 원자재부터 완제품에 이르는 고도로 수직 통합된 공정이었다. 포드는 미국의 대규모 시장 니즈를 충족시킬 수 있는 적합한 시스템을 구축하였다. 오노 또한 이와 동일하게 일본 경제 현실에 적합한 생산 시스템을 원했다.

그러나 도요타는 일본 내에서 많은 딜레마에 직면하였다. 규모도 작고 분할된 내수 시장, 부족한 노동인력, 희소한 천연 자원, 한정된 토지 그리고 부족한 투자자금 등과 같이 이 모든 것이 미국의 상황과는 정반대였다. 포드 자동차회사 리버 루지의 생산시설에서 볼 수 있는 대량생산 모델은 일본의 여건에는 맞지 않음이 확실하였다.

제너럴 모터스에서 등장했던 대량생산 모델의 변종조차도 보다 광범위한 제품별 생산라인의 장점을 가지고 있었지만 일본의 여건에는 역시 적합하지 않았다.

그 이후 몇 십 년간에 걸쳐 이 독특한 일본의 비즈니스 여건에 대응하기 위하여, 린 사고방식의 등장과 관계된 역동적인 프로세스가 펼쳐진다. JIT(Just-in-Time) 납품, 작업 스테이션 내 공정관리, TPM(Total Productive Maintenance), 통합 제품 및 공정 설계, 그리고 풀(Pull) 방식의 자재이동을 위한 칸반(Kanban) 등 여러 혁신적인 활동들이 대량생산 모델의 한계점을 극복하기 위한 해결책으로 등장하였다. 이 과정에 참여했던 사람들은 심도 있는 지속적 연구를 계속하였다.

1950년대에 이들의 연구는 '미국 산업 생산성의 비밀'을 배우기 위해 수많은 미국 공장 방문을 통해 주로 이루어졌으며, 에드워드 데밍(Edwards Deming)이나 조셉 주란(Joseph Juran)과 같은 유명 인사들의 지원 하에 수행되었다.[2] 린 사고의 완전한 영향력은 몇 십 년이 흐른 후 분명하게 나타났다.

1950년대 이 연구팀의 구성원이었던 마사키 이마이는 지금은 은퇴한 도시로 야마다 교수의 이야기를 한다. 야마다는 포드의 리버 루지를 포함해서 예전에 방문했던 공장들을 세월이 흐른 후 감상적인 느낌을 가지고 다시 방문하였다. 그리고 일본으로 돌아와 이 그룹의 여행 25주년을 기념하는 연회에서 그는 믿을 수 없다는 듯 머리를 흔들며 이야기하였다. "모두 보셨는지 모르겠지만, 그 공장들은 25년 전에 있었던 그 모습 그대로 하나도 변하지 않았습니다."[3]

일본의 역동적 학습 환경 속에서 생활했던 이 일본의 방문객들은 충격을 받았다. 그들은 어떻게 지난 반세기 동안 미국의 공정이 일본과 대등한 만큼의 발전도 이루어내지 못했을까 의아해 했다.

린 사고의 적용은 도요타와 같은 일본의 회사들을 경쟁력과 탁월성에 있어서 세계적인 선두그룹에 들어가게 만들었다. 오늘날 이러한 린 사고방식은 여러 나라 수많은 산업계에서 아주 당연한 회의 주제가 되었다. 전자상거래 업계에서 유명한 리더들은 린 원칙을 새로운 차원에서 응용하였다.

델 컴퓨터를 예로 들면, 인터넷으로 주문을 기록하고 생산 일정계획을 '공급자 슈퍼마켓'을 통해 널리 전파하는 방식을 사용하여 공장에 저스트 인 타임(JIT) 기반으로 부품을 생산하고 납품하였다. 이를 통하여 고객이 사양을 정한 컴퓨터를 주문 후 1주일 이내에 공급하여 시장에서 보다 큰 경쟁자를 따라잡았다. 델은 이렇게 만든 제품을 밤중에 고객에게 배송하였다. 델 컴퓨터는 낭비가 거의 없이 대량의 제품 생산과 장인 수공업 생산 유형의 독특한 조합을 보여준다.

린 사고는 수십 년에 걸쳐 만들어졌으며, 여전히 진화를 하고 있는 중이다.

거의 대부분의 린의 역사가 중추적인 역할을 담당했던 TPS의 발전과 같이 자동차 산업에 집중되어 있기는 하지만, 린 사고는 다른 많은 산업 영역에도 적용된다. 이 장에서는 린의 여정이 무엇을 향해 오늘날까지 왔는지 하나하나 살펴보기로 한다.

린을 처음 접하는 독자들은 이 장이 린을 이해하는 첫걸음의 역할을 할 것이다. 이미 많은 지식을 가지고 있는 독자라면, 우리가 희망하는 새로운 통찰력을 유발시키는 종합적인 내용과 틀을 제공할 것이다.

린 사고의 정의

1장에서 린에 대한 우리의 정의는 두 가지 핵심적인 차원, 즉 낭비제거와 가치창조에 중심을 두었다. 이 두 가지는 린에 반드시 통합되어야 할 필수적인 요소이다. 낭비제거, 즉 비용 삭감에 배타적으로 초점을 두는 것은 충분치 못하며, 수익 향상을 만들어내지 못할 수도 있다. 가치창조에만 배타적으로 초점을 집중하는 것 또한 과잉재고, 중복검사, 순차적 엔지니어링 등과 같은 수많은 개선 기회를 낭비제거 노력을 집중한 후에만 눈으로 파악할 수 있기 때문에 충분치 않다.

이러한 차원을 지향하는 사고방식은 어떤 유형의 것인가? 과거 일본의 성공을 주도하였던 것은 무엇이었고 현재 전자상거래를 주도하는 리더들을 이끌어가고 있는 것은 무엇인가? 여기에 지난 수십 년 동안의 학문적 연구와 현장 관찰에 의해 이끌어낸 종합적인 '린 사고'에 관한 정의가 있다.

린 사고는 하나의 정의된 엔터프라이즈 내에 속한 모든 사람이 가치창조의 목표를 가지고 지속적으로 낭비를 제거해가는 역동적이고, 지식 주도적이며, 고객에 초점을 맞춘 프로세스이다.

여기에는 여러 가지 핵심적인 개념들이 내포되어 있으므로, 린의 정의를 하나하나 풀어 보는 것이 도움이 될 것이다. 다른 사람들의 선행연구에 기반한 많은 사례 속에서 린의 요소를 간단하게 살펴보고자 한다. 그리고 난 후 '엔터프라이즈'나 '가치'와 같은 몇몇 개념을 다음 장에서 더욱 완전하게 만들어갈 것이다.

먼저 린 원칙들이라는 것은 학자들의 이론적 구성으로부터 나온 것이 아니라 처음에 실행 현장에서 만들어진 아이디어였다가 나중에 학자들과 다른 관찰자들에 의해 정제되고 요약된 것임을 아는 것이 중요하다.

도요타 생산 시스템의 아버지라 불리는 다이이치 오노는 1988년 이 주제에 관한 책의 서문에서 이러한 과정에 대해 다음과 같은 논지의 말을 하였다. "우리는 저자인 몬덴(Monden) 교수께서 그의 학문적 관점에서 우리의 현장 실행을 이론화하고 그것을 외국 사람들에게 설명하는 방법에 대해 많은 흥미를 가지고 있다."[4] '도요타 생산 시스템'이나 '린'

'린 생산'이라는 용어의 기원

MIT 슬로안 경영대학원 학생이었고 국제 자동차 프로그램(IMVP)의 연구원이었던 존 크라프칙(John Krafcik)이 린 생산(lean production)이라는 용어를 처음 사용한 사람이다.

그는 석사 학위 논문에서, 린 생산이 대부분의 다른 생산 방식에 비해 공장 내에서 보다 적은 사람의 노력, 보다 적은 제조 공간, 보다 적은 장비 투자비 그리고 신제품을 만들어내기 위해 보다 적은 엔지니어링 시간과 같이 모든 것을 보다 적게 사용한다는 점을 강조하였다. 이것은 보다 적은 시간으로 보다 품질이 좋은 다양한 제품 생산을 가능하게 한다.[5]

이 린 생산이라는 용어는 제임스 워맥(James Womack), 다니엘 존스(Daniel Jones) 및 댄 루스(Dan Roos)에 의해 MIT의 주도로 이루어진 5년 동안의 국제 자동차 프로그램 연구 결과를 요약한 그들의 〈세상을 바꾼 기계〉[6]라는 책을 통해 일반에게 널리 소개되었다. 오늘날 이 책은 가장 성공적인 비즈니스 관련 서적으로 많은 나라에서 출판되었다. 그리고 이 책이 처음 나왔을 때에 많은 사람들을 놀라게 만들었다.

이 책의 핵심은 거의 전 세계 조립공장 생산 능력의 절반에 가까운 17개국 90개 이상 자동차 조립공장의 포괄적인 벤치마킹 조사연구라는 점이었다. 크라프칙과 이후 MIT 박사과정에 입학한 존 폴 맥두피(John Paul MacDuffie)가 수행한 이 연구에서 놀랍고 예상치 못한 결과가 포함된 자동화, 제조 역량, 제품의 다양성 그리고 관리 실무의 문제가 조사되었다.

연구 결과로 밝혀진 한 가지 중요한 사실은 일본의 자동차 조립 공장이 평균적으로 미국의 자동차 조립공장에 비해 생산성(시간/차량)이 평균 48퍼센트 더 높았다는 것이었다. 유럽의 자동차 조립 공장 생산성은 미국의 자동차 조립 공장보다 더 저조하였다. 그리고 제품 품질의 경우[7] 일본의 공장들은 평균적으로 미국 공장에 비해 50퍼센트, 유럽 공장에 비해서도 47퍼센트 더 우월하였다.

고급 주문형 차량의 경우, 일본의 한 공장에 대해 조사 결과를 토대로 미국과 유럽의 공장과 비교해 봤을 때, 미국의 고급 주문형 자동차 공장과 유럽 최고의 공장에 비해서도 절반 정도, 평균적인 유럽 공장에 비해 1/4 정도, 그리고 유럽의 가장 최하위 고급 주문형 차량 생산 공장에 비해 1/6 정도의 노력밖에 들지 않았다.

일본 공장의 품질은 유럽의 한 공장을 제외한 나머지 모든 공장의 품질보다 나았는데, 유럽의 이 공장은 일본의 공장에서 이에 견줄 수 있는 차량 생산에 요구되는 노력보다 4배나 더 많은 노력을 들이고 있었다.[8]

생산성이 높거나 품질이 좋은 곳도 있지만 생산성과 품질 모두 다 같이 양호한 곳이 없었던 유럽과 미국 내 자동차 공장에 비해 일본의 공장과 미국 소재 일본 자동차 조립공장은 더 높은 생산성과 품질을 향유하고 있었다. 그리고 이들 유럽과 미국 공장의 경우 품질 수준 달성을 할 수 있다 해도 여기에 소요되는 품질비용은 훨씬 더 들었다.[9]

다른 연구자들이 얻어낸 결론을 바탕으로,[10] 저자들은 신제품 개발 부문에서도 또 다른 놀랄만한 연구 결과를 만들어내었다. 1983년에서 1987년 사이 신제품 개발 프로젝트에 관한 29개의 '이력이 없는' 연구조사 데이터를 다양한 조정을 통해 기준에 맞추어 놓은 결과, 일본의 자동차 생산업체가 평균적으로 요구되는 전체 엔지니어링 노력에 있어서 2대1의 우위를 유지하고 있었고 전체 제품 개발기간의 1/3을 절감하고 있음을 발견하였다.

이 결과 보고서에서 특히 주목할만한 점은 린 제품개발 방법들이 제조에 관련된 시간과 노력을 동시에 줄여주고 있다는 점이었다.[11]

〈세상을 바꾼 기계〉의 저자들은 글로벌 생산과 설계 능력의 다양한 차이를 어떻게 설명하였는가? 그들은 대량생산 모델을 등장시킨 동일한 기계, 즉 자동차가 이제 새로운 생산 모델로 향하는 길을 가리키고 있다는 결론을 내렸다. 이 모델, 즉 린 생산 모델은 고객 주도의 시스템으로써, 고객이 원하고, 고객이 원하는 때에 고객이 기꺼이 지불하는 것만을 생산하는 시스템이다.

이라는 용어가 최근에 만들어진 것이기는 하지만, 그 바탕에 깔린 개념과 실행은 수십 년에 걸쳐 적용되고 사용하고 있는 것이다.

린 사고방식의 정의를 풀어 살펴보는 일은 고객에 초점을 두는 것 그리고 지식 주도의 두 가지 개념으로 시작되며, 학문과 실행을 종합적으로 검토하는 것과 연관된다.

고객에게 초점을 맞추기

린 시스템 내에서 고객은 '진정한 지향점(True North)' 이라는 용어로 표현되며, 전체 엔터프라이즈의 지향점을 제공한다. 고객의 니즈와 기대는 제품의 설계와 제조에서부터 고객 지원에 이르는 엔터프라이즈 제반 활동을 끌어당기는(pull) 작용을 한다.[12]

이것은 고객에게 봉사한다는 식의 추상적 아이디어가 아니며 고객에게 적절한 제품과 서비스를 적절한 시기에 적절한 가격으로 제공하기 위해 설계되고 훈련된 실행으로 이루어진 집합이다.

생산 공정에서 고객의 풀(pull; 끌어당김)은 공정 내 재고의 제거와 고객 주문에 직접 대응하는 제품 구성으로 반영된다. 제품 다양성의 증가와 신제품 개발 사이클의 감소, 이 두 가지 모두 고객이 신제품 개발 프로세스에 관심을 가지고 있다는 것을 보여준다.

이것을 헨리 포드의 고전적인 대량생산 사고의 상징적 태도, 즉 "사람들은 원하는 색이 무슨 색이든, 검은색만이 있다"라는 것과 비교해 보라.

지식 주도

고객에 초점을 집중하는 것은 전체 모든 종업원들의 아이디어와 노력을 필요로 하는데, 그 이유는 낭비를 제거하거나 가치를 효과적으로 부가하는 일이 일선 작업자, 엔지니어링 설계팀 구성원, 사무실 요원 및 제품을 다루고, 설계하고 혹은 서비스를 제공하는 모든 사람의 완전한 노력 없이는 불가능하기 때문이다.

이것은 우리가 1장의 원칙에서 강조한 바와 같이 가치를 실현함에 있어서 단순 프로세스가 아닌 사람의 결정적인 역할을 인식하는 것이다.[13]

대량생산은 혁신과 개선이 상대적으로 규모가 작은 소수의 전문가 그룹으로부터 나오는 것을 전제하고 있으며 나머지 종업원들은 1차적으로 생산과 설계가 이루어지는 기계 속에서 서로 대체가 가능한 톱니바퀴이자 비용으로 간주된다. 린 사고의 중요한 특징은 낭비제거와 가치 창조에 관한 지식, 정보, 그리고 통찰력의 근원으로서 전체 종업원들, 공급업체 및 다른 모든 사람의 가치를 인정한다는 점이다.

결과적으로 기술적 역량과 그룹 프로세스, 의사소통, 협상, 리더십 등과 같은 사회적 역량의 육성을 위한 교육훈련에 투자가 필수적이다. 훈련된 혹은 잘 구성된 작업 프로세스를 확립하는 것이 개선 제안의 이행에 소요되는 실질적 자원의 지원과 함께 개선 활동 노력의 공통적인 기반을 이룬다.

지식 주도 개선 노력의 전체 스케일은 정말로 클 수 있다. 예를 들면, 1990년대 초반에 설립 후 2년 내에 미시간 주 배틀 크리이크에 있는 니폰덴소의 부품 생산시설에서 약 750명의 고용인력이 매년 평균 약 7천 건 이상의 프로세스 개선 제안을 이행하였다.[14]

지식 주도 프로세스를 지탱하는 공급업체들의 경영진과 종업원은 이 프로세스의 온전한 파트너가 되는 기대를 하게 될 것이다. 비록 이것이 린의 다른 측면처럼 광범위하게 인정받지는 못했지만, 혁신적인 모든 린 운영활동은 지식생성 활동을 지원할 수 있도록 설계된 장기적 제휴 관계이다.

이 린 사고의 프로세스는 따라서 고객에 초점을 둔 지식 주도의 프로세스이다. 그렇지만 이 용어가 전사적 품질관리나 식스시그마와 같은 다른 시스템 변혁 활동에도 또한 적용할 수 있는가? 생각을 '린' 하게 만드는 것은 무엇인가? 이제 낭비를 제거하는 것과 가치를 부가하는 것 두 가지의 추가적인 개념을 정의해 보자.

낭비제거하기

고객 주도의 체제로 바뀌려면 모든 형태의 낭비가 반드시 제거되어야 하며 여기에는 과잉생산, 재공품 재고 및 과업 완료를 위한 추가 단계도 포함된다. 낭비제거는 비용절감뿐만 아니라 품질, 안전 그리고 변화하는 시장의 요구사항에 대응하기 위해 중요하다.

린과 대응성 간의 연결 관계에 대한 충분한 인정과 이해가 이루어지지 않는 경우가 종종 있다. 아직까지는 낭비제거가 가치가 부가되지 않거나, 불필요한 모든 단계를 제거하여 생산과 제품 개발의 사이클 타임을 단축하고 대응성을 향상시키는 강력한 방법일 수 있다.

린 엔터프라이즈 안에서는 가치 부가가 이루어지지 않는 시간을 빼내는 것이 개별 작업 프로세스나 활동 속도를 올리는 것에 비해 훨씬 더 중요하다. 다르게 말하면 린은 일의 수행 속도를 올려서 어렵게 만드는 것이 아니라 '일을 보다 현명하고 빈틈없이' 하기 위해 취해진 신중한 접근방법이다.

'낭비제거' 라는 말은 종종 일자리를 제거하는 코드로써 공포를 안겨 주는데, 린이라는 기치아래 수행되는 일부 활동에서 실제로 이런 결과가 나오기도 한다. 그렇지만 우리가 앞에서 언급한 바와 같이 린의 지식 주도적 본질은 절감해야 할 비용이 아니라 낭비제거를 위한 아이디어의 근원으로서 종업원에 초점을 둘 것을 강조하고 있다.

'낭비를 찾는 발걸음' 이 문자 그대로 공정 주위를 맴돌면서 새로운 눈으로 낭비가 없는지 찾는 것과 관계가 있고, 만일 여기에 소수의 전문가나 관리자가 관련되어 있다면 아직 이것은 '대량생산' 의 사고이다.

바로 이 때문에 우리의 린에 관한 정의가 모든 이해관계자에게 적용되는 가치창조 목표를 지닌 낭비제거를 강조하는 이유이다.

린의 지식 주도적 본질은 "종업원이 우리의 가장 귀중한 자원이다"라는 선언보다 훨씬 많은 것을 의미한다. 이것은 반드시 직업의 안정성과 같은 중추적 문제를 다루기 위한 기량과 능력 개발을 위한 투자를 통해 실제 노력으로 보여주어야 한다.

가치창조하기

모든 엔터프라이즈는 내부 및 외부 고객들, 종업원, 공급업체, 주주 그리고 사회 공동체와 일반 국민 등 수많은 이해관계자들을 가지고 있다. 각 이해관계자 집단은 그들 자신의 관점을 지니고 있다. 이러한 관점에 따라 부가적인 가치를 나타내는 것에 관해 때로는 서로 공유된, 때로는 보완적인 그리고 경우에 따라 긴장하기도 한다.

일곱 가지 낭비

이 '일곱 가지 낭비'는 제조 현장과 관련하여 만들어진 범주이긴 하지만, 설계 부문이나 경영관리 운영 부문에도 역시 적용할 수 있다.

과잉생산(Overproduction)
대기시간(Waiting time)
재고(Inventory)
이동(동작)(Processing Movement/motion)
재(가공)작업(Rework)
운송(Transportation)

5S[15]
5S는 낭비를 보다 쉽게 볼 수 있게 해주는 개인 및 조직의 실행 규율 습관을 나타낸다.[16]

세이리(정리/조직) = 가지런하게 만들기 혹은 단순화하기: 공구, 액세서리 및 서류작업의 정리
세이톤(정돈) = 단순화하기 혹은 정렬하기: 작업장에서 불필요한 품목/항목을 제거
세이소(청소) = 문질러 닦고 광택내기, 수리, 세척, 깨끗한 상태 유지
세이게츠(청결/표준화) = 표준화 혹은 안정화: 표준과 주요 관리방식의 확립 및 유지
시츠케(습관화) = 지속적인 유지 혹은 자기 훈련: 지속적 개선을 하기 위한 노력

예를 들어 고객과 종업원 양자 모두 품질에 대해 높은 가치를 둘 수 있다. 사회와 종업원 양자는 안전에 가치를 둘 수도 있을 것이다. 반대의

경우도 있다. 주주들이 가치를 두는 즉각적 투자 수익에 대한 요구는 종업원이나 공동체가 가치를 두는 장기적 직업 안정성과 상충할 수 있다.

7장에서 보겠지만, 이렇게 많은 가치의 차원들은 우리가 이해하고 있는 린 개념에 변환을 가져온다. 지금은 린 사고가 가치를 보는 방법에 대한 학습을 수반한다는 정도로만 언급해도 충분하다. 이것을 할 수 있는 강력한 방법이 가치흐름 지도 만들기이다. 이를 통하여 모든 '가치 부가' 활동을 주어진 공정이나 작업에서 순서에 따라 추적하고, 가치 부가가 이루어지지 않는 모든 것을 낭비로 파악하는 것이다.

그리고 린 사고는 낭비를 제거하는 것과 하나 혹은 그 이상의 이해관계자를 위한 가치창조에 도움이 되는 개선활동을 식별하는 두 가지를 포함한다.

이렇게 획득한 것을 완성하기 위해 우리가 만들었던 정의로부터 두 가지 추가 개념, 즉 역동적인 것과 지속적인 것의 개념을 살펴보기로 하자.

역동적인 그리고 지속적인 것

린 사고는 역동적인 것으로서 수십 년의 세월에 걸쳐 발전해왔으며, 앞으로도 계속 진화할 것이다. 그리고 린 사고는 계속되고 있는 프로세스이다. 지속적 개선(카이젠)의 개념은 도요타에서 시작된 린 생산 시스템의 중추적인 추진력이었으며, 린 사고의 중심적 위치를 계속 차지할 것이다.

일본에서 카이젠은 전문가만이 아닌 관리자나 작업자가 포함된 모든 사람의 지식에 의거하여 계속 진행되는 개선을 의미한다. 지속적 개선은 광범위하게 도구, 방법 그리고 실행 응용(예를 들어 품질분임조, 종합 생산보전 활동 혹은 TPM, 제안 시스템, 저스트 인 타임, 칸반 그리고 노무관리 및 고객 공급업체 제휴관계 등)을 필요로 하는 문제해결 프로세스이다. '하면서 배우는' 것이 포함된 이 접근 방법은 작업자에게 많은 교육 기회를 주고 팀워크로 이루어지는 지속적 개선 흐름의 실현을 위한 프로세스 지향적 사고를 강조한다.

카이젠(개선) 제안은 그 각각의 특정한 내용에도 가치를 두지만 조직 내에서 만들어진 이런 제안이 또한 개선 능력을 향상시키기 때문에 가치가 주어진다.[17] 그러나 지속적 개선을 강조한다고 해서 획기적 혁신을 게을리 한다는 것은 아니다. 실제로 회사가 생존하고 성장하려면 '혁신과 카이젠 이 두 가지가 필요하다.'[18]

어떤 전문가는 이미 지속적 개선(continuous improvement)의 개념을 점진적이라는 함축된 의미가 빠진 '계속 되풀이 되는 개선(continual improve)' 으로 대체하는 중이다.[19]

자동차 산업계나 다른 산업계에서 카이젠은 일반적으로 점진적 개선을 의미한다. 아이러니하게도, 항공우주산업계에서 카이젠은 정확히 상반된 의미, 즉 리엔지니어링 혹은 재설계를 의미하게 되었다. 항공우주 부문의 독자라면 이른바 '카이젠 이벤트' 를 친숙하게 잘 알고 있거나 혹은 여기에 참여한 적도 있을 것이다. 이것은 지속적 개선의 개념과는 다른 일시적 개선활동이다.

이 모든 것을 함께 고려할 경우, 우리 정의에 들어있는 이 요소들은 근본적으로 다른 사고를 나타낸다. 수량 극대화, 버퍼(완충영역) 구축, 기계 활용도 증대 및 인원 감축에 초점이 맞추어진 대량생산과의 차이를 고려해보자. 품질, 지식, 지속적 개선, 그리고 고객에 높은 가치가 부여되고 있기는 하지만, 이것들이 대량생산 시스템에 전반적인 지향점을 제공하지는 않는다. 더 나아가 대량생산에는 분리를 조장하는 분단된 형태의 사고가 들어 있는데, 이것이 전체 엔터프라이즈와 전체 가치흐름을 연결시키는 노력에 제약이 되고 있다.

린 사고의 역사적 배경

린 사고가 가진 정신을 온전히 이해하려면 농경 시스템에서 장인 시스템으로, 장인 시스템에서 대량생산으로 그리고 대량생산으로부터 린 사고에 이르는 그 역사적 배경을 이해하는 것이 중요하다. 표 4-1에 장인 시스템과 대량생산에 관련된 사고의 지배적 양식과 이 장의 앞부분에서 소개한 린 사고의 일부 중요한 요소들이 함께 요약되어 있다.

연속적으로 이어지는 산업 패러다임의 등장과 확산은 모두 한꺼번에 이루어지는 것이 아니다. 장인 시스템은 수세기 동안, 대량생산은 거의 한 세기 동안 그리고 린 사고의 경우 수십 년에 걸친 진화 과정을 각각 거쳤다. 어느 한 모델이 분명히 지배적인 것이 되기 전까지는 혼성모델이 존재한다.

예컨대, 19세기에 산업계를 선도하던 엔터프라이즈는 혼성의 혹은 부품 교체가 가능한 수공업기술을 바탕으로 한 '후기 장인 시스템'의 특징을 가지고 있었다. 그리고 린 사고는 1940년대 말부터 오늘날까지 세계적으로 확산, 적용 및 정제로 이어지는 여정이 계속되고 있는 중이다.

대량생산이 주도하던 세상은 린이 일본을 넘어서 널리 알려지게 되면서 중요한 변화가 일어나기 시작하였다. 그러나 이렇게 떠오르는 패러다임의 윤곽이 시야에 들어오고 있지만, 그것의 온전한 본질과 차원은 아직도 불분명하다.

앞서 언급한 것처럼 IMVP 연구팀은 떠오르는 산업 모델을 '린 생산'으로 기술하였다. 1990년 〈세상을 바꾼 기계〉의 출간은 이런 지적 움직임이 밖으로 나타난 것으로써 린 생산의 개념을 세계의 독자들에게 소개하였다.[20]

'린'의 개념은 1980년대 후반과 1990년대 초의 문헌에서 처음 소개되었지만, 이 새로운 사고는 그 이전 수십 년 동안에 걸쳐 진화해온 것이다.(그림 4-1은 일부 린에 관련된 연구의 시기별 이력을 보여준다.)[21] 이제 다이이치 오노에게로 되돌아가서 그가 일본의 전후 환경에 잘 들어맞는 생산 시스템을 생각했던 그의 입장이 되어보기로 하자.[22]

오노는 우리가 이미 언급한 것처럼 많은 딜레마에 직면했다. 내수 시장은 작고 조각조각 나뉘어져 있었으며 작업인력도 부족하였고 자원도 거의 없었을 뿐만 아니라 토지 역시 상당히 제약을 받았고 투자할 수 있는 자본 역시 거의 없었다. 포드의 리버 루지에 있는 생산 시설이 보여

	장인(수공업)생산	대량생산	린 사고
초점	과업(주문)	제품(산출물)	고객
작업공정	단품 생산	배치(batch) 생산과 대기	동기화 된 흐름과 끌어 당김(풀)
활동목표	기능(공예) 습득	비용감축 및 효율향상	낭비제거 및 가치부가
품질	통합(기능의 일부)	검사(두 번째 단계, 생산 후)	예방(설계와 기법을 통한 품질 자체 구현)
사업전략	고객맞춤	규모의 경제 및 자동화	융통성 및 적응성
개선활동	장인 주도, 지속적 개선	전문가 주도, 주기적 개선	작업주체(인력) 주도, 지속적 개선

표 4-1 장인(수공업)생산, 대량생산 및 린 사고의 비교

린 사고의 구성 체계: 워맥과 존스

린 사고에 관한 우리의 정의는 포괄적이면서 교훈적 성격도 갖도록 고안된 것이다. 우리는 린의 여러 가지 도구들에 비해 지식 주도적인 린의 본질과 린 사고의 역동적이고 발전적 본질을 강조하였다.

이 관점에서 우리는 린 사고의 실행을 위한 선도적 자료 중 하나인 제임스 워맥과 다니엘 존스가 저술한 책 〈린 사고〉[23]에서 취한 접근방식을 수용하고 있다.

〈린 사고〉의 출간으로 이 개념의 발전에 현저한 진전이 이루어졌다. 워맥과 존스 두 사람은 린 개념을 대중화시키는데 도움을 주었고 린 아이디어를 보다 널리 전파시키고 이해하기 쉽게 만들어 많은 산업계에서 이행되도록 하는데 기여하였다. 그들은 린을 생각하는 방법으로 이해하였고, 이것이 단지 무엇을 하는 것에 관한 것이 아님을 강조하였다. 그들이 이야기 한 린의 다섯 가지 요소(아래에 제시)는 예전 그 어느 때보다도 가치를 강조하고 있다.

그리고 실행 관점에서 워맥과 존스는 린 사고를 이행하기 위한 프레임워크를 제시하였다. 이 책은 또한 가치흐름(value stream)의 개념을 린의 한 용어로 격상시켰는데, 이것은 경영 분야의 유명 저자인 마이클 포터(Michael Porter)가 소개했던 가치사슬의 아이디어를 빌려서 더욱 확장시킨 것이다.[24]

워맥과 존스 두 사람은 린 사고를 무다(낭비)를 없애는 특효약으로서 그리고 낭비를 가치로 변환시키는 방법으로서 제시하였다. 그들의 관점에서 보면, 린 사고는 다섯 가지의 주요 단계를 포함하고 있다.

가치 규정하기

린 사고의 출발점은 최종 고객에 의해 정의된 '가치'이다. 워맥과 존스는 가치를 특정 고객에게 특정 가격으로 제공된, 특정 기능을 가진 특정 제품 혹은 서비스로 설명하고 있다.

가치흐름 식별하기

'가치흐름[25]은 원자재를 완제품으로 변환하는 과정을 포함하여 판매 후 고객 지원에 이르기까지 서로 연결된 모든 활동, 프로세스, 기능들의 집합이다. 어느 한 제품의 가치흐름을 그리게 되면 이 흐름 안에 있는 각 개별 활동에 대한 심도 깊은 분석이 이루어진다. 각각의 활동은 다음 세 가지, 즉 (a) 의심의 여지없이 가치를 창조하는 것 (b) 전혀 가치를 창조하지 않지만 현재 주어진 회사 여건 때문에 불가피한 것 혹은 (c) 전혀 가치를 창조하지 않으면서 즉시 제거할 수 있는 것과 같은 범주 중 어느 하나로 분류된다. (a)와 (b)의 범주에 속하는 활동들은 가능한 한 더 개선을 하기 위해 그리고 자원의 불필요한 소모를 제거하기 위해 가치 공학을 통한 더 깊은 분석이 이루어진다.

가치가 지속적으로 흐르게 하기

일단 가치흐름을 따라 가면서 낭비가 있는 활동이 최대한으로 제거되면, 다음 단계는 남은 가치창조 단계가 '흐르도록' 만들어주는 것이다. 여기서 가장 중요한 1차 과제는 대량생산 방식에서 만연한 배치생산 및 대기의 정신상태를 던져버리고 한 단위 배치 사이즈를 궁극적인 목표로 한 소규모 로트 생산방식을 구축하는 것이다. 전통적인 기능적 조직을 제거하고 가치흐름을 따라 구성된 통합 제품팀으로 대체시키면 최선의 '흐름'이 이루어진다.

고객이 가치를 끌어가게 만들기

개념적으로 보면, 기업이 제품을 고객에게 '밀어내어 보내주는' 것이라기보다는 고객이 기업으로부터 제품을 '끌어내어 가져간다.' 이렇게 '끌어내어 가져가는' 활동은 상위 단계로 연계되어 마지막에는 부품 생산업체로 연결된다. 생산 시스템은 칸반을 통해 구현된 저스트 인 타임(JIT) 원칙에 따라 조직된다. TQM을 적용하여 품질 불량의 근원도 제거된다. JIT는 생산량의 안배와 공정 작업의 표준화, 준비시간의 감축, 단품 흐름의 구현 및 작업 셀 내 생산 공정작업의 재배치를 통해 유지된다.

완벽함을 추구하기
린 원칙과 린 실무를 이행하는 회사는 낭비를 제거하는 프로세스에는 끝
이 없음을 발견하고, 고객에게 인도하는 제품과 서비스를 지속적으로 개
선한다. 결과적으로 완벽함을 추구하는 것은 낭비를 제거하고 작업 시간,
공간 그리고 실수를 제거하는 측면에서 개선을 이루어가는 지속적 프로
세스를 수반한다.

워맥과 존스의 〈린 사고〉는 그 자체의 한계점을 가지고 있으며, 이 또한
린 스토리의 끝은 분명히 아니다. 예를 들면, 이 책은 엔터프라이즈의 개
념을 충분히 설명하고 있지 않으며 따라서 가치흐름의 주제만으로 국한될
위험이 있다. 또 다른 한계점으로 이 책이 린 챔피언의 개념을 암시하고
있다는 것인데, 이는 모든 인력이 린을 포용하여 자신의 일상 업무에 통
합해야 한다는 개념에 반하는 것이다.
더 나아가 이 프레임워크는 우리가 '가치식별'이라 이름을 지은 용어와
이해관계자들 간에 '가치제안'을 형성하는 것과 관련된 단계를 과소평가
하고 있다. 그럼에도 불구하고 워맥과 존스는 린 사고의 발전에 있어서
핵심적인 구성 체계를 제공하였다.

주는 것과 같은 온전한 대량생산 모델이 일본의 상황에서 작동될 수 없
음은 분명하였다.

오노는 미국의 대량생산 시스템과는 완전히 상반되는 전혀 다른 자동
차 생산방식을 수립하기 시작하였다. 이 시스템은 고객이 원하는 다양
한 제품을 원하는 수량만큼, 적당한 가격으로, 그리고 제때에 만들어야
만 했고, 고객이 가치를 두는 품질을 가져다주어야만 했다. 이것은 오노

로 하여금 신뢰성에 높은 가치를 부여하는 시장에 아주 다양하고 가격도 적합한 제품을 상대적으로 적은 가동 시간으로 공급해야만 함을 의미하였다.

이런 노력의 결과 도요타 생산 시스템이 탄생되었고, 이것은 후에 비용, 품질 및 가격적합성 측면에서 서양의 거대한 대량생산 시스템을 능가하는 다품종 소량생산이 가능한 린 생산의 특징으로 규정되었다. 오노는 먼저 주문이 있는 제품만 만들자는 아이디어를 도입하였다. 고객의 실제 주문에 대응한 생산이 진정한 고객에 의한 풀(pull)이었고 이는 전체 생산 시스템이 재고 없는 생산 프로세스를 가지도록 만들었다.

가치를 가진 제품을 만들어내는 것에 있어서 재고나 과잉생산과 같은 모든 형태의 낭비를 절대악으로 간주하였으며, 이것은 생산 시스템으로부터 제거되어야만 했다.

도요타 생산 시스템의 열쇠인 고객 중심적 사고는 오노에게 매우 큰 영향을 주었던 1956년 제너럴 모터스 공장 방문 여행에서 더욱 구체화되었다. 그러나 그의 통찰력은 자동차 공장에서 얻은 것이 아니었다. 오히려 오노는 그가 방문했던 슈퍼마켓[26]에서 고객이 자기가 필요한 것을, 필요한 시간에, 필요한 수량만큼 손에 넣을 수 있는 시스템이 실현되는 것을 보고 충격을 받았다.[27]

이와 관련된 또 다른 중요한 통찰은 생산의 흐름을 역방향으로 생각하는 것이었다. 후 공정이 전 공정에서 필요한 부품을 필요한 수량만큼 정확히 필요한 때에 끌어당길(pull) 수 있게 만드는 것이었다. 전 공정 내에서 만들어지는 부품의 수는 후 공정이 가져가는 수량이다. 이것이 바로 도요타 생산 시스템의 기둥이 되는 저스트 인 타임 생산의 본질이다. 이것을 작동시키기 위해 각 단계마다 부품이 얼마나 그리고 언제 필요

린, 품질 및 지속적 개선에 관한 연구

- 1978 – **Ohno** Toyota Production System
- 1981 – **Shingo** Toyota Production System
- 1982 – **Deming** *Out of the Crisis*
- 1983 – **Monden** Just in Time
- 1986 – **Imai** *Kaizen*
- 1988 – **Krafcik** 'Lean Production'
- 1990 – **Womack, Jones** *The Machine That Changed The World*
- 1990 – **Senge** *The Fifth Discipline*
- 1991 – **Clark and Fujimoto** Automatic Product Development
- 1993 – **Florida and Kenny** Transferring the Japanese Factory System to the United States
- 1993 – **Suzuki** People and Continuous Development

조직 형태 발전에 관한 산업 연구 및 논문

- 1960 **Mcgregor** *Humanside of the Enterprise*
- 1969 **Rosenberg (ed)** American Manufacturing
- 1979 **Clark** Japanese Companies
- 1980 **Woodward** Industrial Organization
- 1984 **Hounshell** The development of US manufacturing technology
- 1984 **Aoki (ed.)** Japanese Firms
- 1984 **Piore and Sabel** *The Second Industrial Divide*
- 1984 **Kochan, Katz, and Mckersie** Industrial Relations Transformations
- 1985 **Abegglen and Stalk** Japanese Firms
- 1985 **Cusumano** Toyota and Nissan
- 1989 **MIT authors** *Made in America*
- 1990 **Chandler** *Scale and Scope*
- 1991 **Scott Morton (ed)** 1990s Corporations
- 1993 **Drucker** *Post-Capitalist Society*
- 1993 **Hammer and Champy** Reengineering

그림 4-1 린에 관련된 학문적 연구의 시기별 역사

Womack and Jones `'Lean Enterprise'`	1994 —	— 1994	**Nishiguchi** Japanese Industrial Sourcing
		— 1994	**Aoki and Dores (eds)** Sources of Japanese Competitive Strength
		— 1995	**Bowman and Kogut (eds)** *Redesigning the Firm*
		— 1995	**Nonaka and Takeuchi** Knowledge Creating Companies
		— 1995	**Liker, Ettlie, and Campbell (eds)** Japanese Technology Management
		— 1995	**Goldman, Nagel, and Preiss** *Agile Competitors and Virtual Organizations*
Womack and Jones *Lean Thinking*	1996 —	— 1996	**Dryer** Chryslers's Keiretsu
MacDuffie and Helper Lean Suppliers	1997 —		
Imai Management	1997 —		
Kochan, Lansbury, and MacDuffie (eds) *After Lean Production*	1997 —		
Liker (ed.) Becoming Lean	1997 —		
Cusumano and Nobeoka *Thinking Beyond Lean*	1998 —	— 1998	**Bozdogan, Deyst, Hoult, and Lucas** Early Supplier Integration
Fine *Clockspeed*	1998 —	— 1998	**Cutcher-Gershenfeld et al.** Knowledge Driven Work
Mowery (ed.) US Industrial Competitiveness	1999 —	— 1999	**Like, Fruin, and Adler (eds)** *Remade in America*
Fujimoto How Toyota's System Evolved	1999 —	— 1999	**Ackoff** *Re-Creating the Corporation*
Spear and Bowen The DNA of the Toyota Production System	1999 —		
Spear and Bowen The DNA of the Toyota Production System	1999 —		
Ruffa and Perozziello Managing and Implementing Lean Manufacturing	2000 —	— 2000	**Dyer** Extended Enterprise Supplier networks
Pande, Neuman, and Cavanagh Six Sigma	2000 —	— 2000	**Dyer and Nobeoka** Knowledge Sharing Networks
Harry and Schroeder Six Sigma	2000 —		
Eckes Six Sigma	2001 —		
Jordan and Michel *The Lean Company*	2001 —		

한지를 분명하게 나타내주는 의사소통 시스템이 요구되었고, 이것은 칸반(사인보드 혹은 카드) 시스템으로 실현되었다.[28]

생산 사슬의 모든 연결고리는 빈틈없이 동기화되었고 이것이 '풀' 시스템을 가능하게 만들어주었다.[29] 달리 보면 이런 고도의 동기화는 주문 다양성에 대응하면서 흐름 생산이 주는 혜택을 실현하기 위해서 생산의 평준화를 요구한다.[30] 동기화 생산의 개념은 원래 오노에게서 나온 것이 아니며, 포드 시스템까지 거슬러 올라간다.[31]

오노는 이 아이디어를 고객의 다양한 요구에 대응 가능한 다품종 소량생산에 적용할 수 있도록 하는 방안을 강구해야만 했다. 해결해야 할 난제는 작업 준비시간을 급격하게 감축하는 것이었는데, 이것은 오노와 함께 일했으며, SMED(single-minute exchange of dies)를 창안한 신고(Shingo)에 의해 해결되었다.[32] 신고는 SMED 시스템이 도요타 생산 시스템의 필수조건이라고 주장하였다.[33]

오토노메이션(自働化, 일본말로 사람의 손길이 함께 작동하는 혹은 사람이 기계에게 지혜를 주는 자동화라는 뜻)은 도요타 생산 시스템의 또 다른 기둥이다.[34] 이것은 작업자와 기계의 능력을 극대화시키는 정교한 전략이다.[35] '기술에 의한 해법'이 아니라 사회적 시스템과 기술적 시스템간의 상호 의존성에 관심의 초점을 둔 것이다.

완벽한 저스트 인 타임 시스템을 실현하려면 각각의 후속 프로세스에 수천 개의 완전히 결함이 없는 부품과 구성요소가 계속 뒤이어 흘러가야만 한다. 그런 의미에서 품질 관리는 저스트 인 타임 운영을 위한 선결 조건이 되며, 대량생산 시스템의 근본적인 약점을 극복하게 된다.

도요타 생산 시스템에서 절대적인 낭비제거는 비용을 어떻게 최소한으로 절감하는지에 대한 분명하고 제한된 관심 이외에는 별로 주목받지 못해 왔을 것이다.[36] 낭비제거 활동은 과잉생산[37], 대기시간, 운송, 재고, 과잉처리, 이동(동작) 및 재(가공)작업이 포함된 낭비 자체의 주요 근원에 대한 정면 공격을 포함한다.[38]

비용관리는 비용감축에 한정되지 않으며 전반적인 수익성의 성과개선 목표를 가진 서로 다른 각 부문의 전사적인 활동을 포괄한다. 여기에는 타겟 코스팅(목표 원가), 자본투자 계획수립, 비용유지 및 비용개선(카이젠 원가)이 포함된다.

따라서 생산 공정에서 비롯된 도요타의 새로운 사고는 결국 자본 계획수립, 활동성과 측정 그리고 엔터프라이즈의 다른 많은 측면에 대한 밀접한 관계를 고려하게 되었다.

전통적인 대량생산 시스템과 달리 도요타와 같은 린 생산 시스템은 엔터프라이즈의 전반적 성공에 필수적인 귀중한 자산으로써 작업자를 중시하고 있다. 특히 일본 최고의 생산업체인 도요타와 니폰덴소의 경우, 작업자들에게 보다 큰 폭의 재량권을 주는 권한위임을 통해 그들이 행하는 일련의 표준작업을 만들어내고, 유지보전의 책임을 가지게 하며, 서로 새로운 아이디어를 제안하여 생산 시스템의 개선을 기대할 수 있는 방안을 그들 스스로 도와가며 찾을 수 있게 만들었다.

여기에 두 명의 품질 전문가 에드워드 데밍(Edwards Deming)과 조셉 주란(Joseph Juran)이 통계적 품질관리(SPC)와 생산성 향상 개념을 소개하면서 핵심적인 자문가가 되었다. 전담 품질 검사자를 두는 대신 일선 작업자를 훈련시켜서 생산 가동 중에 주기적으로 샘플을 수집하고 품질을 차트에 기록하는 방식을 취하게 하였다.

여기서 발견한 내용을 토의하기 위해 주간 단위로 회합을 하기 시작하면서 결과적으로 일선 현장의 지식과 체계적인 데이터를 연결시키는

'품질 분임조'의 강력한 영향력이 실제로 확인되었다. 이것은 데이터 분석과 개선안의 입안에 있어서 전문가에게 배타적으로 의존하는 포드 자동차와는 근본적으로 다른 것이다.

이 카이젠 프로세스는 따라서 품질관리의 개념, 종합 생산보전, 실수방지(포카요케, 안돈 표시등) 생산상태 정보의 시각적 표시 등의 기타 일선 현장의 도구들과 연결되어 있다. 카이젠 프로세스를 촉진시키기 위해 강의실 내에서 회사의 관리 방침, 리더십 개발, 과학적 관리 기법, 카이젠 원칙, 문제해결, 안전 및 작업 표준화와 같은 교육이 포함된 많은 교육 기회가 작업자에게 주어진다.

팀 개념은 카이젠 프로세스를 가능하게 만드는 핵심 요인인데, 팀 구성원은 품질, 안전 및 지속적 개선의 직접적인 책임을 지며, 팀 리더는 아직 이들 역시 전통적인 작업 현장 감독자와 동일한 의무를 가지고 있긴 하지만, 선생으로서, 촉진자로서 그리고 필요시 다른 팀 구성원과 마찬가지의 작업을 수행할 수 있는 사람으로서의 역할을 한다.[39]

대량생산 모델과 달리, 도요타와 같은 린 생산 시스템은 신뢰, 헌신, 투명성 그리고 상호 의무와 책임에 바탕을 둔 공급업체 네트워크와의 공고하고 안정적인 관계 구축에 특히 중점을 두고 있다.[40] 이것은 보다 많은 책임을 가지고 설계 단계부터 함께 참여하는 몇몇의 1차 공급업체와 함께 작업하는 것을 의미한다. 1차 공급업체에게는 하위 공급업체를 관리하는 책임이 주어져 있다. 공급업체들은 최저 입찰가로 선정되는 것이 아니라 과거 실적을 기초로 선정된다.

두 업체로부터의 이중 조달이 공급업체간 경쟁을 자극하고 동시에 공급업체들 간의 쌍방향 연결 고리를 협력적인 관계로 조율하기 위해 종종 실제로 이루어진다. 이는 협력과 경쟁 두 가지 모두에 대해 꾸준히 주의를 기울여야 하는 미묘한 균형관계이다.

이른바 '기본 계약'으로 불리는 계약 차량이 정해지면 가격, 품질 및 납기를 결정하는 기본 규칙이 확립된다. 납품 비용을 지속적으로 하락시키기 위해 일반적으로 가치 공학에 기반한 목표 원가가 채택된다. 공급업체에게 비용 절감액을 나누어 줌으로써 공급업체가 지속적으로 원가를 감축하고 보다 더 큰 효율을 얻기 위해 재투자를 할 수 있는 인센티브가 주어진다.

요약한다면, 도요타에서 비롯된 린 생산 시스템은 서로 강화작용을 하는 원칙, 실행, 도구 및 방법들이 상호 연결된 하나의 집합이다. 이것은 지속적으로 낭비를 몰아내고, 품질을 개선하고, 사이클 타임을 단축시키고, 변화하는 고객의 니즈를 유연하게 그리고 재빠르게 충족시키는 '선순환'이라는 용어로 표현할 수도 있다. 이것은 최소 30년 이상 발전이 이루어진 것이며 계속 변환이 이루어지고 있는 중이다.

예를 들어, 도요타에서 저스트 인 타임 생산을 도입하기 위한 진정한 단계가 처음 시작된 시기는 1949년에서 1950년이었다. 칸반 시스템은 1962년에 전사적으로 도입되어 일차적으로 단조와 주조 부문에 영향을 주었다. 실제로 도요타에서 칸반 시스템을 온전히 정착시키기까지는 또 다른 10년이 소요되었다.

도요타는 1963년에 외부 공급업체에 주문한 부품의 배송관리를 하기 시작하였고 이 또한 공급업체들의 네트워크에서 저스트 인 타임 시스템을 구현하기까지 또 다른 20년의 세월이 소요되었다.[41]

오늘날 이 시스템은 광범위한 회사 조직 간에 여러 가지 다른 방식으로 나타나고 있다. 예를 들어, 그림 4-2에 포드 생산 시스템을 나타내는 '포드의 톱니바퀴'가 있다. 원래 대량생산 방식의 벤치마크였던 포드에

FPDS: 포드 제품 개발 시스템
출처: 포드자동차회사

그림 4-2 포드 생산 시스템

서의 린 원칙들이 진보를 이룬 것을 보면 린 사고가 자동차 산업계에 확산되어 가는 것을 잘 설명해주고 있다.

그림 4-2의 포드 모델, 도요타 생산 시스템 그리고 이와 유사한 모델은 모두 생산에 초점을 두고 있지만, 보다 더 큰 가치흐름과의 연결고리를 제시하고 있다. 다음의 두 장에서 보겠지만, 생산에 주어진 초점을 엔터프라이즈 초점으로 이동하는 것은 중요한 과제이다. 많은 방법 중에서, 이렇게 초점을 확장시킨 것은 린 사고가 이룬 큰 발전의 단지 일부분일 뿐이다.

린 사고의 이문화간 확산

린 원칙이 오랜 기간에 걸쳐 발전한 것처럼 또한 전 세계에 확산되었다.[42] 린과 사회기술적 작업 시스템 두 가지에 초점을 맞추었던 '지식 주도 작업 시스템'의 연구로 미국과 일본 간에 작업 시스템 이전에 대한 아주 서로 다른 전략이 세 가지가 있음이 드러났다.[43] 어떤 경우, '단편적'인 전략도 있었는데, 예를 들면 회사 혹은 생산 설비가 품질 실무의 전체 범위는 아니지만 품질관리 분임조를 채택하는 경우도 있었다. 결과는 예측 가능한 것이었고, 급격하게 수행된 새로운 활동 이후에 실망과 합병증이 뒤따랐는데, 이는 대부분의 개혁이 작업 시스템의 다른 부문과 상호의존적이기 때문이다.

다른 사례들은 '강제된' 전략의 특징을 보여주었는데, 단편적 모델에 관련된 일부 문제를 회피하는 전체 시스템 수준의 변화 시도가 이루어졌지만 새로운 문제가 발생하였다. 예를 들면, 마즈다(Mazda)가 미시간 주 플랫 록에서 처음 공장을 설립하고 가동을 시작하였을 때 일본 히로시마에서 가동이 이루어졌던 모든 것을 그대로 가져다 시행하려는 시도를 하였다. 작업인력, 공급사슬 등에 있어 불합리한 점들이 곧 나타나기 시작하였다. 마즈다는 결국 '협상에 의한' 모델로 진화하게 되었고, 이는 구현이 복잡하기는 하나 성공할 가능성이 높은 것이었다.

미시간 주 배틀 크리이크의 니폰덴소와 캘리포니아의 누미(NUMMI) 공장에서는 모두 새로운 하이브리드 시스템을 창조하기 위한 목표 하에 처음부터 '협상에 의한 모델'을 채택하였다. 협상 과정에서 먼저 낭비제거와 지속적 개선과 같은 지배적 원칙을 이해하게 하였고, 나중에 이런 원칙을 주어진 문화적 배경을 감안하여 적용하도록 하는 실질적인 융통성을 발휘하게 되었다.

린 원칙과 실행의 전 세계적 확산에 따라 항공우주산업계에도 여러 경로를 통해 전파되었다. 일부 항공우주 부문 회사는 자동차 부문이나, 혹은 자동차산업과 항공우주산업 모두를 위한 공급업체를 보유한 큰 대기업

린 사고와 다른 시스템 변혁 활동들

린 원칙과 실행의 응용은 주어진 공정 혹은 엔터프라이즈 내에서 근
본적으로 시스템 변화가 일어나는 것을 나타낸다. 이것은 사실 오늘날
수많은 회사 조직에서 볼 수 있는 전사적 품질관리(TQM), 식스시그마,
리엔지니어링, 고성과 작업조직(High Performance Work Organizations;
HPWO)와 같은 동시적 혹은 연쇄적 변혁 활동 중 하나로 이 모든 용어
들은 최근 몇 년 동안 많은 회사가 경쟁 우위를 얻기 위해 찾고 있는 새
로운 비즈니스 모델을 가리키고 있다. 때에 따라 이 수많은 혁신 활동들
이 서로 함께 추진되기도 한다.

최근에 있었던 C-17의 사례를 생각해보기로 하자.(8장에서 상세하게
다룸) 이 사례의 경우, 만일 이것이 원래 계획되었던 대로 미군의 가장
일차적인 수송기로 채택이 이루어졌을 경우, 극적인 비용절감은 물론
품질향상을 이루어낸 항공기가 되었을 것이다. 이 성공 사례 속에는 품
질도구 및 기법의 응용, 강력한 노사간 제휴관계 및 린 원칙의 활용이

포함되어 있었다.

C-17이 미국 말콤 볼드리지 국가품질상을 수상했을 때, 전사적 품질관리의 성공 사례로서 인정을 받았다. 동시에 노조와 경영진은 보잉사와 세인트루이스 기계 노조 간의 HPWO 제휴관계를 공동으로 사업을 성장시킨 본보기로써 언급하였다. 가장 최근에 C-17은 린 원칙과 실행으로 전체 엔터프라이즈를 변환시킬 수 있는 길을 보여준 뚜렷한 실제 사례로 취급받고 있다.

이것을 어떻게 해석하는 것이 정확할 것인가? C-17의 사례는 TQM의 성공사례인가, 노사간 제휴관계의 이야기인가, 혹은 린에 관한 이야기인가? 물론 여기에 대한 대답은 이 모든 세 가지의 해석이 다 정확하다는 것이다. 보잉사에서 린에 관한 관리 챔피언이었던 알 해거티는 "가장 중요한 것이 '고객에 초점을 맞추는 것' 과 산업계와 공군 간에 정보, 책임 및 의무의 완벽한 공유였다"는 것을 언급을 하면서 이 세 가지 용어 중 그 어느 것도 사용하지 않았다.[44]

많은 혁신적 활동들이 C-17의 사례에서와 같이 서로 어울려 함께 이루어질 수도 있지만, 이들이 서로 같은 것은 아니다. 린과 이와 관련된 다른 시스템 변혁 활동들 간의 차이를 정확하게 구분하는 것이 중요하다.

오늘날 사용되는 다양한 시스템 혁신 활동들이 서로 공통의 핵심을 공유하고 있으며, 이들 모두는 전반적인 사고의 합류점에서 함께 만나고 있다.[45] 이러한 혁신 활동들은 린 사고의 많은 요소들을 사용하고 있다. 품질 분임조와 통계적 품질관리와 같은 개념들은 TQM 내에서 발전되어 왔으며 더 나아가 식스시그마 활동으로 진화했다.

린 사고는 기민 제조(agile manufacturing)의 산실이 되었다. 식스시그마와 린은 특히 변동을 줄이는 것이나 낭비제거와 같은 측면에서 많은 공통점을 가지고 있다.

그리고 HPWO의 중심을 차지하는 개념을 제외하고 린 사고를 상상할 수 없다. 비즈니스 프로세스 리엔지니어링을 예외적인 것으로 생각할 수도 있겠지만, 여기서 논의되는 각각의 혁신 활동은 파트너십과 지속적 개선을 구체화시키고 있다. 유사하게 이 모든 혁신 활동들은 팀과 팀워크의 개념에 토대를 두고 세워졌다.[46]

린 사고와 TQM

전사적 품질관리(TQM) 프로그램은 1980년대에 모든 회사에 광풍처럼 불어 닥쳤으며 TQM은 회사 조직의 제품, 프로세스 및 서비스 등의 효율성 개선에 의해 제품의 성능, 신뢰성, 내구성 미적 특성 및 인지 효용성과 같은 고객의 기대를 충족시키기 위한 중요한 수단으로써의 역할을 계속하고 있다.

TQM은 대량생산 시스템에서 품질을 강화하면 수량이 줄어들어 결국 비용 상승으로 이어지기 때문에 생산성과 품질이 서로 양립할 수 없으므로 두 가지 모두를 동시에 성취할 수 없다는 대량생산 시스템이 가지고 있던 전제조건이 옳지 않음을 보여주었다.[47]

핵심적인 품질 원칙들은 제2차 세계대전 중에 미국이 일본과의 전쟁 수행을 위해서, 미국의 벨 연구소에서 이루어진 품질관리 연구성과가 종전 후 일본에서 꽃피운 것이다.[48] 품질 분임조의 등장과 지속적 개선 문화가 어울려 품질은 새롭게 부상하던 린 생산 시스템의 필수적인 부분이 되었다.

그렇지만 1980년대에 새로운 사고의 중요성에 중점을 두었던 일본의 전자 산업계와 자동차 산업계의 제품들이 미국의 내수 시장을 잠식해 들어올 때까지 미국 회사들은 일본의 품질에 대한 새로운 접근 방법을 제대로 알지 못했다.

오늘날 'TQM'이라는 용어는 기세가 퇴락했는데, 이는 품질 하나만으로 요구되는 변혁의 온전한 규모와 범위를 다 다루기에 불충분한 현실을 반영하고 있지만, TQM에 관련된 많은 원칙들은 계속 살아 있으며[49] 린 운용에 있어서 필수적인 부분을 차지하고 있다.

린 사고와 리엔지니어링

리엔지니어링 혹은 비즈니스 리엔지니어링은 1990년대 초반 미국의 비즈니스를 혁신할 수 있다는 가능성에 의해 소개되었다. 리엔지니어링의 목표는 분업의 개념이 처음 시작되어 대량 시스템의 출현으로 이어졌던 아담 스미스의 유명한 핀 제조공장[50]으로 되돌아가는 것과 전혀 다름없을 정도로 비즈니스 제반 원칙과 실행을 퇴출시키는 것이었다.

리엔지니어링의 선도적 주창자였던 마이클 해머(Michael Hammer)와 제임스 챔피(James Champy)는 이것을 "비즈니스 프로세스를 근본적으로 다시 생각하고 철저하게 재설계하여 비용, 품질, 서비스 및 스피드와 같은 결정적인 성과 척도의 극적 개선을 실현하는 것"으로 정의하였다.[51]

이것은 어떤 것을 바로잡거나, 다운사이징, 자동화 또는 조심스러운 단계를 밟아가는 것에 관한 것이 아니고 오히려 모든 것을 새롭게 시작하는 것이라 할 수 있었다. 리엔지니어링의 핵심에는 불연속 프로세스의 개념이 있었다. 해머와 챔피는 "부러지지 않는다면, 아예 부러뜨려라"라는 리엔지니어링을 지속하기 위한 좌우명을 만들어내기도 하였다.

리엔지니어링은 조직, 구조, 과업, 직무 또는 사람에게 초점을 두기보다는 입력 자원을 고객 가치의 출력물로 변환시키는 모든 활동의 집합체인 비즈니스 프로세스에 초점을 두었다. 리엔지니어링은 따라서 회사가 자체 비즈니스 프로세스를 통해 수행하는 과업을 다시 재통일하는 일에 몰두하였다.[52]

이렇게 프로세스에 집중된 초점은 TQM 활동과 함께 하였고, 이는 마치 고객 요구조건을 충족시키기 위해 낭비를 제거하고 가치부가 단계의 '흐름'을 만들어내는 린 실행에서 중요한 가치흐름 지도를 그리는 일에 견줄 수도 있었다.

그러나 리엔지니어링을 적용하는 것은 린 사고와 근본적으로 방법이 달랐다. 리엔지니어링은 기존 프로세스를 버리고 새로운 것으로 대체하여 난제에 대한 해결책을 찾았는데, 이로 인해 대규모 해고나 다른 형태의 조직 재구성이 종종 수반되었다.[53] 본질적으로 이 접근방법은 고위 경영진이나, 주주의 가치를 최적화시켜주었다.

린 사고를 통해서도 중요한 조직 재구성이 일어날 수도 있지만, 이 경우 여러 이해관계자들의 시각에서 가치창조를 위한 메커니즘을 감안하여 엔터프라이즈의 운영이 이루어질 수 있는 다른 방법을 지향한다.[54] 린 사고는 지식과 역량의 구축에 우선권을 주고 이에 따라 좌우되며, 이것이 이런 요인을 평가 절하하거나 아예 무시하는 리엔지니어링의 형태와 직접적으로 차이를 보여준다.

린 사고와 식스시그마

1995년에 GE의 회장이었던 잭 웰치(Jack Welch)는 식스시그마[55]가 GE에서 그 동안 시행했던 가장 중요한 변혁 추진 활동이었음을 선언하였다. 그는 이것을 GE의 차세대 리더십의 유전자 코드라고까지 이야기하였다.

그렇게 강한 추진력을 만들어낸 식스시그마라는 것은 무엇인가? 모토롤라의 이야기가 이 물음에 대한 답을 얻는데 도움을 준다. 1980년대 초반, 모토롤라는 일본의 경쟁사들에게 비참한 패배를 당하였다. 1988년에 역사상 가장 신속하고 극적인 회사 회생을 이룬 사례를 만들어낸 모토롤라는 말콤 볼드리지 국가품질상을 수상하였다.

이 성공 사례를 뒷받침한 많은 부분은 모토롤라의 품질 향상을 위한 강력한 개혁운동이었고, 이것은 오늘날 유명한 식스시그마의 산실이 되었다.

이 변혁 활동을 이끌어간 것은 간단한 아이디어였는데, 이는 기계, 재료, 방법, 측정 시스템, 주변환경 그리고 프로세스 내의 사람들과 같은 제품 품질 변동의 모든 근원을 식별하고 줄이자는 것이었다. 이 아이디어는 그 근원을 TQM에서 찾을 수 있는 것인데, 즉 이것은 확률 이론을 통계적 품질 관리에 응용한 것에 그 근원을 두고 있다.

기술적 수준에서 식스시그마는 린과 마찬가지로 실질적으로 불량이 없는 생산에 목표를 두며, 부품이나 구성요소들이 아주 엄격한 성능의 규격에 따라 만들어져 불량품은 고객 요구조건의 충족에 실패한 사례 혹은 사건으로 정의된다.[56]

그러나 식스시그마의 중요성은 이렇게 엄격한 기술적 기반 훨씬 너머까지 미친다. 이것은 통합적인 경영관리 도구인데, 예를 들면 서로 다른 각 프로세스의 성과를 측정할 수 있는 수단을 제공함으로써 엔터프라이즈의 개선 성과도 측정할 수 있기 때문이다.[57]

이것은 또한 하위 수준에서 상위 수준의 회사 목표에 이르기까지 성과 측정치를 서로 연결하여, 폭 넓은 관리 방법을 제공한다. 식스시그마는 자원을 사용하면서 낭비를 최소화하여 얻어지는 실체적 비용 절감에 특히 주안점을 두고 있으며, 궁극적으로 식스시그마 수준의 완벽성을 목표로 품질을 연속적으로 개선함으로써, 고객 만족도를 향상시켜간다.

즉시 얻을 수 있는 성과 개선을 넘어서서, 이것을 신봉하는 사람들은 식스시그마가 회사가 비즈니스를 수행하는 방법을 근본적으로 뒤바꾸어 버리는 전략적인 도구라고 이야기한다. 이 측면에서 보면, 이것은 '가치 부여' 개념에 바탕을 두고 있는데, 이것은 회사가 수익을 가장 극대화하는 품질의 제품을 만들어내야 할 정당한 요구를 받고 있으며, 고객 역시 가능한 한 가장 저렴한 가격으로 좋은 품질의 제품을 구입할 비슷한 권리를 가지고 있다는 것이다.[58]

그러나 실제로 식스시그마가 몇몇의 전혀 상반되는 양측의 기대를 어떻게 절충시킬 수 있는지는 항상 분명하지는 않다. 7장에서 보게 되겠지만, 다양한 이해관계자들에 대한 '가치제안'을 만들어가는 일은 식스시그마의 틀 안에서 온전히 다루어질 수 없는 중추적이고 역동적인 프로세스이다.

식스시그마가 린 사고와 관련이 있을까? 엔터프라이즈의 시각과 수많은 품질관리 도구 및 원칙을 사용하는 것은 모두 린 사고와 분명히 일치한다. 이 두 가지 모두 TQM 및 이에 관련된 품질 원칙에 뿌리를 두고 있다.[59] 뿐만 아니라 식스시그마 역량을 구축하면 린 사고의 맥락에서 보았을 때, 핵심 능력임을 나타내는 변동의 감축과 전체 엔터프라이즈의 낭비제거를 통해 고객 만족도와 궁극적인 수익성과 향상에 도움을 줄 것이다.

그러나 주의해야 할 사항이 있다. 식스시그마 이행 활동에서는 '그린 벨트', '블랙벨트' 혹은 '마스터 블랙벨트' 상태와 같이 성취도에 따라 역량의 순차적인 수준이 설정되어 있다. 각 수준은 계속 그 크기가 증가하는 선행 비용 절감 프로젝트를 통해 얻어진다. 이것은 프로젝트 비용 절감으로 성취한 것이 부분 최적화에 그칠 위험을 만들어내며, 시스템의 다른 부분에 예기치 못한 결말을 가져올 수가 있다.

그리고 식스시그마에서 정한 품질 수준이 올바른 제품과 서비스에서 성취된 것인지에 대한 깊은 의문들도 존재한다. 이 측면에서 보면 식스시그마는 '일이 올바르게 행해졌는지' 확인하는 것에 도움을 줄 수도 있지만, 그 일이 '올바른 일'인지 아닌지를 충분하게 구별하여 다루지는 못한다는 것이다.

린 사고와 HPWO

조직성과의 실질적 혜택을 목표로 하는 시스템 혁신 활동이 회사 조직에 밀어 닥치면 노동조합은 어려운 문제에 직면한다. 이들은 조합 구성원의 이익을 위협할 수도 있는 변화된 국면에 대응하여 스스로를 보호해야만 하는 동시에 사업 역시 중단 없이 계속되도록 해야 한다.

항공우주산업계의 대표적 노조였던 국제기계항공노조(IAM)는 이 문제를 고성과 작업조직(HPWO)을 만들어 대처하려 시도하였다.[60] HPWO 혁신 활동은 TQM, 리엔지니어링 또는 식스시그마처럼 잘 알려져 있지

레이시온의 '린' 식스시그마 프로그램[61]

우리가 '린'이나 식스시그마와 같은 활동을 비교하며 차이점을 말하지만, 이런 개념을 실행에 응용할 때에는 종종 그 차이점이 애매모호한 경우도 있다. 예를 들어 레이시온(Raytheon)의 식스시그마 활동을 고려해보면, 린 원칙과 실행이 전체적으로 엮여져 이루어지고 있다.

레이시온은 규모가 크고 연간 수익이 170억 달러에 이르는 멀티프로그램 엔터프라이즈이다. 1990년대 수많은 항공우주산업계 회사들이 그랬던 것처럼, 레이시온 역시 텍사스 인스트루먼트의 국방 부문, 휴즈 항공기 및 E-시스템즈와 같은 여러 개의 항공전자공학 및 미사일 사업 부문을 인수하여 자신의 기반인 국방사업 부문과 상용전자 및 항공기 부문에 추가하는 기업 변환을 진행하였다. 그리고 이 회사는 얼라이드시그널(AlliedSignal)사의 전 CEO였던 댄 번햄을 새로운 CEO에 임명하였다.

댄은 성장 배경이 여러 개의 다른 조직을 효율적인 린 엔터프라이즈로 통합시키는 어려운 과제를 맡게 되었다. 그는 식스시그마 프로그램의 이행을 선택하였다. 1999년 레이시온 리더십 포럼을 시작하면서 그는 "레이시온의 식스시그마는 … 일에 관해 완전히 새로운 방식으로 생각하는 것으로서 … 이것은 우리가 하는 모든 일을 다루게 될 것이다."라고 선언하였다.

레이시온의 식스시그마 활동은 고객 만족과 생산성, 성장 그리고 주주 가치를 향상시키기 위해 문화, 고객 및 모든 도구를 통합시키는 단일화 전략에 중심을 두었다.

댄 번햄은 봅 드루이스를 레이시온의 식스시그마 활동을 보다 활성화하기 위한 생산성 부문의 부사장으로 지명하였다. 두 사람은 투자자 공동체가 식스시그마의 이름과 도구들에 대해 매력을 느끼고 있음을 인식하였고, 그들은 또한 엔터프라이즈의 변환을 위한 린 사고의 힘과 그 가능성을 알고 있었다.

그들은 워맥과 존스의 〈린 사고〉에서 가져온 핵심적인 다섯 가지의 원칙들과 그들이 깨달은 인력의 중요성을 통하여 레이시온의 프로그램을 재구성하였다.

이러한 5가지의 원칙, (1) 고객의 눈으로 가치를 규정하고 (2) 가치흐름을 식별하고, (3) 공정의 낭비를 제거하고 (4) 고객의 끌어당김에 의한 가치의 흐름을 만들고 (5) 고용인력의 참여, 배치 및 권한 위임과 꾸준한 완벽성의 추구를 통해 지식의 지속적 개선도 이루어지도록 하였다.

2000년에 레이시온은 '레이시온 식스시그마 활동'을 통해 약 3억 달러의 재무적 이익을 창출하였다. 그리고 2001년 봄에 봅 드루이스는 린 원칙의 적용을 통해 레이시온이 학습한 내용을 LAI 컨소시엄과 공유하였다. 그는 리더십의 올바른 구성이 결정적으로 중요하며, 사업에 전략과 연간 계획, 목표 그리고 수행성과 측정의 통합이 필수적이라는 점을 우리에게 이야기 해주었다.

이 원칙들은 반드시 '모든 것'에 적용되어야 하며, 얻어진 혜택도 반드시 주주뿐만이 아니라 고객과 종업원 모두에게 돌아가야 한다고 하였다.

않지만, 핵심 이해관계자 중 하나인 고용인력과 관련된 문제를 제기하고 있기 때문에 린 사고와 관련하여 이런 형태의 혁신 활동을 조사해보는 것도 중요한 일이다.

고용주와 HPWO 제휴관계 약정을 맺기 전에 노조는 주어진 사업에 대해 3년에서 5년 동안의 지속적인 투자 보장 방안을 찾았다. 이 약정에 의거하여 노조는 개선방법의 적용과 작업팀을 새로 만들어내는 온전한 제휴관계를 공약하였다. 이런 직업 안정성에 관한 공식적인 약정이 비록 모든 린 이행 노력 속에서 볼 수 없는 것이기는 하지만, 린의 파트너십에 관한 개념에 부합하는 것이다.

HPWO 프로세스 내에는 많은 핵심 요소들이 있다. 여기에는 작업장

변경을 가져오는 혁신 활동을 지원하는 언어교육과 약정 내용에 대한
의사소통, 그리고 전체 작업인력에 대해 계획된 활동을 제공하는 연합
파트너십 약정의 수립이 포함되어 있었다.

더 나아가 기량, 능력 및 관련 사안의 평가, 필요성과 변화 프로세스
를 지원하기 위한 적절한 역할과 책임의 설정, 요구되는 기량과 능력을
구축하기 위한 지속적인 교육 및 상시 이루어져야 하는 평가와 개선 문
제도 있었다.[62]

이 프레임워크 안에서 많은 린 원칙과 실행이 사용될 수 있다. 실제로
어떤 공정들에서는 린 이행활동을 이끄는 개인들과 HPWO 구현을 하
는 개인들이 서로 자리잡고, 그들 각각의 노력도 협조가 이루어졌다.
HPWO의 경험에서 배워야 할 교훈은 직업의 안정성, 기량과 능력에 대
한 투자 및 사업장의 장기적인 생존능력 문제를 다루는 메커니즘이 없
는 린 이행 노력에 대한 고용인력의 반응이 얼마나 조심스러운 것인지
파악하는 것도 포함된다.

이런 문제를 표면화시키면, HPWO의 프레임워크는 실제로 우리가 7
장에서 상세하게 알아보게 될 '가치제안' 이라 부르는 것을 확립하는 메
커니즘을 제공한다.

항공우주산업계에 있어서 린 사고가 가진 의미

린 사고가 처음 그 형태를 드러낸 자동차 산업계와는 대조적으로 항
공우주산업계는 훨씬 적은 수량, 높은 복잡도, 해마다 다른 높은 변동성
및 보다 높은 주기성의 특징을 가지고 있다. 앞 장에서 이미 언급한 것

처럼 이 산업계는 국방 부문, 상용 부문, 항공기 및 우주선 부문 그리고 상업용 항공기 및 공중 수송 부문이 서로 밀접하게 얽혀서 상당히 큰 다양성과 복잡한 구조를 보여준다.

항공우주 부문은 경제 영역 각 구석구석까지 미치는 깊고 광범위한 공급업체 기반이 포함된 상호 의존적 산업과 기술 생태계의 특징을 보여준다. 이 산업계는 풍부한 지적 자산 기반과 고도로 숙련된 인력을 지닌 기술 혁신의 원천인 동시에 주요한 구매자이기도 하다.

이 산업계는 혹독하고 까다로운 환경에서 운용이 이루어져야 하는 전투기로부터 우주선에 이르는 제품과 시스템을 만들어내고 있다. 이 엄청난 복잡성과 기술적 정교함을 뛰어넘어, 이들 제품과 시스템은 반드시 고장 제로의 상태로 운용되어야 한다. 이 모든 요인들은 거대한 복잡성 및 광범위한 역량의 지식 기반을 지닌 산업을 나타내는 것이다.

항공우주 시스템은 수십 년에 이를 정도로 수명 주기도 길다. 또한 상대적으로 오랫동안 안정적인 상태로 남아있는 기본적인 플랫폼이라 할지라도 하위 시스템과 구성부품이 여러 세대를 거치면서 재편성되는 빠른 기술 변화를 보여준다. 이렇게 주어진 속성을 감안한다면, 항공우주산업계에 있어서 린 사고가 주는 함축적인 의미는 무엇이 되겠는가? 그리고 다른 산업계의 경우에는 어떤 의미가 될 것인가?

가치창조에 초점을 두기

첫째, 우리는 '린'이 진화하며 발전된 개념이며, 항공우주산업계의 맥락에서도 계속 발전해나갈 것임을 안다. 낭비제거뿐만이 아닌 가치를 창조한다는 이 아이디어는 언제나 린에 관한 논제의 한 부분을 차지할 것이다. 항공우주 부문에서 얻은 경험으로 다른 모든 산업계에 보다 정교하게 활용할 수 있다.

전체 엔터프라이즈의 보다 폭넓은 관점

둘째, 린은 오랫동안 제조 부문에만 초점을 두는 것으로써 좁은 의미로 이해를 해왔다. 린 사고 진화에 대한 완전한 분석은 전체 엔터프라이즈에 중심을 둔 린의 보다 넓은 관점을 촉진시킬 것이다. 전체적인 시스템 접근이 이루어지지 않으면 그 어느 것이라도 하위부문의 최적화 결과만 가져올 뿐이다.

"시스템의 부분품을 각각 별도로 취해서 개선하는 것은 시스템 전체적인 성능을 향상시키는 것과는 다른 것이다"라고 어떤 저자가 언급하였다.[63] 항공우주 부문 내에서 제품 가치의 대부분은 상류의 설계 및 제품개발 부문과 (과거 군수 제품의 경우 종종 10년 이상의 오랜 세월이 소요되었다) 하류에서 (전형적으로 수십 년 동안 지속되는) 군의 보급작전에 있다. 항공우주산업계에서도 제조 부문에 린 사고 응용의 초점이 가장 먼저 주어졌지만, 초점을 전체 비즈니스 엔터프라이즈로 옮겨가는 것이 필수적임이 점점 분명해지고 있다.

혁신적인 변화

셋째, 린 사고는 단지 일련의 점진적 개선이 아닌 근본적인 수준에서 혁신적인 변화를 의미한다. 이것은 엔터프라이즈 가치흐름을 최적화하는 네트워크로 연결된 학습과 지식의 공유가 이루어져야 할 것을 요구한다. 혁신적인 변화는 본질적으로 다차원적이고, 질적이며, 불연속적이다.

비전이 없으면 이런 변화는 나침판이 없이 길을 찾아다니는 것과 같다. 그러므로 체계적 사고 능력을 가진 혁신적인 리더십과 통합 변화전략을 만드는 것이 필요하다. 일련의 따로따로 떨어진 점진적 개선 이벤트가 각각 다른 방식으로 이루어진다면, 그 자체로서 항공우주산업계나 혹은 다른 산업계이든 간에 어느 것도 린 사고의 잠재력이 제대로 실현될 수 없다.

지속적 학습과 역량 구축하기

네 번째, 린 사고는 지속적인 학습과 역량 구축의 프로세스이다. 항공우주 부문은 혁신을 통해 번영하지만, 종업원과 조직적 역량 구축을 위한 투자를 목전에 두었을 때를 보면 이러지도 저러지도 못했던 적도 있다. 이런 투자는 모든 산업계에서 린 원칙과 실행의 성공적인 이행을 위해 필수적인 것이다.

보다 깊은 교훈 속에는 린 사고와 기술적 혁신 간의 연결 고리가 들어있다. 린은 반드시 비용 삭감 전략 이상의 그 무엇으로 비추어져야 하며, 그리고 이것은 '비용으로부터 자유로운' 접근 방법으로서 간주될 수도 없다. 사실 우리가 앞에서 논의했던 것처럼, 항공우주 부문은 린 사고를 이 산업계에서 과거에 그렇게 성공적으로 수행했던 것과 같은 꾸준한 혁신의 흐름을 이루어 이해관계자들을 위한 가치를 창조하고 인도하는 것에 초점을 둔 것으로 지적하고 있다.

핵심 린 개념의 한계를 넓혀가기

마지막으로, 항공우주 부문이 처한 배경은 앞서 개략적으로 언급했던 린의 모든 핵심 개념들의 한계를 확장시켰다. 고객에게 초점을 두는 것도 반드시 다양한 고객을 포용할 수 있도록 확장되어야 한다. 동기화된 흐름과 풀은 유동성이 있는 시장과 복잡한 공급사슬의 맥락에서 운영이 이루어질 수 있도록 재고되어야 한다.

낭비제거는 반드시 수십 년에 이를 수도 있는 제품의 라이프사이클에 걸쳐 정의되어야 한다. 완벽한 품질은 항공기와 우주 시스템의 영역에 주어진 것이지만, 이것은 반드시 컴퓨터 소프트웨어와 같은 새로운 영역으로도 확장되어야 하며, 그리고 국방 항공우주 부문의 경우 혹독한 재정적 제약조건을 가진 맥락 속에서도 실현되어야 한다.

융통성과 대응성도 광범위한 정부 감독과 규제가 있는 환경 속에서 반드시 실현되어야 한다. 고객과 공급업체간, 노동자와 경영자간 그리고 직접적인 경쟁자들과의 제휴관계도 각 당사자들을 서로 떼어놓는 많은 알력들이 있음에도 불구하고 필수적인 것이다.

요약하면 린 원칙은 반드시 항공우주산업 제품의 맥락 속에서 이해하고 이행되어야 한다. 즉 항공우주산업 제품을 위한 설계, 제조 그리고 보급의 연결이 고객과 다른 이해관계자들에게 수명주기 가격적합성과 최상의 가치 제공 측면에서 장기적인 함축된 의미를 가지고 있다는 상황을 이해하여야 한다.

린 개념은 전반적인 성능과 임무의 유효성을 향상시키기 위해 빠른 기술적 발전을 이용하여 항공우주 시스템의 수십 년에 걸친 지속적 기술 향상 필요성에 대해 효과적으로 증명할 수 있어야 한다. 이것은 많은 산업계가 직면하는 주요 문제점들이다.

우리는 다음 장에서 항공우주산업계 내에 있는 일부 '성공의 섬들'을 살펴보면서, 여러 가지로 확장된 린 사고는 물론 그 내부에 있는 고유의 긴장감도 보게 될 것이다.

5 장

성공의 섬

미 항공우주산업계 엔터프라이즈가 린을 향해 본격적인 여정을 시작한 때는 산업계와 미국 정부 모두 냉전 종식이 가져온 불가피한 과제에 대응할 수밖에 없었던 1990년대 초반이었다. 대부분의 회사 조직들이 처음에 최소 투자로 신속한 성과를 얻을 수 있었던 '따먹기 쉬운 과실'을 눈으로 보고 뛰어들었다. 종종 이런 활동은 우선 생산 프로세스의 신속한 개선 이행을 할 수 있을 것으로 생각했기 때문에 공장 현장에 자리를 잡았다.

물론 이보다 범위가 더 넓었던 '파일럿 프로젝트'와 같은 변화 활동도 있었고 산업계나 정부의 투자비용으로 볼 때 진전이 있었고, 새로운 원칙과 실행의 강력한 모범 사례의 역할을 하기도 하였다. 그러나 대부분 '낮게 매달린 과실'만을 손쉽게 따먹으려는 시도가 대부분이었다.

항공우주산업계에 린 실행이 처음으로 적용된 곳도 제조 부문으로 자

동차나 전자산업과 같이 생산량의 규모가 큰 상용 비즈니스 부문에서
전에 이루어졌던 활동을 항공우주 부문의 맥락에 맞게 시도하는 것이었
다. 비용절감과 사이클 타임을 줄이려는 노력이 공장 현장의 특정 장소
나 활동에 집중되었고 그리고 이보다 규모는 작았지만 공장을 가진 공
급업체에게도 적용되었으며, 제조작업 셀, 단품흐름 그리고 재고 감축
과 같은 메커니즘을 통해 간결한 제조 흐름이 도입되었다.(이 모든 것들
은 자동차 산업계에서 성공적으로 이행된 것들이었다.)

특정 문제해결을 위해 현장 작업자 개선팀에 많은 사람과 자원이 함
께 모였다. 두드러지게 눈에 띄는 애로공정이나 공장의 흐름에 방해가
되는 것을 해결하기 위한 카이젠 이벤트에 '도요타의 린', 식스시그마
혹은 전사적 품질관리와 같은 요소들이 포함되어 있었고, 그 중에 일부
의 경우지만 눈에 띄는 성공 사례도 있었다.

규모에 관계없이 이런 변화 추진활동은 대량생산 방식에서 린 생산방
식의 패러다임으로 회사조직을 변환시키는 것과 같은 더 큰 과제를 다
루는데 필요한 총체적 리더십 없이 고립된 투사와 같은 사람들에게 의
존하였다. 결과적으로 린 원칙과 실행을 통한 대부분의 생산성 개선은
이런 활동이 개척된 각 조직 내에서 이른바 '성공의 섬'이라 부르는 것
이 되어 버렸고 그대로 남아 있게 되었다.

달리 말하면 이들은 전체 가치흐름 또는 전체 조직을 린 활동에 끌어
들이는 데에 실패하였다.[1] 3장에서 논의했던 기념비적 잔재물과 그 어긋
난 관계가 종종 이런 성공이 더 이상 포괄적으로 이루어지지 못한 원인
의 뿌리에 있었다.

이 장에서는 린 사고의 여러 가지 구체적인 실례를 알아보기로 한다.[2]
이런 사례들은 항공우주산업 부문의 맥락에서도 린 아이디어의 적용가

능성을 분명하게 보여주며, 자동차업계의 경험을 복잡도가 더 높지만 생산량은 적은 항공우주산업업계에도 적용될 수 있을 것인가라는 1990년대 초반(LAI 설립 당시)부터 제기되었던 질문에 대한 답을 주고 있다. 그러나 각 사례의 경우 린으로의 전환은 아직 불완전하다.

이 장에서 이야기하는 각 사례가 성공적인 동시에 고립적이라고 말하는 우리의 개념은 린 혁신 활동이 적용된 폭에 따라 좌우된다. 이 폭의 한 차원이 전체 가치흐름에의 적용 여부이다. 또 다른 것으로 사람, 엔지니어링, 제조, 공급업체, 리더십, 지원 구조 및 고객이 포함된 멀티프로그램 엔터프라이즈에 적용되었는지의 여부이다.

이 장에 제시된 사례들은 진정한 성공 사례이지만 고립적인 섬으로 남아 있는데, 그 이유는 이들이 이 한두 가지 측면으로 전개되어야 할 충분한 잠재력을 보여주지 못했기 때문이다.

우리 이야기는 아주 부분적인 노력으로 시작해서 제품의 가치흐름이나 전체 엔터프라이즈 내에서 참여의 폭이 점점 더 커지는 방향으로 진행된다. 각 사례에서 여러 이해관계자들이 한데 모여 그들의 운영방식을 근본적으로 바꾸고 그들 노력의 대가를 얻은 것을 볼 수 있다. 우리는 전체 시스템의 최적화를 위해 섬에서 섬으로 이어지는 다리를 구축하는 문제를 포함하여 각 사례의 공통 특징과 직면했던 과제를 살펴 볼 것이다.

각 사례의 마지막에서 정의된 엔터프라이즈의 전체적인 가치흐름을 통해 진정한 변환의 모습을 볼 수 있을 것이다. 이 장의 내용을 통해 우리가 예전에 탐색했던 엔터프라이즈 수준에서의 린 개념에 관한 이야기를 다음 장에서 할 수 있도록 준비할 것이다.

이제 처음으로 기반 구조와 제도적 잔재를 극복했던 성공 프로그램인

C-130J 허큘리스 수송기의 사례에서 가치흐름을 통해 개선활동이 어떻게 확장되었는지 알아보기로 하자.

허큘리스의 섬: C-130J 생산체제 변환시키기

1980년대 후반, 록히드 항공시스템사(Lockheed Aeronautical Systems Company, 지금은 록히드 마틴 그룹으로 바뀌었음)는 돈 미도우를 책임자로 하여 회사의 성과개선과 낭비제거를 위해 린 엔터프라이즈 전략 계획수립팀을 발족시켰다.

이 팀은 프로세스 흐름의 최적화를 통해 재공품 낭비를 제거하는데 집중하여 수많은 영역에서 변화를 이끌어냈다. 가장 큰 혜택은 1950년대 중반부터 계속 생산이 이루어지고 있던 최신 전술 수송기였던 C-130J 허큘리스 수송기 부문에서 얻어졌다.

절단, 밀링, 라우팅, 샌딩 및 디버링 공정이 포함된 표준 압출품을 제조하는 성숙기에 들어선 록히드 마틴의 한 작업장에서, 많은 C-130J 생산용 부품이 포함된 약 2만 개 정도의 부품이 가공되고 있었다. 이 작업장은 비용은 가장 높고 효율이 가장 낮은 몇 안되는 작업장 중 하나에 속했다.

1994년에 이 팀은 이 작업장을 재설계하여 이른바 '집중화 공장'으로 불리는 공장으로 만들었는데, 각 제품을 작고 큰 크기의 압출품으로 그룹화하여 흐름을 개선하고 재고를 감축하여 주어진 유형의 제품을 생산하기 위해 관리 책임, 통제 및 생산 시설의 조화를 이루었다.

재설계가 이루어진 공장은 부품과 가공작업의 임의 접근 공급 시스템 및 야간 일정계획 수립 시스템을 사용하여, 원자재 입고에서 가공 후 저장품으로 만드는 처리 기간이 65일에서 11일로 개선되었고, 재공품도 35일분에서 2일분으로 감축되었다.[3]

그리고 1997년 초반에 이 공정은 '한개 흘리기' 흐름이 구현된 셀로 바뀌었으며, 부품 완성에 필요한 모든 프로세스를 통해 한 품목의 가공이 이루어지면서 어떤 간섭도 일어나지 않았다. 이것은 처리시간이 평균 12일에서 3분 미만으로 줄어든 경이로운 결과를 가져왔다. 재공품도 거의 100퍼센트에 가깝게 줄어들었다.

공장의 초기 개선은 원자재 공급업체들과의 밀접한 협력과 공장 내부 통제를 하기 위해 취해진 첫 번째 단계 활동으로부터 얻어진 결과였다. 그러나 총괄 관리팀은 지원을 충분히 하지는 못했다. 1999년에 록히드 마틴 항공시스템사의 전 사장이었던 빌 불록은 "이 회사는 린을 향한 여정을 약 10년 전에 실제로 시작했지만, 그 일을 제대로 할 수 있는 사람들이 없었다"라고 설명하였다.[4]

1997년에서 1998년에 더 많은 종업원들이 참여하고 경영진의 지원이 이루어졌으며 개선 활동의 범위도 최종 조립라인까지 확장된 훨씬 더 인상적인 혜택을 볼 수 있었다. 그러나 이런 개선이 있었음에도 불구하고 왜 1999년 허큘리스 수송기 가격에 단 1퍼센트 정도밖에 영향을 주지 못했는가?[5]

그 이유는 비록 린 변환을 위해 현저하게 두드러진 단계적 활동이 취해졌지만, 이루어진 개선이 '성공의 섬'과 같이 특정 작업장 내에 고립되었기 때문이다. 향상된 효율은 전체 가치흐름을 통해, 즉 원재료에서 완성된 제품으로 이어지는 흐름을 통해 활용되지 못했기 때문이었다.

아직까지 록히드 마틴은 린을 향한 여정을 계속하고 있다. 2000년에 많은 내부 제조 센터들과 C-130J 최종 조립장 간에 칸반 시스템으로 연결되어 있다. 그러자 최종 조립라인에서 주문이 일어나면 가공 작업장에서 부품 교체가 이루어졌다. 대규모의 부품 저장 면적도 충분히 제거할 수 있을 정도로 재고도 현저하게 줄어들었다.

이렇게 단계별 활동이 계속되면서 록히드는 각 '성공의 섬' 들을 회사 제품 가치흐름의 더 큰 부분을 보여주는 연쇄적으로 이어진 섬들로 연결시켰다.

이러한 10년에서 15년 동안의 기간에 걸쳐서 록히드 마틴 엔터프라이즈 내에서 진보적으로 앞서 나간 더 큰 부문도 C-130J의 린 개선에 관여하게 되었다. 그러나 록히드 마틴의 변환은 불완전한 상태로 남아 있다. 외부에서 납품된 부품들은 생산 라인에 직접 투입되는 대신 창고 내 재고로 들어가고 있다. 이 여정은 록히드 마틴이 공급업체가 직접 최종 조립라인에 연결될 수 있을 때까지 계속 될 것이다.

그러나 이 모든 성공사례에도 불구하고 완전한 린 변환이 이루어지려면 전체 가치흐름에 걸쳐서 린 실행의 적용이 이루어질 때까지 기다려야 한다. 다음 사례는 이 필요성을 잘 설명해준다.

바이트 사이즈의 섬: 코드 생성 개선하기

린 성공 이야기는 제조 영역 너머에도 존재하며 소프트웨어의 영역과 같은 회사 내 다른 분야에서도 볼 수 있다. 예를 들어 효율적인 코드 생성 기법은 결함을 감소시키고 코드 생성에 소요되는 시간을 줄여서 소프트웨어의 품질을 높여준다. 그러나 린 관점에서 보면, 이런 기법을 한 부분에만 응용하는 것은 코드 생성이 소프트웨어 개발의 보다 큰 가치 흐름의 한 부분에 불과하기 때문에 아직은 성공의 섬과 마찬가지의 이야기이다.

자동조종장치가 도입된 이래 항공우주산업의 제품들은 정보기술과 소프트웨어에 점점 더 의존하게 되었다. 소프트웨어 역시 수많은 항공우주산업 제품의 결정적인 중요 구성요소로써 제품별 각 세대로 이어지면서 점점 더 지배적인 요소가 되었다.(그림 5-1 참조)

소프트웨어는 또한 항공우주 시스템이 새로운 기능 수행을 위해 업그레이드되거나 운전 중 발생한 문제를 교정할 수 있게 해주는 중요한 수단이다. 항공우주산업 제품이 소프트웨어 능력의 혜택을 받음과 동시에 소프트웨어 개발 프로세스의 감옥에 갇혀버린 처지가 된 이런 일은 더

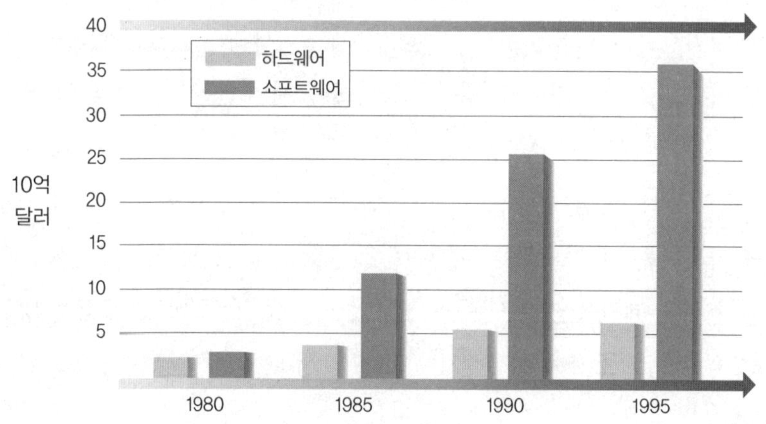

출처: Jose Menendez, 'Building Software Factories in the Aerospace Industry', MIT Master of Science Thesis in Technology & Policy and Aeronautics & Astronautics (February 1997).

주: '모든 유형'에는 무기 시스템과 경영관리 시스템이 포함됨.

그림 5-1 국방부 시스템의 연간 비용(모든 유형)

이상 놀라운 것이 아니다.

미 공군은 특히 군용 항공기 프로그램의 주기적인 소프트웨어 업그레이드에 들어가는 시간과 비용과 같은 소프트웨어 개발로 인한 부담을 직접 체험으로 알고 있다. 개념 정의로부터 시작해서 최종 인도에 이르기까지 3천만 달러에서 1억 달러 이상 비용이 들어가는 36개월에서 64개월에 걸친 네 개의 대표적인 군용기 시스템의 전체 항공전자공학 개발 기간을 생각해보자.[6] 현재 컴퓨터 운영 시스템의 다음 버전이 나오기까지 5년 이상 기다려야 한다는 것을 상상해보라.

1998년 초 버지니아 랭글리 필드에 있는 미 공군 전투사령부(Air Combat Command; ACC)의 데니스 헤인스 소장은 작전 비행 프로그램의 비용삭감 추진활동을 발족시켰고, 미 공군기의 주요 소프트웨어 업그레이드에 활용되었다. 소프트웨어 비용을 절반으로 삭감하려 했던 그의 전임자들의 노력은 별도 고립적인 '성공' 사례가 있었음에도 불구하고 대부분 효과가 없었고, 최종 사용자 공동체의 불만은 계속 되었다.

프레드 그레고리 소령, 마크 피쉬 중령 그리고 제프 소가드 대령 세 명으로 구성된 팀에서 ACC의 소프트웨어 개발 프로세스 흐름의 지도를 작성하는 임무를 받아, 실질적으로 문제가 되는 것이 무엇인지 밝혀내기 위해 계약을 맺은 회사와 정부의 시스템 프로그램 사무국을 방문하고, 헤인스 소장의 비용삭감 목표를 달성하기 위한 실행 계획을 만들었다.

이 노력은 MIT에서 어떤 면에서 이와 동일한 문제를 연구하기 위해 발족시킨 연구 프로젝트의 시작과 동시에 행해졌다. 대학원생이자 전 미 공군 대위였고 군 소프트웨어 프로그램의 프로그램 관리자였던 브라이언 이폴리토가 LAI에 대해 이에 관한 연구 프로젝트를 제의하였다. 소프트웨어 개발 프로세스에 관해 포괄적인 조사를 하기 위해 네 명으로 구성된 팀을 만들었다. 그리고 이들이 발견한 것은 밖으로 드러 내었다.

소프트웨어 개발 프로세스에 여러 개선이 있었지만, 이런 개선 사항 은 전체 프로세스 내에서 일차적으로 코드 생성과 같은 한정적인 부분 에 개별적으로 고립되어 있었다. 임무의 근간이 되는 중요 코드 생성에 있어서 시간과 비용 감축과 같은 주요 진전이 이루어지고 있었고 동시 에 자동 코드 생성 기술과 다른 프로그램 수립 방법의 개선을 통해 품질 도 향상되고 있었다.

이 조사 결과는 이전 LAI의 연구조사 결과에서 볼 수 있었던 개발기 간의 40퍼센트 단축과 자동 코드 생성 기술을 이용했던 엔진 컨트롤러 에서 80퍼센트의 품질 향상이 있었던 내용과 일치하였다.[7] 그리고 에어 버스 산업에서도 소프트웨어의 성장이 '크기' 면에서 다섯 배로 성장하 였지만, 자동 코드 생성 기술을 사용해서 전반적 품질이 기하급수적으 로 개선되었음을 볼 수 있다.(표 5-1 참조)

소프트웨어 개발에 관해 가장 흔한 오해는 이 프로세스가 코드, '즉 1

항공기	A310	A320	A340
전투 소프트웨어	4	10	20
킬로바이트 당 오류	100	12	10

출처: J. Menendez. 'Building Software Factories in the Aerospace Industry', Master's thesis, MIT (1997).

표 5-1 자동 코드 생성으로 인한 에어버스 소프트웨어 코드 작성 오류 감소

과 0'만을 생성하는 것이라고 생각하는 것이다. 사실 항공우주 시스템에 소프트웨어 업그레이드를 제공하기 위해 요구되는 일은 다른 더 많은 분야의 전문가들을 필요로 한다. 이것에 대한 증거로 코드 생성이 전체 개발비용의 10퍼센트 또는 그 미만 밖에 흡수하지 못함을 고려해보자.[8] 이것은 직접 손길이 닿는 작업자들의 비용이 전체 제조비용에서 차지하는 작은 부분과 비슷한 것이다. 코딩과 (제반 요구조건의 생성, 통합, 테스트, 등등과 같은) 다른 단계 사이에는 긴밀하게 묶인 고도로 복잡한 관계가 있다.

예를 들면 정부 인증, 기술적인 순서, 지원 설비 소프트웨어 변경, 많은 항공기 센서 소프트웨어 변경, 무기 소프트웨어 변경 그리고 무기 및 전술 훈련자들이 반드시 모두 군 항공기 소프트웨어 업그레이드에 동참해야 하는 것과 같은 경우가 있다.(그림 5-2 참조)

연구팀은 신속하게 전반적인 상황을 감안하는 제안을 만들어낼 수

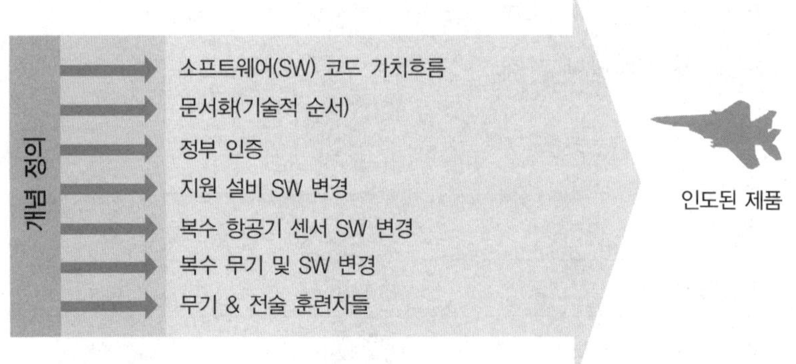

출처: B. Ippolito and E. M. Murman, 'Improving the Software Upgrade Value Stream', LAI Report RP01-01 (2001).

그림 5-2 군 항공전자공학 소프트웨어 업그레이드 가치흐름

있었고, 이는 나중에 일부 정책적인 지침에 통합되었는데, 즉 코드 생성을 개선하는 것이 초점을 두는 것은 전체 개발비용과 프로그램 사이클 타임의 감축에 있어 한정적인 효과밖에 없다는 것이었다. 이 제안이 코드 생성 문제를 넘어 소프트웨어 개발 부문의 개선 초점을 확장시켜 군용기 플랫폼 전체적으로 다루어지고 있는지는 아직은 불확실한 채 남아있다.

효율적인 코드 생성은 진정한 린 실행이다. 그러나 보다 전체적인 관점에서 보면, 제반 파생된 요구조건들과 실제 시스템 테스트 사이에 샌드위치처럼 끼어들어, (개발 기간과 비용 이 두 가지 핵심적인 동인) 코드 생성 개선이 기여하는 것은 거의 없고 전체적인 개발 비용이나 프로그램 사이클 타임에 제약을 준다.

프로그램이 처음 시작될 때 소프트웨어에 대한 요건들이 없다가 이런 요건들이 '프로세스가 진행되면서' 변경되는 문제와 함께 결합하면서 전체 소프트웨어 프로그램 일정과 비용을 계속 증가시킨다.

예를 들어 최근에 완료된 10개의 항공 우주산업 소프트웨어 업그레이드 프로그램에 관한 연구 결과를 보면 평균적으로 23퍼센트의 소프트웨어 요구조건들이 계획에 없었던 재작업으로 인한 것이고, 전체 소프트웨어 개발 비용의 평균 16퍼센트를 차지하고 있음을 보여준다.[9] 이것은 코드 생성에 들어가는 전체 비용보다 더 많은 것이다.

코드 생성 작업의 생산성 개선은 린 활동의 성공 스토리이지만, 고립된 성공의 섬에 불과하다. 코드 생성 그 이상은 아닌 것이라는 소프트웨어 개발에 대한 인식이 사람들로 하여금 전체적으로 소프트웨어 개발이 부분적인 최적화에 지나지 않게 만든 것은 분명하다. 개선 노력을 확장시키려면 이 산업계는 반드시 노력을 확대하여 초점을 보다 광범위한 소프트웨어 납품에 이르는 가치흐름으로 확장시켜야 한다.

이 소프트웨어 개발 스토리는 성공의 섬 너머로 이동하는 길을 가로막은 하나의 장벽을 잘 설명해주고 있다. 다음 사례는 오래된 습관은 쉽게 죽지 않으며 그리고 한 프로그램에서의 성공이 낡은 사고의 장벽에 부딪힐 수도 있음을 보여준다.

보다 나은 실행의 섬: 상용 실행을 활용하여 F-22 및 RAH-66의 전자계통 제조하기

1994년에 페리 국방장관 시절에 수행된 독립적인 연구를 통해 130가지의 규제와 표준에 기반을 두고 있던 비용발생 요인들로 인해 미 국방부 물품과 서비스에 추정 평균치 약 18퍼센트 정도의 비용 프리미엄이 발생하고 있음이 확인되었다.[10]

이 정보는 계속 진행중이었던 획득 개혁 추진 활동의 상황에서 F-22 랩터 전투기와 RAH-66 코만치 헬리콥터 프로그램에서 미 공군 연구실험실과 TRW의 항공전자공학 시스템 부문 간에 상업용 전자공학 기반의 활용으로 비용절감을 실현할 수 있을 것인지 테스트 할 팀을 구성하였다.

이 사례의 경우, 이미 군 요구에 맞추어 설계된 제품(MILSPEC)들이 상용 구성부품을 사용하기 위해 재설계 되어야만 했고 상업용 생산 설비와 프로세스를 수용해야 했다.

이 때문에 재설계 비용이 들어갔고, TRW와 미 공군은 린 파일럿 프로젝트이자 미 공군 연구실험실의 제조기술 부문이 후원하는 공식 프로그램이었던 '상용 제품 생산라인에서 만들어진 군용 제품'을 통해 이 비용을 분담하였다.

목표는 TRW의 자동 컴퓨터통합 제조(CIM) 시스템이 있던 일리노이주 마샬 공장에서 두 가지의 전자모듈 조립체를 생산하는 것이었다. 먼저 각 모듈은 이렇게 고도로 자동화된 시스템에 호환될 수 있도록 마샬 공장에서 채택할 수 있는 상업용 구성부품을 사용하여 재설계 되어어야만 했다.

이런 상업용 구성부품을 사용하기 위해 각 구성부품이 군용 부품의 기준 내구성과 신뢰성을 가지고 있는지 확인하기 위한 엄밀한 테스트 프로세스가 요구되었다.

그러나 이 문제에는 상업용 표준으로 단순히 전환하는 일 이상의 것이 내포되어 있었다. 상업용 생산 시설을 이용하려는 의도를 가지고 프로그램을 시작하는 것은 분명히 경제적인 일이었지만, 착수된 프로그램의 관리자들로 하여금 필히 이 프로그램에 함께 하면서 그들이 가지고 있던 통제 권한의 일부를 포기해야만 함을 의미하였다.

더 나아가, 상업용 제조시설에서 사용되던 상업용 부품들은 군의 요구조건을 충족시켜야만 함은 물론, 반드시 제품의 라이프사이클 동안에 사용할 수 있어야 했다. 승인을 얻기 위해 종종 프로그램 측면에서 부가적인 노력이 수반되었다.

그리고 나서 이제 수량 문제에 봉착하게 되었는데, 군용 제품은 대개 그 수량이 적고, 그렇기 때문에 대부분의 경우 이들은 상업용 생산 제품의 주문에 갭이 있을 때 그 사이에 끼어들어 가게 되었다. 이로 인해 생산일정 계획이 종종 프로그램 관리자의 통제에 미치지 못하는 결과를 가져왔다. 또한 군 프로그램은 종종 그 요구조건이나 생산 수량의 관점에서 보았을 때 상대편인 상업용 프로그램에 비해 불안정한 양상을 띄게 되었다.

이 파일럿 프로젝트는 또 따른 장애물을 만나게 되었는데, 각종 부품을 생산하던 수많은 상업용 제조 공장들이 국방부와 거래를 원치 않는 것이었다.[11] 그래서 대량의 전자부품 공급업체들이 소량의 군용 제품을 생산하던 마샬 공장에 입찰할 수 있도록 계약상 실무적인 방안이 고안되었다.

이 모든 장애물에도 불구하고, 상업용 방식으로 생산된 모듈들은 가격도 저렴하고 군 규격의 부품과 절차를 사용하는 것보다 더 빨리 완료됨을 보여주었다.

척 에벨링은 TRW의 프로젝트 관리자로서 이 극적인 혜택을 일구어 냈는데, 전체 조달에서 제조로 이어지는 구간 시간의 30퍼센트를 감축시켰고, 제품 비용의 50~70퍼센트를 절감하였으며, 제품 품질에 있어서도 기하급수적인 향상을 이룩하였다. 특정 부문에서 상용과 군용 간 차이점을 비교하였을 때 단위당 절감 비용이 노동비용은 12,700달러에서 5,200달러로 자재비용은 27,300달러에서 5,600달러로 절감되어, 결국 총 비용은 10,900 달러로 이에 상응하는 군의 40,000 달러와 현저한 차이를 보여주었다.

절감 금액은 분명히 상업용 표준을 사용하였기 때문에 얻어진 것이다. 그리고 이런 형태의 노력이 만일 프로그램 시작 시에 채택될 경우 더욱 성공적일 수 있다. 그러나 프로그램 관리자들이 직면하는 장애물은 왜 이것이 성공의 섬일 수밖에 없는지를 나타낸다.

군용 제품과 상업용 제품의 사이클 타임 간에는 균형이 일치하지 않는 점이 있으며 이로 인해 프로그램 관리자들로 하여금 항공전자공학 부문의 가치흐름 전체적으로 어떤 노력을 취하는 것을 번거롭게 만들어 버린다.

TRW의 마샬 공장은 프로젝트가 시작된 F-22 전투기의 모든 모듈 부품을 단 며칠 내에 생산할 수 있었지만, 아직 F-22 전투기의 경우 2005년(10년 후)이 되기 전까지 운용에 들어갈 계획도 수립되지 않고 있다.

전체 F-22 전투기 혹은 RAH-66 프로그램의 보다 폭 넓은 맥락에서 (상업용 제조시설에서 직접 생산할 수 있는) 일부 전자계통 모듈의 제조로 얻어진 절감금액은 노력한 만큼의 가치도 거의 없는 다른 수많은 다른 노력의 관점에서 바라보면 주머니가 바뀐 것이다.

모듈을 상업적으로 제조하는 것은 성공적일 수 있지만, 프로그램의 개발 기간과 산업기지 관리에 관련하여 국방부는 완전히 다른 시각을 요구한다.

비용 문제를 분담하려 하면, 3장에서 논했던 여러 가지의 정신적 잔재물의 도전을 받게 된다. 다음 F-16 사례의 경우, 조직에 남아있는 제도적 잔재물에 관련된 비용 및 기량의 장벽으로 인해 성공에 제약을 받았다.

엔지니어링 지원의 섬: F-16 패키지 생산 방식

일반적으로 항공기 생산 라인에서 문제가 발견될 경우, 패키지 생산(BTP; Build-To-Package)이라는 생산 직무 정의 안에 그 해결책도 포함되어 있다. 현장 작업자에 의해 사소한 작업변경이 가해지더라도 그 변경된 방법에 대한 검증작업 및 서류작업을 하느라 라인이 정지하거나 불량제품이 그대로 흘러버리게 되어 나중에 상당한 비용으로 다시 수정 작업을 하게 되는 결과를 초래한다.

이런 전형적인 상황에 직면하게 되자, 록히드 마틴의 엔지니어들은 F-16 BTP 지원센터를 만들었다. 예전에는 작업 변경 사항이 있을 경우 설계변경, 생산계획, 생산기술, 공구도입 계획, 공구 디자인, 공구 제작 및 기타 여러 지원부서 검토 등의 단계를 거쳐야만 비로소 최종 승인이 났다. 필연적으로 엄청난 양의 서류가 여기저기를 오가고 각 부서의 업무에 할당되기까지 엄청난 시간이 걸리게 된다.

록히드 마틴의 해결책은 고전적인 가치흐름의 접근 방법을 채택하는 것이었는데, 기존의 흐름을 종이위에 지도로 그려서 무엇이 어디서 어디로 흘러가며 거기에 누가 관계하고 있는지 확인하는 것이었다. 이런 분석을 통해 새로운 흐름이 만들어졌고, 여러 번 반복되는 일이 급진적으로 개선되었다.

전형적으로 이런 유형의 변화 추진 활동은 '공장 현장을 벗어나는' 것으로서, 즉 생산 지점이 아닌 엔지니어링 설계 사무실에서 이루어진다. 그림 5-3은 공장 현장에 만들어진 BTP 지원센터를 보여준다. 이것은 다음과 같이 작동한다.

기술전문가들을 일련의 엔지니어링 '셀'이 배열되어 있는 센터로 끌어들인다. 각 패키지는 단품의 흐름으로서 대기하는 일이 없이 셀을 통과 해간다. 단품 흐름이나 동시에 수행될 수 있는 어떤 과업 두 가지 모두 프로세스 지원의 수정사항이 있으면, 필요한 단계, 점검 또는 검토를 제거하는 위험 없이 일정계획의 개선이 허용된다. 필요시 의사소통은 대부분 함께 일하고 있는 사람들끼리 서로 만나 얼굴을 맞대고 이루어지며, 이로 인해 지연이나 오해의 가능성이 최소화 된다.

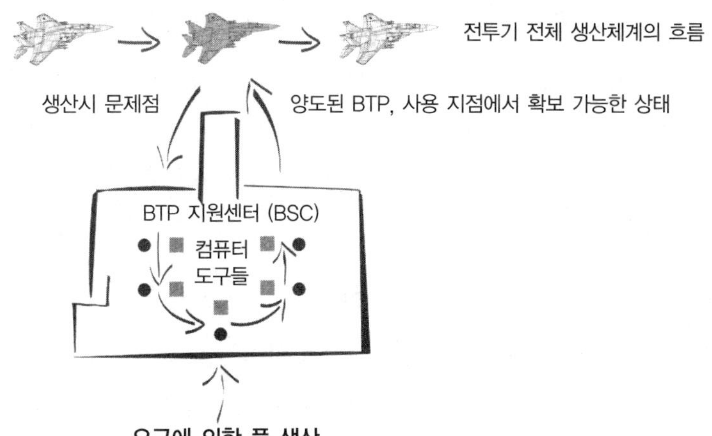

출처: Gary Goodman, Presentation to LAI Product Development Workshop (January 2000).

그림 5-3 록히드 마틴의 BTP 지원 센터

록히드 마틴의 접근 방법은 일관되고 지속가능한 개선을 이루어냈는데, 단계의 수가 40퍼센트 줄고, 이관 업무도 75퍼센트 적어졌으며, 이동 거리도 90퍼센트가 감축되었다. 75퍼센트의 사이클 타임 감축을 통해 공장의 작업에 중요한 긍정적인 영향을 주었는데, 이로 인해 지연 현상을 제거하고 BTP 변경을 시도할 때 작업자의 서류작업 부담을 덜어내었다.

지속적인 성공을 가로막은 가장 큰 장벽은 최대 효율로 기능을 해야만 했던 작업 요원들이 너무 혹사당한 것이었는데, BTP 지원센터는 작업 요원들에게 최우선적인 접근 권한을 필요로 하였다. 해고되는 숫자가 너무 많이 발생하여 회사 조직의 다른 부분에서 분쟁이 일어났을 때 센터의 효율이 떨어졌다. 이 상황은 전통의 풀에 의해 더욱 어려워졌는데, 즉 엔지니어링, 제조 및 품질관리 세 조직이 하나로 융합된 전형적인 책임이 발목을 잡았기 때문이었다.

이런 모든 혜택에도 불구하고, BTP 지원센터의 성공은 외부조직과 단절되어 있는 상태이다. 외부에서 온 전통적인 직무 조직의 목표가 가치흐름과 직무의 상호작용을 전복시켜 망치는 경향이 있지만 내부적으로 결정적으로 중요한 직원들을 유지하기 위해 애쓰고 있다. 이 밖에 이 개념은 증명은 되었지만 이행을 하려면 비용이 들어가는데, 결국 그 실현을 가로막는 직무상의 제도적인 장애를 자극할 뿐이다.

미 항공우주산업계 내에서 변화를 가로막는 이 장벽은 이미 증명된 개념의 수용조차 어렵게 만든다. 다음 사례에서는 전통적 잔재물이 어떻게 길을 가로막는 방해가 되는지 보게 될 것이다.

문화적 잔재물: 777 플로어 빔에 대한 새로운 아이디어와 방법[12]

대형 지그(기계가공에서 가공위치를 쉽고 정확하게 정하기 위한 보조기구)나 고정장치는 복잡한 조립 공정에 필요한 상당한 초기 투자가 있었음을 보여주며, 이런 것을 가능한 한 제거하는 일도 린 활동의 하나이다. 통상적인 항공기 조립 공정에서는 정렬상태, 하중 및 균일성을 제어하기 위해 육중하고 고정된 가공장비를 사용하며, 모든 상업용 수송기나 여객기의 설치 작업에서 결정적으로 중요한 것들이다.

수송기의 플로어 빔(floor beam)은 매우 크며, 이것만을 가공하는데에 들어가는 비용이 전체 생산 비용의 20퍼센트까지 차지한다. 보잉사의 상용항공기 그룹(BCAG)에 플로어 빔을 납품하는 두 업체가 있는데, 하나는 보잉사가 소유하고 있는 위치타 공장으로 이곳에서는 보잉 767기의 플로어 빔을 납품하고 있으며, 다른 하나는 로크웰의 툴사 사업부문으로 보잉 777 기종용 제품을 납품하였으나, 이러한 비싼 가공 작업을 제거하려는 계획에 착수했다. 이 두 가지의 사례를 살펴보기로 하자. 단지 1년 정도의 시간 차이 밖에 없지만, 이들은 아마 문화적으로는 10년 정도의 격차를 보이고 있을 것이다.

비용과 생산일정 계획이 중요한 성과측정 지표였던 위치타 공장에 새로운 생산성 기법이 도입되었다. 통계적 공정 관리(SPC)가 특히 중요하였고, 생산성 성과는 공장 현장에서 차트나 컴퓨터를 통해 작업요원들이 모두 볼 수 있었다. 이곳은 LAI의 학생 연구원이었던 제임스 쿤멘이 6개월의 인턴십을 수행하기에 이상적인 현장이었다.

제임스는 공구 장비 없는 제조방식에 관심을 가지고 있었고, 이는 767기의 플로어 빔 생산시 치수 변동을 줄이고 비용 삭감을 하기 위해 레이저 정렬 기법을 시범적으로 사용하는 팀을 구성한 위치타 공장의 의사결정과 완벽하게 일치하였다.

이 그룹은 실제로는 엔지니어링, 제조, 제조 엔지니어링 및 품질관리 부문이 포함된 통합제조팀(ITP)[13]이었다. 제임스는 필요한 분석과 설계 작업에서 핵심적인 공헌자가 되었다.

보잉사는 공장 현장의 한 구역에 빔을 조립하고 레이저 설비를 이용하여 정렬상태를 제어할 수 있는 화강암으로 된 평평한 베드 플레이트(바닥받침판)을 깔아둔 장소를 두었다. 레이저를 사용하는 시범 작업은 다음과 같이 진행되었는데, 각 구성요소로 제작된 부품들이 아주 정밀한 허용공차로 정확하게 들어맞는 각 포인트와 레이저 표적이 일치하도록 성공적인 설계가 이루어졌다. 6개월이 지난 후, 위치타 경영진은 결과를 보고 프로세스를 승인하고, 이 방식으로 작업을 하겠다는 제안서를 워싱턴 주 에버렛에 있는 보잉사 항공기 조립 부문에 제출하였다.

그러나 767 기종의 프로그램이 가지고 있던 문화가 방해가 되기 시작하였고, 이 제안은 기각되었다. 이 접근 방법은 한 번도 해보지 않은 확인되지 못한 것이었고, 멀리 떨어진 생산시설에서 이루어진 새로운 설계가 비록 보잉사의 생산시설이라 하더라도 의심스럽다는 것이 그 이유였다.

777 기종에 관한 이야기도 이와 더 다를 바가 없었다. 그 당시에 777 기종의 플로어 빔은 오클라호마 툴사에 있는 로크웰 인터내셔널 항공기 부문에서 보잉사와 맺은 하청 계약에 의해 제작되고 있었다. 로크웰의 툴사에서는 1967년 이래 보잉사 기종의 플로어 빔을 생산해오고 있었다. 777 기종의 개발은 적응성과 비용 감축을 겨냥하였고, 프로그램은 이 목표 달성을 위한 최신 방법을 찾는 관리팀을 두고 있었다. 이 시기에 서로 다른 결과가 나왔다.

로크웰이 777 기종의 시범 플로어 빔 세트를 (과거처럼 완전한 플로어 빔 유니트를 선적하는 대신) BCAG로 막 적송한 때가 1993년 초반이었다. 이것들은 그래파이트(흑연) 복합 재료로 만들어진 최초의 플로어 빔이었고 공구장비 없이 새로운 정밀 조립 프로세스를 사용하여 조립되었다.

LAI의 학생 연구원이었던 존 홉스는 로크웰의 777 기종 플로어 빔 제작 부문 생산 관리자였던 봅 엠마뉴엘이 이 제품이 제대로 들어맞을 수 있을 것인지에 관해 걱정하던 이야기를 하였다. 그가 염려하던 사항은 로크웰과 보잉사의 다른 베테랑들도 함께 나누게 되었다.

봅은 긴장한 채 에버렛에 있는 보잉사의 삼층 플로어 조립 작업장의 금속제 플랫폼을 밟고 올라가서 첫 번째 플로어 빔이 고정구 안으로 수직으로 내려지는 것을 보았다. 플로어 빔은 올바른 위치에 도달했으며, 18개의 클립을 고정구의 좌석 트랙에 잠그기 위해 서서히 90도로 회전하였고, 각 클립과 좌석 트랙간의 간격은 단지 수백분의 몇 인치 정도밖에 되지 않았다. 모든 클립이 제자리에 깔끔하게 다 채워졌다.

플랫폼에서 이 광경을 바라보고 있던 한 작업자는 "이것은 정말 행운이야"라고 했다.

그러나 계속해서 두 번째, 세 번째, 네 번째 그리고 다섯 번째 빔이 쉽게 제자리에 미끌어져 들어가 자리를 잡게 됨에 따라 회의적인 시각은 놀라움으로 변했다. 특히 첫 번째 배송된 제품에서 플로어 빔이 이렇게 들어맞는 경우는 없었다. 여섯 번째와 일곱 번째 플로어 빔이 앞서 다섯 개의 플로어 빔과 마찬가지로 손쉽게 제자리에 들어맞게 되자, 이제 모든 사람들이 이것이 단지 행운에 의한 것이 아님을 알게 되었다. 이 짧은 시간에 정밀 조립 기술은 과거에 사용되던 조립 기법보다 우월함을 증명하였으며, 그 자체가 새로운 조립 패러다임으로 확립되었다.

봅 엠마뉴엘은 777 기종 설계팀의 한층 깊은 내용을 말해주고 있다. 정밀 조립은 딱딱한 공구장비 제거를 겨냥하였고, 대신 위치추적 장치를 사용하여 부품 위에 짝을 이루는 부품의 색인 지점을 만들어 사용하였다.

컴퓨터 3차원 설계 패키지인 CATIA를 사용하여 보잉의 설계자는 예전에는 결코 할 수 없었던 부품이 들어맞는지, 치수가 맞는지 그리고 쌓아 올렸을 때의 허용 공차가 얼마인지 이해할 수 있었다. 로크웰은 수작업에 크게 의존하던 그들의 재래식 조립 기법이 보잉의 정밀도 수준을 결코 달성할 수 없음을 깨달았다.

그리고 로크웰의 경우 플로어 빔의 조립까지만 책임을 지고 있었으며 그리고 과거처럼 전체 바닥 유니트의 조립 책임은 없었기 때문에 플로어 빔이 제대로 들어맞지 못하면 고객의 조립시설에서 최종 조립작업이 진행되는 중에 즉시 드러날 것이었다. 로크웰은 각 부품을 보다 엄격한 허용 공차로 전보다 공구를 덜 사용하면서 작업할 수 있는 조립기술의 개발이 필요하였다.

CATIA 도구를 가지고 시애틀에 있는 보잉의 설계팀과 함께 작업하면서 로크웰은 표면, 윤곽 또는 인터페이스를 정의하였고 이는 제품과 조립 작업에 커다란 영향을 미쳤다. 로크웰은 상위 프로세스에서 주어진 특성에 가장 큰 영향을 미치는 것을 발견하였으며, 자체의 변동성을 줄이고 감시하기 위해 통계적 프로세스 제어기법을 사용하였다.

그 결과 777 기종의 플로어 빔은 마치 건설 세트처럼 조립될 수 있었으며, 모든 부품에 표준 사이즈로 뚫린 구멍으로 조립이 용이하게 이루어졌고, 제대로 부품을 맞추기 위해 드릴 작업, 트리밍 작업 혹은 조정 작업이 전혀 필요치 않았다.

747 기종의 비슷한 플로어 빔과 비교할 때, 로크웰의 777 기종의 플로어 빔은 조립작업 시간도 47퍼센트 정도 적게 소요되었고, 공구 사용 없이 조립 작업용 테이블만 필요로 하였다. 우리의 린 용어로 이야기한다면, 로크웰은 조립작업 시간을 줄이고 실제 가치를 부가하였다.

767 기종과 777 기종 간 차이점에 대한 이야기는 그리 오래 가지는 못했지만, 새로운 아이디어, 설계 프로세스에서의 공급업체와 고객의 협업, 프로세스 개선을 통해 변동을 감소시키겠다는 공약 그리고 이를 가능하게 만들어주는 기술의 사용과 같이 결정적으로 중요한 구성 부품

제작업체의 성공에 대한 통찰을 제시한다.

767 기종의 이야기는 기존 문화 속에서 기존 시스템에 대한 기술적 성공 사례였지만, 전체 이해관계자들의 참여가 없이, 이 경우 시애틀의 본사 조직이 의사결정을 하였다. 777 기종의 사례는 사람들이 새로운 아이디어를 시도하여 성공적인 발전을 이루어내고 연합 설계팀과 제조 현장에 있던 모든 사람들이 참여하여 새로운 방법을 사용한 것이다. 그 결과 조립작업 시간을 현저하게 감축할 수 있었고 비용이 많이 들어가는 공구를 제거할 수 있었다.

이런 사례는 이해관계자 모두가 참여하는 것과 새로운 아이디어에 대한 수용의 필요성을 반영하고 있다. 다음 사례에서는 여러 가지 난제가 혼합되어 있을 경우 전체적인 가치흐름으로 포괄하는 문제를 다룰 것이다.

섬들의 사슬: 프랫 & 휘트니 이야기

항공기 엔진 제조업체들은 1991년에 기록적인 주문으로 호황을 누렸지만, 1992년 말에 이 산업계의 주기적 특성이 반영된 새로운 항공기 엔진에 대한 국제 수요가 사라짐에 따라 시장의 수익이 줄어들었다. 이렇게 붐이 지나간 침체기에 프랫 & 휘트니 항공기 엔진 부문도 특히 군과 항공사의 주문 철수로 인해 큰 타격을 받았다.[14]

경영진의 논의의 대상도 '어디에 투자해서 이익을 낼 것인가에서 어느 시설을 폐쇄할 것인가'로 바뀌었다.[15] 회사의 대변인이었던 페기 포드는 기자들에게 "우리는 좀더 작은 시장을 공략하기 위해 회사 규모를 재정비 할 것입니다"[16]라는 말을 하였다.

그리고 나서 칼 크라펙이 리더십을 발휘하여 프랫 & 휘트니는 자신이 가진 에너지를 비용 절감과 제조 수행능력의 개선 및 경쟁력 증강에 집중시켰다. 이 회사의 성공적인 두 가지 린 이행 사례는 제품 가치흐름 안에 종종 고립적인 성공의 섬이 만들어지는 상존하는 문제를 잘 설명해준다.

그리고 이 프랫 & 휘트니의 이야기는 또한 지속적인 노력이 시간이 지남에 따라 계속 발전하여 여러 성공의 섬들이 일련의 군도처럼 연결되어 린을 향한 전반적인 변환의 여정을 어떻게 계속할 수 있었는지도 잘 보여준다.

코네티컷 주 이스트 하트포드에 있던 회사의 기계제작 센터에서 대규모의 변화가 진행되어 1993년에서 1994년 사이에 생산 시설이 부문별 레이아웃에서 순차적으로 연결된 36개의 작업 셀로 전환되었다. 가동이 정점에 달했을 때에 두 대 혹은 세 대의 기계장비가 동시에 주요 통로를 따라 밤낮없이 내려오는 것을 보는 것도 드문 일이 아니었다.

일단 레이아웃 변경이 이루어지고 난 후, 단정하게 정리된 상태에서 셀 작업이 시작되자 극적인 결과가 만들어졌다. 가장 성과가 좋았던 셀에서는 리드 타임이 8주에서 3주로 크게 감축되었고, 평균 프로세스 체류 재공품의 수도 273개에서 77개로 줄었으며, 이동거리도 13,670 피트에서 5,800 피트로 줄고 그리고 평균 작업준비 시간도 6시간에서 30분으로 줄어들었다. 불량품 또한 백만 개당 1,200개에서 269개로 품질도 향상되었다.[17]

일단 생산이 이루어지면 각 부품들은 최종 조립작업 공정으로 보내기 전 대기하는 창고로 적송되었다. 이 모든 것들이 보다 적은 수의 기계장비와 게이지 그리고 이에 상응하는 축소된 인력으로 실현되었다.

그러나 문제가 도사리고 있었는데, 1996년 말과 1997년 초에 올바른 부품을 필요한 만큼 얻을 수 없는 상황과 함께 일어났다. 우리는 최종 조립공정을 견학하면서, 부품 부족으로 인한 공정 차질이 38퍼센트, 품질 관련 문제가 13퍼센트 및 사람과 설비 문제로 인한 것이 2퍼센트에 달하는 사실을 발견하였다.[18]

이 제조 시스템(그림 5-4)은 부품을 제조하여 중앙 창고로 보내주는 내부 및 외부의 공급업체로 구성되어 있었다. 이상적으로 보면, 조립라인에서는 자재부품 수급계획(MRP)의 일정에 따라 창고로부터 부품을 가져다 사용하게 되어 있었다.

그러나 이 시스템은 항상 제대로 작동되지 못했고, 필요한 부품을 공급하기 위해 혹은 찾기 위해 수많은 비공식적인 의사소통이 이루어졌다. 기계제작 센터나 터빈 블레이드 착착 셀[19](차쿠차쿠; 차곡차곡이라는

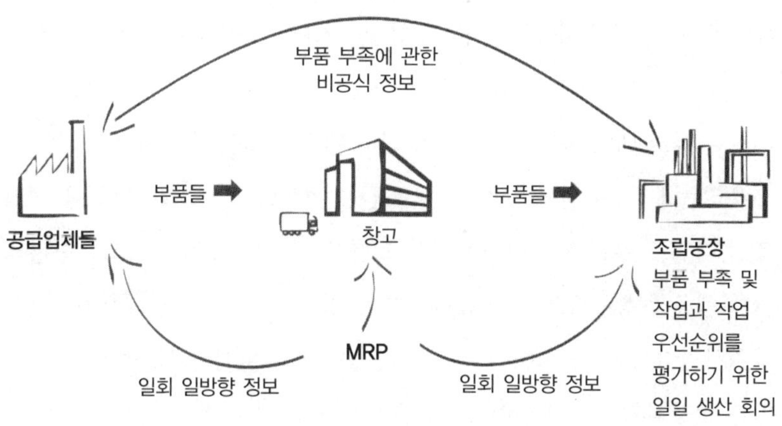

출처: LAI report RP00-01 (August 2000)

그림 5-4 P&W 제조 시스템 설계(1997년 초반)

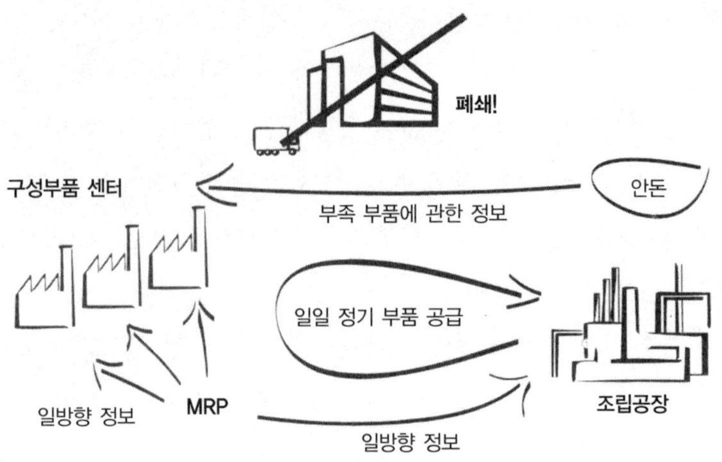

출처: LAI Report RPOO-01 (August 2000).

그림 5-5 P&W 제조 시스템 설계 (1998년 후반)

의미의 용어로 터빈 블레이드의 셀 작업 생산 과정이 마치 터빈 블레이드가 하나씩 차곡차곡 중단 없이 흘러나오는 현상을 기술한 것임)과 같은 영역에서의 인상적인 성과에도 불구하고 조립 공정에서는 혜택을 볼 수 없었다. 그러나 우리가 데이터를 수집하고 있던 중에도 변화는 계속되고 있었다.

우리는 1998년 말에 엔진 최종 조립공장에 다시 가보았고, 군용 엔진 조립 라인도 부문별 레이아웃에서 흐름을 따르는 레이아웃으로 변경되어 부품을 최종 조립라인으로 공급하는 방식으로 개선이 이루어진 것을 발견하였다. 그림 5-5에서 볼 수 있는 이 새로 설계된 시스템에서는 아직도 일정계획 수립에 MRP를 사용하고 있다.

그러나 각 부품들은 이제 창고를 거치지 않고 우회하여 내부 및 외부 조달 부품의 공급을 책임지고 있는 구성부품 센터로부터 직접 조립라인으로 들어간다. 구성부품 센터로부터 조립공장으로 매일 부품 배달이 이루어진다.

전체적으로 확연하게 '린'한 상태가 되었다. 부품이 꾸준하게 흘러가게 하기 위해 특별한 '안돈' 시스템이 추가되어 관리자와 조립라인의 주의를 환기시킬 수 있었고 구성부품 센터에서도 어느 부품이 공급되지 않아 라인 중지가 일어났는지 알 수 있었다. 최종 조립 영역이 더 작아진 셀 방식으로 설계되어 셀에서 나온 물품이 인접한 다음 조립 스테이션으로 이어지면서 단품 흐름이 가능하게 되었다.

엔진 모듈을 생산하기 위해 셀 작업에 변경이 일어나면 자재공급 센터에서 각 엔진 모듈을 제작하기 위해 공급하는 키트도 변경되었다. 이런 키트를 운반하는 카트는 엔진 모듈 제작 현장과 자재 취급 장소를 순회하는 칸반 컨테이너의 역할을 하였다. 부품 창고를 제거하고 최종 조립 라인과 부품 제조 센터를 연결시켜서 프랫 & 휘트니사는 여러 개의 성공의 섬들을 연결할 수 있었다.

지난 5년간 우리는 이 린 변환 과정을 관찰하면서 린으로 변화하는 일에 시간이 걸린다는 생각이 확실하게 들었다. 가장 눈에 띄었던 일은 기업들의 참여도가 점점 성장한 것이다. 기계제작 센터에서 강력한 리더십을 가진 팀이 공장 현장 작업자로 하여금 새로운 센터의 레이아웃과 작업 방식을 결정하게 하는 카이젠을 통해 기능적 조직으로부터 제품별 셀 방식의 조직으로 변화를 촉진시켰다.

최종 조립라인 공정을 변화시키는 일은 내부 및 외부 공급업체들 간의 협력은 물론 전사적으로 자재 운송, 자재 게시 및 자재 관리 방식을 개편하기 위한 노력을 필요로 하였다.

이런 변화는 최고경영진의 단호하고, 장기적인 리더십을 요구한다.

이런 일이 일어나게 되면, 작은 성공의 섬들이 보다 통합된 일련의 군도처럼 연결되어 궁극적으로 완전한 가치흐름을 감싸게 된다.

다음 사례에서는 광범위한 기반구조 전체적으로 보다 확산된 변화 필요성을 지적하고 있으며, 한 프로그램에서 이루어진 성공을 확산시키는 것이 다른 프로그램의 기반구조에 의해 어떻게 방해를 받게 되는지 보여준다.

자각의 섬: 델타 IV 발사체 부문으로 린 실행 확산시키기

계획, 건축 계약 및 공장 건설 기초공사용 자재가 이미 조달이 이루어진 후에 4백만 평방피트의 면적을 가진 생산시설을 150만 평방피트의 규모로 재설계하는 의사결정을 내리게 만든 원인은 무엇이었을까? 그것은 새로운 제휴관계에 대한 커다란 신뢰와 리더십의 비전 및 린 원칙이었다.

1997년 초에 맥도넬 더글라스사는 자신의 새로운 발사체였던 델타 IV의 생산시설을 설계하고 있었다. 계획수립팀은 발사체 구성부품의 제작은 물론 종합 조립작업과 점검을 할 수 있는 건물이 들어서는 충분한 크기를 가진 시설의 설치 장소를 찾고 있었고, 앨라배마 주의 디케이터에서 적지를 발견하였다.

이것은 맥도넬 더글라스사와 이 도시 간에 예외적인 거래가 되었는데, 이 새로운 생산시설이 회사에게 거대한 인센티브를 가져다주는 대신 앨라배마 주민에게 일자리가 보장되었다.

이 시설은 거의 완성된 발사체를 인근의 테네시 강을 따라 바지선으로 주에서 제공한 선착장을 이용하여 케이프 커내버럴 기지로 수송하기에 이상적인 지점에 자리잡고 있었다. 캘리포니아 반덴버그 공군 기지로 가져가야 할 필요가 있는 발사체는 동일한 선착장을 사용하여 파나마 운하를 거쳐 미 대륙의 서해안으로 가는 경로를 이용하게 되어 있었다.

1997년 후반에 맥도넬 더글라스사는 이 생산시설의 설계를 완료하였는데, 바닥 면적이 4백만 평방피트, 10개의 통합 및 점검 라인 그리고 엄청난 크기의 발사체를 이동시키기 위한 20개의 대형 크레인을 필요로 하였다. 이 일은 맥도넬 더글라스사와 보잉사 간 합병 협상의 진행과 동시에 이루어졌는데, 이 제휴관계에 따라 델타 IV 발사체와 관련된 상황이 바꾸어질 수도 있었다. 보잉사 상용항공기 그룹(BCAG)은 린 실행을 어느 정도 이행해온 경험이 있었지만, 이 델타 프로그램의 경우 린 활동 가능성에 대해 거의 노출된 부분이 없었다.

1997년 11월 합병 후 델타 IV 생산시설에 대해서 BCAG로부터 나온 팀 구성원과 함께 이루어진 검토 모임에서 델타 IV에 종사하고 있던 사람들에게 이른바 '린 형제들' 이 소개되었다. 여기서 신기주츠 주식회사가 이런 문제에 관해 BCAG에게 도움을 준 것처럼 어떤 도움을 줄 수 있을 것이라는 안이 제시되었다.

1998년 초에 델타 IV 부문은 일본인 컨설턴트들을 초빙하였고, 이 사람들은 도요타 자동차의 임원 경력을 가지고 있었으며 나중에 '멘 인 블랙(Men in Black; 토미 리 존스와 빌 스미스가 주연한 영화 제목에서 따온 말로 영화 속의 주인공이 외계인 문제를 전담하는 해결사인 것처럼 난제를 깔끔하게 해결해준 사람들이라는 의미)' 으로 알려지게 되었다.

단 3개월 만에 생산시설의 설계 내용은 일본인 컨설턴트들의 조심스

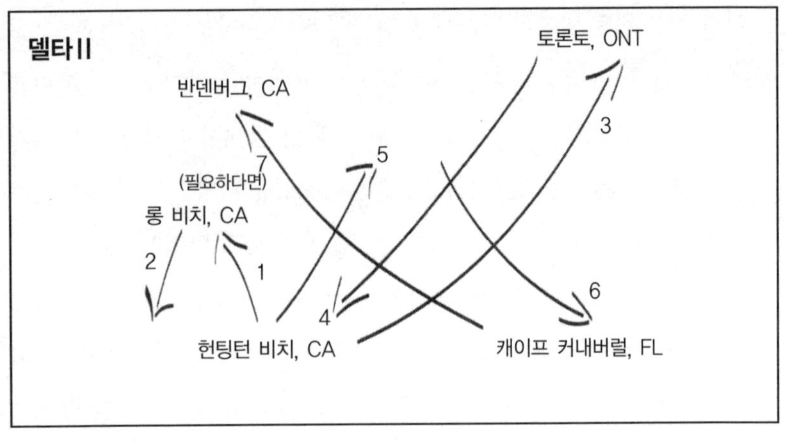

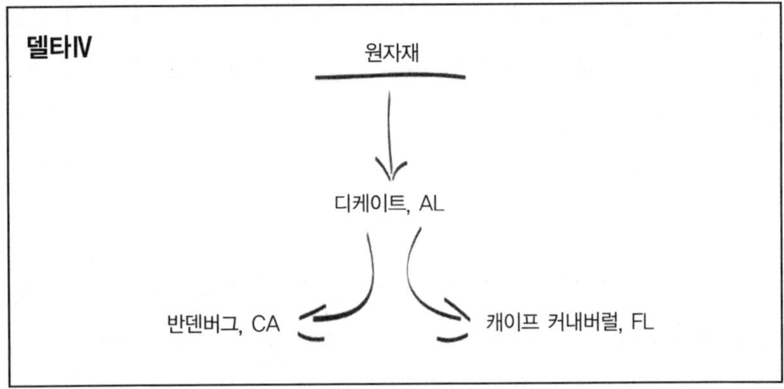

그림 5-6 델타 II 및 델타 IV 발사체의 통합 흐름

러운 시선에서 대대적인 정비가 이루어졌다. 재설계 작업은 한층 더 광범위하게 이루어졌지만, 공장의 상당 부분이 완료되었기 때문에 돌이킬 수는 없었다. 발사체의 통합 조립 및 점검 라인에서 가장 많은 변화를 보여주었는데, 3개월 만에 당초 설계안은 4개의 크레인과 108,900 평방피트의 면적을 가진 단일 맥박의 움직임이 이동하는 라인으로 변했다.

이동을 최소화하기 위한 노력은 공장 현장에만 국한된 것이 아니었다. 델타 II 프로그램은 제작과정 중에 있을 수 있는 과잉이동에 관한 교훈을 제공하였고, 이에 따라 (그림 5-6에 설명된 바와 같이) 델타 IV 프로그램에 주요 변화가 일어나게 되었다. 델타 II의 경우, 원자재가 발사체의 생산 도중에 시설에서 시설로 이동하였고, 그 거리도 거의 8천 마일에 달하였지만 델타 IV의 경우 이것이 제거되었다. 델타 IV의 경우, 원자재가 디케이트에 있는 생산 시설로 들어와서 전체 발사체가 조립되고 인근의 테네시 강을 이용해서 케이프 커내버럴이나 반덴버그 공군기지로 수송되었다.

이런 변화가 린으로 되어가는 큰 변화를 말해주고 있지만 최종 조립라인 공정에서의 보잉사의 주요 발걸음은 가치흐름의 일부분만 건드리고 있었다. 만일 이것이 성공의 섬 이상의 것이 되고자 한다면, 최종 조립라인 공정으로 구성 부품과 하위 조립체를 납품하는 모든 공급업체들이 이 린 시스템으로 연결될 필요가 있었다.

이 '연결시키는' 아이디어가 다음 사례에서 적절하게 적용되고 있다. GE의 린(Lynn) 공장은 공급업체들을 직접 조립라인으로 연결시키고 제품을 고객의 주문 비율에 따라 직접 고객에게 배송하는 것에 관해 생각하면서 자신이 가지고 있던 오래된 사고방식, 즉 과거의 문화적 잔재를 극복하였다.

'풀' 의 섬: GE 공장의 공급업체와 자재관리 통합

1998년 LAI 총회 워크숍에서 어니 올리베이라는 매사추세츠 주 린 (Lynn)에 있는 GE의 항공기 엔진 공장에서 지난 6년 동안 펼쳐진 린 변환에 관해 설명하였다. GE 공장의 제조부문 변화 추진활동 책임자였던 어니는 경쟁우위 확보를 겨냥했던 제조전략 개발에 관해 이야기하였다. 그는 우리를 엔진 조립공정을 변환시킨 단계를 통해서 린 항공우주 생산의 전형을 보여 주었는데, 이것은 제조 및 조립공정의 시설, 자재관리 시스템 및 공급사슬의 변화로 가능했던 변환이었다.

성공의 열쇠는 기능적으로 분산된 각 부문에서 여러 가지 제품을 다루는 기능적 부문의 접근 방식을 버리고 특정 엔진 조립에 가장 많이 필요한 자원들을 하나의 라인 프로세스 흐름으로 그룹화 하는 것에 있었다. 이것은 각 라인의 길이가 짧아지고 정열이 되기 때문에 제품의 이동 거리가 짧아짐을 의미하였다.

그리고 이 새로운 제품흐름 라인 내에 단위 제품들이 거의 없었기 때문에, 조립 작업이 지연되면 더욱 쉽게 눈에 보이고 좀더 빨리 주의를 끌 수가 있었다. 이로 인해 재공품의 제작 시간이 감축되었다. 간단히 말하면, 린(Lynn) 공장에서는 고객의 주문이 지정하는 속도로 작업이 이루어지기 시작한 것이다.

이 공장이 린 생산 시스템으로 들어가게 된 마지막 열쇠는 공급업체와 고객간에 신뢰 구축과 개방적 의사소통을 이루어내기 위한 헌신적인 노력과 관계가 있다. 전자 데이터 교환(EDI) 시스템을 통해 GE는 공급업체에게 부품 보충의 신호는 물론 대금의 결제도 할 수 있었다. 가장 인상적인 것은 비용이 가장 비싼 부품을 공급하는 공급업체와 공동으로 풀(pull) 보충 시스템을 확립한 것이다.

최종 조립 라인에서 100퍼센트 적시 납품이 이루어졌고, 이 결과는 대부분 칸반 시스템을 통한 공급업체와의 밀접한 협력의 특징을 보여주는 시스템을 채택한 때문으로 실제 부품이 필요하기 2주 전에 모든 요구조건을 확정하여 동결시키는 공약이 이행되고 있기 때문이었다. GE 린 (Lynn) 공장의 가장 고질적인 결품 문제를 해결한 열쇠는 내부 및 외부 공급업체 기반을 풀로 연결한 것에 있었다.(그림 5-7 참조)

이 공장은 자재를 계층별로 나누어서 비싼 가격의 구성부품을 조립 라인으로 직접 끌어올 수 있게(pull) 만들었고, 가격이 저렴한 부품의 조달은 주문(수요) 예측 시스템을 활용하였다.

그리고 저렴한 부품들을 상시 가용할 수 있도록 특별히 만든 소형 부품 용기 공급 시스템을 시행하였는데, 이에 따라 엔진 조립작업이 지연되는 현상을 제거할 수 있었다.

이 조립공장에서 자신이 생산하는 제품의 가치흐름 전체를 효과적으로 린을 이행한 것은 매우 인상적이다.(표 5-2 참조) GE의 린(Lynn) 공장은 고가의 품목을 공급하는 공급업체와 연결된 시스템을 확립할 수 있었으며, 이것은 고객 일정에 맞추어 100퍼센트의 납품이 이루어지게 만

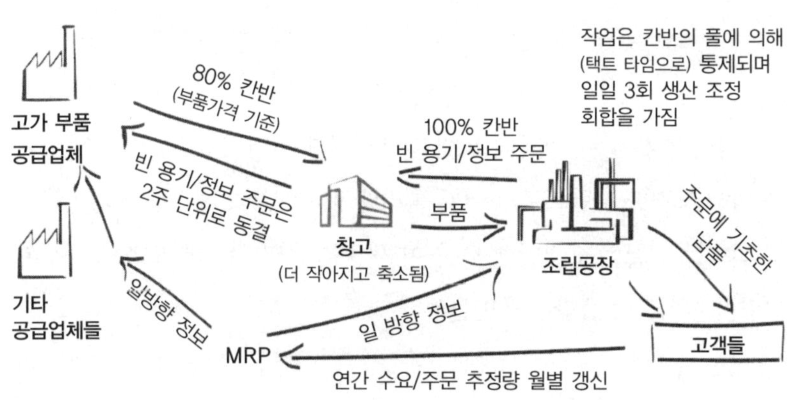

출처: LAI Report RP00-01 (August 2000).

그림 5-7 GE 린(Lynn) 공장의 공급업체 시스템

성과/성능 측정 기준	개선(실제 평균)
재고 회전율	33%
처리 시간	35%
품질(내부 – DPU's/엔진)	28%
엔진당 사람의 작업량	17%

출처: Data from LAI Plenary Workshop proceedings (October 14th-15th, 1998) and presentation by Ernie Oliveira, 'The Transition to Lean Manufacturing in Lynn Engine Assembly Operation, GE Aircraft Engines' (October 1998).

표 5-2 GE 린(Lynn) 공장의 제조 부문 개선 현황

들었다. 매 3일 간격으로 고객 조립공장의 요구조건에 맞추어 엔진이 완성되고, 테스트 되고, 고객이 보낸 트럭에 직접 적재되어 납품이 이루어졌다.

GE 린(Lynn) 공장의 이야기는 성공 사례이다. 이것은 제조 시스템의 변환, 자재관리, 요구가 있을 때에 고객에게 엔진을 납품하기 위해 공급 사슬을 통합시킨 세 가닥의 노력을 조화롭게 결합시킨 것이다. 이 변환을 위해 노력한 사람으로서 어니 올리베이라는 관리 시스템과 기반구조의 변화를 이끌었을 뿐만 아니라 이 새로운 운영 방식에 노조로 구성된 인력이 합심하여 동참하게 만들었다.

GE는 현장의 중요한 이해관계자들, 즉 리더십, 작업인력, 자재관리 및 공급업체들 모두가 여기에 참여할 수 있게 만들어냈다.

이 변환 프로세스는 2000년 이동식 조립라인이 도입될 때까지 계속되었다. 이것과 이와 비슷한 GE의 노스 캐롤라이나 주 레일리 더햄, 버

몬트 주의 루트랜드 공장에서 볼 수 있는 성공의 섬들에서 이와 같은 현장 맞춤형의 변환을 통해 무엇이 성취되었는지 잘 볼 수가 있다.

종종 변화 추진 활동에 있어서 성공의 열쇠는 GE 린(Lynn)의 사례에서 볼 수 있는 것처럼 변화에 저항하는 관료적 장애물을 타파하는 것에 있다. 다음의 통합직격탄 이야기를 보면, 특히 정부와 관련하여 이런 노력의 중요성을 더욱 뚜렷이 보여준다.

미니 엔터프라이즈의 섬: 통합직격탄

다음 장에서는 엔터프라이즈라는 용어가 가지고 있는 함축적인 의미를 온전한 린 실행의 관점에서 되돌아보게 된다. 지금은 상대적으로 좁은 의미의 엔터프라이즈에서 린 실무를 통합시켜 전체 프로그램에 중요한 혜택이 제공된 것을 살펴보기로 한다.

이 통합직격탄(Joint Direct Attack Munition; JDAM) 프로그램은 일반 폭탄에 유도 시스템을 제공하고 이들의 정밀도를 다섯 배 향상시키기 위해 만들어진 것이다.[20] 이 제품은 전투부대에 의해 수요량이 많았는데, 그 이유는 이것이 전천후 정밀 폭격의 정확성을 담보해주었기 때문이었다.

1993년에 이 JDAM 프로그램의 관리자였던 테리 리틀은 프로그램에 관해 논의하기 위해 미 공군 참모총장인 메릴 맥픽 장군을 만났다. 이 당시에 JDAM 한 세트에 4만 달러의 가격이 책정되어 있었지만, 비용 추정치는 이것을 상회하여 6만 8천 달러에 이르고 있었다.

테리는 장군이 보였던 반응을 기억하고 있다. 그는 주먹으로 책상을 내려치면서 다음과 같은 말을 하였다, "신에게 맹세하건대, 단돈 1센트라도 가격이 더 올라간다면 나는 그것을 원치 않을 것입니다."[21]

테리는 이 프로그램을 전통적인 방식으로는 해낼 수 없음을 깨닫게 되었다. 그리고 국방부의 국방 획득 파일럿 프로그램이 만들어진 덕분에 그는 바라는 것을 얻을 수 있었다. 1994년 JDAM이 이 프로그램의 여섯 가지의 시범사업 중 하나로서 시작했을 때 테리는 상용 실무, 규정/법정 구제금 및 그가 맡았던 프로그램을 합리화하기 위한 평범한 상식을 되찾을 수 있었다.

그러나 파일럿 프로그램이 된 것이 가져온 가장 큰 혜택은 우리로 하여금 새로운 일의 시도를 허용하는 관리진의 자발적인 의지였다.[22] 그리고 그는 이것이 이곳에서 처음부터 린 실행을 도입할 수 있었던 프로그램이었기 때문에 새로운 일을 시도하였다.

프로그램의 시작 단계에 경쟁 조달 프로세스를 통해 두 곳의 계약자가 만들어졌다. 각 계약자는 다기능 팀을 구성하였으며, 테리와 그의 나머지 프로그램은 팀에 의해 새로운 길로 들어서게 되었는데, 그는 정부의 대표자를 각 팀은 물론 계약자의 현장에도 심어 놓았고, 그들로 하여금 경쟁이 이루어질 동안 그들이 속한 팀의 옹호자 역할을 하는 임무를 맡겼다.

이 노력에 의해 의사소통과 신뢰 관계가 형성되었으며, 여섯 개의 '죽기 아니면 살기' 식의 기준에 대한 요구조건의 감축과 간단한 비용 측정 방법이 한데 결합하여 각 팀으로 하여금 완전히 서로 다른 방법으로 자신들의 제품의 설계 접근이 이루어지게 만들었다.

비용이 설계의 일차적인 동인이 되었고, 각 팀은 특정 구성 부품을 납품할 수 있는 공급업체를 찾기보다 비용을 줄이기 위해 설계를 통합하는 방안을 추구하였다. 이것은 주계약자와 그 공급업체 사이의 관계 변화를 가져오는 원인이 되었다. 상용 실무를 사용하여 국방부와 정규 관계를 맺지 않았던 일부 공급업체를 참여시키기 위해 끌어 들였다.

비즈니스 관계에서 지적 재산권을 보호하면서 공급업체들과 주계약자 간에 일을 분담하고 수익도 마찬가지로 분배하는 더 중요한 일의 조정이 이루어져야 했다. 이 일은 공급업체들을 설계팀에 참여하도록 하여 그들로 하여금 제품에 대한 최소 비용구조를 정의하는 절충 프로세스의 한 부분이 되게 하여 달성되었다. 비용도 보증기간을 5년에서 20년으로 연장하는 대신 계약자 팀에 대해서 제품 구성에 대한 관리를 하도록 절충하여 더 절감시켰다.

이렇게 혁신적인 접근 방법으로 기대 이상의 결과가 얻어졌다. 보잉사의 팀에서 하향 선택이 이루어졌을 때 단위당 제시 가격은 1만 5천 달러로 삭감되었다.

이것은 맥픽 장군에게 보고되었던 단위 비용을 무려 75퍼센트 이상 절감한 것이었다. 아직까지 반대론자들은 원래 비용의 추정치 미만으로는 이루어질 수 없다는 입장을 유지하고 있었다.

2년 후에 단위당 비용에 대한 정부의 추정치는 아직도 24,400.23달러에 불과하였고, 이것은 원래 68,000달러의 추정치보다 한참 낮은 수치였다. 사실 5년 동안의 생산이 이루어진 후에도 주계약자는 원래 그 당시 달러 가격으로 15,000 달러의 단위당 비용 공약을 유지하였다.

그림 5-8을 보면 지난 몇 년 동안에 JDAM에서 또 다른 개선이 이루어졌음을 볼 수 있다. 역시 중요한 것은 설계 프로세스에서 나토의 코소보 작전수행 중 요구되었던 군사 전략가와 비행 승무원의 급박한 전천후 목표 니즈를 충족시키기 위해 급속한 린 생산 조건이 창조되었다는 것이다.

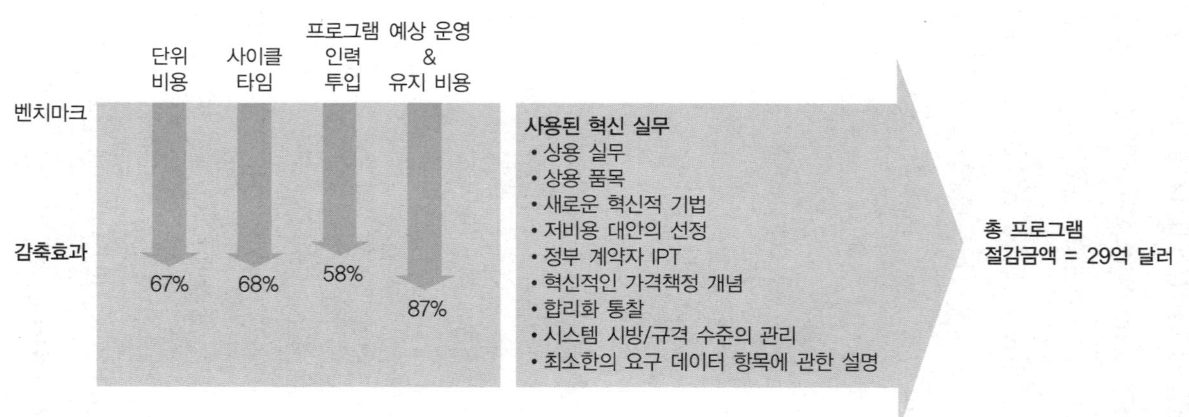

출처: 파일럿 프로그램 컨설팅 그룹, 'Compendium of Defense Reform Performance - Affordable Defense for the 21st Century' (April 1999), 획득업무, 기술 및 병참업무 관련 국방차관실 제출용으로 작성.

그림 5-8 통합직격탄 프로그램의 개선 현황

JDAM은 린 프로그램 엔터프라이즈이다. 이것은 전체 제품의 가치흐름에서 연간 17회의 재고 회전을 가져다주었다. 일부 공급업체의 경우 이 수치의 배 이상을 달성하기도 하였다. 이것은 미 공군으로부터 가장 하층의 공급업체에 이르는 모든 이해관계자들을 참여시켰다. 이것은 설계, 제조 및 제품의 라이프사이클 지원까지 한데 통합시켰다.

사실 이 제품은 상대적으로 단순하였으며, 온전한 항공기나 우주 시스템에 비해 JDAM에 관련된 이해관계자들의 수효는 거의 무시할 수 있을 정도로 적었다. 아직까지 이것은 그 스스로 성취한 것의 가치가 손상되지는 않았다. 그러나 만일 JDAM이 린 엔터프라이즈라면, 이것 역시 성공의 섬으로 특징지을 수 있는 것 아니겠는가?

그 자체의 광범위한 맥락에서 바라보면, JDAM은 국방부가 관리하고 있는 많은 프로그램 가운데 하나인 섬이다. 6장에서 설명하겠지만, 이것은 멀티프로그램 엔터프라이즈 내에 있는 하나의 프로그램 엔터프라이즈를 구성한다.

비록 테리 리틀이 JDAM에서 얻은 교훈을 그가 관리했던 다음 프로그램이었던 록히드 마틴의 공대지 정밀유도 미사일(JASSM) 프로그램에서도 구체화시켜 사용하였지만, 대부분의 국방부 프로그램은 규칙, 규정 및 시기마다 다른 문화적 조류를 따라 진행된다.

이런 제도 및 문화적 잔재물들은 JDAM에서 학습한 교훈을 보다 일반적으로 적용하는데 방해가 되고 있다. 그렇지만 이 접근 방법과 결과는 이것으로 하여금 정부와 산업계의 벤치마크 사례로 만들어 주었으며, 이것은 3부에서 살펴보게 될 것이다.

요약하기

이 책을 통해 우리는 다음과 같은 논점을 계속 만들어왔고, 이제 그것을 다시 반복하는 것도 가치 있는 일인데, 즉 항공우주산업 부문은 복잡한 환경 속에서 어려운 난제에 직면하고 있다는 것이다. 우리가 살펴본 성공의 섬들을 보면, 그래도 이 변환 프로세스가 아무 것도 없는 상태에서 시작된 것은 분명히 아니라는 것이다.

지난 10년간 성격이 다른 회사 조직에서 비용과 사이클 타임의 감축을 위한 다양한 추진 활동들이 이루어졌고 성공 사례를 만들어내었다. 공통적으로 볼 수 있었던 단점은 이런 성공 사례를 전체 가치흐름의 활동으로 전환시키거나 혹은 엔터프라이즈 내 다른 기능적 역할을 수행하고 있는 부문이나 활동을 한데 참여시키는 역량이 부족하였다는 것이다.

각각의 경우, 성공 사례는 추가적인 린 활동 가능성을 지적하고 있고, 어떤 경우 린 활동이 지속적으로 확산됨을 볼 수도 있었다. 아직까지는 진보를 이루어내는 것이 고통스럽고 쉽게 왜곡되거나 그 길에 복병이 도사리고 있는 형편이다.

우리가 기술한 이 성공의 섬들은 엔터프라이즈 전체적으로 린이 이루어져야 할 필요가 있음을 잘 설명해주고 있다. 살펴본 각 사례들을 보면, 예들 들어 공장이 전체 엔터프라이즈 생산 시설의 한 부분이고, 설계 그룹이 개발 프로젝트의 일원인 것처럼 일단의 활동들이 보다 포괄적인 실체 속의 한 부분임을 나타내고 있으며, 이런 활동 결과가 엔터프라이즈의 최종 수익에 반영되기는 하지만 활동을 관리하는 사람들이 이 활동을 이런 협소한 시각으로만 인식하고 있다.

예를 들어, CEO가 세전 이익에 기여할 수 있는 모든 방안을 강구하고 있다면 프로그램 관리자는 거의 대부분 오로지 프로그램의 성공적인 완수를 위해 매진할 것이다. 모든 사람들이 각 조직이 전체 엔터프라이즈의 한 부분이라는 것을 보기 전까지, 그리고 성공적인 린 활동의 섬들이 이 엔터프라이즈 내에서 서로 연결되기 전까지 진정한 린 활동 노력의 성공은 이루기 어려운 실체로 남아있을 것이다.

이 장에서 다룬 사례를 보면 더욱 더 진보적으로 가치흐름을 포함시키고 엔터프라이즈의 측면으로 폭을 넓혀갔지만, 우리는 중요한 역할자가 실제 최종 수익개선을 가져오는 선도적 활동의 경계를 넓혀가야 할 필요성을 비로소 어떻게 온전히 인식하게 되는지 보여주려 노력하였다. 이것이 미 항공우주산업계 엔터프라이즈의 활성화를 위한 길을 헤쳐나가는데 결정적으로 중요한 것이다.

항공우주산업은 그 자체가 매우 복잡한 속성을 가지고 있고, 생산성이나 어느 한 부문에 관련된 변화가 다른 부문의 활동과 고립될 수 없다. 이것을 이해하고 응용하는 것이 항공우주산업 이 외의 부문에서도 물론 중요한 것으로, 6장에서 다루게 될 것이다.

6 장

린 엔터프라이즈

총체적 엔터프라이즈에서는 '린 운영(*Lean operation*)' 체계를 가지는데, 이것의 특징은 자원이 효율적으로 사용되며, 재고 회전율도 높고, 탁월한 공급업체 관리, 짧은 사이클 타임, 높은 품질과 낮은 거래비용 등이 있다

이 문장은 세계에서 가장 큰 항공우주산업 회사인 보잉사가 2001년에 '비전 2016'으로 선언한 회사 미래 비전의 세 가지 핵심역량 중 한 가지를 기술한 것이다.(그림 6-1) 항공우주산업의 역사를 투영하는 '린 엔터프라이즈'의 개념이 회사 경영전략에 등장하였는데, 이것은 이 산업의 전반적인 미래 방향을 말하고 있다.

'린 운영'을 한다는 것은 어떤 의미인가? 린 엔터프라이즈는 무엇일까?

이것은 4장에서 논의했던 린 원칙과 실행 그리고 5장에서 보았던 적용 사례와 어떤 관계가 있는가? 린 엔터프라이즈로 되기 위한 여정에는 무슨 일들이 관련되어 있는가? 항공우주 부문의 린 엔터프라이즈의 사례는 있는가? 이런 질문은 1990년대 중반부터 줄곧 이 문제에 관해 함께 일하고 있는 수백 명의 학자, 학생 그리고 실무자들과 함께 항공우주 린 추진팀(LAI)의 주된 의제가 되어왔다.

이 장에서는 우리의 연구로 얻은 것과 향후 예상에 관해 이야기할 것인데, 우리가 1장의 린 엔터프라이즈 가치의 원칙 3에서 엔터프라이즈의 시각에서 이것을 받아들여야 한다고 처음부터 주장한 내용이다.

우리가 한 가지 배운 것은 이해관계자를 위한 가치를 이해하고 창조하는 것이 린 엔터프라이즈가 되는데 있어서 결정적으로 중요하다는 것인데, 사실 이 문제는 그 내용이 워낙 풍부하기 때문에 3부에서 가장 우선적인 초점을 두고 다루게 될 것이다.

그러나 이해관계자를 위한 가치를 탐색하기 전에 린 엔터프라이즈의 개념에 대해 좀 더 깊이 알아볼 필요가 있다. 이것은 새로운 개념이 아니다. 출간된 많은 문헌에서 린 엔터프라이즈라는 말을 언급하였으며,[1] 이 말이 점점 더 많이 나타나고 있다.

린 용어를 소개했던 〈세상을 바꾼 기계〉를 보면 '린 엔터프라이즈 경영하기' 라는 장이 있다.[2] 이 책의 저자 중 한 사람인 제임스 워맥은 린 엔터프라이즈 연구소(Lean Enterprise Institute)를 설립하였으며,[3] 린 활동을 도입하려는 회사를 대상으로 출판물과 서비스를 제공하고 있다. '린 엔터프라이즈(lean enterprise)' 라는 단어를 치고 웹 검색을 해보면 수백 가지 검색 결과가 떠오를 것이다.

그러나 린 엔터프라이즈에 관한 수많은 정보들이 있음에도 불구하고,

비전 2016

"항공우주산업의 선도적인
글로벌 엔터프라이즈를 위해
*함께 일하는 사람들"**

보잉 – 새로운 곳을 찾는 영원한 개척자*

핵심 역량

고객에 대한 상세한 지식과 관점
우리는 고객의 니즈를 이해하고, 예측하고,
즉시 대응하는 방안을 추구한다.

대규모 시스템 통합
우리는 설계하고 생산하는 시스템의 효과적인
통합을 가능하게 하는 기술적 우수성을
지속적으로 개발하고, 발전시키고, 유지한다.

린 엔터프라이즈*
우리의 총체적 엔터프라이즈는 자원의 효율적
사용, 높은 재고 회전율, 탁월한 부품업체
관리, 짧은 사이클 타임, 높은 품질과 낮은
관리비용으로 특징짓는 '린' 운영을 이루어야
한다.

가치

리더십

성실

품질

고객만족

공동체 의식

개성과 열의

훌륭한 주인의식

주주 가치 향상

*2001년 1월 업데이트

출처: The Boeing Company

그림 6-1 보잉사의 비전 2016

대부분의 린 추진이 엔터프라이즈 수준에 초점을 맞추지 않고 있다. 5장에 자세히 나온 것처럼 항공우주산업에서 이루어진 대부분의 린 변환은 '따기 쉬운 열매' 혹은 '공장 현장'의 시각에 초점을 두고 카이젠, 포카 요케(실수방지 기법) 및 칸반 등과 같은 기법들이 실행되었다.

이 초점은 전체 엔터프라이즈의 최적화를 추구하기 보다는 비용 삭감이나 리스크 감소를 위한 부분 최적화에 그친다. 이와 대조적으로 우리가 이야기 하는 것은 엔터프라이즈 전반의 가치를 창조하는 총체적인 비전이다.

이 엔터프라이즈 수준의 관점으로 이동하기 위해서는 많은 논의와 실행이 필요하며 이는 많은 것을 의미한다. F-22 프로젝트와 같은 개별 프로그램은 이 하나가 전체적인 엔터프라이즈로 생각할 수 있다. 회사나 정부기관은 하나의 엔터프라이즈로서 생각할 수 있고, 미국의 전체 항공우주산업계조차도 엔터프라이즈의 특성을 가진 통합된 활동으로 이해될 수가 있다.

그러나 우리가 '린 엔터프라이즈' 로의 전환에 대해 상세하기 설명하기 전에, 이 용어에 대한 정의가 필요하다. 먼저 '엔터프라이즈' 라는 말을 명확하게 해야 '린 엔터프라이즈' 라는 용어도 정의할 수 있을 것이다. '엔터프라이즈' 개념을 본질적인 맥락에서 보았을 때 '시스템' 의 개념과 유사한 것을 유념해야 한다.

예를 들어 항공전자 시스템은 그 자체가 하나의 주 시스템으로 간주될 수 있고, 또한 전체 항공우주 시스템의 하위 시스템 혹은 작은 하위 시스템들의 세부 시스템으로서 간주될 수 있다. 이런 개념 차이는 많은 실질적인 시사점을 가진다.

어느 특정 시스템과 그것에 관련된 인터페이스와 각 속성들은 시스템 엔지니어링 혹은 시스템 분석의 기법이나 도구를 적용하기 전에 반드시 신중하게 정의되어야 하며, 엔터프라이즈의 본질에 관해서도 명확히 정의해야 한다. 보다 더 큰 엔터프라이즈 내에 포함된 각각 운영 수준이 다른 엔터프라이즈가 있을 수 있다.

우리는 '린 엔터프라이즈' 를 일반적인 개념으로 다음과 같이 정의한다.

린 엔터프라이즈란 린 원칙과 실행을 활용하여 많은 이해관계자
를 위한 가치를 효율적으로 창조하는 통합된 실체이다.

린 엔터프라이즈는 린 사고를 체계적으로 사용한다. 이것들은 역동적
이고, 지식 중심이며, 고객에 초점을 맞추고 있고, 이것은 4장에 있는 린
사고의 정의와 일치한다. 결과적으로 이들은 변화에 즉시 대응한다. 린
엔터프라이즈는 주변 환경과 함께 지속적으로 진화하며 개선과 완벽성
을 추구한다.

회사, 사업단위 혹은 정부기관에서 린 엔터프라이즈가 되기 위해 전
환되어야할 엔터프라이즈 프로세스는 무엇들이 있는가? 그림 6-2는
LAI 컨소시엄 구성원으로 이루어진 팀에서 공통적인 언어를 제공하고
엔터프라이즈 수준의 구조적 프레임워크를 논의하기 위해 개발한 엔터
프라이즈의 일반적 프로세스 구조를 보여준다.

여기에 있는 프로세스의 많은 부분은 전통적인 대량생산 형태를 가
진 조직에서도 볼 수 있으나 '공급사슬관리(supply chain management;
SCM)'과 같은 것은 전통적인 '구매' 기능을 훨씬 초월하는 함축된 의미
를 가진다. 린 엔터프라이즈 내에서 이들은 모두 서로 다른 역할을 가
진다.

우리의 일반적인 엔터프라이즈 구조 내에서 제품 생산이나 프로그램
의 실행과 관련된 전통적인 기능적 업무의 측면은 '라이프사이클 프로
세스'라는 명칭 아래 그룹으로 묶여져 있다. 이것들은 엔터프라이즈의
고객에게 가져다 준 제품, 시스템 혹은 서비스의 창조를 통해 엔터프라
이즈의 수익 생성에 직접적으로 기여하는 가치흐름 활동이다.

우리의 용어는 각 기능이 그 자체만의 작동을 위해 부분 최적화를 가

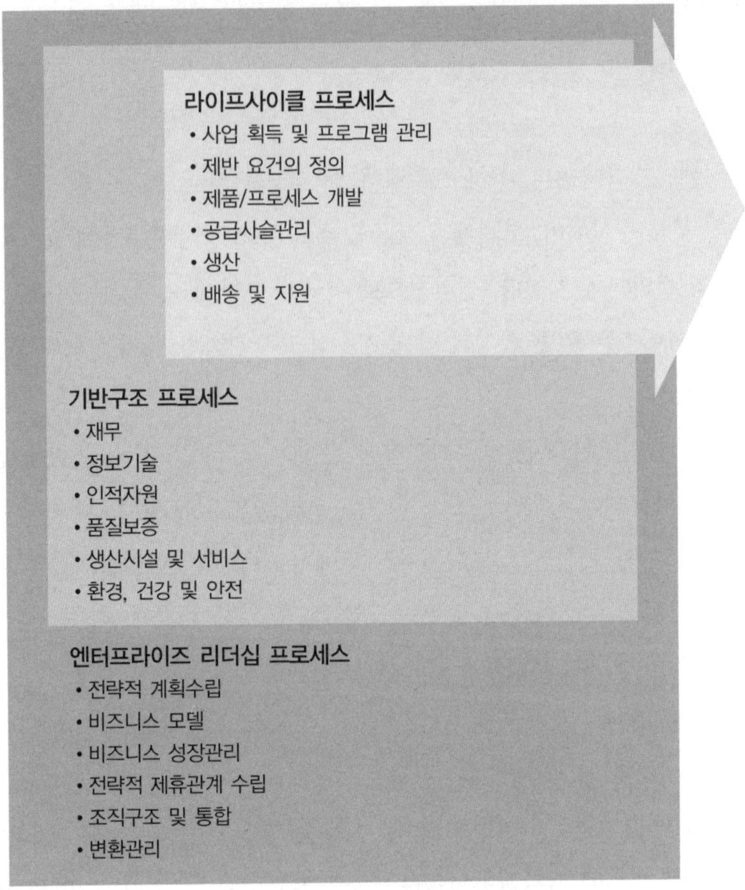

라이프사이클 프로세스
• 사업 획득 및 프로그램 관리
• 제반 요건의 정의
• 제품/프로세스 개발
• 공급사슬관리
• 생산
• 배송 및 지원

기반구조 프로세스
• 재무
• 정보기술
• 인적자원
• 품질보증
• 생산시설 및 서비스
• 환경, 건강 및 안전

엔터프라이즈 리더십 프로세스
• 전략적 계획수립
• 비즈니스 모델
• 비즈니스 성장관리
• 전략적 제휴관계 수립
• 조직구조 및 통합
• 변환관리

그림 6-2 일반 멀티프로그램 엔터프라이즈 프로세스 구조

능하게 하는 보다 전통적인 패러다임과는 반대로 그 기능이 제 역할을 수행하는 전체적인 제품의 라이프사이클에 대한 린 시각을 반영한다.

그 다음 활동인 '기반구조 프로세스'는 많은 전통적인 회사 지원 기능들을 포함한다. 그러나 린 엔터프라이즈 내에서는 이 활동들이 '라이프사이클 프로세스'를 지원하기 위한 방향으로 재정립된다. 여기에는 대부분의 지원 기능이 중요한 변환에 연계될 수 있다.

마지막으로 '엔터프라이즈 리더십 프로세스'는 전통적인 조직도에는 나오지 않지만, 이 프로세스들은 엔터프라이즈로 하여금 '린 변환' 방향 설정에 결정적으로 중요한 역할을 한다.

린으로의 전환은 그렇게 많은 엔터프라이즈 리더들이 놀라고 있는 것처럼 빨리 이루어지는 프로세스가 아니다. 너무나 많은 리더들이 궁극적인 수익 개선에 필요한 지속적인 헌신을 해야 한다는 것을 조기에 파악하는데 실패하고 있다. 특히 이들은 항상 린 원칙과 관련된 인간 지향적 실행을 빠뜨리고 있다.

결과적으로 전체 엔터프라이즈의 잠재력을 끄집어내기 위한 진정한 린 변환의 에너지를 잃어버리고, 조직은 겨우 단편적인 혜택만을 건지게 된다. 따라서 5장에서 보았던 성공의 섬들만을 우리가 보게 되는 것이다.

우리는 아직도 항공우주 산업에서 궁극적으로 린 엔터프라이즈로 변환에 성공한 엔터프라이즈를 보지 못했다. 그러나 지난 2년 동안에 우리는 린 이행에 있어서 엔터프라이즈의 접근방법을 취한 여러 조직을 보기 시작하였고, 그들은 개선된 성과를 보여주고 있다. 우리는 4장에서 GE과 레이시온에서 식스시그마 이행에 엔터프라이즈 접근방법을 사용하여 현저한 발전이 이루어진 것을 살펴보았다.

우리가 관찰한 것은 엔터프라이즈가 린 엔터프라이즈로 변환하기 위해 반드시 스스로를 재정의해야만 한다. 이렇게 되면 모든 업무 프로세스와 실행이 필수적으로 영향을 받게 되므로 자체 조직 구조에도 영향이 미칠 것이다. 가장 중요한 것은 조직의 전 계층에서 개인행동에 극적인 영향력이 미치게 된다는 점이다.

항공우주산업 엔터프라이즈는 1990년대에 린을 향한 여정을 시작하면서 어려운 문제에 직면했다. 항공우주산업 내에는 린 원칙과 실행의 본보기가 될 만한 '도요타'와 같은 기업도 없었고, 항공우주 부문 스스로 산업 특성에 맞는 린 원칙과 실행을 경험하고, 관찰하고, 체계적으로 정리하기 위해 10년 혹은 그 이상의 시간을 사용할 여유도 갖지 못했다.

단 하나 타당한 접근 방법은 모든 것을 아우를 수 있는 린 원칙과 실행을 취하는 것으로서, 자동차와 전자산업계의 지식과 학계와 실무자의 집합적인 지혜를 가져다가 린 변환을 위한 프레임워크의 가설을 세우고 몸소 부딪히는 것이었다. 일부 회사들은 이 일을 스스로 하기도 하였고, 항공우주 린 추진팀은 많은 항공우주산업 부문의 이해관계자들이 함께 모여 일할 수 있는 기회를 만들어 제공하였다.

이 장의 각 부분에는 린 엔터프라이즈에 관한 정의의 여러 가지 모습이 들어가 있다. 먼저 우리는 엔터프라이즈 수준에서의 '린 원칙과 실행'에 대해 상세하게 알아볼 것이다. 그리고 이것들의 이행과 진보에 관한 질문을 다루게 될 것이다. 이 장의 뒷부분에서 우리는 '통합된 실체'와 '많은 이해관계자들'에 대해 또한 자세히 다룰 것이다. 이 모든 것은 3부 '가치창조하기'의 관점을 이해하는 기반이 될 것이다.

린 엔터프라이즈란 무엇인가?: 린 원칙과 실행

특히 이렇게 복잡한 항공우주산업에서 린 엔터프라이즈의 특징을 이루는 원칙과 실행은 무엇일까? 대부분의 린에 관한 학문적 노력이 그랬던 것처럼 도요타에서 행해진 변환 노력은 제조와 공급사슬의 운영에 초점이 맞추어졌다. 그러나 자동차 산업이나 다른 여타 산업에 비해 항공우주산업계의 제조 부문은 제품 가치의 극히 작은 부분에 불과하다. 그러면 자동차 산업계에서 얻은 교훈을 제품의 복잡도도 더욱 더 크고, 수량도 훨씬 작고, 아주 다른 고객 기반을 가진, 때에 따라서 지속적 개선의 개념에 반하는 자극을 받기도 하는 항공우주산업에도 적용할 수 있는 것일까?

이에 대한 답을 얻으려면 그림 6-2에서 볼 수 있는 엔터프라이즈의 모든 기능에 대한 린 원칙과 실행을 만들어내는 것이 필요한데, 이는 린에 대한 광범위한 엔터프라이즈 관점을 만들어내야 한다는 것이다.

그림 6-3에 린 원칙과 실행의 수준 별 주어진 린 엔터프라이즈 모델 구조가 나와 있고, 그림 6-4에 린 실행을 통해 상위 엔터프라이즈 목표를 달성하는 모델의 원칙에 대해 설명하고 있다. 우리 관점에서 이것이 린 엔터프라이즈의 핵심적인 원칙들이며, 두 개의 원칙이 4장에서 소개되었던 린의 근원들과 연계되어 있다.

낭비 최소화라는 개념은 비부가가치 활동을 제거하기 위한, 이에 따

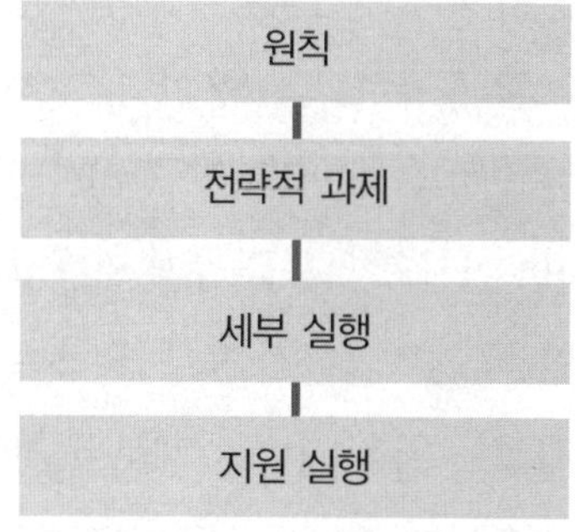

그림 6-3 린 엔터프라이즈 모델 구조

- 낭비 최소화
- 변화에 대한 반응성
- 정품, 정위치, 정시 및 정량
- 가치흐름 내에서의 효과적인 관계
- 지속적 개선
- 시작부터 품질 확보

그림 6-4 린 엔터프라이즈 원칙들

라 고객에게 가치를 가져다주는 제품과 서비스를 생산하기 위해 요구되는 시간과 자원을 줄이는 린 조직의 궁극적인 목표를 상징하고 있다. 변화에 대한 반응성은 요구가 있을 때, 혹은 국방의 경우 국가적인 대내외 위협의 양상이 변할 경우의 시장 기회에 대응하여 제품과 서비스를 생산하는 대응성을 나타내고 있다.

네 가지의 추가적인 린 원칙들이 린 엔터프라이즈 모델을 갖추게 만든다. 정품을 정위치에, 정시에 그리고 정량을 맞추는 것은 고객의 요구를 충족시키는 모든 엔터프라이즈 기능 수행의 목표를 나타낸다.[4] 가치흐름 내에서 효과적인 관계가 수립되어 있으면 사람과 조직이 상호 신뢰하고 존경하며, 정보를 공유하고, 고용인력, 고객, 공급업체 및 파트너 간에 전체 가치사슬을 통해 개방적이고 정직한 의사소통이 이루어질 때 효율적인 기능이 이루어지고 있음을 알게 된다.

지속적인 개선은 린 사고의 근본적 토대를 이루는 완벽성의 추구를 구체화시킨다. 품질 확보는 처음 착수할 때부터 지속적 개선의 기대를 가지고 일정 계획을 맞추어야 할 필요성과 균형을 이루면서 품질을 만들어가는 결정적으로 중요한 근본적 역할을 인식하는 것이다.

LAI의 린 엔터프라이즈 모델

1995년에 MIT 연구원, 산업계 실무자 그리고 정부 관료로 이루어진 팀이 항공우주산업계 여러 부문에 적용할 수 있는 엔터프라이즈 수준의 린 프레임워크를 만들기로 하였다.

이 팀은 자동차 및 전자산업계에서 얻은 교훈, 오랜 기간에 걸친 광범위한 개선 추진 활동으로부터 가지게 된 경험 그리고 LAI에서 쌓이고 있던 항공우주산업계에 집중된 연구결과를 결합해서 린 엔터프라이즈 모델을 만들었다.[5] 이 린 엔터프라이즈 모델(Lean Enterprise Model; LEM)은 원칙과 실행이 모두 결합된 것으로 일반적인 린 엔터프라이즈의 가설적 모델이다.

이 장에서 이야기하고 있는 LEM 프레임워크는 그 당시 모델보다 더욱 상세하게 개정된 것이지만, LAI 컨소시엄 구성원들에 의해 빠르게 수용되었고, 보다 보기 쉬운 차트 형태로 만들어져서 각 사무실의 벽에 걸리고 곳곳에서 열린 프리젠테이션을 통해 퍼져 나갔다. 이 LEM은 그 이후로 컨소시엄 구성원들에게 린 엔터프라이즈 전략을 만들어내는 일에 표준화된 참조문헌으로 사용되고 있다.

어느 회사는 이 LEM 프레임워크를 인수 합병을 한 후에 여러 사업 부문의 린 이행 상태를 평가하기 위해 사용하기도 하고, 정부의 획득 업무 조직과 주요 계약자들이 포함된 대규모 군 프로그램 엔터프라이즈에서 여러 조직 간에 린 실행과 용어를 통일적으로 참조하기 위해 LEM을 사용하였다.

아직까지도 경우에 따라, 이 LEM의 주요 실행원칙은 장기적인 공급 계약을 맺기 위해 공급업체의 후보자들을 식별하는 기준으로도 사용되었다.

그리고 LAI 밖에서 LEM 원칙과 보편적 최우선 실행에 관해 출간된 최근의 책에는 일반적인 제조회사를 린 엔터프라이즈로 변환시키기 위한 전략과 도구도 추가되었다.[6]

여기서 린은 개별적인 원칙이나 실행에 관한 것은 아니라 내부와 외부 고객 요구사항들을 만족시키기 위한 효과적인 통합과 적용에 관한 사항을 논의하는 것이 중요하다. 이런 원칙들 그 자체가 아주 기초적인 것으로 들리지만, 전체 엔터프라이즈를 통해 이것을 구체화하고 활용하는 것은 간단한 문제가 아니며, 이 이유로 해서 성공적인 이행을 위해 무엇이 필요할지 판단하는 실행이 나오는 것이다.

표 6-1에 우리가 논의한 것들을 지탱해주는 12개의 주요 실행원칙이 나열되어 있다. 이것들은 상호의존적이고, 각각 정도에 맞추어 채택되어야 한다. 예를 들어, 흐름은 안정성이 유지되지 않고서는 최적화시킬 수 없다. 마찬가지로 통합적인 제품과 프로세스 개발을 이행하려면 정보의 흐름도 막힘이 없어야 한다.

이 주요 실행원칙들은 높은 수준에 위치하며, 엔터프라이즈는 다양한 엔터프라이즈의 영역에서 이행을 위한 접근 방법이 구체화된 보다 상세한 기회부여와 지원을 필요로 한다.

표 6-1의 주요 실행원칙의 절반은 인간 지향적 실행을 나타낸다. 다른 어떤 것보다도, 원래 도요타 생산 시스템은 직원들의 핵심적인 역할에 대해 제대로 인식하고 있었다.

> 이 '도요타 생산과 칸반' 시스템에는 두 가지의 두드러진 특징이 있다. 그 중 하나가 '저스트 인 타임' 생산인데, 이것은 자동차 제조와 같은 조립 산업에서 특히 중요한 요소이며, 두 번째는 '인간에 대한 존중' 시스템으로서 작업자로 하여금 자신이 일하고 있는 작업장을 운영하고 개선하는데 있어서 자발적인 참여를 통해 그들이 가진 역량을 최대한 발휘하도록 하는 것이다.[7]

인간 지향적 실행원칙

- **조직의 모든 계층에서 린 리더십을 조성하고 촉진시키기**
  엔터프라이즈의 린 비전을 달성하기 위한 모든 이해관계자의 참여와 역할 정립.
- **상호 신뢰와 헌신에 기반을 둔 관계 정립**
  고객과 공급업체까지 포함하는 확장 엔터프라이즈 내에서 안정적이고 상시 개선 활동
  이 유지되는 관계 수립.
- **가능한 한 가장 낮은 단계에서의 의사결정 실현**
  지식, 응용 및 니즈가 있는 시점에서 의사결정이 촉진되고 강화될 수 있는 조직 구조
  와 관리 시스템 설계.
- **사람의 역량과 활용성의 최적화**
  필요시 항상 적절한 교육훈련을 받은 직원이 업무를 담당할 수 있게 함.
- **지속적으로 고객에게 초점을 집중**
  내부 및 외부 고객의 니즈를 선행적으로 이행하고 대응함.
- **린 환경을 조성하고 육성시킴**
  린 엔터프라이즈 목표 달성을 위해 조직과 개인의 발전과 성장을 위한 환경을 제
  공함.

프로세스 지향적 실행원칙

- **막힘없는 정보흐름을 구현**
  관련된 정보가 막힘없이 정시에 전달되고, 쉽게 접근할 수 있는 프로세스를 제공.
- **통합된 제품과 프로세스 개발의 이행(IPPD)**
  해당 사안에 관해 잘 알고 제품 라이프사이클 내 모든 단계에서 책임을 지고 개념의
  정의로부터 시작해서 개발과정을 통해 생산의 전개, 운영 및 지원 그리고 최종 정리
  에 이르기까지 전 과정에서 통합팀의 사람과 조직에 의해 제품을 창조함.
- **프로세스의 역량과 완성의 보장**
  제품 혹은 서비스의 핵심적 특성을 일관성 있게 설계하고 생산하는 능력 있는 프로세
  스를 확립하고 유지함.
- **기존 프로세스에 과제를 계속 부여하고 유지시킴**
  프로세스의 지속적인 개선을 위해 계량적 측정과 분석을 활용하여 시스템과 문화를
  조성하고 유지함.
- **엔터프라이즈의 흐름의 식별화 및 최적화**
  개념 설계부터 유저 사용 시점까지 프로세스에 영향을 미치는 혹은 프로세스 내에 있
  는 제품과 서비스의 흐름을 최적화.
- **주변 환경 변화에 흔들림 없는 안정성 유지**
  변화무쌍한, 고객주도 환경 속에서 프로그램 안정성을 유지시킬 수 있는 전략을 수립.

표 6-1 린 엔터프라이즈의 주요 실행원칙

F/A-18E/F 수퍼 호넷: 진화하는 린 엔터프라이즈

미 해군의 최신예 항공기 생산 프로그램 중 하나인 F/A-18E/F 수퍼 호넷은 우리의 린 엔터프라이즈 모델이 미 항공우주산업계 내 어느 린 엔터프라이즈와 일치하는지 시험해 볼 수 있다. 수퍼 호넷 엔터프라이즈에 관한 LAI의 사례 연구를 통해 우리 모델에 있는 원칙들이 확실하게 정립되어 있음을 드러났고 이에 따라 F/A-18E/F 수퍼 호넷을 '진화하는 린 엔터프라이즈'로 결론지었다.[8]

오늘날 이 수퍼 호넷 엔터프라이즈의 핵심은 다섯 개의 조직으로 구성되어 있으며, 이들은 해군 항공시스템사령부(고객), 보잉사 군용기 및 미사일시스템 그룹(주계약자), 노드롭 그루먼의 통합시스템 부문(제1하청계약자), GE 항공기 엔진 부문(엔진 공급업체) 그리고 레이시온 시스템즈(레이더 공급업체)이다.

이 확장된 엔터프라이즈는 2천5백 개 이상의 공급업체와 최종 사용자인 해군의 전투기 부대 및 해군과 공급업체 유지관리 및 지원 요원으로 구성되어 있다.

수퍼 호넷이 개발되는 환경은 매우 긴장되어 있었다. 미 해군은 선진 기술 A-12 항공기 프로그램을 국방장관의 취소로 상실하게 되었다. 많은 사람들이 해군 항공시스템사령부(NAVAIR)의 신용을 믿었고 맥도넬 더글라스는 기로에 처한 형편이 되었다.

해군의 프로그램 집행 담당 장교였던 존 로카드 소장과 파트너였던 맥도넬 더글라스의 부사장 마이클 시어스는 수퍼 호넷 프로그램을 고객 만족도, 프로그램 효율 및 고용인력의 사기를 향상시키는 방향으로 새로운 급진적인 방법을 사용하여 계속 할 것을 결정하였다.

그들이 제정하고 추진하였던 많은 실행들이 표 6-1 '주요 실행원칙'에 제시되어 있다. 예를 들어 그들은 다섯 개의 관리 계층을 통해 통합제품팀(IPTs)에게 책임과 권한을 위임하여 모든 계층에 린 리더십을 촉진시켰다. 이와 동시에 이 권한위임은 조직의 가장 하위 계층에서 의사결정이 이루어지는 것을 촉진시켰다.

단일 정보관리 시스템을 새로 만들고 핵심 엔터프라이즈 구성원들이 동시에 동등한 자격으로 비용과 일정계획 데이터에 접근할 수 있도록 하여 원활한 정보흐름을 만드는데 도움을 주었다. 이렇게 막힘없는 정보흐름은 비용과 일정계획 성과에 관한 주간 수익가치 측정지표의 사용에 의해, 의사소통과 신뢰 형성을 위한 고객과 주계약자 업무 담당자와 일일 접촉 및 팀 구성원 간에 필요한 때에 도움을 요청할 수 있도록 개방적이고 공정한 의사소통을 규정한 방침에 의해 더욱 도움을 받았다. 후자의 두 가지는 상호 신뢰와 헌신에 바탕을 둔 관계의 주요 실행원칙의 촉진에 도움을 주었다.

엔터프라이즈 전체적으로 공유된 리스크 관리 절차는 이전 호넷 모델의 개발과정으로부터 배운 교훈도 광범위하게 활용되면서 통합 제품 및 프로세스 개발의 이행을 도왔다. 그리고 필요한 의사결정을 할 때에 '비행기가 상관이다'라는 마음가짐을 가지면서 이 엔터프라이즈는 제품에 지속적인 초점을 집중시켰다.

이 수퍼 호넷의 린을 향한 여정은 계속되고 있다. '쉽게 딸 수 있는 낮게 매달린 과실'을 채택하는 대신, 이 프로그램은 통합을 포함한 어려운 엔터프라이즈 수준의 문제를 붙잡았다.

그러므로 린 실행과 원칙의 인간지향적 측면의 중요한, 상호의존적 본질은 새로운 것이 아니며,[9] 정의된 엔터프라이즈 내 이익 달성의 과제가 많은 조직에서 달성하기 어려운 목표가 되는 가장 큰 이유는 프로세스 지향적 실행에 미치는 인간 지향적 실행의 두드러진 영향력 때문이다. 사실 대부분의 인간 지향적 실행들은 프로세스 지향적 실행의 선결 조건이다.

인간 지향적 실행은 선결 조건으로 모든 계층에서 린 리더십을 조성

하고 촉진시키는데 특별한 주의를 기울여야 한다. 이 장에 포함되어 있는 삽화, 5장의 성공의 섬 그리고 4장에 있는 린 사고의 원칙들 모두가 리더십의 공약과 헌신 및 올바른 정립이 린 엔터프라이즈로 가는데 결정적으로 중요함을 말해준다.

절대적으로 중요한 핵심 열쇠는 조직의 맨 위에서부터 린 실행과 원칙을 추진해 나가는 엔터프라이즈의 모든 리더와, 매일 현실 속에서 린 실행과 원칙을 만들어가는 현장 일선에 있는 리더이다.

우리의 린 엔터프라이즈 모델은 린의 본질에 관한 전체적인 틀을 제공하며, 이것은 린 엔터프라이즈의 특징을 잘 보여주는 상호 관련되고 상호작용을 하는 실행의 집합이다. 그렇지만 이것은 엔터프라이즈 전체적으로 린을 이행하기 위한 어떤 순서를 반영하지 않고 있다. 주어진 실체를 어떻게 하면 린 엔터프라이즈로 변환시킬 수 있을까? 바로 이것이 다음 내용의 초점이다.

린 엔터프라이즈 변환의 비결

린 원칙과 실행을 적용하여 엔터프라이즈를 '어떻게' 변환시킬 것인가 하는 문제는 수많은 논점을 제기한다. 전사적으로 린 엔터프라이즈를 실행함에 있어서 핵심적인 성공 요인은 무엇인가? 변환 활동이 수행되어야 할 이상적인 순서라는 것이 정해져 있을까? 궁극적인 혜택을 가져오는 영향력을 어떻게 하면 담보할 수 있을 것인가? 그리고 수많은 린 변환을 추구하는 활동들이 왜 실패하는 것일까?

한 가지 확실한 것은 리더십이 결정적으로 중요하다는 것이며, 리더는 반드시 모든 일을 전반적으로 명확하게 해야 한다. 한 리더십 모델은 '방향 설정', '팀원들의 태도', '동기부여와 영감의 고취' 등을 핵심 요인으로 간주하고 있다.[10] 또 다른 것은 '비전을 공유' 하고 소통시켜서 조직의 모든 계층의 이해를 얻어야할 필요가 있다고 기술하고 있다.

> 비전은 널리 공유되고 받아들여지기 전까지는 허황된 꿈에 불과한 것이며, 비전이 공유된 이후에 비로소 조직을 변화시키고 의도한 방향으로 움직이는데 필요한 힘을 얻게 된다.[11]

이러한 아이디어는 우리가 '조직의 변화 원칙들' 이라 부르는 엔터프

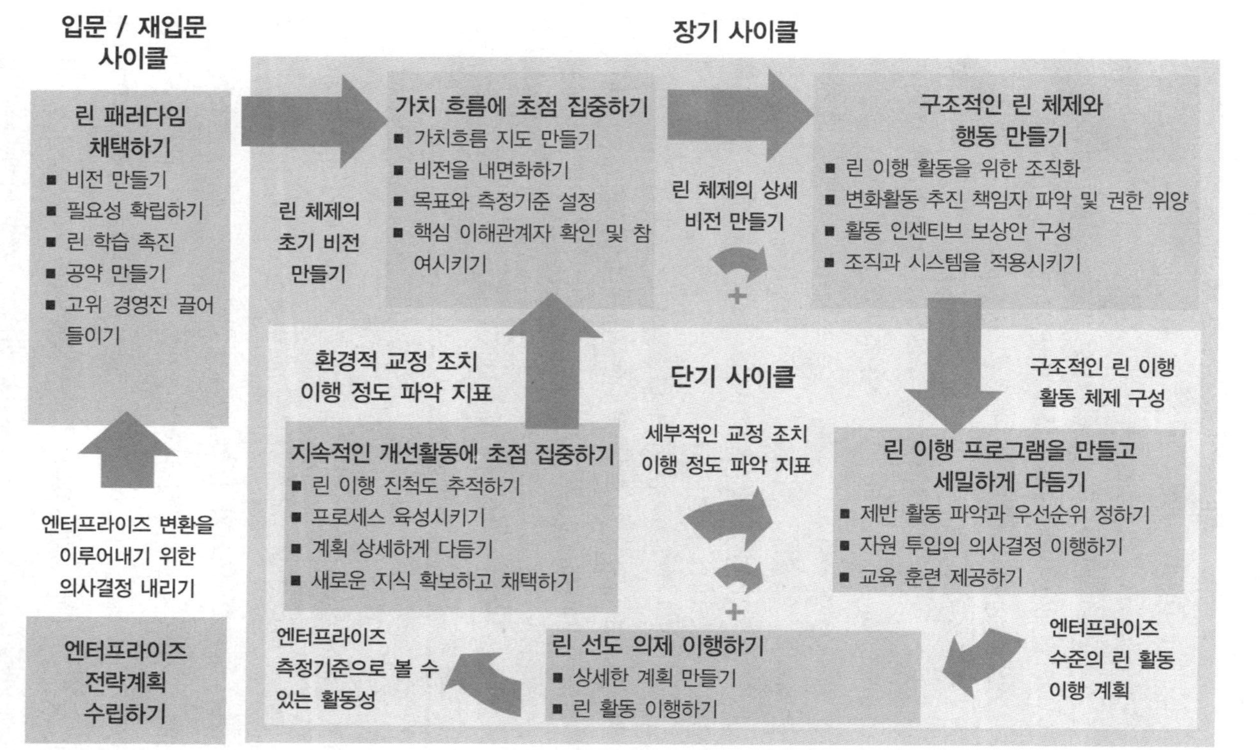

그림 6-6 엔터프라이즈 수준 '린 전환 로드맵'

LAI의 '린 전환 로드맵'

LAI에서 여러 학자, 산업계 실무자 그리고 정부 관료들은 엔터프라이즈 린으로 변환시키는데 필요한 로드맵 개발을 위해 참여하였는데, 이 과정에서 전환을 어떻게 만들어내는 것이 최선인지 많은 논의가 있었다. 궁극적으로 떠오른 것이 그림 6-6에 나와 있는 '린 전환 로드맵'이다.[12]

많은 LAI 구성원들이 이 TTL 로드맵을 개발하여 테스트하고 있을 때, 이미 린 추진이 진행되는 상태였다. 특히 우리가 발견한 것은 서로 다른 엔터프라이즈들이 그들만의 린 추진을 전반적인 어떤 모습의 로드맵을 가지게 될 것인지에 관해 모른 채 이 로드맵 상의 각기 다른 박스, 즉 서로 다른 '사이클' 속에서 시작하였다는 것이다.

대부분의 엔터프라이즈들은 '단기 사이클' 내에 있는 '린 우선과제 추진'에서 시작하고 다시 '입문 사이클'과 '장기 사이클'로 되돌아가서 리더십을 확보하고 엔터프라이즈의 가치흐름을 이해해야만 되었다.

다른 엔터프라이즈들은 이 로드맵을 그들 자신만의 린 전환 경로를 확인하거나 혹은 개량하는데 사용하였다. 그렇긴 해도, 엔터프라이즈의 과거가 어떤 것이었든 간에, 이 로드맵은 이미 이루어진 선택을 드러내고 고려해야 할 추가적인 옵션을 식별하는데 도움을 주었다.

라이즈 전환에 필요한 몇 가지 핵심 요소들을 제안한다. 변화에 대한 업무적 요구는 반드시 분명하게 규정되고, 뚜렷이 구별되어야 하며, 극적인 변화에 대한 요구도 확실히 이해되고 전달되어야 한다. 최우선 순위로 정해진 전략 목표에 부합하는 기업전환 계획이 세부이행 계획과 함께 만들어져야 한다. 모든 자원도 이 계획을 지원하기 위해 마련되어야 한다. 고용 인력과 노동조합의 리더는 물론 외부 고객, 공급업체, 파트너 등과 같은 모든 사람이 포함된 모든 이해관계자도 이 변환계획의 수립에 참여시켜야 한다.

또한 전략적 비전에 부합하는 목적과 목표를 수립하고, 활동의 발전을 측정할 수 있는 측정 기준을 가지고 전체 조직으로 확산시킬 수 있어야 한다. 상위 리더십은 반드시 변화활동을 지지하는 사람이 되어야 하며, 개인적으로 이끌어가면서, 반드시 진보상태를 감시하고, 장벽을 제거하고, 동기를 부여하고 개인 혹은 팀 활동에 인센티브를 부여하는 능동적인 역할을 담당해야 한다. 조직 구조 또한 새로운 비전에 맞게 정립하여, 변화 동인이 되는 사람을 적재적소 배치하고 기업 변환을 수행토록 한다.

이런 요소들의 '운영체계화'의 한 가지 접근방법은 '로드맵' 프레임워크인데, 이는 변화원칙을 린 엔터프라이즈 변환을 위한 특별지침으로 바꾸어주는 기능을 한다. 그림 6-6을 보면 리더십, 가치흐름 맵핑, 이해관계자 참여 및 고객에 초점을 집중하기와 같은 위에 기술된 요소들을 바탕으로 하는 세 개의 상호의존적 '사이클'의 한 부분인 활동 단계들을 추진하고, 지속하고, 엔터프라이즈 변환을 계속 발전시키는데 필요한 전반적인 흐름을 제시하고 있다.

성공의 섬과 같은 것들이 만들어지는 것을 피하기 위해 전체 엔터프라이즈 가치흐름에 위해 린의 대대적인 선포 등에 특히 중점을 두고 있다. 이 로드맵은 전략적 이슈, 모든 핵심적인 이해관계자와의 내부 및 외부적 관계 및 중요한 변화활동 중에 반드시 다루어져야 할 구조적 문제에도 특별히 집중하고 있다.

이와 같은 어떤 로드맵이라도 그리게 되면, 각 엔터프라이즈는 사업 전략, 현재 위치, 문화 및 린 엔터프라이즈로 향하는 여정에 영향을 미치는 다른 요인을 감안하여 스스로 처한 상황을 평가하는 것이 중요하다. 엔터프라이즈는 그들이 이 여정의 어디쯤을 가고 있는지 알아볼 수 있어야 하며, 이 주제를 다음 내용에서 다룬다.

린 여정이 어디로 가고 있는지 평가하기

엔터프라이즈 변환의 핵심 요소는 조직이 원하는 현재와 미래의 상태를 이해하는 것이다. 가치흐름에 초점을 맞추려면, 현재의 '있는 그대로의' 그리고 미래의 '되어야 할' 엔터프라이즈 가치흐름을 반드시 정의하고 이에 대한 분석이 이루어져야 한다.

그림 6-2에 있는 '엔터프라이즈 리더십 프로세스'와 연관된 엔터프라이즈 변환에 관한 진단 질문에 답하는 것은 리더의 평가를 도와준다. 어떤 것은 리더십과 의사소통에 관련되어 있다. 예를 들어 모든 고위 리더들과 경영진이 린으로의 변환을 열정적으로 지원하는가? 린에 관한 공통적인 비전을 엔터프라이즈 전체적으로 가지고 있는가? 린 변화 대행자에게 직책이 부여되었고 린 변환을 이루어내기 위해 지도와 리더십을 제공하기 위한 권한 위임이 이루어졌는가?

다른 질문들은 변환 계획과 조직 구조를 다룬다. 엔터프라이즈 수준 린 변환 계획의 우선순위가 정해지고 전략적 사업 목표와 함께 제휴가 이루어졌는가? 모든 이해관계자의 가치흐름이 그려지고, 통합되고, 균형이 이루어져 있는가? 그리고 조직 구조는 고객 가치흐름을 따라 핵심 프로세스에 초점을 집중할 수 있도록 구현되었는가?

그리고 실행의 감독과 관련된 질문이 있다. 고위 경영진은 능동적으로 모든 계층에서 린 이행의 진행 상황을 확인하고 있는가? 그리고 학습

평가의 가치

평가를 통해 나타나는 것은 무엇인가? LAI는 린 엔터프라이즈 자기평가 도구(LESAT)[13]를 개발하였는데, 이것은 능력 성숙도 모델을 사용하여 조직의 '린의 정도'와 변화에 대한 준비성을 측정하는 것이다. 이것은 엔터프라이즈 가장 상위 수준의 통합적 핵심 실행에 초점을 둔다.

2001년 봄, 10개의 미 항공우주 관련 기업이 LESAT 성숙도 단계 테스트에 참여하였고 그 결과 대부분의 기업들이 엔터프라이즈 시각에서의 린 역량이 '초보적인' 상태로 나타났지만, 모두가 유사한 결과가 나오지는 않았다. 그럼에도 불구하고, 여러 가지 공통적인 주제들이 드러났는데, 그 중에서도 특기할 만한 것은 이 평가 결과에 의해 린을 향한 여정이 단지 몇 개월이 아닌 여러 해가 걸리는 오랜 여정이라는 것을 확인한 것이다.

모든 경우에 있어서, 최고경영진의 리더십, 공약과 헌신 및 참여가 엔터프라이즈 변환에 있어서 결정적인 성공 요인으로 드러났으며, 린 실행을 개인적으로 옹호하는 리더가 있는 조직이 보다 광범위하고 영속성인 결과를 얻었음을 확인하였다.

이 평가 프로세스는 각 엔터프라이즈의 강점, 약점 및 기회에 관해 건강한 토론과 논쟁을 시작하는데 도움을 주었다. 보다 자주 이런 논의와 그 결과로 나타난 활동은 LESAT의 점수보다 더 가치가 있음을 증명하였다. 거의 모든 경우에 있어서, 이 평가 프로세스는 참여자들에게 핵심적이고 실행력 있는 전체 가치사슬을 통해 가치를 창출하는 리더십 프로세스의 총체적인 역할에 대해 이해할 수 있었다.

을 통해 일관성 있고 체계적으로 린의 지혜를 얻고 있는가?

또한 린 변환에 대한 적절한 평가가 무엇이든 간에 반드시 그림 6-2의 '라이프사이클 프로세스'도 다루어야 한다. 고객에게 제공되는 가치를 가장 직접적으로 결정하는 프로세스들이 있는데 이런 프로세스를 만들고 이들을 가치흐름을 통해 통합하는 것, 이 두 가지를 엔터프라이즈가 얼마나 성공적으로 할 수 있는가 여부가 유효성과 효율성의 측정기준이 된다.

이런 프로세스에 관한 질문들은 린을 통해 강화된 능력의 충분한 활용을 통해 새로 떠오른 사업 기회에 관한 것이나 제품의 라이프사이클 데이터를 사용하여 요구조건과 부속 규격을 결정하는 것 그리고 고객과 공급업체나 제조부문과 같은 다른 라이프사이클 이해관계자들의 제품과 프로세스 개발에 관여와 같은 것들이 있다.

그림 6-2의 '기반구조 프로세스'는 가치 창조의 기반임을 쉽게 간과할 수 있는데, 그 이유는 이것들이 오히려 엔터프라이즈 성공에 있어서 직접적인 결과보다는 성공을 가능하게 만들어주는 지원역할이기 때문이다. 그러나 프로세스 내에서 식별이나 계량화가 어려운 낭비는 전체적으로 엔터프라이즈에 부정적인 영향을 미칠 수 있다.

린으로 변환을 이루어가는 엔터프라이즈는 재무 및 회계 시스템이 가치창조에 관한 비전통적 측정기준과 얼마나 잘 통합되어 있는지 그리고 공통 도구들이나 시스템이 엔터프라이즈 전체적으로 사용되고 있는지 평가해야 할 필요가 있다.

이해관계자들이 필요한 재무정보를 얼마나 쉽게 검색할 수 있는지 그리고 정보기술 시스템이 이해관계자들과의 의사소통과 분석에 호환성 있게 사용할 수 있는 것인지도 탐색해 보아야 한다. 더 나아가 기반구조 프로세스를 가치흐름에 대해 어느 정도로 정립시킬 것인지도 결정해야 한다.

린 엔터프라이즈 '기반구조 프로세스' 중에는, 예를 들어 인적자원과 같은 것은 특별한 역할을 한다. 전체 인적자원 관리는 엔터프라이즈 린 사고를 지원하기 위해 전반적으로 재정의 되어야 한다. 새로운 고용 인력을 모집할 때의 선정 기준은 반드시 린 생산에서는 대량생산 방식의 패러다임 하에서 일부 전문가들이 수행했던 광범위한 과업 수행을 할 수 있는 다기능 인력을 필요로 한다.

마찬가지로 인적자원은 반드시 새로운 린 패러다임에 부합하는 지속적인 저스트 인 타임 교육과 훈련이 있어야 한다. 고용 인력의 복리후생 문제, 인센티브 등등이 포함된 다른 모든 인적자원의 기능도 마찬가지로 수정이 필요하다. 재무와 정보 시스템 또한 린 변환을 가능하게 하는 또 다른 결정적으로 중요한 프로세스이다.

이제 우리의 '린 엔터프라이즈'의 정의로 다시 돌아가 보자.

린 엔터프라이즈란 린 원칙과 실행을 통해 다수의 이해관계자들을 위한 효율적인 가치창조의 통합된 실체이다.

따라서 이 장에서는 우리가 정의 중 일부인 '린 원칙과 실행'에 초점을 두고, 이들이 어떻게 사용되는지 알아볼 것이다. 이 책의 3부에서는 가치창조를 다룬다.

이 장의 나머지 부분은 린 사고를 공장 현장 너머까지 확장하는데 도움을 주는 린 엔터프라이즈에 있어서 '통합된 실체'와 '다양한 이해관계자'라는 것의 의미를 논할 것이다.

통합된 실체

경영학 관련 문헌에서 '엔터프라이즈(enterprise)'의 일반적인 정의는 대부분의 사람들이 생각하는 '회사(corporation)'와 부합된다. 그렇지만 1부에서 우리가 언급한 것처럼 항공우주 부문은 다수의 산업, 정부, 교육 및 비영리 연구조직이 집합적으로 모여 세계에서 가장 정교한 제품과 시스템도 창조해내는 복잡한 분야이다. 따라서 하나의 실체에 관한 간단한 정의를 내리게 되면 어느 것이든 항공우주 부문의 린 엔터프라이즈에 대해 지나치게 단순화된 분석을 내리게 된다.

우리는 고려 대상이 되는 실체의 수준을 바탕으로 항공우주 부문의 프로그램 엔터프라이즈, 멀티프로그램 엔터프라이즈 그리고 국내 및 국제적 엔터프라이즈의 세 가지 뚜렷한 수준을 식별하였다. 당연한 말이지만, 이 세 가지는 서로 연결되어 있으며 상호 의존적이다.

프로그램 엔터프라이즈

항공우주 부문 사업의 가장 기본적인 단위는 프로그램으로 이것은 고객에게 제공하여 수익을 발생시키는 특정 제품, 시스템 혹은 서비스를 생산하는 활동의 집합이다.

프로그램은 통상 그림 6-2에 나열된 '라이프사이클 프로세스'의 전체 범위를 포함하며, 프로그램 엔터프라이즈의 두드러진 특징은 이것이 비용, 일정 그리고 제품, 시스템 혹은 서비스의 성과에 대한 책임을 가지고 있다는 점이다.

항공우주 부문의 프로그램은 수백 가지가 있고 그 규모도 F-22, 델타

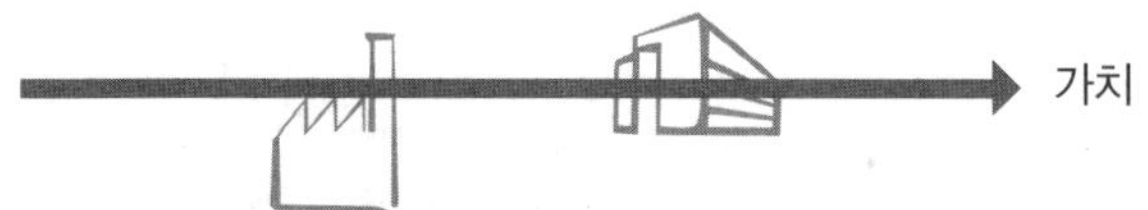

그림 6-7 프로그램 엔터프라이즈 가치흐름

IV 발사체 또는 C-130J 수송기처럼 수억 달러에서 수십억 달러에 이르는 것으로부터 통합직격탄과 같이 수백만 달러에 이르는 것까지 다양하다.[14] 가장 큰 규모의 프로그램은 여러 곳에 산재한 사업장과 대단히 넓은 통합 활동을 가진 꽤 실질적인 엔터프라이즈의 모습을 띈다. 반면에 일의 대부분이 한 회사 안에서 수행되는 프로그램의 경우 엔터프라이즈라고 부르기에 너무 작은 것도 있다.

대부분의 프로그램은 하나의 핵심 가치흐름을 보여준다. 그림 6-7에 이 간단한 개념을 나타내주고 있다. 화살표는 프로그램의 가치흐름을 나타내며, 이것이 앞으로 나아가면서 최종 사용자나 고객으로 인도되는 '가치'를 향해 인도한다. 프로그램 엔터프라이즈의 가치창조는 8장에서 다루고 있다.

멀티프로그램 엔터프라이즈

다수의 프로그램들을 실행할 책임을 가진 사업 조직과 정부기관은 멀티프로그램 엔터프라이즈이다. 이런 엔터프라이즈는 프로그램 실행에 필요한 리더십과 실행 구조를 제공한다.(그림 6-2) 멀티프로그램 엔터프라이즈의 가치창조는 9장에서 다룬다.

그림 6-8에서 멀티프로그램 엔터프라이즈를 복수의 가치흐름이 있

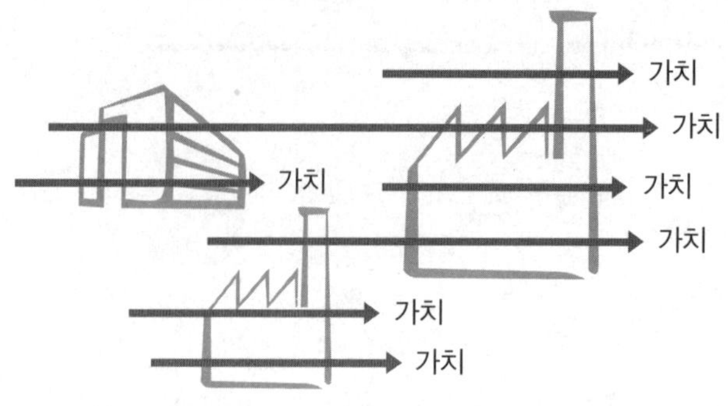

그림 6-8 멀티프로그램 엔터프라이즈 가치흐름

는, 프로그램 엔터프라이즈가 포함되거나 혹은 교차하는 심벌(그림에서 사무실 혹은 생산 시설)로 나타내었다.

'엔터프라이즈' 라는 말은 문맥에 따라 의미가 달라진다는 점을 기억해야 한다. 가장 간단한 형태의 비즈니스 엔터프라이즈는 단 하나의 부문 혹은 회사 내의 한 사업부로 이루어질 수도 있다. 이 단위는 전체 항공우주 부문의 제품 그리고 제품의 한 부분을 생산할 수도 있고 또는 여러 제품의 생산에 기여할 수도 있다. 비즈니스 엔터프라이즈의 두드러진 특징은 수익과 손실의 책임을 가지고 있다는 점이다.

항공우주산업 측면에서 정부 엔터프라이즈[15]는 항공우주 부문의 제품, 서비스 혹은 시스템을 취급하고 보다 큰 정부 엔터프라이즈의 한 부분이 될 수도 있다는 점에서 비즈니스 엔터프라이즈와 유사하다. 멀티프로그램 정부 엔터프라이즈의 두드러진 특징은 이들이 제품, 서비스 혹은 시스템을 구매하기 위한 예산 책정 권한을 가지고 있다는 점이다.

국가 및 국제 엔터프라이즈

엔터프라이즈의 개념을 멀티프로그램 엔터프라이즈 상위의 개념으로 확장하는 것은 드문 일이긴 하지만, 우리가 항공우주산업의 린을 향한 여정에서 직면하는 문제를 다루기 때문에 이렇게 개념을 확장하는 것이 도움이 된다. 우리가 생각하는 항공우주 부문의 제품, 서비스 및 시스템을 사용하고 창조하는데 기여하는 모든 집합체는 국가 또는 국제 엔터

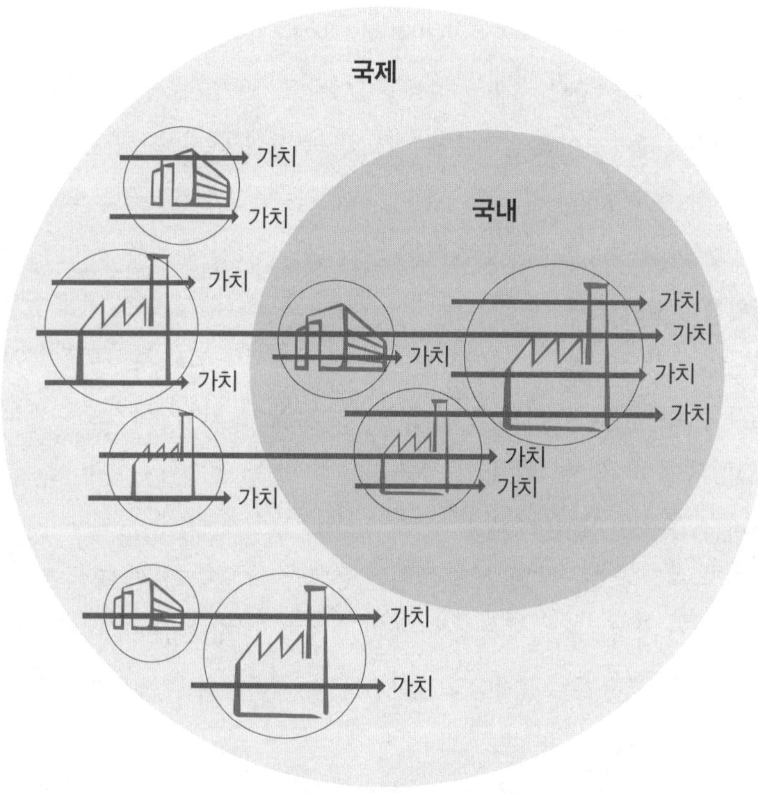

그림 6-9 국가 및 국제 항공우주 부문 엔터프라이즈

프라이즈로 볼 수 있다.

항공우주산업계를 정부의 영향력으로부터 독립된 것으로 생각하는 것은 실질적으로 불가능하다. 정부는 국방 및 몇몇 민간 우주 제품의 독점적 고객일 뿐만 아니라, 연구개발 자금을 지원하고, 국제 무역 정책을 수립하며, 환경규제 정책을 설정하고, 상업용 항공기를 인증하기 때문이다.(정부 엔터프라이즈는 비즈니스 엔터프라이즈의 고객이다.)

우리는 미국의 항공우주산업 엔터프라이즈가 모든 고객들(항공사, 항공운송회사, 군 및 정부기관, 일반 항공업계, 위성 서비스 제공업체), 정부의 최종 사용자들(전투 사령부 및 민간 우주부문 사용자들), 제조업체들(주 계약자 그리고 여러 계층의 국내 및 해외 공급업체들), 기반구조(공항, 군사기지, 유지보수창 그리고 항공 운항 관제부문) 및 관련 실체들(대학, 전문가 그룹, 노동조합, 연구소 및 지원 조직들)을 다 포함하는 특징을 가진 것으로 본다.

이 미국의 항공우주산업 엔터프라이즈는 그 자신의 국제 고객 및 공급업체와 함께 보다 더 큰 국제 항공우주 부문 엔터프라이즈 내에 있는 하나의 국가 엔터프라이즈이다.(그림 6-9) 글로벌화 되는 항공우주 부문 회사 수효는 점점 더 늘고 있다. 많은 시스템들이 수많은 국가로 판매되었고, 때에 따라 시스템의 한 부분은 미국 밖의 기업에서 상계 계약에 따라 조립 혹은 제조되었다.

가장 최신예 전술 항공기로 예정된 통합타격기는 미국과 영국 및 다른 국제적 참여자들의 합작에 의해 자금 지원 및 개발이 이루어지고 있다. 그리고 국제 우주정거장도 많은 국가와 회사들의 참여 없이는 불가능했을 것이다.

핵심 및 확장 엔터프라이즈

이 세 개의 엔터프라이즈 수준에서 우리가 핵심 및 확장 엔터프라이즈라 칭한 차이점이 존재한다. 핵심 엔터프라이즈는 직접적인 혹은 제휴 관계를 통해 긴밀하게 통합된 실체들로 이루어진다.

고객의 고객으로부터 공급업체의 공급업체에 이르는 조직의 가치사슬을 따라 제품 혹은 제품 계열의 설계, 제조, 인증, 배송 및 지원에 관련된 모든 실체보다 덜 긴밀하게 결속된 고객, 공급업체 및 정부기관은 확장 엔터프라이즈를 구성한다.

이러한 정의에는 생산품에 고객의 만족과 궁극적인 최종고객의 요구가 들어간 모든 제품과 서비스가 포함되어 있다.

확장 엔터프라이즈는 핵심 엔터프라이즈가 포괄되어 있는 더 큰 기반이다. 이 확장 엔터프라이즈를 이해관계자들에게 가치를 제공하는 '시스템의 시스템'을 지원하는 '엔터프라이즈들의 엔터프라이즈'라고 부를 수도 있다.[16]

이 각각의 수준(프로그램, 멀티프로그램, 국가 또는 국제 엔터프라이즈)에서 핵심 혹은 확장 엔터프라이즈가 린 원칙과 실행을 채택할 수 있을 것인가? 이에 대한 답은 모든 수준에서 가능하다는 것이다. 이러한 도전은 서로 다른 엔터프라이즈 수준에서 적절한 린 실행과 이행 전략을 결정하는 것이다.

그림 6-9에 나타나 있는 항공우주 부문 프로그램의 상호 연계성과 상호 의존성에서 단편적인 접근은 단편적인 결과, 혹은 더 나아가 성공의 섬만을 가져다주게 됨을 잘 설명해준다. 이 내용은 앞으로 8~10장에서 펼쳐지는 논의가 진행되면서 갈수록 더욱 뚜렷해진다.

확장된 엔터프라이즈에서 공급업체의 중요한 역할

엔터프라이즈 시각에서 공급업체는 매우 중요한데, 항공우주산업의 사례를 보면 구체적으로 이해된다. 항공우주산업계는 상용 및 군용 부문을 지원하는 광범위한 계층의 공급업체 기반을 구축하였다. 이런 공급업체들은 부품을 공급하는 것뿐만 아니라 신제품의 설계 및 개발, 기존 제품의 지속적 개선에 참여할 것을 요구 받고 있다. 이런 회사들은 또한 항공우주산업 부문의 불안정한 특성에 취약한 면모를 보이고 있다.

몇몇 공급업체들은 예를 들면, 기체 제작업체들(동체, 날개, 수직 및 수평 안정판, 착륙 기어, 유압 시스템, 환경 통제 시스템, 객실 내장재 시스템 및 구성 부품과 같은)과 같이 산업계의 첫 번째 계층에 속해서 직접적으로 지탱하고 있다.

다른 공급업체들은 엔진 구성부품, 액세서리 및 동력 시스템은 물론 전자 및 전기 부품, 구성부품, 및 하위 시스템을 공급한다. 로켓 추진 시스템의 생산자들은 1차 계층에 속한 공급업체이면서 그들 자신만의 시스템 통합자인 측면에서 독특한 면모를 보이고 있다.

많은 1차 공급업체들과 광범위한 2차, 3차 공급업체들이 상품과 단조가공 제품 및 기타 구성 부품들을 공급하고 있다. 이 많은 회사들은 전체적으로 항공우주산업과 무관한 사업을 추진할 수 있는 옵션을 가지고 있다. 그들의 특화 정도에 따라서 이 회사들은 산업계의 변동에 고도로 취약할 수도 있고 혹은 서로 다른 각 산업계에 존재하는 그들만의 다양한 고객 기반의 영향력과 같은 것으로부터 무관할 수도 있다.

린 엔터프라이즈가 되는 것은 산업계의 책임이며 정부가 간여할 일은 아니라고 주장할 수도 있다. 결국 산업계는 가장 가시적으로 가치를 창조하여 이해관계자들에게 가져다준다.

이것이 기본적으로 정부 고객을 대상으로 전혀 매출이 이루어지지 않는 비즈니스 엔터프라이즈에 있어서 사실이긴 하지만 군용기, 미사일 및 군 및 민간 우주부문 양쪽 모두를 대상으로 하는 곳과는 별개의 이야기이다. 이곳에서 정부 고객은 전반적인 프로그램 일정계획, 비용 및 성능과 성과 목표치에 대해 강력한 영향력을 가지고 있다.[17]

프로그램의 가치흐름이 린하게 되려면, 가치사슬에 있는 모든 결정적인 요소들, 특히 상류에 있는 요소들이 린하게 되어야 한다. 만일 정부 고객이 린과 거리가 멀다면, 그 국가는 린 원칙과 실행을 채택해서 얻을 수 있는 혜택의 일부밖에 얻지 못한다.

5장에서 논의했던 통합직격탄은 이 점에 관한 좋은 사례이다. 이 프로그램이 성공한 것은 정부 프로그램 사무국에서 린 접근방법을 채택했기 때문이었다. 통합타격기 프로그램이 성공하려면 이와 동일한 접근방법이 요구된다.

정부 역시 정부 각 부문에서 린 원칙과 실행을 채택하지 않은 채 산업계 내의 린 변환을 기대할 수는 없다. 미 항공우주 부문 엔터프라이즈 전체적으로 린 사고를 전파하려면 정부 프로그램 관리자, 계약 담당 행정관 그리고 다른 획득 업무 요원에 대해서 린 원칙과 실행에 관한 교육이 필수적이다.

통합

가치를 효율적으로 창조하려면, 어떤 엔터프라이즈이든 프로세스, 정보, 조직 및 기반 구조와 같은 다양한 요소들이 적절하게 연결되고 통합될 필요가 있다. 조직은 구매 혹은 엔지니어링과 같이 독립적으로 행동하는 각각의 하부 단위와 그외의 하부 단위가 함께 '사일로(저장고)' 의

F-22 랩터 통합 엔터프라이즈

F-22에 참여하는 사람들은 설명한다. F-22 랩터(Raptor) 엔터프라이즈의 미래는 모든 IPT에 속한 모든 구성원과 각 공급사슬 파트너가 F-22 프로그램을 세계적인 수준의 린 전투기 엔터프라이즈로 변환하기 위한 혁신과 헌신에 달려 있다. 이 린 전투기 엔터프라이즈는 세계에서 가장 유능한 무기 시스템을 제공하는 것이 목표이다. 린 엔터프라이즈를 실현하려는 모습은 확장된 엔터프라이즈의 미래와 번영을 확보하기 위해 고객 기대 수준을 넘어서고 있다.

F-22 프로그램에서 일하는 사람들이 그 성공의 열쇠이며, 린 엔터프라이즈 개념과 도구의 적용은 필요한 아이디어와 혁신을 만들어내는데 있어서 핵심적인 단계이다.[18]

이 F-22 랩터 프로그램은 그 자체가 확장된 엔터프라이즈가 되는 많은 엔터프라이즈를 포함하여 하나로 통합된 확장 엔터프라이즈의 좋은 사례이다. 록히드 마틴 항공사가 보잉사의 군용기 및 미사일 시스템 그룹과 프랫 & 휘트니사와 팀 구성을 함에 있어 주계약자로서 역할을 하고 있다. 1천2백 개 이상의 하청 계약자 혹은 공급업체들이 (상대적으로 규모가 작은 편이지만) 이 F-22 프로그램에 참여하고 있다.

이 첫 새로운 전투기는 1980년대 초반부터 25년 이상 개발이 이루어지면서 만들어진 것이다. 전투기 개발에 21세기 미국의 제공권을 확보하기 위한 고급 항공역학, 초순항 엔진, 제4세대 스텔스 기술 그리고 항공전자공학과 컴퓨터 시스템과 같은 제반 최첨단 기술의 통합이 요구되었다.

결과적으로 이 프로그램은 일련의 예기치 못했던 기술적인 그리고 조직적인 문제를 제공하게 되었다. 이것은 고급 설계 기법, 제조 시스템, 관리 방법 및 수많은 엔터프라이즈 간 조정 메커니즘의 적용을 요구하였다.

핵심 이해관계자들의 리더십 경영위원회는 프로그램의 전반적인 경영 조직을 구축하여 모든 참여자들이 공유하는 공통 목적과 목표를 수립하는 데 도움을 주었다. 미 공군의 F-22 획득업무의 모든 면을 관장하는 F-

22 시스템 프로그램 사무국(SPO)과 주요 산업계 파트너들은 방침을 수립하고 전체 프로그램에서 이것이 행동으로 옮겨질 수 있도록 긴밀하게 협력하였다. 전담 중앙집중식 의사소통 기반구조는 각 엔터프라이즈 간 실시간 협력을 촉진시켰다.

1991년에 시작된 엔지니어링과 생산의 시작 단계(EMD)부터 이 F-22 프로그램은 고객인 미 공군의 요구조건이기도 했지만, 국방 획득 프로그램에서 통합제품팀(IPT) 운용 사례를 만들게 되었다. 시스템과 하위 시스템 및 기능별 수준에 많은 IPT가 만들어져 최종 고객인 공군 전투 사령부와 주요 공급업체들이 확실하게 연결되었다.

IPT가 효과적으로 기능하게 위해 공통 요건의 하달과 팀 산출물의 통합이 요구되었고, 이것은 프로그램 수준에서 시스템 통합은 물론 여러 계층에서의 '분석 및 통합' 팀 구성을 통해 이루어졌다.[19]

컴퓨터 지원 설계는 물론 공통 데이터베이스와 입체 설계 도구의 활용이 항공기 개발에 결정적으로 기여하였다. 각 IPT는 제조와 조립 그리고 여러 팀 간 설계 업무 통합을 위한 조기 형태구성과 절충점에 대한 연구를 할 수 있었다.

F-22 프로그램에서 가격적합성 문제는 핵심 과제로 남아 있다. 비용 감축을 위해 린 원칙을 활용하는 가격적합성 문제해결을 위한 적극적인 핵심활동이 주계약자와 전 공급업체 네트워크에 의해 수립되었다.[20] 예전의 성공 스토리는 공급업체 네트워크에 초점이 맞추어진 F-22 확장 엔터프라이즈 전체 혁신 촉진의 창조적 인센티브 메커니즘을 사용하여 미래에 비용을 절감할 수 있는 가능성을 보여주고 있다.

2001년 4월 LAI 전체 총회에서 전투기와 폭격기 프로그램의 미 공군 프로그램 보좌관인 마이클 무샬라 소장은 기조연설에서 F-22 프로그램에 대해 가격적합성의 중요성을 강조하였다. 그는 프로그램의 성공을 위해 정부, 주계약자 및 공급업체 모두가 포함된 전체적인 F-22 확장 엔터프라이즈에 대해 '절대적인 중심체'로서 린 사고를 가지고 '총체적 팀 노력'의 한 부분으로서 함께 협력해야 하는 필요성을 강조하였다.

한 그룹으로 기능하려는 경향이 크다.

종종 하부 단위에서 탁월한 성과를 보이지만 엔터프라이즈 전체적으로 스스로 가지고 있는 충분한 잠재력 발휘는 실패한다. 이에 통합의 필요성은 불가피한 것이지만 통합의 실현은 상당히 어렵다.

엔터프라이즈 통합에 관한 충분한 논의는 이 장의 범위를 넘어서는 것이지만, 각 엔터프라이즈 계층에서 이것의 중요성을 설명하기 위한 간단한 사례를 제시한다.

프로그램 엔터프라이즈 수준에서 통합제품 및 프로세스 개발(IPPD)은 효율에 대해 지대한 영향력을 미치고 있다. IPPD에는 조직의 통합을 다루는 핵심 이해관계자로 구성된 통합제품팀(IPTs)의 활용이 포함된다. IPPD는 또한 통합 정보 시스템뿐만 아니라 개발된 제품 각각의 통합된 디지털로 정의를 하기 위해 CAD/CAM 시스템이 활용된다.

멀티프로그램 수준에서 대부분의 대규모 항공우주 회사들이 전사적 프로세스 회의를 구성한 것을 보았다. 예를 들어 이 회의는 프로그램 관리, 엔지니어링 및 제조와 같은 동일한 제반 프로세스의 실행에 관련된 엔터프라이즈의 전체 그룹들이 함께 모여 있다. 이 회의는 회사 전체적인 표준 프로세스를 만들며, 다양한 조직 단위 내에 혹은 회사 밖에 존재하는 베스트 프랙티스를 들여와 구축하기도 한다.

국가 엔터프라이즈 수준에서 국방부는 1990년대 획득 개혁 노력의 일환으로 단일 프로세스 추진 활동(SPI)을 제정하였다. SPI 이전에는 국방부 내 각기 다른 조직에서 각각의 계약자들에 대해 서로 다른 프로세스 요건을 가지고 있었다.

여러 국방부 고객을 가지게 된 계약자는 준수 여부의 감사를 받게 될 여러 개의 프로세스 표준을 유지해야만 했고, 이는 비용은 물론 낭비가 많은 접근 방법이었다. SPI 하에서 계약자는 국방부의 각 기관에서 수용되는 단일 프로세스 표준을 채택할 수 있게 되었다.

엔터프라이즈 이해관계자

자동차, 컴퓨터 혹은 항공우주 부문이든 관계없이 복잡한 엔터프라이즈 내에는 크고 다양한 이해관계자들이 존재한다.(그림 6-10) 이들 가운데 열쇠가 되는 것은 엔터프라이즈가 자체의 제품이나 서비스를 가져다주는 고객 혹은 인수자이다.

항공우주 부문에서 고객이란 항공기 소유자, 항공여행 제공자, 정부 획득 사무국 및 위성 서비스 제공자가 포함된다. 이들 고객들은 다른 한편으로 최종 사용자 즉 일반 여행객, 전투기 조종사 혹은 DirecTV™ 의 시청자와 같은 고객의 고객들에게 제품과 서비스를 제공한다.

고객에게 집중하는 것이 핵심 린 원칙이며, 고객과 최종 사용자를 만족시키는 것이 엔터프라이즈 성공에 있어서 불가결한 것이다. 아직 엔터프라이즈 수준에서의 초점이 고객 봉사를 지향해야 하고 주주, 고용인력, 노동조합, 사업 파트너, 공급업체 그리고 사회까지 포함하는 다른 이해관계자들을 인식해야 하는 것도 해당 엔터프라이즈 활동에 있어서 똑같이 결정적인 것이라는 중요성을 부각하고 있지는 못하다.

4장에서 살펴본 것처럼, 고객은 전통적인 린 패러다임에서 '진정한 지향점' 을 나타낸다. 엔터프라이즈 수준에서의 광범위한 초점에서도 고객은 통일시키는 힘이 될 수 있다. 고객은 모든 개별 이해관계자들을 만족시키는 수단을 제공한다. 비록 고객 만족이 필요한 것이기는 하지

그림 6-10 엔터프라이즈 이해관계자들

만, 이것만으로 엔터프라이즈의 장기적 성공을 보장하기에는 충분치 못하다.

서로 상호작용하고, 서로에게 기여하고, 엔터프라이즈로부터 가치를 창출하는 이 여러 이해관계자들의 역할을 반드시 고려해야 한다. 다른 이해관계자들 중 어느 하나라도 엔터프라이즈의 실패를 가져오거나, 고객 만족을 불가능하게 만들 수도 있다.

주주 주주는 자본을 제공하고 그들이 투자한 것에 대해서 혁신, 성장 그리고 엔터프라이즈의 수익성으로 가능하게 된 흑자 수익을 기대한다. 만족한 주주들이 만족한 고객들과 마찬가지로 중요하며, 이것은 최근 항공우주 부문은 물론 경제 전반의 다른 영역까지 투자가 위축된 엄

'이해관계자'란 무엇인가?

학자들마다 '이해관계자'에 대해 여러 가지 정의를 내리고 있다. 어떤 사람은 이해관계자라는 것을 '조직 목적의 성취에 의해 영향을 받거나 혹은 여기에 영향을 미칠 수 있는 어떤 그룹이나 개인'으로 정의한다.[21] 또 다른 사람은 이해관계자에는 일반적으로 주주, 모든 유형의 고용인력, 공급업체, 고객, 정부, 경쟁업체 및 행동주의자 집단이 포함되며 때에 따라 '일반 대중'도 포함된다고 말한다.[22]

다른 학자들은 이런 정의가 쓸모없다고 이야기하는데, 그 이유는 그들이 이해관계자들이 할 수도 있는 역할에 관계없이 이들을 하나의 범주 안에 한 덩어리로 분류해 놓았기 때문이라는 것이다.

코챤(Kochan)과 루빈스타인(Rubinstein)[23]은 잠재적 이해관계자들의 특징을 식별할 수 있는 세 가지 기준을 열거하고 있는데 (1) 그들이 엔터프라이즈에 대해 가치 있는 자원으로 기여하는 정도, (2) 그들이 이런 자원을 위험을 감수하고 내놓을 수 있는 정도 그리고 회사가 실패하거나 그들과 회사와의 관계를 종결시킴에 따라 발생하는 실현될 수 있는 비용의 정도, (3) 엔터프라이즈에 대해 미칠 수 있는 그들의 힘이다.

이해관계자들이 이 세 가지 기준을 만족시키고 있음은 분명하지만 나머지 것들은 잠재성을 띄고 있다.

이해관계자 이론은 개인적인 관점임을 그리고 이 그룹들이 그들이 만들어낸 것임을 이해하면서 가능한 한 이런 취향별 기호를 많이 만족시키기 위한 개별적인 선호도와 노력이 엔터프라이즈와 엔터프라이즈 간에 어떤 특별한 관계가 있는지 분석한다. 이해관계자들의 숫자는 매우 많을 수도 있으며, 엔터프라이즈의 가치창조 복잡성을 대부분 증가시킨다.

이 책에는 이해관계자들을 일반적으로 '개별적인' 것으로 취급한다. 각각의 '개별 이해관계자'는 실제로 그룹임을 주지하고 있을 필요가 있지만, 이 논의의 목적상 주어진 그룹의 구성원들이 동일한 가치 시스템을 가지고 있는 것으로 가정한다.

연한 결과를 보면 아주 분명한 것이다.

고용인력 고위 경영진과 종업원들이 포함된 고용인력 역시 엔터프라이즈 내에서 노력과 지식으로 공헌하는 이해관계자의 또 다른 집단이다. 이들은 가치창조의 원동력이며, 이해관계자들이 제공하는 것은 정당한 보수, 개인적인 성장, 자존심, 고용안정을 위한 조치 그리고 여러 가지 다양한 유형, 무형적인 요소들이 이들에게 제공된다. 어떤 고용인력은 노동조합의 형태로 나타나기도 하며, 이것은 또 다른 중요한 이해관계자의 하나이다. 노동조합은 그들의 내부적인 지배구조를 가지고 있으며 주어진 엔터프라이즈 내에서 린 변환을 지원하기 위한 의사결정과 함께 반드시 대응해야 한다.

사업 파트너 사업 파트너들은 위험 분담 자본과 지적 재산을 제공하고, 엔터프라이즈 제품 혹은 서비스에 기여하고 엔터프라이즈 창조 가치의 한 부분을 지속적으로 되돌려 받는다. 공급업체는 하위 조립체, 구성 요소 또는 서비스를 제공하며 상호 유익한 관계 유지에 관심을 가지고 있다. 이 공급업체와 파트너는 대규모 항공우주 부문 엔터프라이즈의 경우 그 수도 수천에 이를 정도로 많고 다양하다. 린 엔터프라이즈는 실질적으로 린 변환 과업을 증대시키는 대다수 공급업체의 린 능력에 따라 좌우된다.

사회 사회도 또하나의 중요한 이해관계자인데, 엔터프라이즈가 환경을 유지하고, 일자리를 제공하고, 세금 기반을 지탱하고, 공동체, 국가 및 글로벌 경제에 이르는 긍정적인 힘으로서 봉사하는 것에 관심을 갖는다. 미국 내에서 그리고 해외의 선출된 관료, 기관, 규제, 특수 이해집단 혹은 개인들이 사회를 대표할 수 있다. 사회의 대표자로서 매스미디어 역시 우주비행, 사고, 신제품, 여행객의 지연 등 거의 대부분 매일

항공우주 부문 엔터프라이즈 이해관계자의 복잡성

항공우주 부문의 엔터프라이즈는 종종 항공우주산업 제품과 조직 시스템의 복잡성이 이해관계자들의 복잡한 면모로 드러나는 특징을 나타낸다. 항공우주 부문 엔터프라이즈는 전형적으로 그들을 함께 묶어주는 복잡한 상호관계의 집합은 물론 그들 간에 고도의 상호의존성을 가지고 있음을 보여주는데, 이 때문에 특정 프로그램과 관련하여 어떤 특정 방식으로 이해관계자간의 관계를 정의하는 것이 더 어렵다.

미 공군의 F-22 랩터 프로그램이 좋은 사례가 된다. 주계약자인 록히드 마틴은 보잉사 및 프랫 & 휘트니사와 팀을 이루고 있다. 이들은 함께 1천2백 개 이상의 하청 계약자와 일을 하고 있으며 여기에 관련된 부분이 프로그램 비용의 60퍼센트에 달한다.

한편 록히드 마틴과 보잉사는 향후 수십 년간 국방 부문의 가장 큰 포상으로 간주될 수 있는 통합타격기를 개발하는 주계약자로서 두 개의 다른 회사로 이루어진 팀을 이끌고 있다. 항공우주부문의 엔터프라이즈 간에 이런 복수의 연결 고리와 상호관계는 드문 현상이 아니다. 이들을 한 프로그램에서 함께 일하게 만드는 상호 이해관계는 다른 것에서는 서로 다른 방향으로 끌어갈 수도 있다.

이것이 그리 복잡한 것이 아닌 것처럼 보일 수 있지만, 실제 상황 속에는 이들 회사와 상호관계를 유지하면서 복잡성과 상호의존성 형태를 구성하는 많은 다른 핵심 이해관계자들이 있다.

먼저 국방 항공우주산업 제품의 주 고객인 미국 정부가 있다. 정부의 정책과 규제, 획득 실무, 기술개발 노력 그리고 기존 군용기 편대를 지탱하기 위한 유지, 수리 및 정비에 관련된 이 모든 것이 국방 항공우주 부문 제품의 설계, 제조 및 유지 여부를 결정한다. 보다 중요한 것은 국방 산업 기반의 통합을 촉진하는 식으로 정부가 능동적으로 국방 항공우주 부문 회사 그 자체 구조의 형태를 만들어냈다는 점이다.

예를 들면 정부는 우주 발사를 위한 차세대 로켓 기술을 나타내는 '진보된 소모성 발사체' 프로그램을 발족시켰는데, 이것은 '승자 독식'의 경쟁 방식을 채택하여 입찰에 성공하지 못한 회사가 더 이상 해당 사업 부문에서 존속할 수 없게 될 경우 고용 계약 형식으로 이전하는 것이다.(이러면 이 부문에서 국가의 미래 역량이 위태로워 질 수도 있다.)

정부의 규제 정책은 마찬가지로 전체적인 상업용 항공우주 부문의 구조와 발전에 타격을 주었다.

민간 항공기의 고객은 많은 부분이 외국 정부와 직접 연결되어 있고 상용 측면에서 두 번째의 이해관계자 집단이다. 이 외국 정부들은 해외 군수품 판매를 통해 국방 항공우주 부문의 제품을 구매하는 고객이기도 하다. 외국 정부는 가끔 원래 구매 품목과 무관한 특정 부품, 구성요소 및 그들 각 국가 자체 서비스의 조달이 포함된 '상계 계약' 요구를 통해 이 산업계의 형태를 결정짓기도 한다.

본질적으로 이들 정부는 그들이 구매하는 품목의 비용을 상계할 수 있는 일자리 창출이나 그들 국가의 기술 축적을 기대하고 있다. 외국의 이런 지원에 대한 욕망은 이해할 수 있는 것이지만, 이것은 미국으로부터 일자리와 전문지식의 유출과 관련된 복잡한 문제를 야기시킨다.

신문 지상과 텔레비전에 나오는 항공우주 부문 관련 이야기들을 전달하는 항공우주 부문 엔터프라이즈에 있어서 중요한 이해관계자이다

이 서로 다른 이해관계자들 중 일부는 특정 약정이나 계약을 맺게 된다. 다른 사람들은 각 당사자가 엔터프라이즈로 가져온 상호 기대와 책무를 구체화 한 구두상의 기록 없는 '사회적 계약'으로 묶어둘 수 있다.

성과를 추적하고 지속적 개선을 인도하기 위해 엔터프라이즈는 주주 가치뿐만 아니라 이해관계자들의 가치도 정의하고 측정할 필요가 있다. 성공은 모든 이해관계자들의 니즈를 다루는데 있어서 어떤 균형을 이룰 때 가능하며, 이것은 대개 어려운 타협이 수반되는 난제이다. 엔터프라

이즈를 모든 이해관계자들에게 가치를 제공할 수 있도록 만드는 것은 힘들고 복잡한 의무이행과 같은 막중한 과업이지만, 반드시 실현시켜야만 하는 것이기도 하다. 우리는 이 문제를 3부에서 다시 다룰 것이다.

기나긴 여정

미 항공우주부문 엔터프라이즈의 린을 향한 여정은 계속 진행중이다. 우리는 린이 엔터프라이즈 전체적 시각의 접근방법을 필요로 한다고 주장하였다. 우리의 린 엔터프라이즈에 관한 정의를 세분하면 린과 관련된 광범위한 원칙과 실행이 존재하고 있으며, 각 엔터프라이즈는 반드시 그 자체 목표 달성에 요구되는 적절한 우선순위와 활동을 결정해야 함을 분명하게 볼 수 있다.

그러나 이런 활동들은 반드시 모든 이해관계자들이 포함된 확장 엔터프라이즈의 차원에서 고객과 핵심 공급업체의 통합에 중점을 두고 만들어져야 한다.

더 나아가 린 변환은 주어진 엔터프라이즈만의 독립적인 혁신 활동이 될 수는 없다. 이것은 엔터프라이즈 사업과 전략적 계획 수립 그리고 이에 상응하는 목표 및 측정기준과 긴밀하게 결속되어 있어야 한다. 그리고 이것은 반드시 사업의 니즈와 회사 조직의 미래 방향을 만족시키기 위한 맞춤형이 되어야 한다.

린 원칙과 실행은 거의 모두가 사람에 관한 것이다. 이것들은 교육 훈련에 대한 투자 필요성, 신뢰와 헌신을 구축해야 할 필요성 그리고 의사 결정을 가능한 가장 낮은 수준에서 이루어질 수 있게 하는 권한 위임의

엔터프라이즈 지도자의 결정적인 역할

항공우주산업계 엔터프라이즈 혹는 어떤 엔터프라이즈이든 간에 대량생산 지향적 상태로부터 린 원칙과 실행에 기반을 둔 엔터프라이즈로 변환시키는 일은 막중한 과업이다. 이 일은 아마도 이제껏 전례 없는 가장 포괄적인 변화추진 활동이 될 것이고, 조직의 모든 사람과 직책을 망라하는 일이 될 것이다.

이런 크기와 범위를 가진 변화추진 활동은 반드시 개인적으로 관련된 모습을 이해할 수 있는 엔터프라이즈 지도자가 직접 지도 감독해야 하며, 리더십이 성공의 결정적인 요인이다. 이것은 많은 지도자와 연구자들이 보여준 것처럼, 남에게 위임할 수 있는 것이 아니다.

와이어몰드사의 CEO인 아트 비언는 "조직을 린 실행으로 변환시키기 위하여 단 하나 가장 중요한 행동은 CEO가 초기 활동을 이끄는 것이다"라고 말한다.(이 회사는 린으로 전환을 이루어냈으며, 〈린 사고〉의 책 내용 중 여러 곳에서 그 사례를 참조하고 있다.) "큰 변화는 비록 그것이 비상식적인 것처럼 보일 때에도 CEO가 반드시 '일단 그것을 행하십시오'라고 말하게 만드는 신뢰의 비약을 요구한다."[24]

마이크 로더는 〈린으로 되기(*Becoming Lean*)〉[25]에 나오는 여러 린 전환 노력에 대한 보고를 하면서 "린으로 변화하기 위한 현장에서부터 주도적으로 이루어질 수 있다는 당신의 생각은 '순진한 허풍'에 불과하다"라는 결론을 내리고 있다.

도넬리 미러사의 총괄 관리자인 키스 올맨은 "린으로 전환하는 일은 반드시 린을 온전히 마음속 깊이 이해하는 식견 있고 헌신적인 리더가 주도해야 한다"라는 언급을 곁들이고 있다.(〈린으로 되어가기〉에 보고된 내용). 이들 및 이와 유사한 관찰에 자극을 받아 LAI 컨소시엄에서도 체계적인 조직 변화에 있어서 리더십이 미치는 영향력에 관한 연구조사를 수행하였고, 린으로의 변환에서 성과달성에 작용하는 리더십의 결정적인 역할을 계량화 할 수 있는 방안을 모색하였다.[26]

이 연구에 항공우주 부문 회사 조직의 공유 목적 창조하기, 권한위임, 전략설정 및 조직변화와 같은 요인을 조사하기 위해 이전에 개발되었던 리더십 '지수'[27]를 사용하는 것도 포함되었다. 조사 과정에서는 또한 고객만족, 제품과 서비스의 품질, 자산 수익률 및 사이클 타임과 같은 부문의 산출물이 포함된 생산성에 관한 질문도 이루어졌다.

나타난 결과는 상당히 폭 넓은 양상을 보여주었지만, 리더십의 관여도와 결과에 바탕을 둔 성과 간에 뚜렷한 상관관계를 보여주었다.

중요성을 이야기하고 있다. 성공을 하려면 엔터프라이즈 리더는 전체 엔터프라이즈 사람과 조직의 마음과 생각을 반드시 사로잡아야 한다. 이렇게 하려면 가장 필수적인 요소, 즉 리더십을 가져야 한다.

린을 이행하는 길은 쉬운 여정이 아니며, 빠르게 될 수 있는 것은 더더욱 아니다. 이것은 반드시 주어진 엔터프라이즈 모든 계층에 속한 리더들의 살아숨쉬는 사고, 그 자체가 되어야 한다.

PART 3

· · ·

엔터프라이즈 가치창조

Creating Enterprise Value

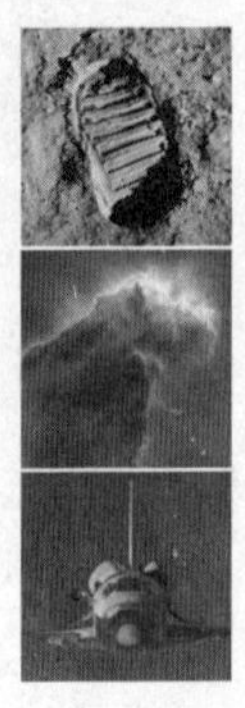

외부 요인에 의한 변화가 시작되면 그 산업은 이에 적응하거나, 변환하거나 그리고 번성하거나 혹은 시대에 뒤떨어진 모델을 유지하다가 쇠퇴하기도 하며, 아예 사라질 수도 있다.

역사가 대부분 번영과 쇠퇴, 두 가지 선택의 사례들이듯이, 이것이 항공우주산업계만의 문제가 아니지만 현실적인 과제이다. 이것은 비록 산적한 기술적 난제들이 있긴 하지만, 전적으로 기술적인 과제도 아니다.

그러면 무엇이 진정한 문제인가? 그것은 핵심 이해관계자들에게 충분한 가치를 제공해야만 이 산업계가 사회 속에서 미래 역할을 할 수 있다는 것이다.

7장은 개념적으로 간단하면서도 강력하지만, 아직 새로운 사고와 새로운 방법 그리고 이행 도구를 필요로 하는 '가치창조의 프레임워크' 에 대해 이야기한다. 이 프레임워크의 세 가지 상호 관련된 국면, 즉 가치식별, 가치제안 그리고 가치인도는 반복적으로 그리고 상황에 맞게 적용될 필요가 있다.

8장 '프로그램 가치', 9장 '회사 및 정부 엔터프라이즈의 가치', 그리고 10장 '국가 및 국제 수준에서의 가치'에서는 우리의 세 가지 엔터프라이즈 수준에서 가치창조의 프레임워크를 분석한다. 또한 이들 세 엔터프라이즈 수준간의 상호 관련성과 상호 의존성에 대해서도 다룰 것이다.

가치는 강력한 것이지만, 손에 잡기 어려운 목표이다. 가치창조가 없는 실체나 활동은 정책이나 칙령에 의해서만 생존하며, 이는 소비자로서 우리 모두에게 친숙한 개념이다.

그러나 항공우주 부문처럼 복잡한 분야에서 누가 가치를 설계하고, 어떻게 측정되고 추적이 이루어지는가? 이해관계자들이 어떻게 식별되고, 그들이 기대하는 교환 가치는 어떻게 분리되는가? 기대 가치를 가져다주기 위해 제안은 어떻게 만들어지고 충족되는가? 그리고 기대 가치는 어떻게 가장 효율적으로 인도될 수 있는가? 이런 문제를 3부에서 논의한다.

우리의 가치창조 프레임워크는 '더 높이, 더 빨리, 더 멀리' 그리고 '더 좋게, 더 빠르게, 더 값싸게'로 표현되는 항공우주 부문의 도전을 위한 경로를 제공한다. 항공우주 부문은 변환이 이루어지기까지 10년이라는 세월을 기다릴 수 없다.

어제의 우선순위에 기초를 둔 생각은 최근의 흐름에서 항공우주 부문뿐만 아니라 모든 산업을 더 이상 이끌어갈 수 없다. 새로운 비전은 반드시 혁신에 새로운 초점을 둔, 새로운 과제에 총체적으로 접근하는 린 엔터프라이즈 가치가 되어야 한다.

확실히 가치의 프레임워크는 논리적이고 개념적으로 단순하며 항공우주 부문에서 충분한 시간을 통해 테스트가 이루어지지는 않은 것이다. 산업계 내에서 그리고 더 넓게, 사회 속에서 이 프레임워크를 작동시키는 것은 엄청난 과업이지만 필요한 일이다.

11장 '미래 가치'에서 항공우주 부문의 린 엔터프라이즈 가치가 다른 산업계에도 적용된다는 통찰뿐만 아니라 다섯 가지의 근본적인 원칙도 반드시 채택되어야 한다는 우리의 관점을 확인할 것이다.

7 장

가치창조의 프레임워크

성공적인 엔터프라이즈는 반드시 일을 올바르게 해야 할 뿐만 아니라, 올바른 일을 해야 한다. 린 엔터프라이즈가 되는 것이 전통적 정의로 보면 중요한 것이지만, 이것은 이야기의 한 부분에 불과하다. 보다 더 중요한 것은 린 개념과 접근방법을 모든 이해관계자와 모든 엔터프라이즈 사명을 위한 가치창조를 위해 사용하는 것이다. 이것이 1장에 소개된 린 가치 원칙들의 본질이다.

'가치창조' 라는 말을 이해하기는 어렵지 않지만, 가치창조를 위한 특정 행동을 규정하는 일은 특히 변화무쌍한 현실 속에서 복잡한 문제가 될 수 있다. 미국 항공우주 부문 엔터프라이즈의 경우, 냉전의 종식은 항공우주산업 제품의 일차적 가치였던 성능에 대한 최우선적인 요구로부터 변화가 일어나게 만들었다.

항공우주 부문의 많은 영역에서 시장에 기반을 둔 표준으로 초점이 옮겨졌다. 상업 영역에서 이런 글로벌 경쟁의 등장은 이 시장에 주도적 변화를 강화시켰다. 이외에도 금융시장으로부터 국민의 우주 탐색에 대한 열망의 위축과 항공우주 부문 이외의 다른 분야로부터 노동인력의 유인으로 인한 자원제약이 가치창조를 저해하는 장벽을 만들었다.

우리가 이미 본 것처럼, 이렇게 변화하는 현실과 기존 제도적, 구조적 잔재물의 잘못된 결합은 문제를 더욱 복잡하게 만들었다. 정부 정책, 조직 구조의 유산, 전통 및 역사적으로 최종 사용자의 능력보다 '하드웨어' 그 자체에 집중된 초점은 엔터프라이즈 가치창조에 대해 장벽처럼 앞을 가로막았다. 간단히 말해서 대량생산에 기반을 둔 과거의 지배적 접근방법은 더 이상 충분하지 않게 되었다.

앞 장에서 우리가 이야기 했던 린 원칙과 실행은 이 지배적 접근방법에 대한 강력한 대안이다. 이 책 2부에서 우리는 린이 전형적으로 제조공정에 일차적인 초점을 둔 낭비제거에 관한 것으로 정의되었음을 보았다. 많은 도구와 방법들이 체계적인 낭비제거 활동을 지원한다. 그렇지만 이는 개별적으로 중요한 성취로서 인정될 수는 있지만, 이들 모두 확실하게 검증되지 않은 이야기들이다.

좀 더 자세히 말하면, 엔터프라이즈 수준에서 적용된 가치창조 원칙들에 대한 적절한 고려가 없으며, 이 이야기들은 앞서 본 성공의 섬처럼 한정된 범위 내에서 끝나게 될 것이고 심지어 불행한 결과도 나올 수 있다. 이와 대조적으로 우리는 엔터프라이즈 전체적인 낭비제거와 가치창조를 주장한다. 항공우주 부문의 일부를 포함한 몇몇 기업들은 이런 두 가지 초점을 채택하기 시작하였다.

이 장에서 우리는 가치창조를 더 잘 이해하고 성공적으로 지속하기 위해 보완된 프레임워크를 제시한다. 초점은 6장에서 소개된 세 가지 엔터프라이즈, 즉 프로그램 엔터프라이즈, 멀티프로그램 엔터프라이즈 그리고 국가 및 국제 엔터프라이즈의 세 수준에 맞추어져 있다. 각 수준에서의 과제는 상호의존적이고 종종 특정 상황에서 독특한 조화를 보인다.

가치를 창조하는데 있어 간단한 처방 같은 것은 없다. 우리는 새로운 통찰을 유발시키고 전략적 지향점을 제공할 수 있도록 고안된 프레임워크를 행동지침으로 제시한다. 앞에 놓인 난제들은 복잡한 것이다. 우리 목표는 이들을 인위적으로 단순하게 만드는 것이 아니고 이런 난제를 다룰 수 있도록 생각하는 방식을 제공하는 것이다.

이런 복잡성에 대한 첫 번째 힌트는 '가치'의 개념으로부터 나온다. 정의에 의해 가치는 상당히 주관적인 것이고 특정 시간과 견해에 따라 좌우된다. 어떤 결과물에 대해 상당히 높은 가치를 주는 사람이 있는 반면에 가치를 깎아 내리는 사람도 있다.

예를 들어 최종 사용자는 주어진 프로그램이 추진중인 일들을 인수 고객들에게 보여주기 위해 경영 보고서를 반드시 제공해야 한다는 요구로부터 아무런 혜택을 얻을 수 없다. 최종 사용자에게 있어서 이것은 추가 비용처럼 보일 것이고, 인수 고객의 입장에서는 그래도 정보에 대해 가치를 둘 것이다. 분명히 어느 한 이해관계자에게 가치가 있는 것이 다른 이해관계자에게도 가치가 있다는 보장은 없다.

가치창조는 별도로 하더라도, 가치 추적을 위해 단 한 가지 척도만 사용되는 것은 아니다. 성공이나 실패는 과거를 돌아볼 때에만 정확히 그것을 알 수 있으며, 아직은 가치가 초점이 되어야 한다. 이것은 냉전시대의 주요 초점이었던 성과와 냉전시대 이후의 주요 초점인 가격적합성 그리고 다른 속성도 포괄한다.

린은 목표가 아니며 단지 이것은 가치를 창조하고 목표를 달성하는 수단 혹은 이를 가능하게 만들어주는 것일 뿐이다. 성공은 최종 사용자와 다른 모든 이해관계자에게 가치를 인도하는 것이다. 그리고 가치를 창조하는 것은 지속적인 프로세스이며, 협정에 동의, 예기치 못한 사건 그리고 복잡한 경제적, 정치적, 사회적 역동성에 의해 명확해진다.

이 프레임워크와 3부에 있는 나머지 자료들은 린 개념을 구축하고 확장한다. 시종일관 우리는 '올바른 일을 하기'에 대해 정립된 접근방법을 강조할 것이다.

가치란 무엇인가?

가치에 대한 정의는 조직적 활동 결과로 나타난 효용 또는 부를 제공하는 것의 교환에 중심을 두고 있다. 여기서 우리는 이해관계자의 '문화적 가치'에 관심을 두고 있지 않고 다양한 이해관계자들이 부, 효용, 혜택을 어떻게 발견하느냐 혹은 엔터프라이즈에 대한 그들 각각의 공헌도에 따라 교환을 통한 보상이 이루어지는 것에 관심을 두고 있다.[1]

우리는 가치가 고정된 것이 아니며 이해관계자의 우선순위, 지불하고자 하는 의지 및 시간의 변화에 따라 진화하는 것임을 주목해야 한다.[2]

'진정한 지향점' 개념은 가장 광범위한 의미의 가치를 나타내며, 린 사고는 진정한 지향점을 찾도록, 즉 이해관계자들의 니즈가 무엇인지 이해하도록 가르친다. 6장에서 본 것처럼, 엔터프라이즈에는 많은 이해관계자들이 있으며, 각각의 입장에서 가치를 추구하고 있다. 결과적으로 엔터프라이즈 내에서 생산된 제품을 돈으로 교환하는 것 말고도 수많은 교환이 일어난다.[3]

앞에서 우리는 '린'에 관해 가치생성과 낭비제거의 측면에서 정의하였다. 낭비를 제거하는 것은 상대적으로 간단한 개념이지만, 가치를 제공한다는 것은 더 어려운 것이다. 이해관계자들의 가치를 이해하는 것이 쉽지 않다는 한 가지만 보더라도 알 수 있다.[4] 이해관계자들은 대부분의 경우 식별할 수 있지만, 그들이 가치를 바라보는 많은 관점은 최종 사용자에게 제공된 제품, 서비스 또는 개선의 가치와 함께 식별되지 않을 수도 있다.

사업 단위 내에서 물리적 산출물에 전혀 가까이 가지 않는 재무나 인적자원 기능 부문의 이해관계자들도 줄곧 혜택을 부가하는 것처럼 이런 이해관계자들의 가치는 가치흐름에 내포되어 있다.

엔터프라이즈 이해관계자의 범위는 종업원으로부터 시작해서 자본을 제공하는 사업 파트너, 의회를 통해 궁극적인 정부 프로그램의 권한을 제공하고, 국방 산업계와 관계없는 다른 수많은 것도 포함된 멀티프로그램 엔터프라이즈에 영향을 미치는 정책을 설정하는 미국 국민에 이르기까지 넓은 폭을 가진다.

일을 더 복잡하게 만드는 것은 이해관계자의 가치에 대한 기대가 시간이 흘러가면서 때에 따라 서서히 진화하거나 또는 빠르게 극적으로 변한다는 것이다.

그리고 서로 다른 이해관계자의 가치는 서로 충돌을 일으키기도 한다. 환경보호론자들을 예로 들면, 이들은 대기를 오염시키는 특정 제조기법을 반대할 수도 있지만 산업계에서는 환경문제를 다룸에 따른 경제적 타격이 실제 환경위험보다 크다는 느낌을 가질 수도 있는 것이다.

가치는 긍정적인 피드백 사이클을 통해 강화되고 확장될 수 있다. 예를 들어 국민의 상상력을 사로잡은 화성의 패스파인더(Pathfinder)와 같은 성공은 외계행성 탐사 임무에 대한 새로운 지원을 만들어내고 있다. 이런 임무의 일을 하는 엔지니어나 과학자는 자부심을 가지고 그들이 중요한 공헌을 만들어냄은 물론 그들의 기술적 역량을 개선하고 있다고 믿을 것이다.

여론과 정책 입안자들이 우주 탐사의 가치에 대해 의문을 가지고 이런 활동에 대한 추구 욕망이 사라지는 부정적 사이클도 있을 수 있다. 노동인력, 금융공동체 그리고 회사마저도 비정부 프로그램에 참여하는 것이 더 나을 거라는 생각을 할 수도 있다.

많은 경우, 특히 항공우주 프로그램에서 가치가 '고객'이라는 한 부류에 관해 정의될 수는 없다. 종종 주어진 프로그램에 여러 종류의 최종 사용자와 잠재적 수혜자들이 존재한다.

국제 우주정거장의 건설, 통합 및 운영에 관한 가치를 고려해보자. 그 가치는 누구의 것인가? NASA(고객)의 것인가? 우주비행사(실제 운영자)의 것인가? 과학자(실제 사용자)의 것인가? 개발과 운영비용을 부담하는 국민의 것인가? 혹은 이를테면, 모든 하위 시스템 및 구성요소가 포함된 우주정거장 건설 계약자 및 실제 건설에 관련된 사람과 회사조직의 것인가?

이 외에도 국제 파트너들은 미국 시각으로 본 가치를 공유하지 않을 수도 있다. 이런 각 실체들이 프로젝트에 부가하는 가치를 가지고 있지만, 분명히 그 각각은 계속적인 참여를 통해 만족시켜야 할 각자 자신들만의 이해관계도 가지고 있다.

이 우주정거장은 이 중에서도 특히 복잡한 사례일 수도 있지만, 주어진 엔터프라이즈를 추진할 수 있는 가치의 수많은 차원을 잘 설명해주고 있다. 고객의 풀(pull)에만 초점을 집중하는 것은 너무 단순한 것이다.

어떤 영역이나 개별 공정에서는 이것만으로 충분할 수도 있지만, 항공 우주 부문이나 이에 비견할 수 있는 다른 복잡한 산업계의 경우, 린 원칙 적용은 보다 광범위한 다차원적인 관점을 지향해야 한다.

그러면 가치 초점을 향해 어떻게 다가갈 수 있을 것인가? 먼저 우리는 가치가 이해관계자의 시각에 따라 변하며, 이 이해관계자의 시각도 시간이 지남에 따라 변한다는 것을 인정해야 한다. 어떤 사람에게 가치란 최소 시간에 최소 비용으로 제품을 만들어내는 것일 수도 있고, 다른 사람에게는 올바른 능력을 제공하는 것일 수도 있다. 분명히 이 두 가지 모두 중요하다.

그리고 적절한 보상과 주요 이해관계자로 하여금 엔터프라이즈 가치 창조에 스스로 참여할 수 있도록 환경을 제공하는 것도 똑같이 중요하다. 요약하면 가치 초점은 그들이 가치를 두고 있는 것이 무엇인지 식별하고 이것을 이해하고 올바른 접근방법에 통합시켜 활동에 관여된 다양한 이해관계자들을 지향한다는 것을 의미한다.

가치흐름과 일을 올바르게 하기

4장에서 가치흐름을 식별하고 최적화하는 린 실행이 중요함을 보았다. 워맥과 존스는 그들의 책 〈린 사고〉에서 가치의 흐름이 꾸준하게 흐르도록 낭비를 제거하는 것의 중요성을 강조하였다.

가치흐름 지도는 설계, 주문 및 특정 제품을 만들어내기 위해 요구되는 모든 활동을 식별한다. 이 활동은 세 가지 범주로 분류된다.

(1) 고객이 인지한 가치를 실제로 창조하는 것, (2) 가치를 창조하지는 않지만 제품개발, 주문 충족 혹은 생산 시스템에 의해 현재 요구되고 있는 것, (3) 고객이 인지한 가치를 창조하지는 않지만 즉시 제거할 수 있는 것.

***지속적인 가치흐름 만들기** : 가치흐름을 따라 일단 세번째 형태의 낭비가 최대한 제거되었다면 흐름, 풀 및 완벽성 기법을 통해 나머지 비가치 창조 단계로 가서 작업해야 하는 것이 명확해진다.*[5]

가치흐름 분석과 같은 도구들은 '일을 올바르게 하기' 위해 아주 귀중한 것이다. 가치흐름 지도는 가치가 어떻게 인도되고 있는지 실체적으로 나타낸 것이다. 프로세스의 시작부터 끝까지 모든 활동, 완충영역 소요 시간을 보여주는 지도를 그리는 것이 전형적인 접근 방법이다.

가치흐름 지도 그리기는 비용을 줄이고 제품생산 시간을 고객의 주문에 맞추기 위해 낭비를 제거하는 유용한 도구임이 증명되었다. 그러나 가치흐름을 그리는 것이 가치창조 이야기의 전부가 아니다. 엔터프라이즈 수준이 아닌 어느 한 프로세스 영역 혹은 프로그램의 가치흐름 지도에만 초점을 집중하는 것은 전체적인 비용을 지불하고도 부분적인 최적화로 이어질 수가 있다. 즉 엔터프라이즈의 '큰 그림'이 빠졌을 수도 있음을 의미한다.

예를 들어 미래의 다른 프로그램에 가치를 부가할 수도 있는 어떤 것이 가치흐름을 따라 갈 수도 있지만, 현재 제품과는 직접적인 관계가 없기 때문에 낭비로 간주되는 것이 있을 수도 있다. 이렇게 비전을 협소하게 가지면 '우리가 만든 것이 아니야!' 라는 배타적 상황이 나타날 수도 있다.[6]

제품의 가치흐름은 모든 이해관계자의 가치를 직접적으로 나타내지 않는다. 따라서 불필요한 낭비로 분류된 행동은 일부 이해관계자를 무시할 수도 있고 엔터프라이즈 내 다른 곳에 가치를 제공하는 행동의 제거로 이어질 수도 있다.

프로젝트에 대해 엔지니어가 직접 부가한 가치와 새로운 기량 및 능력 개발과 관련된 장기적 가치의 차이점에 대해 고려해보라. 어느 한 프로젝트 혹은 프로그램에서든 새로운 소프트웨어 플랫폼의 사용법을 배우기 위해 필요한 사업적 투자를 하는 일은 어려울 수도 있지만, 이 일을 일련의 여러 개로 나누어진 과제로 만들어버리면 효율적이 될 수 있다.

성공의 섬으로 남아있는 5장의 많은 사례들은 아마 엔터프라이즈 초점이 결여되었기 때문일 것이다. 이것은 특히 다양한 프로그램에 적용되는 혁신 혹은 개선의 경우에 적용된다. 기계설계 일을 하는 사람이 독특한 방식으로 CAD/CAM 시스템 사용법을 발견했다고 가정해보자. 만일 엔지니어가 이익을 얻기 위해 다른 프로그램의 시간을 줄였다면, 멀티프로그램 엔터프라이즈에 분명한 가치가 부가된 것이다. 그렇지만 엔지니어 자신의 프로그램에는 직접적인 비용이 부가된다.

이것은 린 원칙을 가까운 최종 사용자에게만 봉사하도록 초점을 협소하게 두고 린 원칙을 적용하는 경우의 위험을 보여준다. 낭비제거가 단기적 비용감축 활동의 일환으로 협소한 관점에서 진행되면 멀티프로그램으로부터 가치가 낮아질 위험이 있다.

'일을 올바르게 하기'에만 초점을 두는 것의 또 다른 한계는 이것이 가끔 활기가 없어진다는 것이다. 가치흐름 지도 그리기가 완료되었지만, 몇 달 혹은 몇 년의 기간이 지나도록 변경된 것도 없고, 실제 가치흐름은 시간이 지남에 따라 그리고 이해관계자의 우선순위와 제반 사건과 함께 진화하는 경향이 있다.

예를 들어 초기 가치흐름에 의해 프로세스 개선이 이루어지면 이 프로세스의 새로운 지도가 필요할 것이다. 기술상의 변화도 현저한 프로세스 변경을 주도할 수가 있다. 국방이나 민간 항공우주 부문에 있어서, 매 2년마다 새로 바뀌는 의회 구성도 프로그램을 현저하게 바꾸어버리는 새로운 우선순위를 의미할 수도 있다.

이런 프로그램들의 경우, 세계 지정학적 구조에 변화가 있으면 특정 프로그램 계획에 대해 강한 타격을 줄 수도 있다. 특히 F-22 프로그램이 이것을 드러내는 명확한 사례인데, 그 자체 자금 지원과 계획생산 수량에 대해 매년 중요한 변화를 겪었다. 마찬가지로 CEO가 바뀌게 되는 경우에도 회사 방향에 엄청난 변화를 가져와 가치흐름 지도를 무용지물로 만들어 버릴 수 있다.

가치흐름 지도가 '일을 올바르게 하기' 위해 개선이 이루어질 수 있는 영역 식별에 아주 유용한 역할을 할 수 있음은 분명하지만, 우리가 가치에 대해 보다 완전한 관점을 가지면 이런 지도가 총체적 해결책이 아니라는 점도 마찬가지로 분명하다.

가치를 창조하는 것은 일을 올바르게 하는 것은 물론 올바른 일을 하는 것도 필요로 한다. 올바른 일을 하는 것은 전후 관계를 따져 생각해야 하며, 이것은 엔터프라이즈의 수준에 따라 좌우된다. 프로그램 수준에서 주어진 엔터프라이즈의 초점은 고객의 기대에 따른 올바른 성격을 가지고 있다.

관심은 올바른 시장을 선택하고 엔터프라이즈 능력, 혁신, 경쟁력 및 튼튼한 재무구조의 구축을 계속하는 것으로 집중된다. 8장과 9장에서 이 두 가지 영역을 보다 자세히 알아 볼 것이며, 10장에서는 국가 엔터프라이즈 내에서 가치창조에 관한 보다 광범위한 문제를 다룰 것이다.

프레임워크 도입하기

'올바른 일을 하는 것' 과 '일을 올바르게 하는 것' 및 함께 가치를 창조하는 것이 성공적인 린 엔터프라이즈의 토대이다. 그렇지만 엔터프라이즈는 이 두 가지 요소를 어떻게 다루어야 하는가? 간단히 사람들에게 '가치를 창조하도록' 혹은 '가치를 인도하도록' 부탁하는 것은 적절하지 않다. 이 일은 본능, 리더십, 비전 및 약간의 타이밍 상의 행운까지도 한데 묶인 체계적 프로세스를 필요로 한다.

성공 가능성 증대에 도움을 주기 위해, 우리는 그림 7-1에 나온 가치창조의 3단계 프레임워크를 제시한다.

가치흐름 지도 도구와 같은 대부분의 린 개선 노력은 이 모델의 마지막 단계인 가치인도(일을 올바르게 하기)에 초점을 둔다. 우리가 가치식별이라 부르는 올바른 일을 알아내기 위해 처음부터 상위개념 쪽으로 관심을 충분하게 기울이지 못하고 있다. 관련된 모든 이해관계자들이 하

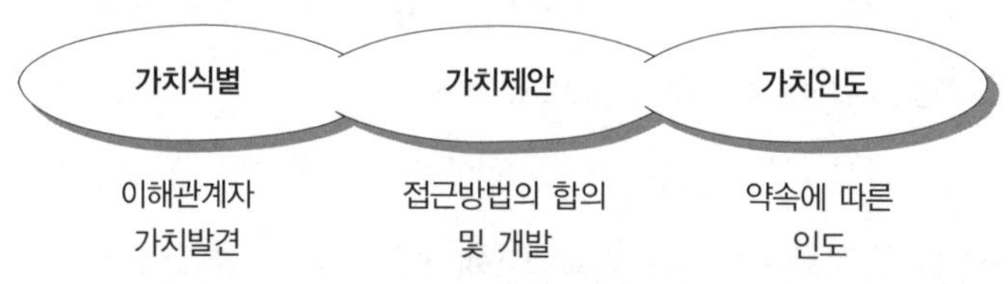

그림 7-1 가치창조 프레임워크

나 또는 그 이상의 가치제안에 관해 제대로 정립되어 있지 않으면 식별된 가치는 절대 실현할 수 없다.

그리고 단지 일을 올바르게 하는 것을 목적으로 하는 프로세스 개선 노력의 효과는 근본적인 이해관계자의 제안과 초기 가치식별에 관한 기본적 질문을 제기할 기회도 없이 제약을 받게 된다.

이 3단계 모델은 이 책보다 앞선 논의에서 나온 것이다. LAI의 '라이프사이클 가치'로 명명된 연구에서 성과를 측정하기 위해 이 프레임워크가 사용되었고, 우리의 모델과 잘 일치하고 있음이 입증되었다.[7] 제품의 라이프사이클 가치는 제품을 만들거나 개발하기 위한 저비용 입찰만이 아닌 프로그램의 전체 라이프사이클에 걸치는 가치를 미리 고려한다. 이것은 작전 및 보급비용, 플랫폼 쇄신 비용 및 기타 요인도 포함하는 것이다.

산업계 내부의 사람들은 의사결정자를 이런 높은 비전으로부터 끌어내리는 많은 알력들이 있기 때문에 종종 이런 혁신 활동에 비판적이다. 그럼에도 불구하고 우리 연구에서 본 것처럼, 라이프사이클 가치는 F/A–18E/F, 777–300, F–16 및 JAS39과 같은 프로그램에 대해 진정한 지향점을 제공할 수 있다.

프레임워크의 처음 두 단계인 가치식별 및 가치제안이 가치인도에 앞서는 필요조건임이 확실해진 것이 이런 혁신 활동에 관한 연구 속에서 확인되었다. 다시 말하면, 올바른 일을 하는 것이 일을 올바르게 하는 것만큼 중요하다는 것이다.

가치창조에서 이들 단계는 항상 정해진 순서대로 진행되는 것은 아니지만, 이들은 개념적으로 서로 차이가 구분되는 활동들이며 각각 분리하여 살펴보는 것이 중요하다. 이들은 그림 7–2에서 볼 수 있는 것처럼

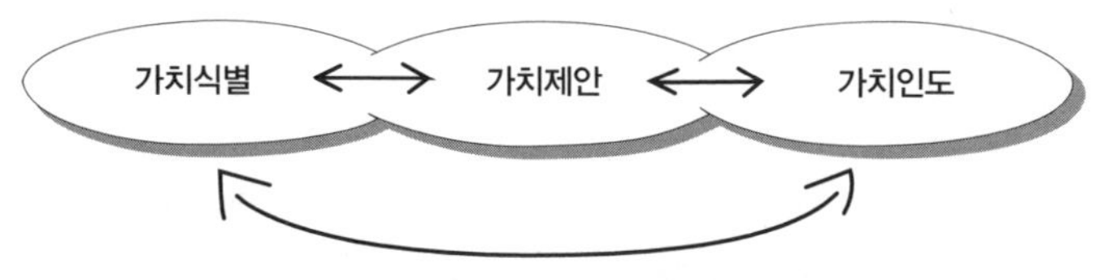

그림 7-2 가치창조의 반복과 적응

본질적으로 반복적이다. 세 단계를 단 한 번에 통과하여 모든 이해관계자에게 가치를 인도하는 가치흐름의 개발 임무가 실현되는 경우는 드물다. 가치제안이 만들어지면서 추가 이해관계자들이 종종 등장한다.(이 장 후반에서 상세하게 논의할 것임)

그리고 프로그램 엔터프라이즈의 각 수준 간은 물론 프로그램 엔터프라이즈와 멀티프로그램 엔터프라이즈 및 국제 엔터프라이즈 간에서도 반복이 일어난다.

이해관계자의 니즈와 내부 혹은 외부 제약조건이 변화하는 것처럼, 가치창조도 재평가와 적절한 변화를 필요로 할 것이다. 때에 따라 자연법칙이 중간에 끼어들어 이해관계자가 원하는 가치창조가 불가능하게 되는 일도 있을 것이다. 8장의 1단계 궤도진입 재사용 발사체의 사례에서 상세히 볼 수 있는 것처럼 기술의 현재 상태는 인지된 니즈가 있는 경우라도 물리 법칙으로 타당치 않은 개발을 할 수 있다.

우리는 이 프레임워크가 가치창조 프로세스를 좀더 가시적으로 만들어주는데 도움이 될 것으로 믿고 있다. 이 장의 나머지 부분에서는 이 프레임워크에 관해 좀더 상세한 논의를 하고, 8장~10장에서 6장에서 소개된 세 가지 엔터프라이즈 수준에 대해, 이 프레임워크를 적용하는 문제를 심도있게 살펴볼 것이다.

가치식별

우리 프레임워크의 첫 단계는 이해관계자와 그들의 가치 니즈 혹은 요구조건들(협상 이론가들은 때로 이것을 '이해관계'라는 용어를 사용한다)[8]을 식별하는 일이 포함된다. 경제학자는 여기서 '효용 함수'를 볼 수도 있을 것이다.

중요한 점은 이 단계에서 식별된 가치의 많은 모습에 각 이해관계자 간에 원하는 가치식별을 하기 위해서도 반드시 일어나는 상호 '교환'이 관여되어 있다는 점이다. 이것이 '올바른 일'의 규정이 시작되는 곳이다. 이것은 가장 간과하기 쉬운 활동일 수도 있다.

이 프로세스는 이해관계자의 식별과 함께 시작된다.[9] 긍정적이든 부정적이든 간에 가장 큰 잠재력을 가진 이해관계자를 반드시 식별할 수 있도록 주의가 필요하다. 이를테면 세상의 모든 조종사들과 같이 너무 광범위하게 이해관계자에 대한 정의를 하면, 이 일이 불가능해진다. 약속에 따라 인도하는데 잘못된 결과나 무능의 원인이 되는 관련 이해관계자를 놓치게 되면 심각한 결과를 야기시킨다.

모든 이해관계자 식별이 완료된 후에 프로젝트 혹은 프로세스 중 어느 부분에 그들을 위한 가치가 부가되는지 그리고 이 가치를 제공하기 위해 어떤 종류의 교환이 요구되는지 처음으로 알아보는 시도가 이루어지는데, 이 일은 상당히 복잡하다.

이해관계자는 차후에 있을 협상에서 그들의 위치가 약화될 것을 염려하여 그들에게 중요한 가치의 모든 차원마다 노출되는 것을 꺼릴 수도 있다. 게다가 많은 이해관계자들이 그들에게 중요한 가치의 모든 차원을 명확하게 구분하거나 확신하지 못한다.

소비 제품에 관한 효과적인 시장분석의 수행에 필요한 많은 조사가 이런 어려운 문제의 증거를 제공한다. 소비자들은 그들이 얻을 수 없는 것을 필요로 한다는 것을 알 수 있을까? 이해관계자 그룹의 개별 구성원은 모든 이해관계자를 대변할 수 있는가? 그리고 국방의 맥락에서 오늘날과 같은 환경에서 훈련받은 군대의 최종 사용자가 진정으로 알려지지 않은 미래 전쟁 시나리오의 니즈를 말할 수 있는가?

이런 것들이 어려운 문제이며, 이에 대한 해결책도 '문제가 해결될 때까지' 모든 이해관계자를 한 방에 모아놓는 방식을 쓴다 해도 쉽게 해결할 수 없다. 결국 포커스 그룹과 시장 조사는 유용한 방법이긴 해도 한계가 있다. 따라서 가치제안을 구성하는 것이 필요한 것이다.

가치제안

이 가치제안 단계는 핵심 이해관계자들의 니즈가 함께 모이는 곳이다. 여기서 직무 만족과 같은 무형적 가치, 공공정책의 지원 또는 빠뜨렸던 중요한 엔터프라이즈 니즈와 같은 것들이 도출되며, 그렇지 않을 경우 놓치게 된다. 달리 말하면 가치제안을 구성하는 것은 프로세스처럼 가치식별을 도울 수도 있다.

이 가치제안의 개념은 새로운 것이 아니며, 이 용어는 오늘날 경영 관련 문헌에 광범위하게 나타나 있다.[10] 가치제안 단계의 목적은 이해관계자들의 가치제안에 의해 가치흐름의 구조를 구성하여 사람, 그룹 및 엔터프라이즈가 그들 자신의 노력 혹은 그들의 자원을 그들이 할 수 있는, 즉 가치를 끌어내는 방식으로 가치흐름에 기여할 수 있게 하려는 것이

다. 이것이 가치인도에 있어서 결정적으로 중요한 것인데, 그 이유는 이
해관계자들은 그들이 아무런 가치를 받지 못할 경우 일을 중단할 것이
기 때문이다.

예를 들어 단 하나의 산출물에서 수익을 얻을 수 있는 제안은 드물고,
단 하나의 속성으로 완전히 나타낼 수도 없다. 이들은 예를 들면 환경보
호, 기술적 성능규격 충족, 투자자 기대치 만족 및 안전하고 활기찬 작
업환경 조성과 같은 욕구의 전체 범위를 감안해야 할 필요가 있다.[11]

이 단계의 진행중에 서로 다른 이해관계자들의 구성체가 명시적으로
또는 묵시적으로 '가치 교환'을 이루어내며, 이것은 때로 '약정' 혹은
'거래'로 불리기도 한다. 명시적 거래는 둘 혹은 그 이상의 당사자 간 합
의 내용이 물리적으로 표현된 공식화된 대부분의 계약으로 되어 있기
때문에 사례가 많으며, 묵시적인 거래도 물론 많다.

예를 들어 의회는 주어진 프로젝트에 대해 국민이 지지하고 있다고
믿으면 자금 지원을 승인할 수도 있지만, 만일 프로젝트가 특히 실업률
이 높은 어느 지역으로 이전되어 그곳 사람들의 일자리가 창출된다면
더 많은 자금 지원이 이루어지도록 승인할 것이다.

그들 간에 맺은 약정은 그것들이 약속에 따라 가져다주기 위한 구조
물이 되기 전까지는 아무 의미가 없다. 사회학, 심리학 및 경제학 분야
는 이런 약정 속에 들어있는 인센티브가 중추적인 것이라고 말한다.[12] 정
부 계약과 관련 '조달 개혁'을 겨냥한 최근 노력은 현실에 맞게 인센티
브를 재구성한 생생한 사례이다.

'더 높이, 더 빨리, 더 멀리' 가는 것을 지원하는 인센티브 대신, 많은
구성부품에 상용 표준을 사용하는 것과 같이, '더 좋게, 더 빠르게, 더
값싸게'를 지원하는 인센티브로 변화하고 있다.

　최근 이런 인센티브의 정립 외, 거래 프로세스 그 자체가 문제가 되고 있다. 어떤 경우 하나 혹은 그 이상의 이해관계자가 가치제안의 구성에 있어서 강한 '압력을 가하는' 역할을 하고, 다른 이해관계자는 그것을 더욱 '촉진시키는' 역할을 한다.[13] 대부분의 가치제안을 구성하는 과정에서 이 두 가지의 조합이 포함되어 있으며, 이 때문에 결과적으로 많은 딜레마가 발생한다.

　예를 들어 가치식별 단계에서 '모듈화 된' 접근 방법을 채택해야 할 분명한 우선순위를 드러내어 제품이 주기적으로 업그레이드할 수 있도록 최초부터 설계가 이루어지게 할 수가 있고, 이것은 거래가 이루어지는 어떤 것을 설명할 수도 있다. 혹은 가치제안의 핵심부분 속에 장기적인 납품 합의가 포함되어 있을 수도 있다. 정부 프로그램에는 획득 규정에 부합할 것을 요구하는 정부 규칙과 관련 요구되는 강제가 있다.

　오랜 시간에 걸쳐 프로세스 개선을 이루어내기 위한 연합 노력과 관련된 것을 촉진하는 시도도 있었으며, 이렇게 해서 얻어진 혜택을 어떻게 분배할 것인지 강제하는 것도 있다. 중요한 것은 이런 교섭 프로세스가 전반적인 프로세스 중 이 단계에서 강제 및 장려가 일어나는 방식으로 가치창조를 확대시키거나 잠식할 수 있다는 것이다.

　가치제안 단계의 한 부분은 가치를 제공하는 일련의 행동들을 예상하는 것이다. 프로그램에 있어서 이것은 프로그램 일정계획과 인도물의 목록을 만들어내는 일을 훨씬 넘어가는 일이다. 멀티엔터프라이즈 프로그램 수준의 경우, 이것은 다른 가치흐름과 어떻게 상호작용이 이루어지는지도 감안한다. 이것은 일정계획, 행동계획 목록 또는 전통적인 가치흐름 지도처럼 보일 수도 있지만, 반드시 그보다 더 효과적이어야 한다.

　이해관계자들은 그들의 가치 니즈가 충족되었는지 확인할 필요가 있다. 때로 이것은 추가적인 과업을 의미한다. 예를 들어 장기적인 개발 프로세스 과정 중에 의사결정을 위한 이론적 근거를 포착하는 것이 중요한데, 그 이유는 아직 주변의 개발을 시작한 같은 사람이 임무를 맡을 수 없기 때문이다.

또 다른 사례로 추가적인 정보수집과 공유 능력의 구축을 들 수 있는데, 이것은 최종 제품에 직접적으로 기여하지 않지만, 경영지원 의사결정 정보에 신속하게 접근을 해야 하는 엔터프라이즈의 니즈에 도움을 준다.

가치인도

가치인도의 이행 단계는 린 원칙과 실행의 맥락에 있어서 가장 친숙한 단계이다. 여기는 제품, 서비스 또는 개선된 능력이 받아들여지고 가치흐름에 참여한 다양한 이해관계자와 최종 사용자에게 가치가 인도되는 곳이다. 이곳은 명시적 및 묵시적인 모든 약속들이 지켜지는 곳이다.

이해관계자들에게 이익을 전달하는 가치인도는 우리가 '가치흐름'이라 부르는 상호 연결된 활동의 사슬을 필요로 한다. 최종 사용자나 혹은 어떤 이해관계자에게 가치를 인도하는 일에 과다한 초점을 두면 다른 이해관계자를 무시하게 되는 역기능적 가치흐름이 창조된다. 우리가 의미하는 가치인도는 가치흐름 내 모든 단계에서 부가되는 가치에 의해 좌우된다.[14]

가치흐름 지도 너머로 식스시그마, 동시 자재 흐름 또는 작업 스테이션 내 프로세스 관리와 같은 다른 프로세스 개선 방법론도 가치인도 단계에서 유용할 수가 있다.

가치창조 프레임워크를 엔터프라이즈의 세 수준으로 연결하기

다음의 8, 9, 10장에서 우리는 가치창조 프레임워크를 엔터프라이즈의 세 수준으로 연결하는 것에 대해 상세하게 설명할 것이다. 우리는 각 수준을 별도로 참조하지만, 실제 이들은 고도로 결속되어 상호 관련을 맺고 있다.

이들은 사실 양파의 각 층과 비슷하며 프로그램은 그림 6-9와 같이 통상 하나 혹은 그 이상의 더 큰 멀티프로그램 엔터프라이즈 층 속에 들어 있다. 이들 역시 그보다 더 큰 정책, 규제 및 기대치를 설정하는 국가 엔터프라이즈 속에 들어 있다.

프로그램, 멀티프로그램 및 국가 엔터프라이즈는 고유하고 서로 관련된 가치 니즈를 가지고 있으며, 표 7-1에 각 엔터프라이즈 수준의 단계별 주요 목표가 정리되어 있다.

가치식별은 비록 각 수준의 진전이 이루어지면서 초점이 갈수록 넓어지고 정밀도가 낮아지긴 하지만, 세 가지 모든 수준에서 일어난다. 가치제안 역시 갈수록 덜 명시적이고 더욱 더 복잡해진다. 그리고 가치인도는 협의의 이행 활동으로부터 보다 광범위한 변환 활동으로 옮겨간다. 그러나 각각의 경우 정확한 목표 역시 상세히 지정하여 가치창조 활동에 초점을 줄 수도 있다.

요약하기

우리는 목표가 단순히 린(lean)하게 되는 것만이 아니라, 이 린이 우리가 가치라고 부르는 결정적으로 중요한 것을 효과적으로 인도하는 수단이라는 관찰 결과를 가지고 이 장을 시작하였다.

우리는 가치창조가 반복적으로 되풀이되는 세 가지 단계로 구성된 체계적인 방식으로 이해될 수 있음을 보았으며, 더 나아가 이 가치식별, 가치제안, 가치인도의 프로세스는 세 가지 모든 엔터프라이즈 수준에서 일어난다.

이 전후 관계의 상황에서 우리는 이제 중요한 문헌과 린 변환에 집중된 보다 더 큰 노력까지 적절한 위치를 잡아줄 수 있게 되었다. 린 실행과 원칙은 그 본질에 있어서, 단일 '고객'을 향해 효율적으로 가치를 인도하는데 거의 모든 중심을 두고 있다.

사실 가치인도에 있어서 린 능력은 수많은 가치제안을 만들어내고 새로운 형태의 가치식별조차 가능하게 하기 때문에, 이것은 행동을 위한 강력한 지레와 같은 수단이 된다.

가치인도를 효과적으로 하는 것에만 초점을 두는 것은 함정이 될 수도 있다. 이것은 전형적으로 단기적 비용 삭감과 관련하여 협소하게 해석되었던 낭비제거에만 점증적 초점을 두는 방향으로 이끌어간다. 우리는 린 개선 노력이 가치식별과 가치제안을 구성하는 일에 가장 중요한 관심을 두는 것과 함께, 보다 큰 가치창조의 틀에 기초를 둘 것을 주장한다.

우리가 1장에서 이야기했던 원칙은 다음과 같은 것이었다. "이해관계자의 가치를 식별한 후에 그리고 확고한 가치제안을 구성한 후에만 가

엔터프라이즈 수준	가치식별	가치제안	가치인도
프로그램 엔터프라이즈 (8장)	**목적**: 고객과 사용자를 위한 부가가치 기회 식별; 다른 핵심 프로그램 이해관계자에게 미치는 함축된 의미의 평가	**목적**: 프로그램 인수자, 계약자, 납품업체 및 기타 실체에 인도될 가치에 대한 상호 이익 약정 구성; 이해관계자 가치에 초점을 맞추기 위한 인센티브 정립	**목적**: 가치흐름 전체적으로 린 원칙과 실행의 이행 – 제품 개발, 제조 및 유지 포함
멀티프로그램 엔터프라이즈 (9장)	**목적**: 각 프로그램의 전체적인 부가가치 시너지 식별; 내부 및 외부 이해관계자에게 미치는 함축된 의미의 평가 – 전략적 파트너, 금융공동체 및 기타 포함	**목적**: 엔터프라이즈 전체적으로 현재 및 미래 능력을 개발하기 위한 상호 이익 약정 구성; 프로그램 전체적으로 부분 최적화를 방지하기 위한 엔터프라 이즈 인센티브 정립	**목적**: 다양한 가치흐름에 대해 린 이행을 가능하게 할 수 있도록 엔터프라이즈 지원 시스템 정립 – 정보 시스템, 재무 시스템, 인적자원 관리 시스템 및 기타 시스템 포함
국가 및 국제 엔터프라이즈 (10장)	**목적**: 핵심 엔터프라이즈 사명을 진보시키기 위한 점진적, 획기적 기회 식별	**목적**: 안정성을 확보하고 동시에 혁신을 촉진시키기 위한 전반적인 시스템 인센티브 수립	**목적**: 현재 및 미래 능력 확보를 지향하는 융통성 있고 강건한 제도적 기반구조 수립

표 7-1 엔터프라이즈 세 수준에 걸친 가치창조 모델

치를 인도한다.”

　가치에 대한 이 체계적 접근 방법은 성공을 보장해주는 것은 아니지만, 노력을 조직화하고, 각 수준 간 연결 상태를 촉진시키고, 단절의 위험을 줄이는데 도움을 준다. 이것은 매우 중요하다. 여러 가지 측면에서 정의하기도 어렵고 또 계량화하기도 어려운 그 어떤 것을 꾸준히 추구해야만 하는, 바로 이것이 21세기 도전의 핵심이다.

8 장

가치 프로그램

프로그램은 제반 능력, 수익 흐름, 일자리, 공급업체와의 제반 계약을 비롯하여 다른 여러 가지 무수한 형태로 가치를 제공하는 확장된 엔터프라이즈를 구성하는 핵심 구성요소이다.

프로그램은 비용과 일정 제약조건에서 특별한 제품, 시스템 또는 서비스를 제공하며, 그 자체가 주계약자와 공급업체의 네트워크, 파트너 그리고 고객이 포함된 수많은 실체를 아우르는 엔터프라이즈로 간주될 수 있다.

프로그램은 그림 6-2에 소개된 것처럼 처음부터 끝까지 공급사슬을 통해 새로운 사업을 만들어내는 것으로부터 요구조건의 정의, 설계 및 개발, 제조 및 유지 보급에 이르는 라이프사이클 프로세스의 온전한 스펙트럼을 포괄하는 가치흐름으로 생각할 수도 있다.[1] 7장에서 만들었던 이 세 단계 가치의 프레임워크는 이 스펙트럼의 전 방위에 적용된다.

그림 8-1은 가치창조 모델에 있는 이 세 단계가 프로그램에 어떻게 적용되는지 잘 보여주고 있다. 가치 프로그램의 창조에 있어 일차적인 과제는 '올바른 일을 하기'와 '일을 올바르게 하기'이다. 잘 구성된 프로그램이라 할지라도 '잘못된 일을 하기' 즉 잘못된 제품을 만들어내는 것 때문에 가치 생성에 어려움을 겪을 수 있다.

그리고 최상의 제품조차도 만일 그 자체의 가치흐름이 부실하게 관리되거나 제대로 통합되지 않았다면, 즉 만일 그 일이 '올바르게 이루어지지' 않았다면 스스로 가진 잠재력에 훨씬 못 미칠 것이다.

이 그림은 올바른 제품 그리고 가치 생산에 필요한 과제를 지원하는 올바른 능력을 가진 일단의 이해관계자를 보여준다. 이 가치흐름 안에서 최종 사용자와 참여한 이해관계자 모두를 위해 가치가 창조된다. 완전한 가치 실현에 실패하면 거의 항상 세 단계 중 하나 또는 그 이상의 단계에서 실행이 부실하게 이루어진 경우이다.

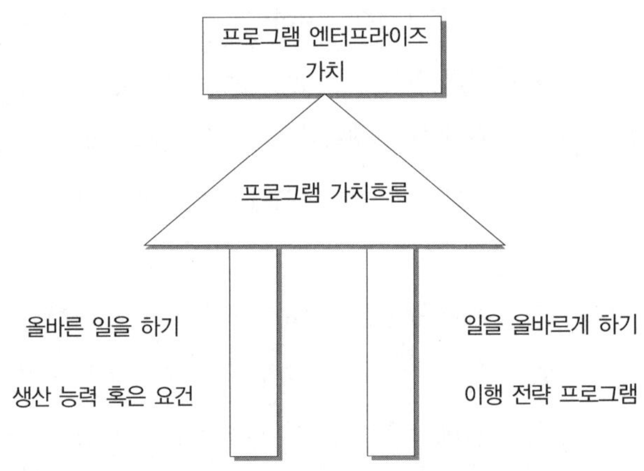

그림 8-1 프로그램 가치창조 기둥

항공우주 부문의 프로그램은 언제나 이 가치창조 과제의 도전에 직면하였다. 새로운 것이 있다면 이제 이 프로그램이 운영되는 환경이 변한 것이다. 새로운 항공우주 제품을 개발하고 실전에 투입하기까지 5년에서 10년 혹은 그 이상이 걸리는 것도 드문 일이 아니며, 이런 제품은 수명이 50년을 넘어간다.

이렇게 오랜 기간 동안, 외부환경, 가용기술 그리고 시장의 기회, 이 모든 것이 변한다. 이에 따라 최종 사용자가 제품을 사용하는 방식은 물론, 다른 이해관계자들의 니즈도 종종 급격한 변화가 일어난다.

오늘날의 프로그램은 반드시 융통성과 적응성을 가져야 하며, 성숙기의 기술과 새로 등장하는 기술을 효과적으로 통합하고, 자금과 인원 조달에 있어서 불안정성을 완화시키고 기대를 줄 수 있어야 하며, 새로운 사업 모델을 개척하고, 글로벌 환경에서 운영이 이루어져야 한다. F-16과 같은 프로그램은 이런 환경에서 성공한 사례를 보여준다. 다음 장에서 보게 되겠지만 다른 경우는 그렇지 않았다.

이런 환경은 올바른 일을 발굴하는 것의 한 부분이기도 한 가치식별을 어렵게 만든다. 또 올바른 일을 하는 것뿐만 아니라 일을 올바르게 하려는 계획인 가치제안을 짜 맞추는 일도 더욱 복잡하게 만든다.

이 장에서 우리는 9장 및 10장에서 다루게 될 보다 크고 복잡한 엔터프라이즈로 들어가기 전에 프로그램과 경영, 7장에서 간략하게 설명한 가치창조 프레임워크의 적용을 살펴볼 것이다. 우리는 가치식별, 가치제안 및 가치인도를 다룬다. 각 장에서는 개념에 대한 정의와 사례, 성공에 대한 핵심적인 어려움 혹은 장애물과 프로그램 관리자를 위한 일부 도구들이 포함되어 있다.

우리는 변화에 대한 적응의 필요성에 대한 논의로 결론을 내릴 것이

F-16 팰콘 - 지속된 라이프사이클 가치창조[2]

록히드 마틴의 F-16은 원래 1970년대에 제너럴 다이내믹스사에서 미 공군을 위해 무게도 가볍고, 군더더기를 빼낸 전투기로서 개발된 것이다.[3] 이 제품이 제안되어, '더 크고, 더 무겁고, 더 복잡하고, 더 비싼 항공기'를 추구하던 경향을 역전시켰다.

어느 무기 시스템에서든 기술적 성능이 우선순위를 차지하고는 있지만, F-16 개발의 주도적 영향은 자금 조달상 제약조건을 유지시키고 기술적 요구조건은 수용가능한 수준으로 제한시키는 것이었다.

그러나 F-16의 기본 성능은 그 어느 것도 부족해 보이는 것은 없었다. 그 세대에 F-16의 기동 에너지나 순간 회전속도(이 모두 공중전 능력의 두 핵심 척도임)를 능가하는 전투기는 없었다. 이 F-16의 공중전 기록은 71승 무패를 기록하고 있다.

F-16의 가치는 글로벌 환경과 고객 요구조건의 변화에 대한 적응성은 물론 린 실행을 통해 얻어진 가격적합성을 추구한 덕분에 유지되었다. 고객의 수용도로써 판매성과를 나타내는 지표를 감안하면, 이 F-16은 자유 세계 다른 그 어느 전술 항공기보다 훌륭하다.

이것은 현재 21개 고객(국가)에서 작전을 하고 있거나 혹은 주문을 받고 있으며, 이중 14개 국가는 반복적으로 주문을 하였다. 개방된 판매 경쟁에서 F-16의 성공 비율은 자체의 수명 기간 동안 67퍼센트, 1990년대에 75퍼센트, 그리고 1996년에서 2000년에 이르는 동안에는 100퍼센트이다.

이 시스템 구조, 특히 디지털 비행제어 항공전자공학 및 비행 시스템 구조는 F-16의 수명 가치창조를 촉진시킨다. 이것은 오랜 기간에 걸쳐 자체의 융통성을 유지하고 있다.

원래 A/B 모델은 기관총, 단거리 공대공 미사일 및 재래식 폭탄을 장착하고 있었다. F-16 다국적 기반 개선 프로그램에 의해 C/D 모델이 만들어졌고 가시 범위를 벗어난 곳의 전투기 요격능력, 주야간 정밀타격 능력 및 정밀 시스템과 무기를 위한 구색을 갖추게 되었다.

F-16의 다역할 수행능력은 F4D에서 F-106에 이르는 요격기, 적국 공중 방어망을 압박하는 F-4G 와일드 위즐(Wild Weasel), RF-4C 사진정찰기 및 A-10 근접지원, 전투정찰 및 구조기와 같은 다른 항공기의 국가 공중방위 임무를 대신하게 만들었다.

또한 미 공군과 해군 조종사 훈련에서 적기의 역할, 미 공군 선더버드(Thunderbirds) 비행 시범, 공군 항공기 비행 테스트 지원 및 미 공군 및 해군의 비행 시험대와 같은 수많은 비전투 역할에도 사용되고 있다.

1990년대 초반 제너럴 다이내믹스사의 총괄 관리자가 된 고든 잉글랜드 휘하에 F-16 프로그램은 냉전 이후, 시대적인 가격적합성 요구 명령에 부응하였다.

이 책 2부에서 소개하는 수많은 린 실행을 채택한 록히드 마틴의 F-16은 월 생산대수가 24대에서 6대로 75퍼센트나 감소하였음에도 불구하고 일정한 판매가격을 유지하였다. 더 나아가 주문에서 인도에 이르는 기간은 42개월이 걸리던 것이 최소 24개월로 줄어들었다.

이행된 일부 린 실행을 보면, 공급사슬 통합, 흐름 최적화, 핵심역량 추구, 통합제품 및 프로세스 개발, 전자 작업지시, 셀 제조방식 및 지속적 개선 등이 포함되어 있다. 5장에 소개되었던 패키지 제작 센터는 F-16 프로그램 린 실행의 상세한 사례이다.

F-16 프로그램에서 적용했던 진화적 개발 접근 방법은 오랜 세월이 지난 후에, 전체 라이프사이클 동안 가치를 지속시킨 사례가 된 시스템으로 정착되었다.

다. 가치 관점에서 프로그램에 관한 사고를 소개함으로써, 우리는 프로그램을 보다 큰 엔터프라이즈에 어떻게 적용시킬 수 있는가에 관해 이해할 수 있는 초석을 다질 것이다.

가치식별

프로그램에 있어서 가치식별은 프로그램에 의해 창조될 가치를 이해하는 것을 의미한다. 프로그램 가치는 제품 혹은 서비스가 최종 사용자는 물론 프로그램에 참여하는 이해관계자에게 미치는 가치를 포함한다. 우리는 이 가치를 제품 혹은 서비스에서 요구되는 능력을 식별하는 것과 이해관계자들을 식별하는 것 그리고 그들이 기대하는 가치의 관점에서 논한다. 그림 8-2에서는 그림 8-1의 프레임워크 상에서의 가치식별 작업을 그림으로 표현하였다.

제품가치, 즉 제품의 라이프사이클 동안 사용자에게 전달되는 능력은 이해하기 어려울 수도 있다. 제품 라이프사이클의 초기에는 특히 만일 그것이 혁신적인 제품일 경우, 가끔 전체 사용자 가치 평가에 대한 근거로 쓰일 정보의 양이 한정적이다. 예상치 못한 상황 및 가능성들이 제품

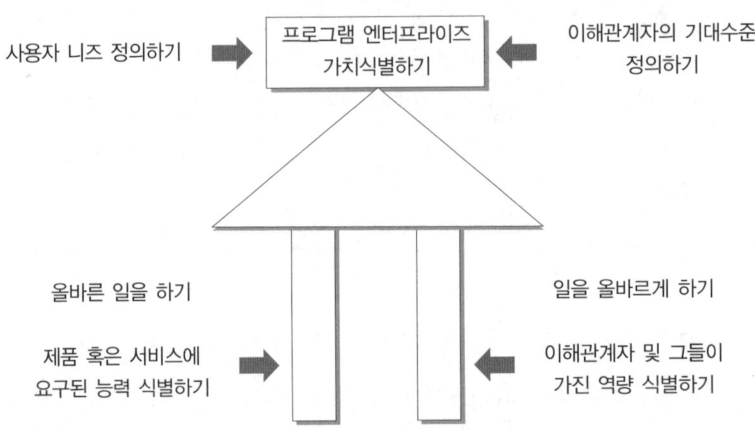

그림 8-2 프로그램 가치식별의 요소

의 유용성을 떨어지게 할 수 있고 혹은 제품 개발자들이 가졌던 원래 비전을 넘어가는 기대하지 않았던 가치가 나타날 수도 있다.

대륙횡단 철도는 살아있는 역사적 사례이다. 이 횡단철도에 대한 초기의 경제적 타당성, 즉 동서 간 무역은 그것이 가져다 준 폭발적인 성장과 이주민 정착에 비해 작은 것이 되어버렸고, 이것은 그 당시 가장 야심적인 비전의 기대 수준을 초월한 것이다.[4]

항공우주 부문에서 F-16은 처음에는 경량의 저렴한 국방 전투기로 기획되었으나, 다양한 다기능 플랫폼으로서 떠올랐다. B-52 폭격기는 더욱 더 극단적인 사례를 제시한다. 그 긴 수명 동안, B-52 폭격기는 고공 전략 핵 억제 및 재래식 폭격기, 저수준 핵 폭격기 및 정밀 전술 타격 능력을 갖춘 원거리 플랫폼으로서 그 역할을 하였다.

창조된 가치를 향유할 '사용자들'을 정의하는 것 또한 어렵다. 예를 들어 상업용 항공기의 '사용자들'에는 항공기를 소유하는 항공사, 항공기를 조종하는 조종사와 비행 승무요원, 항공기를 타고 이동하는 여행객 및 비행기를 상시 비행할 수 있도록 만들어주는 유지 보수 요원들이 포함된다.

이 모든 사람들이 관련된 이해관계자들이며, 제품 능력의 수많은 서로 다른 요소들에 관해 관심을 가지고 있다. 그림 8-3에서 제품 가치의 이런 측면들에 관해 이해할 수 있는 프레임워크를 제시하고 있다.[5]

사업환경 속에서 계속 펼쳐지는 이런 변화 역시 가치식별 과정에서 고려해야 할 핵심 요인이다. 항공우주 부문의 예를 들면, 가치의 초점이 성능에서 전체 라이프사이클 가치로 변하고 있는 중이다.[6] 3장에서 살펴본 것처럼, 이것은 성숙기에 진입하고 있는 산업계로서는 자연스러운 것이다. 전체 라이프사이클 가치 사고로 이동하는 것의 특징은 기능과

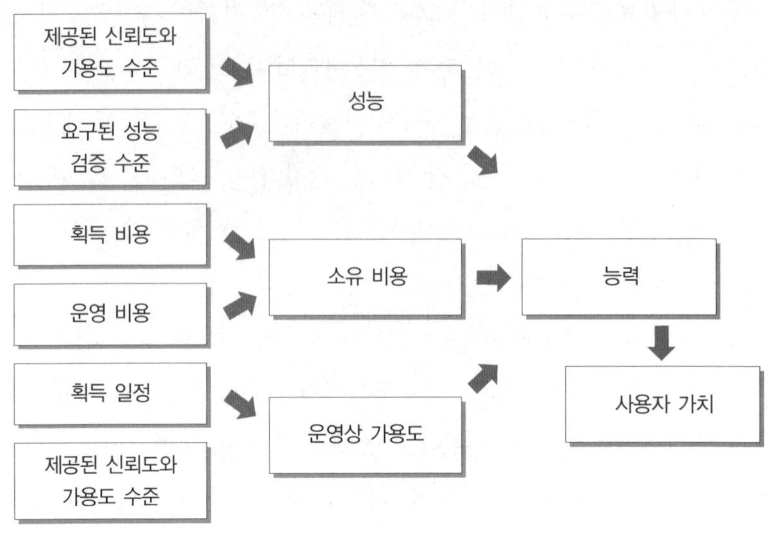

그림 8-3 제품 능력의 요소

물리적 제품의 특성을 정의하는 것으로부터, 점차 제품 사용자에게 어떤 효용을 가져다 줄 것인가에 대해 보다 확장된 고려를 하는 것으로 옮겨지는 것이다.

이것은 편리성, 자신감, 유지보수성 등과 같은 보다 덜 실체적인 특징도 포함시키기 위해 가치의 범위를 확대시킨다. 바꾸어 말하면 제품 가치식별 단계에서 제품이 사용되는 환경과 장기적인 서비스에서 지속적인 효율성 제공에 필요한 기반구조에 관해 보다 많은 주의를 기울여야 할 것을 요구한다.

가치식별은 또한 프로그램이 보다 쉽게 식별된 사용자 니즈들을 가지고 있는 성숙기 시장에 주어져 있는지 혹은 시장이 따라올 것이라는 믿음을 가지고 새로운 기술이나 능력을 도입하려 하고 있는지 여부를 고

려해야 할 것을 요구한다.[7]

　다른 이해관계자들에 의해 받아들여질 가치를 식별하는 것은 최종 사용자에게 인도할 가치를 식별하는 것만큼 중요한 일이다. 예를 들면 노동인력 이해관계자의 가치를 식별하는 것이 결정적으로 중요한데, 상황에 따라 다소 난이도가 다를 수 있다. 유연성이 부족한 노동 시장에서 회사는 반드시 이들에게 선택받아야 할 고용자가 되기 위해 경쟁해야 하며, 노동인력이 가치를 두고 있는 것에 대응하기 위해 제공해야 할 것이 보다 더 명확할 수도 있다. 다른 사례의 경우, 회사는 사업 전략상의 변화를 지원해야 하는데, 이처럼 주어진 영역에서 미래를 위해 기술과 능력을 개발하는 방식으로 그것이 필요로 하는 것에 집중해야만 할 것이다.

　가치식별에 관한 엔터프라이즈 관점은 이 두 가지를 이상적으로 연결시키며, 제품 라이프사이클 각 단계에서의 프로그램 가치흐름 요건에 대한 노동인력의 능력 개발과 연결시킨다.

　프로그램의 경우, 멀티프로그램 엔터프라이즈 혹은 국가 엔터프라이즈 내 다른 사람들은 종종 중요한 프로그램 이해관계자들이다. 이런 이해관계자들은 정의에 따라, 예를 들어 점진적 개선을 넘어선 혁신을 위한 지원 문제와 같이 프로그램 내에 단독적으로 한정된 시각를 가진 것에 비해 더 넓은 범위를 가지고 있다. 프로그램 엔터프라이즈 관점에서 시장은 이런 지원을 필요로 하지 않을 수도 있다.

　그러나 멀티프로그램 엔터프라이즈의 경우, 이런 지원은 미래 가치창조에 요구되는 재능과 능력을 유지하기 위한 중심적인 요인이 될 수도 있다. 그리고 국민, 의회 그리고 정부 프로그램의 조달 권한은 단지 특정 프로그램뿐만 아니라 프로그램의 더 폭넓은 목표와 관련이 있는 것에 이르기까지 직접적인 이해관계를 가지고 있다. 정책에 관한 고려사항도 프로그램에 있어서 중요한 기술적 의미를 가질 수도 있다.[8]

모든 핵심 이해관계자에 대한 고려가 안 될 경우 프로그램이 실패할 수도 있다. 핵심 공급업체의 가치 기대치는 제품의 사용자들의 기대치와 함께 식별되어야 할 필요가 있다. 제품의 라이프사이클 동안 반드시 사용할 수 있어야 하는 중요한 하위 시스템이나 구성부품을 담당하는 공급업체를 고려해보자. 군수 제품에 들어가는 구성부품의 제작자는 국방사업에 비해 보다 더 수익성이 좋은 상용 시장을 가지고 있을 수도 있으며, 정부뿐만이 아니라 항공우주산업 부문까지 공급 중단을 선택할 수도 있다.

이런 공급업체에게 군수품 시장의 매력을 유지시켜 주는 가치식별에 실패할 경우 이 공급업체가 시장을 떠난다면 재설계 필요성 때문에 전체비용이 더 들어가는 결과가 나올 수도 있다. 이것은 특히 오늘날 정보기술에 있어서 문제가 되는 것인데, 민수시장이 군수품 시장에서 제공하는 것에 비해 훨씬 더 많은 수량과 수익을 제공해주고 있기 때문이다.

위에 언급한 것들이 암시하는 것처럼, 새로운 혹은 진화하는 프로그램의 가치식별에 많은 난제가 도사리고 있다. 함정 또한 존재하고 있는데, 만일 이를 회피하지 못하였을 경우 프로그램이 실패하거나 정체 상태에 빠지게 되는 운명에 처하게 된다. 여기에 관해 세 가지 사례를 들어보기로 한다.

먼저 종종 과거에 통했던 해결책이었고, '잔재물' 로서 제도화가 되어버린 '예전에 만들어진 해결책' 은 이런 함정의 하나이다.[9] 기술적 해결책을 예로 들어보자. 몇몇 연구자들이 쓸모가 없어 버리는 바로 그 순간에 기술이 더욱 완전하게 작동되는 경우를 발견하였는데,[10] 이것은 종종 회사로 하여금 스스로 가지고 있는 특별한 전문기술 때문에 그 기술에 속박 당하게 되는 하나의 역설적인 현상이다.[11]

두 번째 함정은 어떤 면에서 첫 번째 함정의 변종으로 볼 수 있는데, 특정 설계방법이나 문제해결책에 대한 기득권을 강력하게 옹호하는 것과 관련이 있다. 예를 들어 레이건 대통령 시절에 전략방위 구상은 로렌스 리버모어 국립연구소에 있던 이론가들의 지지를 받았고 이들은 나중에 대통령에 의해 전략방위 구상에 참여하게 되었다. 그들은 계속 확대되는 기술적 장애물과 세계 상황의 변화에도 불구하고 '별들의 전쟁(Star Wars)'을 계속 밀어붙였다.[12]

세 번째 함정은 가치식별에서 새로운 기술개발의 어려움을 평가절하하는 경향인데, 특히 이런 일이 그 기술에 기반을 두고 있는 시스템이나 신제품의 개발과 동시에 일어나는 경우에 문제가 된다. 신기술은 성능 면에서 큰 폭의 혜택을 가능하게 하거나 전체적으로 새로운 능력을 가져다 줄 수도 있지만 기술적 한계를 넘어서는 것은 쉽지 않은 일이다.

신기술의 장점을 가능한 활용하고자 하는 욕구가 종종 새로운 기술응용에 민감하게 적용되어 엔지니어링의 여분을 감소시키려고 압박하거나 혹은 기술 준비성에 대한 공격적인 억측을 만들어내게 된다. 만일 제반 가정들이 너무 공격적이면 프로그램은 최선의 경우, 기술적 장애물이 없어짐에 따른 일정 계획상의 문제에 직면하게 될 것이고, 최악의 경우, 프로그램은 실패할 것이다.

이런 함정은 이해관계자와 그들의 가치가 식별됨에 따라 조사가 더 필요한 영역에 관한 유용한 점검 목록을 제공한다. 이해관계자들의 모든 것을 식별하는 것은 대개 이런 작업이 이루어져 있으면 가능하다. 가치의 쓸모 있는 명분을 만들어내는 것이 더욱 더 어렵다.

X-33 – '1단계 발사체 궤도 진입' 과제

우주 접근에 개선이 이루어진 NASA 프로그램의 한 부분이었던 이 X-33 프로그램은 가치식별에 있어서 함정과 관련된 사례이다. 하중이 있는 페이로드(payload; 유효 하중, 발사체 탑재물)를 우주 궤도로 실어보내는 것은 실제 로켓 과학이다. 이 일을 저렴하게 그리고 신뢰성 있게 행하는 것은 언제나 사람을 움츠러들게 만드는 어려운 과제이다. 페이로드의 모든 중량은 궤도 속도를 얻기 위한 수많은 연료, 구조체 및 제어 시스템의 하중을 필요로 한다.

물리 법칙과 현재 기술로는 금속 구조체와 재래식 로켓 모터를 사용하는 1단계 발사체를 궤도에 도달하게 하려면 아무리 작은 페이로드도 허용되지 않는다. 우주왕복선과 같은 발사 시스템은 단계가 있으며, 고체 로켓 부스터 형태의 불필요한 하중과 그리고 나중에 대형 연료탱크까지 일단 더 이상 필요가 없으면 분리하여 투하시킨다.

이 X-33 프로그램은 우주왕복선을 대체할 1단계 궤도 안착(SSTO) 발사체로 개발하려는 의도를 가지고 있었다. NASA가 임무의 적합성에 관해 선언한 내용은 '페이로드를 지구 저궤도에 안착시키는 비용을 10년 내에 10배 줄이고, 궤도 간 이전 비용은 15년 내에 10배 줄이는 것이었다. 이 두 가지 모두에 들어가는 비용은 추가적으로 25년 이내에 10배 줄인다' 라는 것인데,[13] 이렇게 요란한 목표는 현실적인가?

X-33의 시도는 이전에 가졌던 생각, 즉 SSTO 설계를 사용하는 대규모 국가 자산 발사체에 기초를 두고 있었다. 이 개념은, 현재 보유한 기술로는 아주 위험도가 높은 것이었다. 그러나 이 아이디어를 강력하게 옹호하던 사람들이 이것을 가능하게 할 수 있는 일단의 합리적인 기술을 보유하고 있다는 입장을 취했다. 결과적으로 나온 시스템은 합법적으로 그리고 최선을 다해 추진하였지만, 여기서 논의하는 함정의 덫에 걸려 희생양이 되어 버렸다.

이 X-33 발사체는 정부와 산업계의 제휴관계로 설계가 이루어졌지만,

발사 비용을 삭감하고 우주 사업의 풍부한 새로운 기회를 열 수 있는 핵심 기술을 실증하기 위한 것에 불과했다. 그러나 록히드 마틴과 X-33 프로그램 계약체결 전에 수행된 기술 준비성에 관한 한 연구에서 재래기술에 의존하던 경쟁 발사체가 질량비를 얻기 위해 비현실적인 질량 여분을 사용하였음이 공개되었다.[14]

낙찰된 록히드의 발사체는 여러 고급 기술이, 특히 모든 극저온 연료 탱크와 선형 에어로스파이크 엔진이 단지 어느 정도의 기술적 진보로 가능할 것이라는 부정확한 전제조건에서 작업이 이루어졌다. 그 어느 기술도 일정계획에 맞추지 못했고, 프로그램은 극저온 연료탱크가 자체 첫 번째 주 테스트에서 실패한 후에 프로그램은 취소되었다.[15] 이 실패는 새로운 기술에 있어서 전형적인 형태인데, 모든 일이 처음부터 잘 되는 경우가 드물다는 것을 보여준다. 비록 이 실패가 냉전 시대 초반에 성공적인 시스템을 향한 기술적 진보의 한 부분으로서 수용되기는 했었지만,(2장 참조) 오늘날의 위험 회피적 환경에서는 용납되기 어려운 일이었다.

이 프로그램은 본격적인 개발에 앞선 기술적 입증도 이루어져 합리적으로 구성되었다. 그러나 이 SSTO 문제와 그리고 일반적인 저비용 발사 문제는 아마 극복할 수 없을지도 모르며 단순하게 기술이 평상시보다 더 빨리 개발될 수 있을 것이라는 희망을 가지고 다룰 수 없는 물리학적 과제이다. 일정에 관한 기한도 없었고, 실패를 통한 학습이 허용되는 기조 안에서 기술 개발 프로그램으로서 관리가 이루어진 이 X-33은 성공한 케이스가 될 수 있었다. 그러나 초기에 공표된 것처럼 되진 않았다.

기존의 많은 방법과 도구들이 프로그램 가치식별에 도움을 준다. 기존 제품의 업그레이드나 혹은 정의된 사용자 집합과 함께 분명하게 선언된 니즈와 같이 개발될 제품에 관한 분명한 정의가 이루어져 있으면, 포커스 그룹, 조사연구 또는 인터뷰와 같은 도구들이 유용하게 사용될

정부 조달 업무에서 가치창조에 대한 인센티브 만들기

특히 정부 프로그램의 경우, 정보가 개방되고 공유되는 것은 결정적인 요소이다. 린 엔터프라이즈 가치창조가 기존 정부 조달 시스템 내에서 실현될 수 있을까? 이 책에 제시된 LAI의 학술적 탐구 및 사례 연구를 통하여 '예스'라는 명백한 답을 제시해준다.[16]

프로그램 별로 반드시 극복해야만 하는 과제가 있지만, '최상의 가치' 원칙에 의거하여 조달을 금지하는 법적 또는 행정적 장벽이 발견된 적은 없다. 이런 과제를 극복하고 정부 조달 시스템이 이런 목표를 달성할 수 있도록 변환을 지원하기 위한 교육, 프레임워크 및 도구들이 요구되고 있다.

LAI 이해관계자 연합체는 여기에 연관된 실행 지원책을 만들었는데, 이 방위사업청의 인센티브 전략[17] 지침서는 방위사업청 요원이 인센티브 전략을 만들어낼 경우 물어보게 될 다음과 같은 5개의 질문에 관련된 내용으로 구성되었다. 계약상 인센티브에 관해 왜 관심을 가져야 하는가? 가치를 극대화시키는 성공적인 사업 관계로 이끌어가는 효과적인 인센티브 전략에 기여하는 요소는 무엇이 있는가? 성공적인 사업 관계를 위한 효과적인 환경을 어떻게 구축하고 유지할 것인가? 획득업무 사례를 어떻게 만들어갈 것인가? 가치를 극대화 하는 인센티브 전략은 어떻게 구축할 것인가? 전자문서 버전에는 더 많은 자원, 참조문헌 및 도구들의 출처가 연결되어 있다.[18]

수 있다.[19] 사용자 니즈를 파악하고 우선순위를 정하기 위한 품질기능 전개[20]는 이런 유형의 프로그램을 목표로 하고 있다. 다속성 효용이론[21]은 설계팀과 최종 사용자 간 대화를 촉진시키는데 있어서 아주 유용한 또 다른 접근방법이다. 이런 도구들은 식별 프로세스의 효율과 범위를 개선하여 린 엔터프라이즈 가치를 돕는다.

6장에서 논의되었던 린 엔터프라이즈 구성요소 중 하나는 '가치흐름 내에서 효과적으로 수립된 관계'이다. 이것은 상호 신뢰와 존중, 정보 공유 그리고 전체 가치사슬을 통해 관련된 모든 이해관계자들 간에 개방적이고 정직한 의사소통이 있을 때 사람과 조직이 최상으로 기능한다는 것을 인정하는 것이다.

만일 이해관계자들이 프로그램으로부터 그들이 원하는 것을 식별하는 '게임'을 한다면, (예를 들어 프로그램 후반부에 어떤 이권이나 양보조건과 같은 것을 거래하는 것처럼) 전체적인 프로그램 기반구조와 접근방법은 비효율적이거나 또는 이보다 더 나쁜 방식으로 설정될 것이다.

프로그램에서 린 엔터프라이즈 시각을 취하는 것은 기존 제품 가치식별 방법에 토대를 둔 가치식별 프로세스를 가리킨다. 체계적인 가치식별만이 명확한 가치로 이끌어 줄 수 있다. 이것이 다음 단원의 주제이다.

프로그램 가치제안

이 가치제안의 핵심은 프로그램의 목표와 모든 이해관계자들에게 효과적으로 가치를 가져다주는 이행 관련 접근방법을 이해하도록 돕는 것이다. 프로그램 수준에서 가치제안은 프로그램의 제반 목표를 공식화하고, 이해관계자들 간의 관계를 정의하며, 이해관계자들이 기대하는 가치를 가져다주기 위한 프로그램을 구성한다. 그림 8-4는 이 단계에서 그림 8-1에 제시되었던 가치 기반 프로그램 엔터프라이즈 구조의 관점에서 도달하려는 목표를 보여준다.

그림의 첫 번째 기둥, '올바른 일을 하기'는 인도될 제품 혹은 서비스

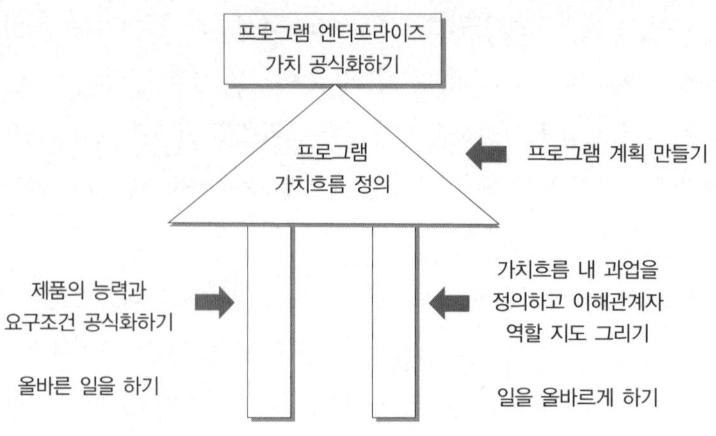

그림 8-4 프로그램 가치제안의 요소

의 관점에서 공식화된다.(전통적으로, 이것은 제품 요건의 문서화를 의미하였다) 두 번째 기둥, '일을 올바르게 하기'는 기록된 문서와 구두 약정을 통해 공식화된다. 여기에는 정의, 일정 및 과업에 대한 책임과 같은 내용이 들어있으며, 프로그램 엔터프라이즈 제반 요소들 간의 관계를 공식화하고 역할과 책임을 정의하는 계약이 존재한다. 비공식적인 다른 합의 사항은 프로그램과 이해관계자 간 기여하는 부분과 기대하는 바를 구별한다.

이 두 개의 기둥은 프로그램 가치흐름이 표현된 프로그램 계획의 형태를 나타낸다. 전통적으로 요구조건, 계약 및 계획 등 모든 것들이 준비되지만 종종 통합에 대한 충분한 주의 없이 그리고 가치 관점의 혜택도 없이 이루어진다. 요건서류, 일단의 공급업체 계약 그리고 프로그램 일정은 가치제안을 만들기 위해 연결시키지 않는다.

가치 기반 프로그램 계획은 대규모 프로그램에서 한 장의 문서로 되는 경우는 드물고, 문서의 계층 구조로 이루어진다. 주계약자는 일반적으로 공급업체에게 전달될 제반 요건의 계획을 가지고 있으며, 이런 공급업체들은 차례로 개발부분에서 그들이 할당받은 규모에 따라 좌우되는 세부 수준의 계획을 하게 된다. 또한 제반 계획은 프로그램의 단계에 따라 진화한다.

신기술 개발 계획은 제품 요건의 문서화가 훨씬 덜 되어 있을 수도 있으며 본격적인 생산 프로그램에 비해 과업 계획도 덜 상세하다. 프로그램 계획에 투입되어야 할 자료의 양이나 자세한 수준의 정도를 정하는 간단한 공식 같은 것은 존재하지 않는다. 중요한 것은 의사소통을 할 수 있고 프로그램이 모든 이해관계자들에게 가치를 제대로 가져다 줄 수 있을지 점검할 수 있는 메커니즘을 제공하는 것이다.

많은 조직에서 전략의 집중과 올바른 방향을 제공하기 위해 '사명 선언문'를 사용한다. 지나치게 애매한 것을 종종 볼 수 있지만, 신중하게 단어를 선택하고 모든 당사자의 합의를 이끌어낼 수 있다면 이것이 최상위 가치제안으로서 역할을 하게 된다.

이런 선언문은 분명히 이해할 수 있고 모든 주요 이해관계자를 포함시키는 것이 이상적이다. 핵심 이해관계자 간에 최소한 암묵적인 합의가 수립되는 것이 이 책에서 언급하고 있는 많은 성공적인 프로그램에서 볼 수 있는 특징이며, 관련 요소의 범위가 확대되고 보다 명확한 선언문을 사용하는 경향을 보이고 있다.

이 책에 소개된 많은 프로그램들의 성공이 프로그램과 고객 간의 이해에 의해 이루어진 것을 알 수 있으며, 다른 여러 가지 프로그램에서는 이 외에 공급사슬 관리를 추가하고 있다.

우리는 명시적으로 만들어진 그리고 제반 이해관계자들이 그들의 공약을 나타내기 위해 서명까지 한 최상위 프로그램 사명 선언문을 알고 있다. 이런 것들의 대부분이 주계약자와 고객 간에 서로 합의하여 이루어지며, 우리는 반대편에서 이상적으로 만들어진 이런 프로그램 사명 선언문을 제안한다. 이것은 일반적인 것으로 실제 프로그램은 보다 구체적일 필요가 있지만, 실제로는 가치 지향적 프로그램을 인도할 수 있는 기본 원칙들을 제시해주는 역할을 하고 있다.

우리는 꾸준하게 참조될 수 있고 이해관계자들 간에 의사소통을 할 때에 프로그램 리더들에 의해 강화될 수 있는 최상위 수준에 초점을 맞춘 선언문의 중요성을 강조하고 싶다. 이런 선언문을 만드는 것은 상당한 노력을 요하며, 만일 프로그램이 수많은 서로 다른 그리고 서로 상충될 수도 있는 목표를 가지고 있을 때 특히 더 많은 노력을 필요로 한다. 이런 일은 모든 이해관계자들의 재능과 능력이 가치를 창조하기 위해 어떻게 사용될 수 있을지 설명하는 프로세스를 필요로 하며, 활발한 참여를 독려하기 위한 적정한 인센티브도 필요하다.

그림 8-4를 다시 언급해보면, 만일 최종 사용자가 요구하는 능력을 전해주지 않으면 프로그램은 가치를 제공할 수 없다. 요구된 능력은 반드시 설계할 수 있고, 개발할 수 있고, 검증할 수 있는 식별 가능한 기능과 측정 가능한 변수로 전환되어야 한다. 이것을 제대로 얻으려면 기술적 성능 이상의 다른 고려도 해야 한다. 다시 말하면, 그림 8-3은 제품 최종 사용자의 모든 니즈를 파악하기 위한 프레임워크이며, 프로그램 계획의 일부가 되는 일단의 문서화된 요건을 만들어내는데 도움을 줄 수 있다.[22]

많은 책들과 상용 표준들이 프로그램 계획의 준비와 내용에 관한 지침을 제공한다.[23] 그러나 여기에 다양한 이해관계자들에 관한 관심, 제반 이해관계자들 간의 묵시적 관계, 정보의 흐름 그리고 위험도와 불확실성에 관한 고려와 함께 가치창조의 관점이 추가될 필요가 있다.

프로그램 계획의 중요한 측면은 프로그램 내 제반 실체들 간의 관계와 상호작용을 정의하는 것이다. 많은 내용들이 계약서에 적혀지는데, 여기에는 수많은 비공식적 합의 사항도 또한 존재한다. 멀티프로그램 엔터프라이즈는 프로그램을 구속하는 전략적 약정 사항을 가질 수도 있다. 이런 것들은 종업원과의 노동 계약일 수도 있고, 어떤 공동체에서의 세액 감면 약정일 수도 있으며, 혹은 다른 회사와의 전략적 제휴일 수도 있다.

프로그램 엔터프라이즈 가치제안에 기여하거나 혹은 제약을 가하는 지원 구조나 멀티프로그램 및 국가 엔터프라이즈 수준으로부터의 지식도 존재할 수 있다. 이런 상호의존성은 9장과 10장에서 보다 뚜렷하게 볼 수 있을 것이다.

선언이 되지 않았거나 묵시적인 약정도 있을 수 있다. 예를 들어 주계약자와 공급업체 간의 명시적인 장기적 파트너십 약정 외에도 정보공유, 의사소통, 상호신뢰 및 기타 무형적인 것들로 이루어진 일단의 묵시적인 이해사항들이 있을 수 있다. 이렇게 무형적인 약정 사항은 전형적으로 린 엔터프라이즈 가치를 만들어내는 명시적인 것과 마찬가지로 똑같이 중요하다.

조직체의 구조와 프로그램 책임이 조직의 제반 요소에 할당되는 방식은 프로그램이 어떻게 제대로 기능할 것인가에 대해 엄청난 영향을 미친다. 완벽한 프로그램 계획은 반드시 프로그램의 서로 다른 부분은 물론, 제품의 각 물리적 부분이 정보를 어떻게 처리하는지 보여주어야 한다. 마찬가지로 중요한 것은 문제를 어떻게 도출하고 프로그램 각 실체들 간 어떻게 해결할 것인지 정의하는 것이다.

가설적 프로그램 사명 선언문 – 프로그램 가치제안의 상위수준[24]

우리의 가장 큰 책임은 우리 제품과 서비스의 최종 사용자와 고객에게 대한 책임이다. 우리는 핵심 성과 변수를 충족시키거나 혹은 초월할 것이다. 우리는 우리 고객에게 최상의 가치를 제공하기 위해, 가능한 한 가장 좋은 품질과 가장 낮은 비용을 얻기 위해 꾸준하게 노력할 것이다. 고객이 주문한 것은 신속하게 인도될 것이다.

고객들은 변화하는 니즈와 새로운 기회에 대응하기 위해 우리와 협조적으로 함께 고민하며, 제품의 요구조건을 가능한 한 안정적으로 유지할 것에 동의한다. 이와 같은 정신으로 우리는 상호 이익을 실현시키기 위해 공급업체와 함께 일하며, 그들과 안정적인 제휴관계를 유지하기 위해 노력할 것이다.

우리는 개인, 회사 및 조직과 같이 프로그램을 구성하는 우리의 모든 이해관계자들과 개방된 그리고 정직한 의사소통을 할 것이며, 건설적인 방식으로 분쟁을 해결할 것이다.

우리는 고용인력의 인격과 가치를 존중한다. 우리는 공정한 보수와 보상을 위해 노력할 것이며 안전하고 쾌적한 근로 조건을 만들기 위해 전념하고 있다. 고용인력은 프로그램의 목표에 대해 이해하고 있어야 하며, 그 목표 달성을 위해 성심껏 그들이 가진 최선의 역량으로 기여할 것이다. 애로사항과 부족한 점들은 정직하게 상호 소통하고 개인의 일방적 판단을 피하는 방식으로 해결될 것이다. 고용인력은 동료 작업자나 경영진과 자유롭게 스스로의 생각을 공유할 수 있도록 장려될 것이며 우리는 그들이 말하는 것을 경청하고 제기한 문제를 적절하게 대처해야 한다.

프로그램의 모든 국면에서, 우리는 윤리적으로 행동하고 법을 지킬 것이다. 우리는 우리가 일하는 공동체에게 어떤 피해도 끼치지 않을 것이며, 프로그램 이해관계자들의 가족, 공동체 및 사회를 개선하고 지원할 것이다. 우리는 프로젝트에 관여된 이해관계자들의 니즈와 함께 프로그램 니즈의 제품 인도에 관련된 위험을 인식하는 것은 건전한 프로그램 계획의 필수적인 요소이다. 위험의 식별과 관리는 항상 문제가 되며, 알려지지 않은 위험을 식별하는 것은 불가능하다. 모든 프로그램에서 결코 일어나지 않을 수도 있는 잠재 문제를 예방하기 위해 적용될 수 있는 자원은 한계가 있음에도 불구하고, 계획된 그리고 문제화되기 전에 그것을 드러내고 평가할 수 있게 해주는 상시 위험관리 접근방법을 가지는 것이 필수적이다. 이것은 변화하는 환경에서 개발이 이루어지는 기술적으로 복잡한 제품의 경우에 특히 적용된다.

가치인도 단계를 생각해 보기 위해 진행하면서, 우리는 프로그램 라이프사이클의 초기에 만들어진 의사결정이 최종 제품능력, 즉 비용, 일정 및 가용도에 가장 큰 영향을 미친다는 점을 주목한다. 비록 프로그램 초기 단계에서의 자원의 지출이 상대적으로 작더라도, 이 때는 가장 큰 지레 효과가 존재하는 시기이다. 그림 8-5[25]는 제품의 뼈대 구조에 관한 의사결정과 개념적 및 예비 설계단계에 만들어진 핵심설계 특징이 비록 생산단계에 들어가기 전까지 이 비용이 실제로 발생하지 않는다 하더라도 제품 최종 비용의 2/3를 차지하고 있음을 잘 설명해주고 있다.

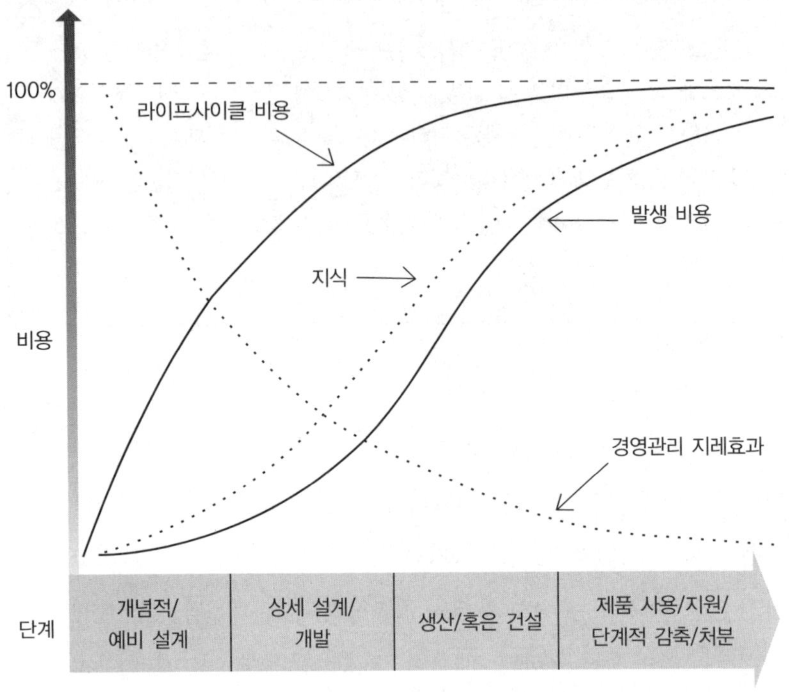

출처: Based on W. J. Fabrycky, Engineering Economy, ⓒ 1989. Pearson Education, Inc.의 허락에 의해 인용. 각 수치는 개념적인 것임.

그림 8-5 제품의 최종 비용에 미치는 초기 프로그램 단계의 영향력

린 엔터프라이즈를 위한 가치 기반 프로그램 계획을 만드는데 도움이 될 수 있는 수많은 도구와 방법들이 있다. 통합제품팀들(IPTs)과 같은 조직적인 접근 방법은 보다 효율적인 이해와 프로그램 엔터프라이즈 제반 이해관계자 간의 의사소통을 제공하는데 도움을 준다. 통합제품팀은 최종 사용자, 획득(인수)자 그리고 공급업체가 균형적일 때 특히 효과적이다. 통합제품 및 프로세스개발(IPPD) 그리고 동시공학적 접근 방법은 작업을 가능한 한 효율적으로 조직화하는 효과적인 접근 방법이다.[26]

그리고 설계 공간과 비용 및 서로 다른 성능 수준간의 관계에 대해 양호한 이해를 하고 있으면 다양한 최종 사용자들 간의 균형점을 협상하는 중요한 기초는 물론 그 프로그램을 실행시키는 가치도 제공한다.[27]

프로그램 계획 수립을 위해 퍼트(PERT)나 간트(Gantt) 차트와 같은 것을 사용하면 주 일정계획의 수립과 과업들의 순서를 정하는 일에 효율적이다. 최근에는 설계구조 행렬(DSMs)의 응용에 기반을 둔 보다 강력한 방법들이 나타나고 있으며, 이것들은 작업의 분할이 일정뿐만 아니라 프로그램 가치흐름 전체적으로 정보흐름에 어떤 영향을 미치는지 이해할 수 있는 강력하고도 실제적인 그리고 분석적인 도구를 제공하는 것이다.[28]

다음 단계로 진행하면서, 가치인도 단계에서 린 원칙과 실행을 효율적으로 응용하는 것만으로는 선행 가치제안 단계에서 이루어진 부실한 가치창조 의사결정을 극복할 수 없다는 점을 항상 유념해야 한다.

프로그램 가치인도하기

프로그램은 모든 핵심 이해관계자를 감안하여 자체의 가치제안을 만들었다. 최종 사용자에게 제품 혹은 서비스를 인도해주기 위해 필요한 활동은 어떻게, 누가, 언제 완료시킬 것인지에 관해 결정되었다. 이 모든 것이 명시적으로 만들어졌고 이해관계자들에게 소통되었다. 이제 프로그램은 반드시 납기를 지켜야 한다.

프로그램 엔터프라이즈는 가치를 어떻게 인도하는가? 가치제안은 반드시 행동으로 전환되어야 하며, 프로그램은 필히 효율적으로 약정된

JDAM – 초기 공급업체 통합을 통한 프로그램 가치창조[29]

5장에서 논의했던 이 통합직격탄(JDAM) 프로그램은 고객과 공급업체의 가치 기대치를 다루는 프로그램 계획을 개발하기 위해 이해관계자들을 한데 모았던 우수한 사례를 보여준다.

JDAM 가치창조를 가능하게 만들었던 핵심 요인은 공급업체를 조기에 제품팀에 참여시킨 것이었다. 얻어진 결과 중 한 가지는 기본 구조의 혁신, 즉 시스템 구조상의 중대한 수정이 있었던 것으로서 비용을 낮추고, 제품의 성능을 개선하고, 모든 이해관계자를 위한 가치를 만들어낸 것이다. 이것은 기술 기반과 공급업체 네트워크의 노하우를 제품 개발 과정 초기에 선행적으로 통합하고 효과적으로 이용한 것에 의해 가능하였다. 공급업체 네트워크가 가진 암묵적인, 즉 성문화되지 않고 경험적인 기술 지식은 이런 공급업체의 조기 참여가 없었다면 불가능할 수밖에 없었던 제품 구성을 가능하게 만들었다.

입찰 계약이 끝난 후에, 상세한 분석을 통해 다양한 시스템 모듈의 통합 수준을 증가시키는 것이 전반적인 시스템의 생산비용을 현저하게 감소시킬 수 있음이 나타났다. 이것은 고도로 분할된 시스템 구조로 이루어진 원래 설계 개념으로부터 중대한 변화가 일어난 것이었다. 보다 통합적인 구조를 지향하는 움직임은 특히 총 시스템 비용의 큰 비율을 차지하던 전자공학 부문에서 두드러졌다.

이는 공급업체들이 전반적인 시스템의 주요 전자공학적 부분을 책임지고 있다는 사실과 밀접한 관련이 있다. 이 전자공학적 구조는 바라던 더 큰 수준의 통합을 실현하기 위해 재설계가 이루어져야만 했고, 공급업체의 지식이 이 과업수행에 필수적이었다. 더 나아가 보다 큰 통합은 또한 초기에 한 공급업체에게 할당되었던 시스템의 일부 부분이 다른 업체로 재배정되어야 함을 의미하였다.

따라서 향상된 통합 수준은 비용절감이 실현될 경우, 그들 각각이 기대하던 수익 수준의 변경과 함께 공급업체들 간 작업분담에 관한 어떤 조정이 필요함을 의미하였다. 따라서 이익을 보는 업체와 손해를 보는 업체가 있을 수 있었고 그럼에도 불구하고 가치를 받아들이기 위해, 개별적인 목표를 팀 목표에 맞추어야 했다.

개방적이고 솔직한 의사소통 정책은 공급업체로 하여금 그들이 가진 지식과 전문기술을 가지고 재설계에 직접 임할 수 있게 만들었다. 한번은 한 공급업체의 수신기 모듈에 있던 일부 기능이 초기에 다른 공급업체에게 할당되어 있었던 안테나 모듈로 옮겨진 적이 있었다. 이 일로 인해 안테나 모듈에 보다 저렴한 요소를 사용할 수 있었고 수신기 모듈의 생산 비용이 감축되었다.

혁신적인 계약체결로 가능하게 되었던 중요 통합 요인인 목표일치는 정부 내 주도팀, 주계약자, 핵심 공급업체들을 연결시켰다. 장기적 프로그램에 대한 정부의 공약과 주계약자와 그 핵심 공급업체 간 보완적인 장기적 관계가 수립되었다. 정부는 또한 주계약자로 하여금 품질보증 내용을 확장시킨 반대급부로 제품 구성에 관한 통제를 할 수 있도록 해주었다. 차례로 주계약자는 설계 권한과 제품 구성에 관한 통제권을 공급업체에게 넘겨주었고 이에 따라 감독상 요건 및 보고 업무가 엄청나게 줄어들었다.

상용 실행이 군 규격을 대체하였고 보고 관련 요건이 크게 감소되었던 사례가 많이 있었다. 결과적으로 혁신적인 계약체결 방법은 또한 공급업체들의 독점적 상거래 가격책정 방법과 영업 비밀을 방지하는 역할도 하였다.

능력을 합의된 비용과 일정 한도 내에서 제공해야 한다. 이 프로그램은 반드시 신속하게 반응하여 의사결정을 하고 문제를 다루고 해결할 준비가 되어 있어야 한다.

엔지니어는 훌륭한 엔지니어링을, 소프트웨어 개발자들은 훌륭한 소프트웨어 개발을 그리고 전문기술을 가진 장인들은 뛰어난 하드웨어를 생산해야 할 필요가 있다. 그렇지만 이것 말고도 반드시 낭비를 발견하고 최소화하기 위한 주의를 끊임없이 기울여야 한다. 그리고 이 일은 지속적으로 인도될 가치의 개선을 위해 반드시 관리가 되어야 한다.

린 원칙과 실행은 가치인도 단계에 직접적으로 적용된다. 린 프로그램은 가치를 효율적으로 적용하기 위해 반드시 지속적으로 노력해야 한다. 앞서 언급한 것처럼 지금까지 대부분의 린 응용 사례가 공장 현장에 한정된 모습을 보이고 있으며, 따라서 전반적인 프로그램 가치흐름 내에 성공의 섬들이 만들어졌다.

극대화된 가치를 끌어내기 위해서는, 모든 프로그램 가치흐름을 따라 린 혹은 관련된 기법이 반드시 적용되어야 한다. 가장 중요한 것은 이것들이 반드시 가치흐름 상에서의 '전통적인' 기능 간 상호작용과 그 인터페이스에 적용되어야 한다는 것이다.

프로그램 엔터프라이즈 내에서 가치인도를 개선하는 한 가지 열쇠는 각 경계 혹은 영역 간에 상호작용이 요구되는 영역을 식별하는 것인데, 그 이유는 이렇게 '상호 교차'가 일어나는 곳에서 가장 큰 잠재적 문제와 종종 이런 문제와 관련된 재작업을 요하는 장기적인 지연 사례가 발견되기 때문이다. 가치흐름의 어느 한 부분에만 집중하는 것은 5장의 소프트웨어 개발 사례에서 본 것처럼 부분 최적화를 가져온다. 다시 말하면 린 엔터프라이즈 가치를 실현하는 것은 엔터프라이즈 시각을 필요로 한다.

그림 8-5에 나타난 곡선은 제품개발 단계에서 가치인도의 개선에 특별한 중점을 둘 것이 요구되고 있음을 나타낸다. 대부분의 실행이 가치흐름의 초기 지점에서 다 이루어지고 만일 초기에 노력한 일이 나중에 재작업을 필요로 하면, 궁극적으로 가치인도와 관련된 일이 본질적인

일이 될 수 있다.

가치흐름 내에서 논쟁의 여지는 있지만, 다른 어느 부분보다도 인적 자원의 효과적인 활용을 필요로 하는 곳은 제품개발이다. 이 일의 상당 부분이 각 개인 간 혹은 개별적인 그룹 간 상호작용이 일어난다. 이런 상호작용은 비선형적인 경향이 있으며 종종 조직화되지 않는다. 이들 역시 보기 힘들다.

명시된 요건을 충족시키고 있는지 분석하기 위해 검사할 수 있는 설계도면과 달리, 이 설계도면을 만들어내기 위해 지적 자본이 실제로 전개 배치되는 방식을 지도로 그려내는 일은 거의 불가능하다. 그러나 정보 교환이 이루어지는 것을 조사하면 최소한 낭비의 출처를 식별하고 문서 같은 간단한 의사소통을 통해 정보가 이전될 수 있는 곳을 그리고 더 큰 대역폭이 요구되는 곳을 확인하는 데 도움을 줄 수 있다.

통합제품팀이 효과적으로 움직이면,[30] 제품개발에서 인적자원 활용도를 크게 향상시킬 수 있다. 연구자들은 팀 구성원들에게 공통적인 기준을 주기 위해 ‘경제연결 수단’(모델, 프로토타입, 도구들 그리고 조직간 및 전문분야 간 경계를 넘나들며 정보와 지식의 공유를 허용해주는 활동들)이 필요함을 발견하였다.[31]

린 엔터프라이즈 가치창조를 위해 프로그램 엔터프라이즈의 모든 라이프사이클 프로세스에서 효과적인 프로그램 관리가 필요하다.(그림 8-5 참조) 가치인도 단계에서 자원의 지출이 증가함에 따라 프로그램 관리가 더욱 더 중요해지고 있다.

LAI 연구를 통해, 우리는 제품개발에서 린 엔터프라이즈 가치를 창조하는 것에 관한 일부 중요한 통찰을 얻었다.[32]

- 각 제품은 고유한 그러나 지속적 개선 노력의 중요한 기회를 보여주는 반복적인 제품 개발과정을 가지고 있을 수 있다.
- 최종 사용자의 입장으로 더 나아가 가치를 정의하는 것이 더욱 복잡하지만,[33] 이것이 가장 큰 지레 효과를 볼 수 있는 것이기도 하다.(그림 8-5 참조)
- 제품개발 과정에서 초점은 (제조 공정에서 자재의 흐름에 비교할 수 있는) 종종 파생이 이루어지는 비선형적이고 반복적인 정보의 흐름에 영향을 받는다.
- 특히 정보가 어느 한 기능으로부터 그 다음으로 불완전하게 넘어갈 때 발생하는 정보와 관련된 낭비를 이해하는 것이 중요하다.
- 제반 프로세스에서 낭비된 노력에 관한 연구에서 낭비되는 유효 시간이 30~40퍼센트에 달하고 있음을 보여주었다.
- 보다 더 나쁜 것은 주어진 시간에 전형적으로 직무의 60퍼센트가 아무 일도 추진되는 것 없이 놀고 있었다는 것이다.(즉, 어떤 노력도 없었다)[34]
- 이와 같은 지적 재공품(즉, 정보, 질문에 대한 대답, 혹은 이런 것을 가져갈 어떤 사람을 기다리는 것)과 같은 종류의 비용은 현재 파악이 되고 있지 않지만, 이런 대기비용은 프로그램이 지연되는 내용의 높은 비율을 차지하고 있다.
- CAD나 제조설계 시스템과 같은 고급 도구를 사용하면 기존 프로세스의 효율을 향상시킬 수도 있다. 그러나 이런 것들이 그 강점들을 살리는 새로운 작업 프로세스에 내재되어 있다면 최선의 작업성과를 얻을 수 있다.

가치흐름과 가치흐름 지도

가치흐름 지도(value stream map)는 프로그램 계획으로 나타난 프로그램 가치흐름(program value stream)과 다른 개념이다. 여러 가지 많은 종류의 가치흐름 지도는 프로그램 계획을 수행하는 제반 행동 방식을 밖으로 드러내 뚜렷이 보여준다. 이 프로그램 계획이 바로 '본질'이다.

가치흐름 지도는 제반 노력이 어떻게 발생하는지에 관한 측면을 보여주며, 현재 프로그램의 접근 방법을 이해할 수 있는 중요한 도구이다. 이것은 교육 훈련과 개선의 수단으로서 유용하다. 그렇지만 이것이 가치창조의 시발점은 아니다.

특히 제품개발 프로세스에서, 최상의 가치흐름 지도 기법을 사용하는 프로그램 엔터프라이즈에 대한 연구조사[35] 결과 폭넓은 다양성이 발견되었다. 때에 따라 이 지도는 순서와 시간을 보여주는 일정계획이기도 하였다. 또 다른 경우, 이 지도를 통해 프로세스, 산출물 및 피드백을 볼 수 있으며, 이 지도는 물리적인 제품이 프로세스 구축을 통해 진행되는 뒤를 따르고 있었다. 우리가 얻은 통찰은 이것들이 가치흐름을 그려내는 다양한 방식이라는 것이지만, 아직 가치흐름의 전체적인 맥락을 포착해주는 기법은 보지 못했다.

이 연구에서 간트(Gantt) 또는 퍼트(PERT) 차트와 같은 전통적인 도구는 물론 이보다 더 새로운 도구들이 상위 수준에서 가치흐름을 파악하는데 효과적이라고 언급하였다. 보다 세부적인 수준에서, 로더(Rother)와 슈크(Shook)[36]의 제조부문용 지도 및 제품개발의 DSM 기법 그리고 다른 정보처리 업무가 효과적인 것임이 발견되었으나, 확실한 베스트 프랙티스는 발견되지 않았다.

가치흐름 지도 그리기의 성공은 지도를 그리는 기법을 고립적인 도구로 사용하기 보다는 이 기법을 원하는 산출물에 일치시키고 전반적인 린 노력의 맥락에서 가치흐름 지도를 사용하는 것이라는 데에 의견이 일치하였다.

프로그램 관리 베스트 프랙티스를 위한 가치 속성

모든 이해관계자에게 가치를 인도하기 위한 프로그램을 관리하는 것은 막중한 도전 과제이며, 성공적인 프로그램의 베스트 프랙티스를 배우고 채택하는 것이 도움이 될 수 있다.

항공우주 부문 프로그램 사례에 관해 수행된 두 개의 포괄적인 LAI 연구 조사는 최상의 프로그램 실행 관리에 관한 실제적이고 유용한 지식에 공헌하였다. 그 첫 번째,[37] 이 장 앞부분에서 논의된 국방획득 지침서를 위한 인센티브 전략의 완성을 가져왔다. 두 번째, LAI와 스웨덴 항공우주 린 연구 프로그램 간의 공동연구에서 1백 개 이상의 실행을 관찰하고, 성공적인 프로그램에서 뚜렷이 볼 수 있었던 여섯 가지의 가치 속성을 성문화하였다.[38]

- 전체적 관점 – 전체 시스템 및 전체 라이프사이클의 측면 두 가지 모두 해당.
- 조직적 요인 – 총괄기능팀, 조직구조 및 엔터프라이즈 문화가 포함됨.
- 요구조건 및 척도 – 개발하기, 배정하기, 경영하기 및 요구조건 추적하기.
- 도구 및 방법 – 모델링 및 시뮬레이션 도구, 시스템 엔지니어링 및 리스크 관리 방법론 그리고 다른 프로세스 모델들(그 중에서도 사업 실행 및 정보 시스템 프로세스 모델).
- 엔터프라이즈 내 제반 관계 – 개방적이며 정직한 의사소통, 상호 신뢰 및 이해관계자간 상호 존중.
- 리더십 및 경영관리 – 프로그램 엔터프라이즈를 이끌어가고 멀티프로그램과 국가 엔터프라이즈와 연결시키는 것은 물론 프로그램 엔터프라이즈의 사람과 프로세스 관리하기.

이 제반 속성들의 바탕에 깔려있는 린 실행은 프로그램에 적용될 경우 린 엔터프라이즈 가치창조를 가능하게 만들어줄 수 있다.

변화에 적응하기

7장에서 설명한 것처럼, 우리의 가치창조 프레임워크는 고정된 것이 아니며, 한 번 실행되는 일련의 단계들이다. 상대적으로 긴 개발주기와 제품의 수명기간을 가진 항공우주 부문의 프로그램은 변화하는 환경, 변화하는 기술 그리고 변화하는 노동인력은 물론이거니와 변화하는 시장 상황에 직면하고 있다.

이것이 불안정성과 노후화를 만들어내지만, 또한 개선과 떠오르는 가치를 위한 기회이기도 하다. 프로그램 엔터프라이즈는 생존하려면 반드시 적응력이 있어야 한다.

훌륭한 설계가 이루어진 제품과 효과적인 프로그램 조직체조차도 만일 외부의 힘이 계속 불안정하게 되면 가치인도에 실패할 수가 있다. LAI 연구 프로젝트[39]에서 154명의 정부 인력 및 106명의 프로그램 관리자를 통해 불안정성이 비용과 일정에 미치는 영향력을 계량화하기 위한 조사 결과는 놀랄만한 것이었다.

평균적으로, 이 프로그램들은 불안정성 때문에 대략 8퍼센트의 연간 비용상승을 매년 기록하였다. 이런 문제에 대한 가장 효과적인 충격 완화 전략은 고객과 공급업체 간 개방적이고 정직한 의사소통이었다.

가치창조의 효과적인 프레임워크 없이 불안정성의 영향력이 누적되면 C-17 수송 프로그램의 이야기가 생생하게 실증해주고 있는 것처럼 좋지 않은 결과를 불러 올 수 있다. 여기에 붕괴 지경에 다다랐다가 가치창조 프레임워크를 적용해서 되살아난 프로그램이 있다. 이것은 놀라운 반전이었다. 프로그램은 생존을 유지하였을 뿐만 아니라 다른 프로그램의 모델이 되었고, 사람들이 선망하던 말콤 볼드리지 국가품질상을 수상하기까지 하였다.

알려지지 않은 것을 예측하기란 불가능한 일이다. 그렇지만 외부 사건이 프로그램에 어떤 영향을 미칠 것인지 주의를 기울려야 것은 필수적이다. 변화에 대해 적응하는 한 가지 방법은 가치흐름의 완전한 정의가 일회성 사건이 될 필요가 없음을 인식하는 것이다.

가치흐름의 시작 부분에서 요구된 능력을 식별한다는 생각이 일반적이긴 하지만, 종종 시간이 진행됨에 따라서 적응해가는 것도 필요하다.[40] 때에 따라 기술 변화로 인해 원래의 니즈를 필요 없게 만들어버리는 경우도 있다. 혹은 요구된 능력이 성숙기로 진입할 수 없는 기술에 의존하고 있을 수도 있다. 또는 운이 좋아 자신의 길을 변경시키는 필요 기술 혹은 니즈를 발견할 수도 있을 것이다.

가치식별 단원에서 논의한 것처럼, 대규모 문제는 밖으로 드러나는 성질들을 가지는 경향을 보인다. 이것의 한 부분은 외부적인 것으로 환경 변화에 의한 것이지만, 특히 혁신적인 프로그램의 경우에 이것은 내부적인 것이 될 수도 있다. 프로그램이 진행됨에 따라 실제 설계와 이행에 관해 배우는 것이 더 많아지며, 제품은 개념 단계에서 생산 단계로 움직이면서 진화하는 경향을 보인다. 가치인도 과정에서 결코 변화가 필요 없는 계획을 프로그램이 개시될 때 마다 마련하는 것은 쉬운 일이 아니다.[41]

끊임없이 변하는 세상에서 언제나 정지되어 있는 가치제안은 없다. 대개 사용자의 욕구는 다른 이해관계자들의 니즈에 대해 반드시 계속적으로 균형을 이루어야 한다.[42] 앞서 설명했던 F-16은 그 사용자들의 진화하는 니즈에 적응하면서 장기간 가치창조를 지속했던 프로그램의 특출한 사례이다. 2장에서 설명했던 SST는 적응할 수 없었던 프로그램의 좋은 사례이다.

기술적 확장과 국가적 위신 구축의 시절에 이해관계자들의 지지를 향유했지만, 경제적 활기가 위축되고, 정치적으로 더 애매모호하고 그리고 환경적 자각이 더 컸던 시절에 그 지원을 상실했던 프로그램이 있었다. 1970년대의 '데탕트' 시기에 국가적 위신을 위한 냉전 필요성은 환경 의식이 증가하고 소비자 니즈가 '제트족' 활동과 같은 항공 여행에서 대량 시장으로 전환함에 따라 줄어들었다.

어떤 프로그램은 새로운 가치제안을 찾아야만 했다. 냉전이 끝났을 때, 명성이 있고, 엄청나게 비싼 군사적 용도로도 사용될 수 있는 우주정거장에 대한 국가적 공감대는 와해되었다. 이 프로그램은 그것을 제거시키려는 여러 번의 의회 회기를 거치면서 매번 한 표 차이로 살아남았고, 그리고 나서 완전히 새로운 이해관계자들을 발견하였고, 이는 외국의 협력, 기술발전, 과학 그리고 가장 최근에는 관광을 목적으로 추진하고 있다.

이 우주정거장 프로그램은 거의 사망 상태를 경험하다가 살아남았지만, 보다 더 넓은 국제적 기반의 정책을 다루는 것과 같은 서로 다른 일단의 과제들을 생성시켰다.

이해관계자들의 지지를 진정으로 상실한 프로그램은 가능하다면 품위 있게 종결시키는 것이 적절한 일이다. 이 종결 전략은 대부분의 프로그램 엔터프라이즈들이 내부에 존재하고 있는 멀티프로그램 엔터프라이즈의 생존에 대단히 중요하며, 정직한 실수가 무럭무럭 자라나서 엄청난 비용을 요하는 재난이 되는 것을 방지한다. 혁신이 번창하는 것은, 시작된 모든 프로그램이 반드시 다 성공할 수는 없다는 생각을 인정하는 마음가짐에 달려있다.

C-17: 협력으로 이루어질 수 있는 것을 보여준 사례[43]

미 공군의 대형 수송기 C-5를 대체해야 할 필요성은 1980년대 초 레이건 대통령 시절 급속도로 냉전 분위기가 달아오르던 시기에 C-17 프로그램이 시도되었다. 그러나 80년대 말 이 프로그램은 위험에 빠졌고, 기술적인 난제와 냉전의 종말이 가져온 변화와 맞물린 계속적인 불안정성의 희생양이 되고 말았다.

이 C-17 프로그램은 문제를 겪었던 설계와 대당 가격만 2억 6천만 달러에 달했던 '무산된' 군수조달 프로그램이 되어 버렸다. 상당한 노력을 기울인 끝에 설계 문제는 안정화되었고, 계획된 120대 중 최종 80대에 대해 평균 대당 가격도 1억7천8백만 달러로 감축되어, 정부 고객은 물론 계약자 모두 그 결과에 대해 만족하고 있었다. 어떻게 이런 일이 일어났는가?

원래 고정가격 인센티브 계약이 낙찰된 때는 1982년 7월이었다. 1980년대에 프로그램 경영 방향에 변화를 가져오게 만들었던, 프로그램 목표에 관한 정부의 공식적인 선언이 매년 발생하였다. 정부와 계약자 간의 관계는 지속적으로 악화되어 긴장상태에 이르게 되었다.

1993년 당시 로널드 카디쉬 준장이 라이트 패터슨 공군기지(AFB)에 있었던 정부 SPO의 수장으로 임명되고, 돈 코슬로프스키가 맥도넬 더글라스사의 C-17 프로그램 책임자가 되는 프로그램의 리더십에 변화가 발생하였다. 두 사람은 C-17 프로그램에서 정보의 흐름과 보다 나은 의사결정을 가능하게 만드는데 기여할 것이라고 믿었기 때문에 함께 상호 신뢰와 상호 존중의 환경을 조성하였다.

카디쉬와 코슬로프스키 사이의 밀접한 의사소통과 협력은 예전의 프로그램 관리자들로부터 벗어나는 것이었고, 그들이 휘하에 있는 모든 기대하였던 사례를 새로 만들어 정립하였다. 그들은 의사결정을 할 때에 서로 상의하며 조언을 주고받았고, 염려나 관심을 가지고 있었던 C-17 이해관계자들의 이야기를 경청하였고, 의사결정을 하였을 때에는 그에 따른 결과에 대해 부수적인 지원을 하였다.

이런 환경이 수립된 후에, 이 C-17 엔터프라이즈는 가격 감축의 비전을 성문화하기 위해 '목표비용' 설정 훈련에 돌입하였다. 이 훈련은 C-17 프로그램 이해관계자들의 핵심 가치를 식별하고 소통하는데 도움을 주었다. 정부의 감독 기관도 연합 비용 훈련에 참여하여, 기관으로 하여금 비용 추정치 확정에 관련된 제반 방법에 대해 더 나은 이해를 할 수 있게 해주었다.

이런 가치를 만족시키면서 C-17 항공기의 비용을 감축시키기 위한 관련된 모든 이해관계자들의 이행 전략에 관련된 약정사항을 나타내는 모델이 개발되었다. 항공기의 비용 감축을 위해 사용된 각 전략은 이해관계자들 간 합의점에 도달하기 위한 효과적인 의사소통을 통한 많은 논의로 얻어진 결과였다.

연합 비용 훈련과정 중에 이 팀은 어느 규칙, 규정 또는 운영절차를 제거해야만 비용절감을 가져올 수 있고, 이에 따라 계약 내용에 포함시킬 수 있을 것인지 식별해야 할 난제에 직면하였다. 가장 중요한 추가 조항은 비율변동에 관한 사항을 설명하는 내용이었다. 연합 비용 모델의 한 부분으로서 수량변동(VIQ) 행렬표가 만들어졌고, 계약자에게 있어서 연간 생산 로트의 계획구매 수량변동과 같은 가장 중요한 위험도를 인정해주는 것이었다.

이해관계자의 이해가 이루어지자 C-17 엔터프라이즈 내에서 상호 신뢰와 의사소통을 통해 가치가 실현되었고, 정부 고객과 계약자뿐만 아니라 노동인력, 금융 공동체, 전투기 조종사, 납세자 및 공급업체 기반까지 만족시키는 생명력 있는 가치제안이 구성되었고, 각 이해관계자의 핵심 가치들이 만족되었다. 정부는 크게 감축된 비용으로 고도로 능력을 갖춘 항공기를 얻게 되었고, 맥도넬 더글라스사는 18퍼센트에 달하는 이익을 보았으며, 이 수준은 정부 책정 기준에서 볼 때 상당히 높은 수준이었고 오히려 상용 표준에 가까운 수준이었다.

C-17 프로그램에서 얻은 교훈과 관련 지침서[44]는 '계약 체결하기'에서부터 '신뢰 기반 관계'로 발전하기 위한 것이다.

요약하기

우리의 3단계 가치창조 프레임워크를 프로그램 수준에 적용하는 것은 1장에서 제시된 린 엔터프라이즈 가치의 원칙에 의거하고 있다. 가치식별은 최종 사용자에게 인도될 가치를 식별하는 것, 다른 중요한 이해관계자를 식별하는 것 그리고 이해관계자들의 니즈가 정직하게 소통이 이루어지는 것을 포함한다. 만일 이것이 제대로 이루어지면, 가치식별은 제품의 제반 요구 조건과 프로그램의 구조가 포함된 모든 관련된 이해관계자에게 가는 혜택을 극대화시키는 강건한 가치제안으로 이끌어준다.

목표는 적절한 계약과 약정이 뒤를 받쳐주는 신뢰에 기반을 둔 관계이다. 그리고 나서 엔터프라이즈 초점 내에서 제품 가치흐름을 따라 가치인도가 이루어진다. 프로그램은 반드시 적응력이 있어야 하며, 만일 필요하다면 새로 떠오르는 기회를 활용하면서 변화해야 한다.

만일 프로그램이 이런 시각으로 설계되어 경영이 잘 이루어진다면, 성공 가능성이 실질적으로 증가할 것이다. 이 모든 것은 반드시 가치창조의 목표와 함께 낭비제거 프로세스를 통해, 우리가 정의한 바와 같이 '린하게 되기' 가 이루어져야 한다.

1장에서 우리의 네 번째 린 엔터프라이즈 가치 원칙은 다음과 같다. "린 가치를 증대시키기 위해 엔터프라이즈 각 수준을 연결시키는 제반 상호의존성을 다루어야 한다." 이 장에서 우리는 프로그램 엔터프라이즈와 멀티프로그램 그리고 국가 및 국제 엔터프라이즈 간의 결정적으로 중요한 상호작용에 대해 알아보았다.

이런 상호작용은 이를 테면 프로그램 간 자원 경쟁, 기반 구조, 프로

그램 니즈를 지탱하는 노동인력 그리고 국가적 우선 순위나 예산 변경
에 의해 프로그램에게 가해지는 불안정성 같은 것도 포함된다. 다음 두
장에서 우리는 멀티프로그램과 국가 및 국제 엔터프라이즈 시각에서 이
런 상호의존성에 대해 살펴보고 이렇게 다른 엔터프라이즈 수준을 위한
가치창조 프레임워크를 생각해볼 것이다.

9 장

회사 및 정부 엔터프라이즈의 가치

회사, 정부기관 혹은 다른 멀티프로그램 엔터프라이즈 수준에서 가치를 창조하는 것은 아주 오래된 난제이다. 그러나 마틴 마리에타, 맥도넬 더글라스, 텍사스 인스트루먼트와 같은 수많은 엔터프라이즈들이 합병되거나, 구조조정을 하여 한 때 유명했던 이름들이 한꺼번에 사라지고, 새로운 위험이 급증하고 있다.

이 수준에서 어떻게 하면 가치를 가장 잘 창조할 수 있을까?

이 과제의 규모는 크고, 이해관계자의 수는 많으며, 이것은 다양한 가치흐름이 한데 모여 있는 것으로 서로 독립적이고, 그 중 어느 것은 서로 상충되는 목표를 가진다.

엔터프라이즈 통합 과제를 이해하기 위한 가치흐름 접근방법

실무자와 학자들은 종종 서로 협력해야 할 조직 간에 만들어지는 분쟁, 단절 및 오해와 같은 문제와 오랫동안 싸웠다. 공통적으로 그들은 이런 불협화음의 원인을 직접적인 경제적 분쟁이나 서로 다른 문화 때문으로 돌렸으나, 근본 원인은 다른 곳에 있는 것 같다.

그리고 이런 엔터프라이즈 내에서 가치가 흐르거나 혹은 흐르지 않는 방식 때문에 더욱 그럴지도 모른다. 보다 구체적으로 본다면, 이런 현상은 엔터프라이즈 내에서 다양한 가치흐름 간 상호작용을 조정해주어야 하는 문제와 관련이 있을 수 있다.

각 가치흐름은 그 자체만이 가진 일단의 의무적 지향점이 있으며, 이것은 여러 가치흐름 전체를 통하여 서로 합의 가능한 가치제안을 구성할 때에 제 기능을 하는 것이다.[1] 따라서 가치흐름은 멀티프로그램 엔터프라이즈의 구축의 핵심 요소이며, 조직 변환을 위한 핵심 지렛대이다.

이 장의 제목이 암시하는 바와 같이, 우리는 회사 및 정부 엔터프라이즈 내에 있는 다양한 가치흐름 전체를 연결하는 것에 초점을 두고 있다. 항공우주 산업계에서 이런 일이 종종 서로 뒤엉켜 있었으며, 아직 이 두 가지 유형의 엔터프라이즈 간에 뚜렷한 차이는 없다.

항공우주 부문의 회사 엔터프라이즈는 이익을 바라보고 일하며 그들의 활동은 제품과 서비스의 창출에 초점을 두지만 정부 엔터프라이즈는 정치적 프로세스에 의해 주도되며 항공우주 부문의 제품을 길고 복잡한 라이프사이클에 걸쳐 획득하고 사용한다.

단일 프로그램 가치흐름의 수준 위에 있는 것

프로그램 엔터프라이즈와 멀티프로그램 엔터프라이즈의 구별하는 것은 무엇인가? 그 규모가 한 가지 좋은 지표가 될 수 있겠지만, F-22 전투기 프로그램을 생각해보자. 미 공군은 이 프로그램을 통해 연간 약 40억 달러의 수익을 거두고 있는데, 이는 포춘 5백대 기업에 속하는 일부 기업과 맞먹는 것이다.

그러나 F-22 프로그램 활동은 이 시스템 하나만 포함하고 이해관계자, 제반 능력 및 프로그램에 참여한 산업계와 정부 참여자들을 이끌어가는 가치의 전체적인 범위는 포함되어 있지 않다. F-22는 분명히 단일 플랫폼을 지향하는 제품의 인도에 초점이 집중된 프로그램 엔터프라이즈이다.

이 장에서 우리는 엔터프라이즈를 각각 하나 혹은 그 이상의 서로 다른 가치를 가진 고객을 향하는, 그리고 반대급부로서 보상적 가치를 얻는 수많은 프로그램 가치흐름을 포함하고 있는 것으로 다루고 있다. 이 모든 것이 멀티프로그램 엔터프라이즈의 특징이다.

그림 9-1은 수많은 프로그램, 가치흐름 그리고 이 두 가지가 서로 만나는 교점이 있는 멀티프로그램 엔터프라이즈의 일반적인 설명도이다. 이것은 대규모 복수 사업부를 가진 법인체일 수도 있고, 여러 시스템으로 구성된 포트폴리오를 관리하는 정부의 획득 조직일 수도 있고, 혹은 여러 항공기가 혼재된 항공기 편대를 운영하는 사용자일 수도 있다.

그림에서 볼 수 있는 것처럼, 프로그램 가치흐름은 수익, 미래 능력 및 회사 엔터프라이즈 이해관계자들을 위한 다른 형태를 지닌 가치의 일차적인 근원이다. 대신 엔터프라이즈는 숙련된 사람, 공장과 설비, 도

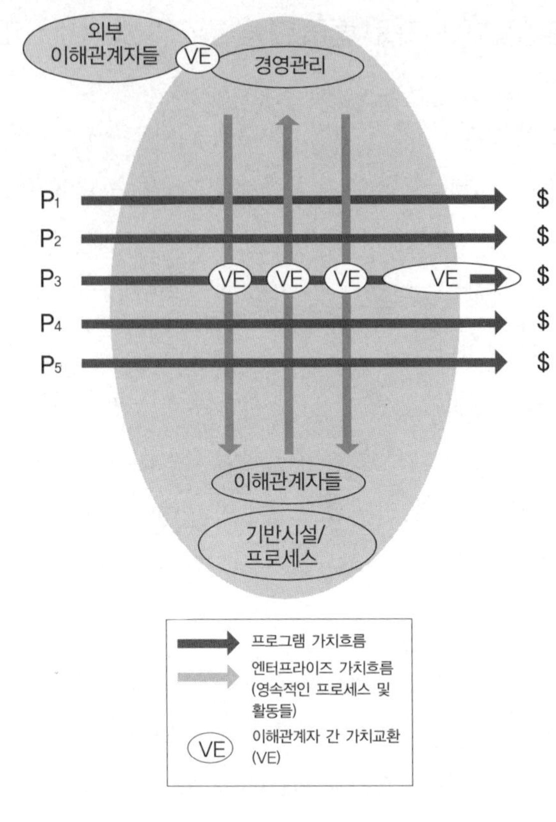

그림 9-1 멀티프로그램 엔터프라이즈 내에서 가치 교환

구와 제반 프로세스 및 공급업체 네트워크 전체적 관계와 같은 자원과 기반구조의 사용을 통해 프로그램에 가치를 부여한다. 또한 프로그램이 가치를 창조하면서 적절한 수준의 지원을 받을 수 있도록 상호조정, 자원할당 및 관리활동도 제공한다.

이 엔터프라이즈 가치흐름은 어디까지 미치고 있을까? 설계, 제조, 테스트하기 그리고 근대 항공우주 시스템의 배치는 보통 이상의 복잡한 조정과 통합이 필요하다. 일단의 경험 많은 엔지니어, 과학자 및 숙련된 기술자들이 결정적으로 중요하다.

프로그램 전체적으로 전형적인 항공우주 부문 프로그램 개발 과정중에 그 정교함에 있어서 아주 뛰어난 테스트 시설이 포함되며, 정교한 항공우주 부문 테스트의 설계, 계획, 실행 및 분석에 대해 알고 있는 기술자 및 엔지니어와 함께 거의 절반에 달하는 엔지니어링 요원이 테스트 엔지니어링에 필요하다.[2]

마지막으로 새로운 기술을 실용적으로 사용할 수 있도록 하기 위해 계속적으로 이루어지는 투자는 말할 것도 없고 자본재, 기계장비 및 생산시설에 대해 진행되는 실질적인 투자가 존재한다.

우리가 이야기 하고 있는 엄청나게 다양한 기량과 기능적 조직들의 사례를 생각해보자. 주요 항공우주 부문 회사 전화번호부를 보면 4만5천 개의 조직 요소 또는 기능적으로 특화된 부문이 나열되어 있다. 그 각각은 자체 예산을 가지고 있다. 셀 수 없이 많은 운영 관리 활동과 그들의 필수적인 기능에 요구되는 필요 기량이 함께 존재한다.

같은 공학 혹은 과학 분야에서 반복적으로 서로 다른 부문들이 나타나고 있으며, 서로 다른 이해관계자, 표준, 규정 및 기술을 각각 다룬다. 이것은 각 부문이 광범위한 지식과 경험을 가지고 있을 것을 요구한다.

정부의 연구, 획득 및 테스트 조직은 유사하며 각각 가지고 있는 노하우가 항공우주 부문 프로그램의 설계, 구축 및 운영에 필수적인 수많은 사람들이 엄청난 비용을 들여가며 한데 모여 있다. 이런 기반구조, 기술, 기술적 재능, 숙련된 노동력, 생산시설 및 고급 프로그램 관리자, 행정 담당자 그리고 사업 인원의 집합체는 엔터프라이즈 가치흐름을 구성하는 제반 능력과 프로세스를 이루고 있다.

이런 능력을 유지하려면 산업계나 정부 엔터프라이즈 모두 제대로 기능하기 위해 엄청난 고정 비용이 필요하다. 이런 능력을 인도하는 것은 엔터프라이즈 리더에게 있어서 아주 중요하고 항상 이루어지는 경영 과제이다.

이 과제는 두 배로 어렵다. 결국 이 자본집약적 역량은 훌륭한 성과를 기대하는 투자자들의 관심을 끌기 위해 다른 투자 기회와 경쟁해야 한다. 투자자들은 1990년대 말 주식시장 호황기에도 국방산업 주가를 냉혹하게 평가절하 하였고,(10장에서 그 이유에 관해 보다 깊이 알아볼 것이다) 엔터프라이즈 리더들은 금융 이해관계자들에게 그들이 금융시장과 회사 투자자가 될 것인지 혹은 국민과 그 정부 엔터프라이즈의 대표자가 될 것인지 고민을 하였다.

성장 시장에 있는 엔터프라이즈는 향상된 능력을 통한 미래 성장기회를 보고 투자하는 것이 더 자유롭다. 그렇지만 애매한 미래와 불안정한 시장 여건에 직면하는 수많은 국방 관련 엔터프라이즈에 있어서, 왜 어떤 회사는 기반구조 투자를 보류하려 하고 자금이 잠기는 자산 보유를 회피하는지 그 이유를 쉽사리 알 수 있다. 그러는 와중에 엔터프라이즈의 능력은 방치된 채로 있거나, 위축될 수도 있을 것이다.

엔터프라이즈 가치식별하기

프로그램의 최적 포트폴리오를 짤 때, 멀티프로그램 엔터프라이즈 리더들은 전략, 기업구조 그리고 프로세스와 같은 고전적인 조직적 지렛대를 통해 가치를 식별한다. 8장에서 본 것처럼, 한 프로그램 안에서 가치를 전달하기 위해 핵심 이해관계자들을 조정하기도 어려운데, 멀티프로그램 전체적으로 가교를 만들어주는 경우의 복잡성을 상상해보라.

　모든 핵심 이해관계자를 식별하는 것만으로도 어려운 난제인데, 하물며 그들 모두를 비전 공유나 이행 전략을 구축하기 위해 한 장소에 모아 결집한다는 것은 말할 것도 없다. 이 수준에는 많은 딜레마가 있으며 선택은 어렵기만 하다.

　상대적으로 간단하게 보이는 질문을 생각해보자. 일반 관리비 및 간접비용의 수준은 전반적인 엔터프라이즈를 지속시키기 위해 한 프로그램에서 어느 정도 지불해야 할까? 엔터프라이즈는 프로그램의 제살을 깎아 먹는 식의 돈이 빠져나가는 것을 원치 않는데, 이렇게 된다면 '황금알을 낳는 닭을 잡아먹는 것'과 마찬가지일 것이다. 동시에 이런 간접비용의 기여 없이 뒤를 받쳐주는 기반구조를 제공할 수도 없다.

　그러면 이 기반구조는 무엇인가라는 질문이 생긴다. 전략적 수준에서 지원되어야 할 프로그램 포트폴리오의 선택이 어렵게 이루어지게 되는데, 만일 프로그램이 완전히 독특한 것이라면 자원과 제반 능력을 공유할 기회는 거의 없다. 여러 프로그램이 한데 섞여 있긴 하지만 다양성이 부족할 경우, 그리고 멀티프로그램 엔터프라이즈 기반구조를 최적화한다 해도 시장, 자금지원 및 기술의 불안정성으로부터 엔터프라이즈를 지켜주는 방패가 되지 못할 것이다.

　멀티프로그램 엔터프라이즈 수준에서 가치식별의 핵심 부분은 기존 엔터프라이즈의 제반 능력이 다른 누군가에 의해서도 유지될 수 있고 필요한 때에만 쓰여질 수 있는지, 즉 어떤 기능이나 능력을 우리가 6장에서 소개했던 전략적 제휴관계 및 이와 유사한 다른 조직과의 팀 구성 관계를 통해 가장 최선의 결과를 가져다주는 '확장 엔터프라이즈' 안으로 옮길 수 있는지에 관해 주기적으로 생각하는 일도 포함한다. 이것은

경쟁 시장으로 하여금 비핵심 영역의 우월성을 정의하도록 하면서 엔터
프라이즈가 스스로의 핵심 역량에 초점을 집중시키도록 허용한다.

많은 항공우주 부문 회사 및 정부 조직이 그들의 핵심 역량에 관해 보
다 분명하게 정의하려는 노력을 하였고, 종종 그들의 오래 유지된 아웃
소싱 능력을 가져다주었다.[3] 그러나 아웃소싱은 공급업체 네트워크 상
에서 새로운 협력 기술을 필요로 한다.

이 수준에서 가치를 식별하는 일은 제반 프로그램들의 지원 시스템인
엔터프라이즈 기반구조에 결정적으로 좌우된다. 멀티프로그램 엔터프
라이즈는 많은 프로그램들의 낭비제거와 가치창조에 초점을 둔 린 엔터
프라이즈 사고를 필요로 한다. 이 일은 특정 영역의 경계 너머에 있는
이해관계자와 함께 엔터프라이즈의 공통 관심분야에 대한 협력 활동이
필요하다.

상업용 제품개발에서 지식을 다시 사용하거나 혹은 공통 프로세스의
장점을 취하려는 접근 방법은 베스트 프랙티스로 간주된다. 여기에는
모듈화 설계 및 플랫폼 전략이 포함된다. 일반적으로 항공우주 부문에
서 그리고 특히 군용 항공우주 부문의 경우, 공통 해결책을 찾는 일은
제품 성능에 대한 니즈와 임무별 요구조건을 충족시켜야 할 니즈와 함
께 꾸준하게 이루어지는 힘겨운 노력이다.

역사적으로 임무의 성과로써 공용성을 얻어내는 결실이 거두어졌고,
단일 제품, 서비스 혹은 능력에 대한 이 아이디어는 광범위한 요구조건
의 범위를 다루기 위해 사용될 수 있다. 나중에 F-111로 알려진 TFX
프로그램과 같이 쉽게 볼 수 있는 공용성 확보 실패 사례는 공용성과 성
능 목표를 충족시키는 것이 상충된다는 생각을 강화시켰다.[4]

이런 공용성의 결핍은 감소하는 국방 예산과 현실적인 예산 환경 내

에서 더 큰 가치를 성취하려 하는 성과와 비용 효율성의 절충을 겨냥한 구체적 의제와 함께 변하기 시작하고 있다. 그럼에도 불구하고 군 관계자들은 아직까지 임무 성과를 가장 첫 번째로 두는 경향을 보이고 있으며, 이렇게 해서 우선순위의 절충이 이루어지지 않을 때에는 비용이 저렴한 대안을 선택하는데, 예산상의 제약 조건은 위협이 거의 없다거나 전혀 치명적이지 않다는 것은 아니다.

그리고 군 예산 수립 프로세스는 각 시스템과 조직을 서로 고립시키는 경향을 보이며, 공통 해결책을 찾는 개별 프로그램 비용을 더 들어가게 만들고 있다. 상업용 항공기 영역의 경우, 공유 비전이 전혀 없어 보이는 것들에 대한 분명하고 일관성 있는 전략으로부터 공용성 전략 사용에 이르는 스펙트럼이 존재한다.

이제 가치식별에서 엔터프라이즈 기반 구조 역할의 중요한 부분을 강조하는 두 가지 사례를 살펴보자.

사례: 엔터프라이즈 유지보수 작업의 가치식별

멀티프로그램 엔터프라이즈 내에서 공통 해결책을 식별하는 것은 여러 조직과 문화적 영역에 여기저기 흩어져 있는 퍼즐 조각을 맞추는 것처럼 더욱 어렵게 이루어진다. 시코르스키 항공사의 항공전자공학 엔지니어인 레온 실바는 운전 및 유지보수(O&M) 데이터로 시스템 라이프사이클 비용을 감축하기 위한 항공전자공학 시스템 설계와 개발에 피드백이 될 수 있는 방안을 찾는 과정에서 이 사실을 발견하였다.

항공기 시스템의 총 라이프사이클 비용이 단계별로 나누어질 수 있다는 것이 경험적으로 알려진 법칙이다.(그림 8-5) 비록 의사결정이 그 다음에 이루어져서 시스템 전체적으로 90퍼센트에 달하는 라이프사이클 운전비용이 궁극적으로 정해지지만 개념 수립과 엔지니어링 단계는 대략 10퍼센트의 라이프사이클 비용을 소비한다. 생산 단계에서 약 30퍼센트의 라이프사이클 비용이 소비되며 운전(운영) 단계가 대략 60퍼센트에 달하는 가장 큰 부분을 차지한다.

그러므로 항공기 라이프사이클의 운용 단계에서 절감방안을 찾아보고 첫 번째 단계 진행과정에서 얻은 교훈을 적용하려는 시도가 가장 효율적인 일이다.

레온 실바가 시코르스키사 헬리콥터 5개 편대 총 350대 이상 항공기의 유지보수 기록을 찾아보았을 때, 그 자신의 회사조차 사내에 거의 자료가 없었던 사실을 발견하고 놀랐다. 항공기 정비사들은 각 항공기 라이프사이클 내에 이루어지는 모든 정비 작업과 절차를 까다롭게 기록하지만, 시코르스키 항공사의 경우 자신의 제품에 관해 복사본도 거의 가지고 있지 않았다. 다행히 레온은 기꺼이 정비 기록을 보여주는 정비사를 만날 수 있었다.

유지보수 조직은 또한 항공기 편대의 운전 행태에 대한 경향을 식별하기 위해 그들의 기록을 한데 모아 놓는다. 비록 정비사들이 엔지니어링 변경을 할 목적으로 그들 스스로의 데이터를 사용하고 있지 않음을 인정하기는 하였지만, 이것은 레온에게 아주 도움이 되는 것이었다. 항공기 정비사들이 엄청난 양의 문서 뭉치를 넘겨줄 때, 레온은 유지보수 작업 관련 정보를 상호 소통하거나 분석할 수 있는 실제 기반구조가 결핍되어 있음을 기록하였다.

라이프사이클 비용을 감축할 수 있는 증거를 찾기 위해 이런 데이터를 살펴보는 것이 어떤 차이를 만들어낼 수 있을까? 감축시킨 유지보수 비용 혹은 혜택이 항공전자 시스템 재설계 비용을 상회하는가? 조사된 많은 항공전자 하위 시스템들은 항공우주 부문 표준에 비해 상대적으로 가격이 저렴하였다. 부품 가격이 수백만 달러에 이르는 이런 부품을 포함하고, 그리고 재설계, 테스트 및 부품의 인증 비용이 구성부품 그 자체의 비용보다 몇 배 더 들어가면, 유지보수 비용의 부담도 더 증가할 소지가 있다.

레온은 항공전자공학 시스템을 수정하기 위한 경제적 타당성 문제에 매달렸다. 그는 총체적 엔터프라이즈 시각이라 할 수 있는 관점에서 한 시간 동안의 정비 작업에 과연 비용이 얼마나 들어가는지 이해하기 위해 여러 사용자들 및 정비사들과 이야기하였다.[5]

사람들은 정비 작업의 인건비를 어림잡을 수는 있지만, 정비 필요성 증가에 따른 모든 비용이 얼마가 될지 아무도 모르며, 한 부품의 고장으로 중단된 임무의 금융 비용을 아는 사람은 아무도 없다. 조직의 나머지 부분의 운영업무와 관련하여 충족되지 못한 임무의 비용이 들어간 운영업무에 관해 사람들은 걱정했지만, 정비하는 사람들은 그렇지 않았다.

레온과 이야기했던 사람들은 모두 근면한 전문 직업인들이었고, 문제를 회피하지 않으면서 그들이 가진 능력의 최선을 다해서 조직의 사명을 성실하게 수행하였으나, 그들이 한 부분으로서 속했던 조직은 함께 일하고 이런 문제를 해결할 수 있도록 설계되어 있지 않았다.

레온이 전해들은 추정 비용은 정비 작업 시간당 수백 달러에서 수천 달러에 달했다. 엔터프라이즈 운영의 모든 측면을 감안하여 문제가 있는 품질에 대해 보수적인 비용 추정치를 사용한다면 상대적으로 저비용 부품의 라이프사이클 영향력이 실질적으로 커질 수도 있다. 비용 절감 때문에 항공전자공학 구조상 재설계로 이어진 경우가 아주 많다.[6]

엔터프라이즈 내 제반 경계를 넘어 다가가기

레온의 이야기는 하위 시스템을 교체하는 비용 유효성 이상의 것을 강조하기 위한 것이다. 이것은 지식을 공유하기 위해 엔터프라이즈 내 제반 경계를 넘어 서로 다가가는 것의 가치를 잘 보여준다. 의사소통과 지식의 공유가 증가하면 그에 맞는 단기 혜택을 제공하면서, 산업의 공급자를 위한 확장된 사업기회의 토대를 만들 수 있음은 물론 사용자를 위한 저비용 운영을 할 수 있다.

사실 이런 형태의 제품 및 서비스 통합은 항공기 엔진 사업에서 현저하게 성장이 이루어진 영역이다. 항공기 엔진 사례의 경우, 3장에서 논의한 것처럼 서비스를 위해 잘 정의된 시장의 니즈는 서로 분리된 가치흐름의 영향력을 극복할 수 있는 분명한 인센티브를 제공한다. 이런 시장의 '풀(pull)'이 없으면, 이같은 영향력을 극복하기 위해 전체 엔터프라이즈의 전반적 가치흐름에 대해 보다 의도적인 식별을 해야 한다.

그림 9-2는 다양한 공급자와 고객의 가치흐름이 상호작용을 하고, 공급자와 고객간 개별 프로그램 합의 사항의 변동이 그들 각각의 엔터프라이즈와 이해관계자들에게 어떤 영향을 미치는지 잘 보여준다.[7] 어떤 경우 프로그램 1의 사례와 같이 합의 약정이 전혀 없는 사례도 있었다. 엔터프라이즈 A 이해관계자들은 공통 가치제안을 식별하였지만,(3장에서 논의되었던, 실패한 노드롭 F-20 타이거샤크 벤처의 경우와 마찬가지로) 제품이나 서비스에 고객의 이익이 전혀 없었다.

프로그램 4의 사례도 비슷하다. 대다수 이해관계자들은 고객 엔터프라이즈 내에 존재하고 있으며, 핵심 차이점이 있다면 프로그램이 엔터프라이즈 A로 하여금 프로그램에 계속 맞물려 머무를 수 있는 동기부여

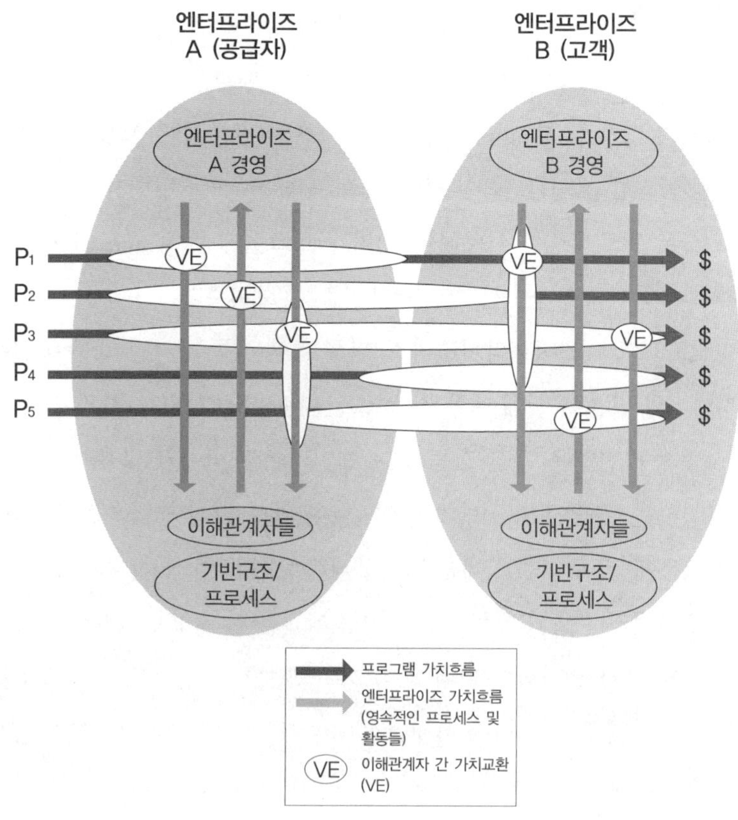

그림 9-2 멀티프로그램 엔터프라이즈 가치 교환 관계

를 하기에 충분한 매력이 있다는 점이다. 이것은 회사가 경제적 손실을 입었을 경우, 전략적으로 매력적인 일부 시장에서 그 존재를 유지하기 위해 프로그램을 받아들이는 사례일 수도 있다.(고속 민간 운송이 이런 프로그램이었다.) 8장에서 우리는 이런 프로그램의 역동성을 탐색하였다. 프로그램 3에서 두 엔터프라이즈의 모든 이해관계자들은 프로그램의 뒤에서 그들의 니즈를 만족시키는 가치제안을 확인한다.

엔터프라이즈 사이의 가치제안은 또한 단일 프로그램 경계 너머까지 미칠 수 있다. 엔터프라이즈는 생산에서 규모의 경제를 혹은 효용 면에서 범위의 경제를 창조하는 여러 프로그램의 공통 해결책을 식별하는 것이 바람직한 것임을 알 수 있다. 프로그램 5는 제조업체가 공통 기반 구조 혹은 프로세스를 사용하여 여러 프로그램에 걸쳐 규모의 경제를 만들어내기 위해 추구하는 친숙한 패턴을 잘 보여준다.

멀티프로그램 엔터프라이즈의 또 다른 문제는 특히 가장 재능에 있는 엔지니어와 같은 자원에 대한 경쟁으로, 이는 가장 치열한 경쟁이다. 종종 절충적 타협안은 가장 재능 있는 엔지니어로 하여금 많은 프로그램에 배정하는 것을 의미하며, 이들이 '너무 많은 일에 능력 이상 혹사당하기 때문에' 프로그램 성과를 빈약하게 만드는 요인 중 하나가 된다.[8]

설계 작업의 수준과 프로그램의 일정 차질은 다른 프로그램에 배정되는 요원의 수가 증가함에 따라 극적으로 증가한다. 이것은 프로그램 경영자의 문제일 뿐만 아니라 이해관계자이기도 하며 엔지니어 그들 자신의 문제이기도 하다. 그들은 동시에 너무 많은 곳에서 자신을 끌어당기고 있음을 발견한다. 종종 그들은 그들에게 맡겨진 일을 제대로 관리할 수 있는 시간조차도 갖지 못한다. 더욱 더 나쁜 것은, 그들이 기술 개발의 조류를 따라잡고 급속한 퇴출을 피하기 위해 전념할 시간을 거의 갖지 못하고 있다는 것이다.

프로그램 2는 고객 조직에서 주어진 프로그램이 고객의 조직 내에서 높은 우선순위를 가지고 어디에서든 가능한 한 보호 받아야 할 것에 대해 여러 이해관계자 간에 광범위한 공감대를 만들어낸 사례를 잘 설명해주고 있다. 이런 전략은 방위사업 업계에서 흔히 볼 수 있으며(지난 수십 년 동안 각 세 가지 서비스에 대한 국방성 예산이 현저하게 안정적인 것이 그 증거이다) 상용 항공기 업계에서 작업 분담 및 상계 계약이 체결되었을 경우에도 볼 수 있는 것이다.

또 다른 사례: 우주선의 테스트 및 운영에서 가치식별하기

또 다른 사례는 도처에 있는 엔터프라이즈 수준 프로세스들이 개별 프로그램의 운영에 실질적인 영향력을 미치는 것을 잘 보여준다. 우주선 라이프사이클 가치흐름 지원에 요구되는 엔터프라이즈 기반구조를 고려해보자.

이것이 의도한 가치를 이해관계자들에게 확실하게 전달하려면, 우주선은 반드시 설계되고 생산되어야 하며, 테스트가 이루어지고 설계와 성능 검증이 이루어져야 하며, 자신의 임무를 수행할 때에 제어와 감시가 이루어져야 한다. 의미 있는 엔터프라이즈 기반구조는 이해관계자들에게 인도되는 궁극적인 가치를 지원한다.

먼저 테스트를 살펴보기로 하자. 일단 발사되면 대부분의 부품을 회수할 수 없는 높은 가치를 가진 자산인 우주선은 성능 검증을 위해 반드시 중요한 시스템 수준의 통합 및 테스트가 이루어져야 한다. 이 일은 개발 일정의 큰 부분으로 총 일회성 프로그램 비용의 약 35퍼센트에서 50퍼센트의 비용을 사용한다.[9] 이것은 또한 전담 테스트 시설을 필요로 한다. 그렇지만 우주선에 관해 배우게 되는 많은 부분은 설계 검증 과정에서 얻어지고, 프로세스 개선으로 배우게 되는 부분은 상대적으로 적다.

LAI 학생 연구원이었던 아날리사 와이젤은 225개의 군용 및 상업용 우주선으로 이루어진 20개의 프로그램에 대한 연구를 수행하였고 우주선 시스템 수준 테스트 도중에 생성된 2만3천 개 이상의 부적합 보고서를 조사하였다.[10] 부적합 사항의 대략 1/3은 테스트 프로세스로 밝혀내야 할 이상과 관련이 있었다. 또 다른 1/3은 우주선 내 하위 시스템의 이상과 관련된 것이 확인되었고, 이것들은 이 하위 시스템의 테스트 도중에 밝혀져야 하는 것들이었다. 그렇지만 가장 놀라운 것은 테스트 설비 그 자체가 1/3의 부적합 사항을 만들어낸 것이었다.

고용인력 혹은 운전원 및 테스트 설비 모두가 결합된 엔터프라이즈 및 자원의 이상 문제는 모든 부적합 사항의 절반을 차지하였다. 그리고 그 중에서 상용 프로그램 내 엔터프라이즈 기반구조가 군용 프로그램에 비해 부적합 비율의 훨씬 더 많은 부분을 차지하였다.

이 데이터를 가지고 내릴 수 있는 한 가지 결론은 상용 엔터프라이즈가 전담 테스트 설비에 정부 고객 투자가 빠진 채 최종적인 수익만을 쫓아갈 경우, 엔터프라이즈 기반구조와 능력을 위한 투자가 소홀할 수 있다는 것이다. 이런 기반구조는 주어진 프로그램이 생성시킬 수 있는 가치흐름에 있어서 '세금'과 같은 것이며, 따라서 엔터프라이즈와 프로그램 수준 두 부분에서 현저한 손실이다.

와이젤의 연구에서는 개별 프로그램이 대략 그들 제품개발 기간의 10퍼센트를 소비하였고 테스트 도중에 발견된 문제를 바로잡기 위해 수익도 동일한 비율만큼 감소되었음을 보여준다.[11]

우주선은 일단 테스트가 끝나고 선적이 이루어지면, 통제가 되는 환경 속으로 런칭된다. 많은 수량의 우주선이 케이프 캐너배럴로 알려진 세계에서 가장 분주한 우주공항이 있는 미국의 동부 지역에서 발사되고 있으며, 2001년에만 상업용 우주선 발사가 30회 이루어졌다.

케이프 캐너베럴은 미 정부가 소유하고 미 공군이 운영하는 국가 자산이다. 미국 정부의 정책에 따라, 이른바 미국의 군용 및 NASA 임무

수행을 위해 필요한 정도 이상의 '잉여 능력'은 미국의 상업용 발사를 위해 제반 비용을 받고 제공된다. 미국의 발사대를 사용하는 실질적인 모든 상업용 우주선 발사는 이 공통 기반구조를 통하게 된다.

이 국가 자산의 운영 능력은 미국 회사들이 챌린저호 참사 이후 상실했던 상업용 우주선 발사 시장의 자기 몫을 회복하기 위해 노력하고 있기 때문에 결정적으로 중요하다. 그리고 이 시설의 능력과 역동성으로 목표달성을 위해 지원할 수 있는 엔터프라이즈 수준의 지식이 제한되어 있다는 것은 아이러니한 현상이다.

데이비드 스티어 역시 LAI의 학생 연구원으로서 그 자체 궁극적인 발사 능력과 실제적인 능력에 대한 잠재적 제약조건을 이해하기 위해 전체 캐이프 캐너베럴 시설과 기반구조의 시스템 역학 모델을 개발하였다.[12] 그는 시설의 능력 범위가 매년 49~54회의 발사 범위에 있음을 발견하였다.

그러나 어느 시스템이든 간에 대기열이 만들어지는 지연은 자체 이론적 한계로 향하는 능력 활용도가 증가하면서 나타나며, 이 모델은 대기시간과 발사지연이 거의 네 배 증가할 것임을 예측하고 있다. 대부분의 지연은 탑승 인원에 관련된 요구조건 때문이며, 다른 원인으로는 범위 자산을 독점하는 큰 임무와 '범위 봉쇄'(즉, 임무가 시작되고 특정 임무의 범위 구성이 확정된 시간 사이의)과 같은 것이 포함된다. 각 요인들은 공통 엔터프라이즈 자산에 의해 지배되는 가치흐름상의 애로를 나타낸다.

여기서 그 자산의 소유자인 미국 정부는 그 자신의 니즈가 충족되었기 때문에 엔터프라이즈 능력을 향상시키려는 아무런 인센티브도 없다. 한편 발사 운영의 합리화를 통해 그들의 발사 비용을 낮추려는 인센티브를 가지고 있는 상업용 발사의 경우 그들이 반드시 의존해야만 하는 기반 구조의 본질적 특성에 의해 제약을 받는다. 이런 딜레마는 미국의 국가적 발사 시스템의 두 주요 이해관계자 집단의 가치와 가치흐름이 동시에 상호의존적이면서 상충을 일으키고 있다는 점을 잘 보여준다.

일단 우주선이 우주에 도달하고 궤도 운행을 시작하면, 우주선의 유실과 비상상황을 대비하기 위해 비정상적 움직임은 없는지 꾸준하게 감시가 이루어져야 한다. LAI 학생 연구원인 데이브 페리스의 궤도상 이상 문제에 관한 연구에 따르면, 거의 대부분(87퍼센트)의 우주선 자체의 원인보다는 지상의 운영상 기반 구조 때문에 발생한 것으로 여길 수 있는 것들이었다.[13]

우리는 우주선의 가치흐름을 볼 때에 두 가지 중요한 점을 발견할 수 있다.

첫째, 우주선의 하드웨어는 상당히 훌륭하다. 설계도 아주 잘 되어있고 일단 궤도에 오르면 성능의 수행도 좋다. 아마 기반 구조와 비교되는 하드웨어의 우수성, 우주선의 높은 비용 그리고 심각한 설계 혹은 조립상 결함으로부터 회복될 수 있는 낮은 확률 때문에 우주선 개발자들은 우주선을 만들어내는 훌륭한 일을 잘 수행하는 것으로 판단된다.

두 번째, 이 고도의 성능을 가진 하드웨어와 함께 가치 실현을 지원하는 많은 활동이 공유된 엔터프라이즈 기반구조(다른 누군가에게 속한 엔터프라이즈라고 많은 사람들이 생각하는 기반구조)이다. 실제로 우주선 라이프사이클 그 어느 단계에서든지 일어난 고장은 이해관계자에게 미치는 가치의 모든 흐름을 신속하게 정지시킨다. 다른 사람의 가치흐름이 그 자신의 것과 상호의존적일 수도 있음을 이해하지 못한 채 한 사람의 가치흐름에만 집중된 협소한 초점은 모든 가치흐름에 심각한 피해를 줄 수 있다.

우리는 앞 장에서 엔터프라이즈가 공통 문제를 공유하고 공통 해결책으로부터 가치를 도출해내는 이해관계자를 식별하기 위해 전통적 조직, 기능, 예산 또는 문화적인 경계를 전체적으로 탐색하였다.

우리는 또한 전체적으로 엔터프라이즈의 관점으로 업무 프로세스 표준화를 통해 실현시킬 수 있는 중요한 혜택을 논의하였다. 앞의 사례들은 엔터프라이즈 기반 구조 그 자체가 이해관계자들과 그들의 가치를 식별하고, 이는 엔터프라이즈 수준 활동 혜택을 이해하는데 필요한 분석을 가능하게 만들기 위한 중요한 역할을 강화시킨다.

엔터프라이즈 가치제안 만들기

일단 통합된 혹은 공통 시각의 잠재적 가치식별이 이루어졌으면, 참여하고 있는 이해관계자들과 함께 엔터프라이즈 가치제안을 만들 수 있다. 이것은 모든 이해관계자가 공유하는 하나의 비전을 정의하며 이들 모두가 가치를 얻기 위해 희망하는 조건을 만든다.

이것은 프로그램과 엔터프라이즈 간에 각각 서로에게 기대하는 바와, 그리고 각각 서로의 니즈를 수용하기 위해 반드시 어떻게 스스로 적응할 것인가에 관한 상호 교환을 정의하기 위해 개별 프로그램 가치흐름을 연결시킨다.

엔터프라이즈 가치제안을 개발하는 것은 이해관계자 식별에 요구되는 기반구조와 서로 다른 사람에게 관련된 가치를 이해하기 위한 분석 기반 그리고 복수 이해관계자들의 요구사항을 협상하고 절충할 수 있는 역량을 필요로 한다. 시간, 인원 충원 그리고 자원의 가용성이 이런 역량의 바탕에 깔려 있고, 가치제안을 세련되게 만들어가면서 이해관계자들로 하여금 분석과 협상을 완성시킬 수 있게 한다.

엔터프라이즈 수준에서 이 역량은 이런 거래가 꾸준하게 만들어지고 갱신되기 때문에 정기적으로 훈련이 이루어져야 할 것 중 하나이다. 결과적으로 이런 것들이 핵심적인 엔터프라이즈 능력이다.

엔터프라이즈 리더는 엔터프라이즈와 프로그램 가치흐름 간에 가치제안의 구성을 시도할 수 있지만, 그들의 성공 가능성을 제어할 수는 없다. 엔터프라이즈 가치제안은 엔터프라이즈와 그 이해관계자 간에 엔터프라이즈가 영위하는 사업에 지속적인 참여를 보장하기에 충분한 가치를 받아갈 수 있도록 가치의 균형점을 찾는다. 만일 이 교환이 균형을 잃어버리고 조정에 실패하면, 한 당사자가 가치제안을 내버릴 수도 있다.

예를 들어 노동력은 1980년대 레이건 대통령의 국방 정책이 만들어지던 시절의 남부 캘리포니아 항공우주 부문 엔지니어링 부문에 종사하던 작업자들 그리고 1990년대 후반 실리콘 밸리의 컴퓨터 하드웨어 및 소프트웨어 작업자들처럼 보다 매력적인 프로그램의 장래성이 있는 곳으로 옮겨갈 수도 있다.

린 원칙과 실행의 적용은 가치제안을 만들어내는 능력에 미치는 실질적인 영향력을 가지고 있을 수가 있다. 예를 들면 프로그램 개발 사이클 타임을 실질적으로 감축시키면, 광범위한 이해관계자를 위한 새로운 기회를 만들어낼 수 있는 보다 많은 프로그램의 취급이 가능해진다.

엔터프라이즈 가치제안을 구성하는 세 가지 기본적인 접근 방법이 있다. 그것은 계층적 혹은 지시적 방법, 구조적 방법 그리고 협력적 방법이다. 이중 어느 것이 가장 적절한 것인가의 여부는 이해관계자와의 관계와 상황에 따라 좌우된다. 이 세 가지 접근 방법 중 그 어느 것이나 혹은 모두가 포함된 가능한 혼합 방식이 있을 수 있고, 다음의 상세한 논의를 통해 볼 수 있는 것처럼 이들은 분석적으로 서로 구별 가능하다.

계층적 혹은 지시적 접근 방법

어느 권한을 가진 한 부문에서 이해관계자들을 통제할 경우, 가치제안을 만들어내는 일을 주도하려면 계층적 접근 방법이 효과적일 수 있다. 위계질서가 있는 계급의 계층에는 보고 관계, 명령 및 통제 구조 그리고 '업무규정'이 정의되어 있다.[14]

고객에게 가치를 인도하기 위한 혁신과 빠른 적응이 베스트 프랙티스로 간주되는 시대에 엔터프라이즈에 계층적 구조를 부여하는 것은 원래 병을 더 악화시키는 처방처럼 보일 수도 있다. 그렇다 하더라도 일반적으로 대부분의 산업계에서 어떤 형태든 중앙집권적 통제 장치를 만들어 놓지 않으면 최소한 다음과 같은 두 가지의 문제, 즉 통합 엔터프라이즈 시각이 상실될 수도 있고, 그리고 불안정성이 나타날 수도 있는 문제점에 봉착할 수 있다.

불안정성은 시스템의 설계 때문에 시스템에 가해지는 내부적 혹은 외부적 자극에 대해 예상하지 못한 그리고 바람직하지 못한 반응의 원인이 될 경우 발생한다. 예를 들면 불안정한 비행기는 외부로부터 돌풍을 만나거나 조종사가 잘못된 내부 제어 입력을 하게 되면 통제된 비행으로부터 이탈하는 경향을 보일 것이다.

불안정성은 고객의 재정적 어려움 혹은 엔터프라이즈 자체 내부의 문제로 인해 일차적인 제품 시장 규모가 극적으로 변함에 따라 일어날 수도 있다. 어느 경우가 되었든 예상치 못한 정보에 대해 예측 가능하고

불안정성 - 엔터프라이즈의 난제

대부분의 사람들은 안내방송 시스템의 피드백을 받은 경험이 있다. 마이크가 들리고, 소리를 키우고, 자기강화 피드백 루프 내에 있는 큰 스피커를 통해 의도치 않은 굉음과 같은 찢어지는 소리로 방송이 나간다. 훌륭한 시스템 설계는 '오류 방지'를 추구하며 의도하지 않은 상황이 발생하여 성능 저하가 일어난다 하더라도 시스템은 계속 작동이 이루어진다.

멀티프로그램 엔터프라이즈는 계획수립, 자원 배당 및 프로그램 실행에 관해 원래의 전제조건과 함께 유익한 시스템 설계 문제를 제시한다.[15] 가끔 엔터프라이즈는 엔터프라이즈 피드백 루프와 같이 개별 프로그램을 잡고 있는 이런 전제조건의 경계 밖에서 운영될 수도 있다. 이런 불안정성은 프로그램 수행에 큰 파괴력을 미치며 이는 멀티프로그램 엔터프라이즈를 통해 파급될 수도 있다.

불안정성의 메커니즘을 보다 잘 이해하기 위해, 멀티프로그램 엔터프라이즈의 모의시험을 하기 위한 시스템 역학 모델이 MIT에서 개발되었다.[16] 시험 결과는 프로그램 관리자가 경험한 바와 일치하였다. 그들은 프로그램을 관리하는 엔터프라이즈 구조와 능력의 포트폴리오가 어떻게 설계되었고, 한 프로그램의 문제가 다른 프로그램으로 파급되는 것을 촉진하거나 혹은 막아주는 역할을 하는 것이 얼마나 중요한지 설명하였다.[17]

이같은 불안정성의 암운이 엔터프라이즈에 드리울 경우 과연 얼마나 악영향이 미치는 것인가? 1990년대 중반 국방 조달에 관한 한 연구[18]에서, 프로그램들이 평균적으로 대략 8퍼센트의 연간 비용상승과 24퍼센트의 일정지연을 경험하였음이 발견되었다.

그리고 불안정성의 문제는 즉각적인 프로그램의 성과에 영향을 미치는 것으로 멈추지 않는다. 같은 연구에서 국방 계약자들은 불안정성이 다른 프로그램의 수익성까지 잠식하는 원인이 되었음을 보여주었다. 그들은 또한 프로그램이 불안정할수록 중요 부품 공급업체들이 국방 공급업체 기반으로부터 더 많이 이탈하였음을 보여주었다.

노동력과 그들이 가진 기술 기반도 역시 불안정성으로 인해 피해를 받았다.[19] 높은 수준의 시장, 기술, 조직 혹은 예산의 불안정성에 직면한 생산 기지에서 낮은 수준의 불안정성에 직면한 생산 기지에 비해 현저하게 더 높은 핵심 역량을 가진 사람의 손실을 입었다고 보고하였다.

무슨 일을 해야 할 것인가? 이 영역에서 이루어진 연구를 통해 얻은 통찰에 의거하여 볼 때, 다음과 같은 실행을 도입하면 불안정성을 경감시키는데 도움이 될 수도 있을 것이다.

- 인적자원에 대해 교차훈련, 역량 계발 및 작업자 참여도 증대와 같은 실무를 수행하여 예기치 못한 사건에 대한 적응력을 높인다.
- 포트폴리오 내 프로그램에 잔업과 같은 비상 자원의 할당은 신중하게 사용하도록 연습한다. 어느 한 프로그램의 병을 치료하는 것은 포트폴리오 나머지 부분에 불균형적인 피해를 주는 원인이 될 수도 있다.
- 프로그램 요구 자원의 우선순위는 상대적 안정성을 유지해야 한다. 우선순위의 조정은 전체 포트폴리오에 미치는 영향력을 평가한 후에만 하도록 한다.
- 발견되지 않은 품질 문제나 재작업으로 인해 이미 다른 임무를 맡은 사람을 다시 불러내는 일이 없도록 한쪽의 끝과 그 다음의 시작 부분 사이에 완충 영역이 존재하도록 프로그램의 일정을 세운다.
- 프로그램 완료 일자를 추정할 때에는 언제 사람과 다른 자원들이 도착할 것이고 실질적인 기여를 할 수 있을 것인가에 관해 현실적인 가정을 사용해야 한다.
- 모든 프로그램에 관한 새로운 정보가 입수되면 포트폴리오 전체적으로 정기적인 자원 할당 내역의 갱신이 이루어지도록 한다. 이렇게 하면 미래 계획 수립에 도움을 주며, 잠재적인 자원의 구속에 관한 경각심을 높이는 데 도움을 준다.
- 제품 라이프사이클 초기에 프로그램의 취소 가능성에 대비한 포트폴리오 검토를 자주 하도록 한다.

통제된 방식으로 엔터프라이즈가 대응하는 것을 보호하는 것은 엔터프라이즈의 설계 혹은 구조 그 자체이다. 불안정한 비행기에 대한 해결책이 조종사가 원하는 바를 비행기가 그대로 따를 수 있게 변환해주는 비행 조종 장치를 사용하는 것처럼, 엔터프라이즈 역시 마찬가지로 통제 시스템을 필요로 한다.

프로그램 내에서 불안정성의 한 원인은 어느 한 시점에 멀티프로그램 엔터프라이즈가 취급할 수 있는 한도 이상의 프로그램이 존재하고 있는 것이다. 노력과 지출 규모가 작은 상태로 시작된 프로그램은 필히 커질 수밖에 없고 엔터프라이즈가 감당할 수 있는 초기 프로그램은 후기의 완전한 개발이 이루어진 프로그램의 수에 비해 항상 훨씬 더 많다. 이른바 제품 개발이 시작될 때의 모든 것이 불분명한 최일선에서부터 프로그램이 진척되고 규모가 커짐에 따라 프로그램의 수를 감축시킬 수 있고 최상의 개념이 만들어질 수 있는 프로세스가 반드시 있어야 한다.

미 공군 장교이자 LAI의 학생 연구원이고 서비스의 요구조건에 관한 연구를 수행하기 위한 공군 본부 요원이었던 로브 워스린은 여덟 개의 상용 및 군 조직에 관해 심도 깊은 연구를 수행하였으며, 최일선 프로세스 관리를 위한 최상 및 최악의 접근 방법을 식별해내었다.

일반적으로 최상의 접근 방법은 프로세스 전체적으로 자원의 집행과 엔터프라이즈 전략에 관련된 엔터프라이즈 포트폴리오의 상태를 정기적으로 평가할 수 있는 도구를 가진 의사결정권자가 있는 합리화된 의사결정 권한을 가진 부문이 포함되어 있다. 최상의 조직은 각 프로세스에 경험이 있는 사람들이 자리 잡고 있으며 개발에 필요한 자원을 제공하면, 절충적 분석 수행에 요구되는 도구와 기량을 유지하고 있다.

관찰된 최악의 경우는 의사결정권자들 간에 의사결정 회피 또는 전가

왜 착수단계의 프로세스가 그렇게 중요한가?

이상적인 엔터프라이즈 착수단계 프로세스는 여러 가지 일을 완수해야 한다. 먼저 아이디어 생성을 북돋우기 위해 적당한 자원을 확보해야 한다. 예를 들어 어떤 조직은 과학자와 엔지니어들이 아이디어 단계를 넘어서는 신제품 컨셉을 만들어내기 위해 필요한 것을 공급하는 기술 인큐베이터의 유지를 위해 매주 일정한 시간을 제공한다.

다음으로 컨셉을 지지하는 사람과 그 컨셉을 구체화하고 잉태시키기 위해 그들의 가능성 있는 가치를 제시할 수 있는 다른 엔터프라이즈 이해관계자들을 연결시키는 지원 기반구조와 프로세스를 제공해야 한다.

핵심 엔터프라이즈 이해관계자들과 엔터프라이즈 실행을 인가 받은 권한을 가진 상위 의사결정체는 최소한의 가능성을 보여주는 컨셉을 선별할 수 있고 최상 개념의 추가 개발을 인가한다. 보다 정교한 분석 능력을 사용하여, 이 엔터프라이즈는 프로세스를 통해 진척이 이루어짐에 따라 개념을 절충하고, 구조가 정의되고, 비즈니스 케이스가 만들어지며, 엔터프라이즈 상위 이해관계자 집합체는 본격적인 엔지니어링 개발 실행 여부를 결정한다.

단계별 관문 프로세스는 일선의 제품 개발을 관리하기 위한 한 가지 접근 방법으로서 엔터프라이즈 내에서 진행중인 활동 프로그램의 수를 대략 자체 기반구조와 프로세스가 감당할 수 있을 정도로 제한하는 작용을 한다. 그들은 이것을 잘 정의된 의사결정 포인트를 사용하며 이를 통해 각 프로그램은 반드시 자체 라이프사이클의 다음 단계로 진행하기 위한 자금과 자원을 얻기 위해 통과해야 한다.

한 프로그램이 진척되어 가면서 더 많은 양의 자원을 필요로 하므로, 프로그램은 반드시 프로세스 내 각각의 후속 단계에서 선별이 이루어져야 한다. 단계별 관문 프로세스의 지도는 그 자체 측면을 향하는 깔때기를 닮았고 많은 프로그램들이 프로세스로 들어오지만, 이상적인 몇 개의 최상 컨셉 만이 최종 제품으로 연결된다.[20]

가 있었고, 이것은 어느 한 의사결정 권한 영역 내에서 프로그램 혹은 포트폴리오 성과에 대한 책임을 제한시켰으며, 궁극적으로 포트폴리오 상태를 추적할 수 있는 방안을 갖지 못하게 만들었다. 또한 자재 지원, 기반구조 혹은 필요한 분석을 행하는 능력에도 한계가 있었다. 인원 배정이 단절되는 것은 개인의 경험 혹은 장기적 엔터프라이즈 학습이 부족한 것을 의미하였다.[21]

많은 엔터프라이즈 프로세스가 자체적으로 지시적 관리를 하고 있다. 린 패러다임 속의 학생들에게 가장 친숙한 사례는 제조부문으로부터 나오고 있으며, 저스트 인 타임 재고나 단품 흐름과 같은 개념들이 포함되어 있다.(이 생산 관련 사례들은 안정적인 환경 속에서 지시적 접근방법의 통제 알고리즘이 상대적으로 단순할 수 있음을 잘 보여준다.)

엔터프라이즈 통합에 지시적 접근방법을 사용하는 것은 분명한 장점이 있으며, 그렇지 않을 경우 분명한 비용이 발생한다. 지시적 접근 방법은 쉽게 실행될 수도 없고 숙달하기도 어렵다. 그렇지만 이것이 성공적으로 이행될 경우, 엔터프라이즈 이해관계자들의 모든 니즈를 다루는 가치 제안과 함께 이해관계자들을 제휴시키는데 상당히 효과적일 수가 있다.

구조적 접근 방법

경우에 따라 강력한 중앙 집중적 통제는 엔터프라이즈 모든 이해관계자들에게 단 하나만의 최종 권한을 가진 부문만이 존재한다 하더라도 실행이 어렵고, 바람직하지 않을 수도 있다. 이 점은 다국적 기업에게 있어서 핵심적인 과제인데, 예를 들어 엔터프라이즈의 크기 또는 규모 때문에 혹은 이 두 가지 모두 때문에, 또는 전반적 기능의 조정을 하기 위해 들어가는 거래 비용이 통합과 재사용으로 인한 혜택보다 클 수도 있기 때문이다.

전세계적으로 퍼져있는 획일화된 조직의 운영에 있어서 종종 지역적 기준, 혹은 상태를 따르거나 맞추어야 하는 국지적 요구조건과 맞물린 중요한 기능 조정상의 과제가 존재한다. 성공하려면 적응이 필요하다.

엔터프라이즈 능력을 제고시키면서 적응성을 제공할 수 있는 한 가지 방법은 지역에 맞는 현지화를 허용하면서 집합적 활동을 위한 프레임워크 혹은 구조를 정의하는 것이다. 이 일은 규정된 의사소통 표준과 도구들 또는 공통적인 보고 척도 또는 프레임워크를 통할 수도 있는 표준화된 엔터프라이즈 프로세스까지 포함시킬 수도 있다. 또 다른 접근 방법은 작업의 내용을 결정하는 제품의 구조를 확립시키는 것이다. 이 단원에서는 후자의 사례를 상세하게 탐색하려고 한다.

플랫폼과 모듈화 설계는 작업을 합리화하고 엔터프라이즈 지식과 프로세스를 다양한 고객의 요구사항에 대해 효과적으로 사용할 수 있도록 제품 구조를 사용하는 친숙한 사례이다.[22] 자동차 제조업체를 예로 들면 신제품의 비용과 사이클 타임을 이런 방법으로 감축하고 있으며 단일 제조업체에서 만드는 많은 차량들은 엔진과 같은 주요 구성부품은 물론 오디오나 연료 펌프와 같은 제품 계열의 공용 하위 시스템 혹은 구성요소를 공유할 수도 있다. 예를 들어 포드의 링컨 LS 세단인 선더버드와 재규어 S 타입 세단은 모두 동일한 플랫폼을 가지고 있지만 하위 시스템과 차체는 서로 다르다.

구조적 접근 방법의 장점은 엔터프라이즈의 능력을 혁신과 적응성을 과도하게 억누르지 않는다는 것인데, 이 때문에 생산 라인이 진부화와 'NIH(Not Invented Here)' 증후군을 촉진시킨다. 사실 플랫폼 혹은 모듈화 접근 방법은 실제로 사용자 기반의 혁신을 가능하게 한다. 여러 연구에서 섬세한 사용자들에게 용도에 맞게 적용할 수 있는 제품을 제공하면 기능의 향상뿐만이 아닌 제품 기술 진화 방향을 최첨단 추세로 이끄는 수정이 이루어지고 있음을 보여주고 있다.[23]

오픈 소스 소프트웨어의 영역에서는 리눅스 운영 시스템이 가장 잘 알려져 있겠지만, 그 외에도 수많은 사례를 제공하고 있다. 리누스 토발즈는 리눅스를 개발하였다. 이 리눅스의 오픈 소스 구조는 전 세계에 있는 프로그래머 사용자들로 하여금 소프트웨어 코드를 추가하여 기능 향상을 할 수 있게 만들어준다.

엔터프라이즈의 조정과 가치창조를 위한 구조적 접근 방법의 응용가능성은 그 자체적인 한계를 지니고 있다. 예를 들면 플랫폼 혹은 모듈화 전략은 성능이 법규나 물리적 법칙에 의해 제약을 받는 상태로 운용이 이루어지는 제품의 경우 문제가 있다.[24]

많은 항공우주산업 제품들이 이런 범주에 속하고 있으며, 그렇지 않은 제품도 있다. 그렇지만 제품의 성능 요건이 통합된 설계의 사용을 요한다 하더라도, 엔터프라이즈 프로세스는 구조적 접근방법을 사용하여 합리화시킬 수 있다.

이것들은 척도와 전략적 목표 충족에 기반을 둔 평가 성능으로 정의된다. 고위 경영진은 모든 엔터프라이즈 이해관계자들에게 꾸준하게 이 전략을 강조하고 강화시킨다. 그리고 조직 구조와 자원은 이 전략에 부합시킬 수 있도록 제품 계열 주위로 조직화된다. 도요타 개발 센터의 구조가 가장 뛰어난 사례인데,[25] 예를 들어 공급업체 네트워크 이해관계자들은 전략적인 위험 분담 제휴관계를 통해 제품 라인 전략에 전념하고 있다.[26]

제품 라인이나 플랫폼 엔지니어링을 마스터한 조직은 이것이 성취시킬 수 있는 수많은 통찰을 제공한다. 항공우주산업계는 설계와 설계 및 테스트 프로세스를 재사용을 할 수 있는 범위에 의존하는 일부 조직의 성공 사례를 제시하고 있다. 예를 들면, 항공기 엔진 영역의 경우, 엔터프라이즈 전체적으로 잘 소통되어 알려져 있고 균일하게 시행이 이루어진 잘 정의된 제품 계열의 전략을 가진 제품 계열 설계에 크게 의존하고 있다.

요약하면 성공적인 제품 계열의 엔지니어링은 우연히 일어나는 것이 아니다. 엔터프라이즈 구조와 프로세스는 활동의 결과물을 넓게 정의한다. 그러나 보다 중요한 점은 이런 결과물을 일관성 있게 실현시키고 또 그 일을 잘 하려면 아주 많은 노력이 필요하다는 점이다. 이 일은 엔터프라이즈 수준의 헌신, 조직 및 매우 신중한 행동을 필요로 한다.[27]

협력적 접근 방법

관련된 모든 엔터프라이즈 이해관계자들의 행위를 관장하는 통합 전권을 가진 권한이 없을 때에는 표준의 개발과 같은 협력적 접근방법이 요구된다. 사적 재산권이 있을 수 있거나 개방적일 수도 있는 이런 표준은 시스템의 주요 하위 요소들 간의 핵심적인 인터페이스를 규정한다. 규정된 표준이 없으면, 모듈화된 설계는 불가능할 것이며, 성공적인 표준 개발이 PC 산업계의 성공과 델 컴퓨터와 같은 회사의 존재를 잘 설명해주고 있다.

우리 논의는 이 맥락에서 중요한 개방형 표준에 초점을 두는데 그 이유는 많은 항공우주 시스템들의 실행 기술과 실제 항공우주 시장에서

노동조합과의 합의를 통한 가치제안 토대구축

이 집합적 프로세스는 엔터프라이즈 수준의 변환 추진활동 내에서 노동력이 관여되는 가치제안의 토대를 구성하는 중요한 수단이 될 수 있다. 가장 최근의 국제 기계항공노조(IAM)와 보잉사 간의 국가적 합의는 1989년에 맺었던 약정 내용을 유지하고 있으며, 특별한 이해관계자, 즉 노동조합을 결성한 노동력에 가치를 가져다주는 것을 겨냥한 구조적 모델의 훌륭한 사례를 제공하고 있다.

두 당사자는 1989년에 '개인적인 그리고 회사의 목표를 충족시킬 수 있는 역량을 갖춘 작업자'를 만들어낼 수 있는 다양한 연합 교육훈련 활동을 지원하기 위한 계약 합의에 도달하였다.[28] 1992년에 보잉은 '교육훈련 프로그램을 통한 품질 확보'라는 국가적 프로그램을 수립하고, 매 작업시간당 14센트의 금액을 기준으로 최소 1천4백만 달러의 자금 지원을 보장하였다.(1999년의 상황에서 환산해 보면 이 금액은 25백만 달러가 된다)

1996년과 2000년 사이에 이 선도적 활동은 2만3천 명이 넘는 개인들에게 약 3만5천5백 개의 교육과정에 대한 수강비용의 지원을 통한 교육적 지원을 제공하였다. 추가적인 프로그래밍 및 지원도 '건강 및 안전 협회', '일시적 해고 및 재배치 지원', 다양한 지원이 주어진 실내 교육훈련 과정, '고성과 작업 조직' 같은 혁신활동의 이행 지원 및 추가적인 개인 능력 육성 훈련과 같은 혁신활동을 제공하였다.

비록 이것이 회사 내에서 일어났던 린 변환 활동과 제한적으로 중복되기는 했지만 IAM에 소속된 보잉 고용인력의 약 절반이 이런 혁신활동의 혜택을 받았으며, 이것은 보다 큰 멀티프로그램 엔터프라이즈가 다루는 과제를 잘 설명해주고 있다.

다양한 이해관계자들에게 가치를 부여함에 있어서, 고객이나 주주에게 봉사하는 것을 겨냥하는 혁신활동은 종업원에게도 봉사를 할 수 있도록 정립될 필요가 있다.

이런 기술을 사용하는 공급업체의 사업이 전체의 한 부분만을 대표할 수도 있기 때문이다.

이런 경우 지시적인 혹은 계층적인 통제 주체는 분명히 제대로 작동하지 않을 것이며, 항공우주 부문의 엔터프라이즈는 핵심 이해관계자를 통제하지 않을 것이기 때문에, 여기에서 표준 개발을 통하여 다른 이해관계자들과 협력하면 확실하게 항공우주 부문에 한정된 요구조건을 충족시킬 수 있다.

미 공군의 장교이자 LAI의 학생 연구원이었던 매튜 누포트는 공통 광역 디스플레이(CLADs)의 이야기를 가지고 표준을 사용하는 것이 공통 문제를 가지고 있던 대규모 이해관계자 그룹 내 공통 해결책의 혜택을 어떻게 누리는지 보여주었다.[29] 워너 로빈스 항공 물류센터의 엔지니어들은 미 공군의 E-3 공중조기경보 관제기(AWACs)의 디스플레이가 상대적으로 고장률이 높고, 디스플레이의 유지 보전도 점점 더 어렵고 비용이 들어감을 간파하였다.

1980년대에 조달이 이루어질 때에는 상대적으로 고급이었지만, 세월이 지난 기술을 지원하는 것은 상용 경제활동 영역에 비해 한정된 시장을 군이 맡고 있었고 예비 부품도 손에 넣기 힘들었기 때문에 어려운 일이었다.[30]

연간 유지보수 비용은 대략 디스플레이 5백 개 당 4백만~6백만 달러 정도가 되었고, 이것은 기능적으로 19인치 혹은 21인치의 컴퓨터 모니터와 같은 디스플레이 한 개당 연간 약 8천 달러의 유지보수 비용에 해당하는 것이었다.

1990년대 초반에 워너 로빈스의 항공전자공한 엔지니어였던 봅 즈위치는 노후화되고 점점 더 신뢰성이 떨어지는 기술을 상업적으로 대체할 수 있는 해결책은 없는지 찾기 시작하였으며, 그는 또한 이런 문제에 직면한 사용자들이 얼마나 있을지 생각해 보기 시작하였다.

미 공군 편대의 여러 가지 다른 항공기에서 기능적으로 유사한 디스플레이를 사용하고 있었으며, 봅은 미군 전체 각 부문 사용자들이 쓰던 약 1만5천 개의 이런 디스플레이를 조사하였다. 각 사용자는 단지 열두어 개 혹은 수백 개의 디스플레이를 소유하고 있었지만, 설치된 기반을 집합적으로 보았을 때 상당히 심각했다. 각각 모두가 노후화 되어가는 제품의 동일한 문제에 직면하고 있었다.

상업용 디스플레이로 전환함에 따라 큰 혜택을 얻었는데, 무게도 60퍼센트나 가볍고, 유지보수 비용도 90퍼센트나 감축하였으며, 고장간 평균시간 간격(MTBF)도 11배나 향상되었다. 전력 소비도 30퍼센트 줄었고, 디스플레이의 해상도와 성능도 실질적으로 개선되었다. 과거 디스플레이의 가격으로 새 디스플레이를 여덟 개까지 구입하여 교체할 수 있었다. 보다 중요한 점은 필요한 때에 언제나 상업용으로 가능한 교체품을 사용할 수 있다는 점이었다.

이 AWACs 프로그램과 이 프로그램에 국한하여 관련된 물류 공동체에 가져다준 절감 비용만으로 이런 변화를 정당화시켜 주었는데, 전체 국방 엔터프라이즈에게 미친 잠재적 절감 비용은 엄청난 것이었다. 국방부 전체적으로 연간 약 1억 달러에 달하는 잠재적 유지보수 비용을 절감할 수 있었다.

봅의 성공 열쇠는 서로 경쟁적인 니즈를 통해 정렬을 시키고 가능한 최상의 대안을 정의하기 위해 중립적인 대행자(생산과 조달 결과물에 얽힌 이해관계가 없는 사람)를 활용한 것이었다. 기득권을 가진 이해관계자 한 사람이라도 있으면 프로세스 전반에 대해 과도한 영향력을 행사하며,

다른 이해관계자의 이익에 해를 끼치고, 전반적인 가치제안을 와해시킬 수 있기 때문이다.[31]

CLADs 사례의 경우에 항공우주 부문만의 유일한 해결책을 선택하는 것은 불가능하였는데, 그 이유는 존재하는 것이 전혀 없었기 때문이었다. 현재 많은 군 항공우주 시스템이 현재 동일한 문제에 직면하고 있는데, 상업적인 가용 기술을 조사하고, 이것을 전체 군 사용자 각 부문의 니즈와 비교하고, 모든 이해관계자들의 니즈를 충족시키는 표준을 정의하려면 봅 즈위치와 같은 사람이 더 필요할 것이다.

표준이 가져다주는 혜택은 너무나 명확하며 사용자는 그것을 채택하는 자연적인 인센티브를 가지게 된다. 더 많은 사용자들이 표준을 채택할수록, 그들의 개별적인 혜택도 따라서 더 커지는 경우가 종종 있다.[32] 싸움이 일어나면 경쟁하는 표준 위로 찬물이 끼얹어질 수도 있기 때문에, 선정된 표준이 존속할 수 있도록 전권을 가진 당국에서 합법성을 부여할 수도 있다.

그렇지만 이것이 항공우주산업계 엔터프라이즈가 그들의 제품에 영향을 미치는 표준을 정의하는 일에 수동적인 역할을 해야 함을 의미하는 것은 아니다. 오히려 핵심 기술 영역에서 표준을 만들어가는 일을 촉진하고 참여하여 항공우주 부문의 엔터프라이즈는 다른 산업계에서 일어나는 기술 발전을 제고시키면서, 신뢰할 수 있는 구성요소, 부품 및 하위 시스템의 근원을 유지할 수 있다.

세 가지 접근방법 간의 공통 주제

지시적 통제 메커니즘이나 혹은 다른 많은 사람들과의 협력이 관여되

공급 사슬을 통한 새로운 가치제안 – LTA 추진 활동

지난 10년 간 연구활동 결과, 점점 많아진 증거를 보면 확장된 엔터프라이즈 내에서 공급업체 통합의 결정적인 중요성을 경쟁 우위의 원인으로 지적하고 있다.[33] 많은 회사가 바로 그대로 하였고 그 중 한 가지 사례가 공급업체를 관여시킨 텍스트론사의 가치제안 만들기이다.

텍스트론은 자체 시스템 및 구성부품 부문에 장기계약(LTA)을 처음 시도하였고, 지금은 전사적으로 확장되어 이행되고 있다. 이 활동은 수익을 10배 이상 실현시키고자 하는 노력의 일환으로 린 원칙을 채택하기 위해 만들어진 회사의 '10배' 린 추진 활동으로부터 성장한 것이다.

LTA는 조달 부문에서 주도하였고, 회사는 잠재 개선기회 식별에 도움을 얻기 위해 LAI의 린 엔터프라이즈 모델을 사용하였다. 첫 단계는 조달 프로세스 흐름 지도를 그리는 일이 포함되어 있었고, 공급업체에게 낙찰이 어떻게 이루어지는가에 관한 사항이 다루어졌다. 이 지도는 상당한 양의 '낮게 매달린 과실들'을 드러나게 하였고, 이를 통해 텍스트론은 예를 들어, 청구 업무 처리에 과다한 시간이 걸리는 일과 같은 것을 주문이 직접 바이어의 대기열에 들어가게 할 수 있는 전산 시스템을 개발하여 처리하는 것과 같은 일에 초점을 집중하였다. 부수적인 혜택으로 프로세스가 향상되어 조달 매뉴얼의 50퍼센트를 줄일 수 있었다.

두 번째 단계로는 '최고 가치 컨셉' 이행 활동이 포함되었고, 이 활동은 총 획득 및 소유 비용을 고려하기 위해 초기 가격 이상의 비용을 찾는 일이 포함되었다. '최고 가치' 선정 방법은 다음 네 가지, 즉 품질(40퍼센트), 가격(30퍼센트), 납기(15퍼센트) 및 응답성(15퍼센트)의 가중치가 주어진 구성 요소로 나누어졌다.

이 접근 방법의 이행을 위해 텍스트론은 바이어, 품질 엔지니어 및 제품 엔지니어 별 '공급업체 평가팀'을 만들었다.(이 팀은 두 명의 전담 재무 분석가의 지원을 받았다.) 각 팀은 매일 공급업체와 함께 조달 프로세스를 살펴보고, 개선 기회를 식별하고, 텍스트론과 그 공급업체가 보다 나은 결과를 얻기 위해 스스로의 프로세스를 바꿀 수 있는 방법을 평가하기 위한 작업을 시작하였다.

개방적 의사소통 채널을 돕기 위해, 텍스트론은 고객 대표자를 데려와 공급업체를 만나도록 하였고, 연간 공급업체 회의를 확대하여 보다 많은 제품 생산 라인이 포함되도록 하였다. 이것은 고객 요구조건이 전달되도록 하는데 도움을 주었고, 공급업체에게는 공급업체 사슬의 하류 사용자들에게 개선 아이디어를 제시할 수 있는 기회를 주었다. 이런 의사소통은 또한 설계 부문으로 확장되었고 텍스트론의 엔지니어는 이제 공급업체와 보다 많은 상호작용을 하고 있다.

세 번째 단계는 최고 가치 선정과 공급업체 관리 프로세스를 통해 비용 절감 실현에 성공한 공급업체와 연결된 LTA를 이행하는 것이었다. 공급업체들은 위에 있는 기준은 물론 통계적 프로세스 관리 도구를 사용하여 품질 변동을 지속적으로 감축시킬 수 있는 지속적 개선 능력, '팀 플레이어'로서의 등급, 개방적 의사소통에의 참가 그리고 그들이 텍스트론에 가져다주는 경쟁 우위에 따라 등급이 정해졌다. 이 공급업체 인증 프로세스는 '승인', '인증', '선호'와 같은 세 가지의 수준이 있었고, LTA에서는 마지막 두 가지의 수준만 사용하였다.

1998년 LAI 워크숍에서 텍스트론은 린 혁신활동 이행 첫 해에 118개의 부품을 포함하는 25개의 LTA를 만들어냈다고 보고하였다. 대부분 5년 계약이었고 3년 계약도 일부 있었다. 그리고 나서 LTA는 그룹 조달 총액의 73퍼센트를 점유하게 되었다.

지속적 개선으로 얻은 혜택을 공유할 때에는 통상 50퍼센트는 공급업체로, 나머지 50퍼센트는 말단 고객으로 가게 하였다.(이들은 종종 추가 주문을 더 확보하는 방식의 혜택을 선호하기도 하였다.)

다년간 계약의 경험을 비추어 보면서, 텍스트론의 조달 부문 리더는 다음과 같은 말했다. "공급업체 기반은 과거에 항상 말썽이 있었다. 만일 당신이 엔지니어와 문제점에 관해 이야기하였다면, 항상 공급업체의 결함으로 인한 문제였을 것이다. 이제 이런 태도는 실제로 바뀌었다."

어 있더라도 엔터프라이즈 수준의 행동은 매력적인 혜택을 제공할 수 있으며, 일부 공통 요소들이 존재한다. 먼저 이해관계자들은 종종 동일한 과제를 서로 나누어가지게 되며, 함께 일함으로써 얻어지는 잠재적 혜택이 존재한다.

이와 동시에 비록 이해관계자들이 기득권을 가지고 엔터프라이즈에 임한다 하더라도, 집합적인 엔터프라이즈 활동이 그들 자신의 프로그램이나 기능에 어떤 영향을 미치는지 깊이 주의해야 한다. 결과적으로 모든 이해관계자가 투명하게 볼 수 있는 엔터프라이즈 조정 프로세스를 만들어내는 것이 중요하다.

엔터프라이즈의 리더들은 행동에 관한 공통적이고 통일된 비전을 제시하여 다양한 이해관계자들을 한데 모을 수 있다. 그것이 '린 선언서'이든 혹은 화성에 인간의 식민지를 건설하는 것이든 간에 이해관계자들은 그들로 하여금 그 비전을 향해 어떤 것을 이행하고 자신의 공헌 여부를 결정하는 데 도움을 주는 준거를 제공하면서 그들에게 의미 있고 가치 있는 것을 제공해주는 무엇을 필요로 한다. 엔터프라이즈는 반드시 분석, 계획수립 및 많은 활동과 이해관계자들을 조정하기 위한 기반구조와 능력의 개발을 지원하려는 의지를 가져야 한다.

경우에 따라, 엔터프라이즈 기반구조 개발을 지원하는 것은 이것이 프로그램 가치흐름이나 가장 중요한 엔터프라이즈 수익 흐름에 직접적으로 상응하지 않기 때문에 신뢰의 비약을 필요로 한다. 상황과 이해관계자들은 시간이 지남에 따라 변하고, 그렇기 때문에 엔터프라이즈 가치제안을 새로 만들어낼 수 있는 역량을 유지하는 것은 항구적 요구조건이다. 이 일은 가치제안이 '이해관계자들'에게 계속 팔릴 수 있도록 지속적인 노력을 해야 한다.

마지막으로 엔터프라이즈 참여자들은 가치를 엔터프라이즈에게 되돌려 주어야 한다. 그들은 반드시 어떤 형태로든, 엔터프라이즈의 성과에 책임을 가져야 한다. 결국 마지막에는 엔터프라이즈 내에서 제품 또는 프로그램의 편협한 성과 위주 사고를 넘고, 시스템의 비용을 감축하는 일을 넘어, 생명력 있는 가치제안을 통해 엔터프라이즈 이해관계자들을 함께 연결시키기 위한 가치 사고를 가진 몇 명 안 되는 비전을 가진 변화 대행자들이 이 책임을 지게 된다.

엔터프라이즈 가치인도하기

어느 한 형태 혹은 다른 형태의 엔터프라이즈와 관련이 있는 독자는 우리가 논의한 내용에서 많은 것을 발견하였을 수도 있고, 그 때문에 이 장에 있는 내용이 친숙하다는 생각을 할 수도 있다. 엔터프라이즈 경영에 관한 많은 책과 기사들이 전략에서부터 고객을 기쁘게 하는 연구개발 관리와 협상에 이르는 주제를 다루고 있다.

항공우주 부문의 엔터프라이즈를 대부분의 다른 엔터프라이즈와 차별화시키는 것은 제품이 가지고 있는 본질적 특성, 운영 조직 그리고 환경일 것이다. 항공우주 시스템은 복잡하고, 오래 가며, 상호의존적인 시스템으로서 종종 다양한 실체적 이해관계자들의 조정을 필요로 하는 시스템 속에서 기능할 수 있도록 설계가 이루어진다.

항공우주 제품 중에서도 모두 인정할 정도로 독특한 B-52 폭격기처럼 거의 백년에 가까운 예상 수명을 가진, 혹은 다양한 역할과 임무 및 기능이 그렇게 많이 수정이 이루어지고 개선이 이루어질 소비자 제품은 거의 없다.

현대 디지털 컴퓨터의 토대가 B-52폭격기가 첫 출격을 하던 시기에
막 정보 이론으로 공식화되었던 사실을 고려해보자. 컴퓨터의 본질이
앞으로 20~30년 동안에 어떻게 될 것인지 예측하는 것은 불가능하며,
따라서 이 비행기가 언제 폐기장을 향해 마지막 비행을 할 것인지도 마
찬가지이다.

지난 20년 동안에 마이크로 칩에 들어있는 논리소자의 수가 네 개 크
기의 자릿수 만큼 증가해온 것을 보면, 컴퓨터 칩은 사람의 두뇌처럼 많
은 회로를 가지게 된 것이다.

B-52 폭격기 또한 그 자체의 임무 충족에 요구되는 다른 항공우주
시스템들의 다양한 구성 속에 들어있는 한 요소에 불과할 뿐이다. 그 시
스템들 중에 B-52처럼 수명이 오래된 것들은 몇 개 없으며 나머지 대부
분은 보다 현대화된 것들이다. 그리고 이런 시스템이 없으면, 이 B-52
폭격기의 임무성공 확률은 극적으로 줄어들 것이다. 이 역사 깊은 폭격
기는 항공우주 제품과 관련된 용도상 가치인도의 다양성과 복잡성을 적
절하게 보여주는 상징물이다.

이렇게 복잡한 배경 속에서 엔터프라이즈 가치를 창조하는 것은 엔터
프라이즈의 확장된 정의를 요구한다. 약 25대의 서로 다른 상업용 항공
기 모델을 가지고 운항을 하고 있는 유나이티드 항공사를 예로 들어보
자. 이 항공사의 고객, 즉 여행객들은 경쟁력 있는 가격으로 문제가 최
소화된 상태에서 계획대로 목적지에 정시에 도착할 것을 기대한다.

연결 노선, 날씨, 공항 허브의 교통 혼잡, 제휴 항공사의 운행, 기계적
인 문제점들, 승무원 부족 등등과 같이 일을 복잡하게 만드는 요인들과
맞서며 매일 2천3백회 이상의 비행을 조정해주는 것은 그리 간단한 문

제가 아니다. 이 모든 것들이 주어졌으면, 여행객에게 가치를 인도하는 것에 관련된 엔터프라이즈의 경계는 어디까지인가?

항공사가 중심적인 역할을 하는 것은 분명하다. 공항과 항공운항 통제를 포함한 지원적 기반구조도 여행객들이 점점 더 많이 깨닫고 있는 것처럼 결정적으로 중요한 것이다. 상위에 있는 항공기 제조회사는 항공사의 엔터프라이즈 가치흐름과 지원 능력에 필수적인 역할을 한다. 예를 들어 제품의 구조와 신뢰성은 얼마나 많은 유지 보전 및 수리 작업에 필요한 기반 구조가 필요할 것인지를 결정한다.

만일 모든 항공기 플랫폼이 제 각각 독특한 설계로 되어 있다면 높은 성능을 제공할 수는 있겠지만, 항공기 편대의 다양한 제품 구색에 맞추어 일해야만 하는 모든 고용인력을 위한 대규모 교육훈련 기반구조에 들어가는 비용을 들여야만 할 것이다. 예비품 재고 및 장소 문제 역시 마찬가지일 것이고, 간접적으로 항공사가 시장 변화에 대한 운항 노선의 단기적 적응을 위해 항공기와 승무원을 특정 경로에 다시 배정하는 것이 필요할 것이다.

결과적으로 상류 제품의 구조는 하류 엔터프라이즈 및 제품 사용에 있어서의 가치창조에 현저한 영향력을 미칠 수 있다. 돋보이는 한 가지 특별한 요소는 상류 제품 구조가 하류 엔터프라이즈 프로세스 및 기반구조의 표준화 혹은 합리화를 가능하게 하기도 하고 혹은 방해하기도 한다는 것이다.

엔터프라이즈를 정의하는 것에 관한 이 주안점은 언제든지 전 세계에 어떤 문제지점이 있으면 즉시 부대를 배치하고, 상대적으로 원시적일 수도 있는 조건을 가진 그곳에서 작전을 지속해야만 하는 미 공군 특수전사령부(AFSOC)와 같은 군 조직에서 더욱 강력하게 확립되어져 있을 것이다. AFSOC는 엔터프라이즈 기능의 표준화 그리고 충원, 유지보전, 지원, 예비품 등과 같은 문제의 표준화와 관련된 유나이티드 항공사와 동일한 문제에 직면하고 있다.

이 AFSOC는 그 임무의 고유성 및 이에 요구되는 특화된 능력 때문에 반드시 자체 전담 엔터프라이즈 프로세스를 유지하고 기반 구조를 지원하여 세계 어느 곳으로든지 군대가 배치될 수 있도록 해야 한다.

결과적으로 작전에 요구되는 모든 것이 주어진 현장으로 항공운송을 통해 보급이 되어야 하기 때문에 엔터프라이즈의 기동성과 물류에 수반되는 '몸집의 크기' 가 결정적으로 중요하다. 지원이 이루어져야 할 항공기 편대 내에 있는 시스템의 다양성이 클수록, 이들의 운영과 지원을 하기 위해 교육훈련을 시켜야 할 사람들이 더 많이 필요하며, 더 많은 장비들 역시 부대 배치 패키지 속에 반드시 포함되어야 할 것이다.[34]

엔터프라이즈 제반 기능이 과잉 상태에 있거나 혹은 중복되면 글자 그대로 부담으로 변환되어, 이는 항공우주 부문 엔지니어에게 상당한 스트레스가 된다.

미 해군도 더 큰 병력을 가지고 AFSOC보다는 재래식(비핵) 임무에 치중하고 있지만, 여러 면에서 상당히 비슷하다. 해군은 광대하고 호사스러운 병참 보급노선 없이, 여러 장소에 위력을 가하거나 봉쇄하기 위한 완전한 작전 기반구조를 종종 전개해야 한다.

이런 제약조건은 린(lean)하고 효율적인 작전을 지원하는 엔터프라이즈 구조 및 요소들의 활용이 필요하며, 이것들은 차례로 합리화된 지원 기반구조에 높은 가치를 두는 엔터프라이즈 철학으로 전환된다. 상대적으로 고정된 수송 예산 때문에 전투에 사용될 '이빨' 이 병참 '꼬리' 의 요구에 의해 뽑혀 나가는 일을 방지하기 위해 린한 작전 수행이 절대적으로 필요하다.

앞에 보았던 유나이티드 항공사 사례에서는 공용성의 혜택을 이야기하였지만, 이 모든 것은 좌석도 같지 않은 서로 다른 비행기에 관한 것이다. 전혀 다른 기능을 수행하는 헬리콥터들 간의 보다 반직관적인 공용성은 어떨 것인가? 이 과제는 미 해군의 공중작전 능력의 오래된 두 기둥인 UH-1N '휴이' 헬리콥터와 AH-1W '코브라' 공격용 헬리콥터 사이에 등장하였다.

코브라 헬리콥터는 휴이 헬리콥터로부터 유래한 것으로, 이 두 플랫폼은 원래 75퍼센트의 공용 시스템을 공유하였다. 그러나 세월이 지남에 따라, 고유한 요구조건들이 발생하여 공용성이 40퍼센트 미만으로 떨어진 기체의 업그레이드와 수정을 주도하였다. 이것은 차례로 병참업무와 각각 고유의 유지보전 및 지원 능력을 필요로 하게 되어 인력과 교육훈련의 요건도 증가시킨 이 두 가지 플랫폼을 가지고 작전 수행을 할 때 동원되는 '몸집의 크기'도 증가시켰다. 전투수행자와 납세자에게 있어 가치의 직접적인 척도인 군 작전능력은 이 유지보전 및 지원상의 한계 때문에 현저하게 감소하였다.[35]

거기에 또 다른 문제도 있었다. 업그레이드가 이루어지고 새로운 임무 요건들이 시간이 가면서 만들어지자 휴이 헬리콥터도 몸집이 늘어나고 대부분 자체 성능의 한계 영역 혹은 그 너머에서 작전이 이루어졌다. 코브라 승무원들의 작업 부하는 지난 몇 년간 계속 추가된 모든 새로운 무기 때문에 과도한 상태로 변하고 있었다. 항공기 편대를 현대화해야 할 시기인 것은 분명하였지만, 새 항공기의 가격은 도저히 구입할 수 없을 정도로 비쌌다.

해군은 병참과 인력 소요량을 줄이기 위해 공용성에 초점을 맞추어

두 기종의 기체를 다시 제작하는 방안을 선택하였다.[36] 엔터프라이즈의 시각을 취하여, 해군은 두 항공기가 L클래스 급 수륙양용 공격함을 지원할 수 있는 동일한 파견부대로 배치할 수 있었기 때문에 휴이와 코브라 간의 공용성이 보다 합리적일 것이라는 추론을 하였다.

해군이 공용성을 추구하게 만든 주요 인센티브는 라이프사이클 비용이었고, 두 플랫폼의 20년 수명을 가정할 경우 업그레이드 된 코브라 또는 아파치 AH-64 헬리콥터와 신형 H-60 헬리콥터를 구입하였을 경우와 비교했을 때 예상 절감 금액은 15억 달러에 달했다.[37]

엔진, 동력전달 계통, 트랜스미션을 포함한 동역학 시스템과 같은 두 항공기의 일부 요소들은 명백한 공용성의 대상이었으나, 다른 것들은 그다지 합리적이지 못했다. 왜 똑같은 조종석이나 비행 제어 소프트웨어를 두 공격형 헬리콥터와 수송용 헬리콥터에 장착하지 않았을까? 이에 대한 대답은 간단한데, 두 플랫폼의 가치흐름이 공통적인 운용때문에 뒤죽박죽 엉켜버린 때문이었다.

해병특수부대(MEU) 엔터프라이즈 시각에서 보면, 이것을 공용으로 만들었을 경우 창조되는 가치는 공용성으로 인해 추가되는 작은 비용을 훨씬 상회하였다. 예를 들어 공용 조종석은 승무원의 훈련비용을 줄이고 조종사가 두 기종을 번갈아 조종할 수 있기 때문에 작전상 유연성을 증가시킨다.(상용 항공사는 이런 문제에 정기적으로 직면하며, 많은 경우 그들이 가지고 있는 항공기에 대해 동일한 의사결정을 내렸다.)

공용 비행 조종 소프트웨어 속에 있는 무기화력 제어기능은 군 수송기에는 도움이 되지 않지만, 어떤 비용이 들어가는 것도 아니며, 지금은 항공기 편대에 정비작업자에게 필요한 단 하나만의 소프트웨어만 설치되어 있을 따름이다.(보잉사는 동일하게 설계된 항공기가 거의 없었음에도 불구하고 자사의 777 비행 조종 소프트웨어에 이와 동일한 전략을 사용하였다.)

업그레이드 된 휴이 및 코브라 헬리콥터는 공통적인 시동 절차와 비상조치 절차를 가지게 되어 승무원의 훈련과 숙련도에 도움을 줄 것이다. 기계공 한 사람이 추가적인 교육 훈련을 최소화하면서 두 기종을 다룰 수 있을 것이다. 두 항공기 간에 공통적으로 사용할 수 없는 구성 요소는 해당 제조업체에서 공통 제조 프로세스를 활용할 수 있는 장점을 활용하게 될 것이다. 예를 들면 엔진 덮개는 동일한 도구에서 동일한 프로세스를 활용하여 만들어질 것이다.

그들 헬리콥터 편대의 라이프사이클 작전과 MEU의 배치에 초점을 맞추어 해군은 외관상 간단해 보이는 엔터프라이즈 조달 의사결정에 함축된 의미를 이해할 수 있었다.

이 사례에서 공통적인 것은 엔터프라이즈의 목표를 충족시키기 위해 각 엔터프라이즈가 반드시 복잡한 조직과 기술 시스템의 운영을 지속해야 한다는 것이다. 각 엔터프라이즈는 어느 정도는 우리가 1장에서 소개했던 항공우주 부문의 4가지 사명을 유지하고 있는데, 이들이 수행하는 작전은 다양하며, 복잡하고, 고된 일이며 여러 가지 작전 조건에서도 반드시 지속될 수 있어야 하며 그리고 필히 예측가능하고 신뢰성이 있어야 한다.

항공 여행객은 정시 도착과 정시 출발을 요구한다. 전투수행자는 군사 작전에 관련된 조정이 주어진다면, 이보다 더 많은 것을 요구하는데, 고지를 5분 늦게 탈환한다면 승리를 얻을 수 없을 것이다. 이렇게 고된 조건에서 이런 수준의 작전수행 능력을 달성하려면, 이들 중에서 그 어느 것도 중복된 혹은 잘못 정의된 엔터프라이즈 프로세스나 기반구조에 자원을 낭비할 수 있는 여유를 가진 곳은 없다.

　이 엔터프라이즈들은 또한 필히 그들 엔터프라이즈 구조가 다른 엔터프라이즈에 어떻게 그려지는지 그리고 자기 엔터프라이즈 프로세스를 조직화하고 합리화하는데, 다른 엔터프라이즈가 어떻게 영향을 미치는지의 문제를 능동적으로 다루어야 한다.

　엔터프라이즈는 엔터프라이즈 프로세스의 합리화와 표준화에 지속적으로 초점을 집중하여 이런 요구에 대응하고 관련된 문제를 다루는데, 여기서는 제반 프로세스와 시스템을 아우르는 공용성이 열쇠이다. 공용성은 동일한 부품과 설비를 이용하는 것처럼 제한적인 의미로 생각될 수도 있으나, 선도적인 엔터프라이즈는 공용성의 비전을 더 멀리 가져가고 있으며, 공용성을 엔터프라이즈 문화의 한 부분으로서 생각하는 방식으로 변화하고 있다.

　이들은 공통 엔터프라이즈 해결책으로 다루어질 수 있는 여러 이해관계자들 사이의 비슷한 과제를 식별하기 위한 방안을 하드웨어, 제반 프로세스 혹은 조직이 관여되어 있는가의 여부에 관계없이 계속적으로 찾고 있다. 시스템의 운영 혹은 기능적 작용은 관련된 이해관계자와 이런 탐색의 경계선 두 가지 모두를 식별하는 지침으로서의 역할을 한다. 여기에 복잡한 산업계에 적용될 수 있는 교훈이 있다.

　공용성 비전을 이행하는 것에는 사람의 지식과 조직 프로세스를 재사용하는 것이 관련되어 있다. 이것은 사이클 타임과 비용을 감축시키기 위해 기존 제품을 새로운 또는 파생 제품을 만들어내도록 경험을 제고시킨다. 이것은 제반 운영의 평범한 국면에 치우친 관심을 예외적인 곳으로 초점을 돌리게 만드는 것인데, 이런 상태를 실현하는 것은 굉장히 중요한 과정이다.

　많은 항공우주 부문 엔터프라이즈들, 특히 방산 복합체의 한 부분이

었던 엔터프라이즈들이 이런 조직적, 기능적 경계선과 엔터프라이즈 일
관성과 통합성을 방해한 예산수립 프로세스에 의해 와해되었다.

요약하기

우리가 지금껏 논의해왔던 엔터프라이즈 통합을 다루는 데 있어서 극
복해야 할 중요한 과제가 있다. 적절한 이해관계자와 활동의 경계를 식
별할 줄 아는 엔터프라이즈라할지라도, 그리고 프로세스를 합리화하고
표준화하고 기반 구조가 가능하게 갖추어져 있다하더라도 중요한 과제
는 계속 남아있다. 여기에는 이미 만들어져 있는 기반구조와 능력을 지
속시킬 수 있는 충분히 큰 시장이 있는가의 여부도 포함된다. 모든 산업
계의 엔터프라이즈는 다음과 같이 물어볼 필요가 있다. "우리는 처음부
터 올바른 사업을 하고 있고 이 특정 엔터프라이즈를 최적화시키는 것
은 합당한 일인가?"

가장 최적화된 구조를 가진 엔터프라이즈라 하더라도 만일 투자자에
게 그들이 투자한 자본에 걸맞는 매력적인 수익을 제공할 수 있는 시장
이 불충분하면 사업에서 퇴출될 수도 있다. 확장된 엔터프라이즈 능력
은 복잡한 항공우주 부문 제품을 생산하는데 필요하며 사업에서 살아남
기 위한 방어를 할 수 없는 경우 그 아래에 최소 시장 규모가 있다. 이런
문제는 엔터프라이즈의 효율로는 다루어질 수 없는 문제이다. 다음 장
에서는 기술, 인구 및 사업의 현재 추세와 이것들이 항공우주산업계의
미래에 어떤 의미를 주고 있는지 살펴보기로 한다.

10 장

국가 및 국제 수준에서의 가치

국가 및 국제 수준에서 린 엔터프라이즈 가치를 창조하는 것은 린, 엔터프라이즈 그리고 가치라는 세 단어의 의미를 현저하게 확장시키는 것을 뜻한다. 가치창조에 대해 린 엔터프라이즈 접근 방법을 취하는 것은 그것이 항공교통 관리 시스템의 한계점을 다루는 것이든, 상업용 우주 비행을 개척하는 것이든, 국제 테러리즘에 대처하기 위한 새로운 방법을 발견하는 것이든 간에 21세기에서 이미 등장하고 있는 과제에 대처하기 위해 필수적인 것이다.

여기서 우리 목표는 국가 및 국제 수준에서 린 엔터프라이즈 가치창조를 향해 보다 계획적인 접근 방법을 촉진하려는 것이다.

일반적으로 정부, 산업계 그리고 이해관계자들은 하나의 국가적인 엔터프라이즈로 생각되지는 않는다. 마찬가지로 정부의 비용절감 활동처럼 낭비를 제거하고자 하는 국가 차원의 추진 활동도 가치창조나 혹은 린 능력의 개념과 연결되어 있지 않다. 우리가 린 엔터프라이즈 가치창조에 초점을 이동시키고 있는 증거를 보고 있는 이런 수준에서도 성공의 섬이 존재하고는 있지만, 위협으로서 간주되고 있는 기존 시스템과 기반 구조에도 불구하고 이런 현상이 일반적으로 혼재한다.

가치창조 프로세스의 각 단계는 국가 및 국제적 수준으로도 중요한 과제를 제기한다. 가치식별은 사회 자원의 대안적인 사용을 감안하기 위해 항공우주 부문 엔터프라이즈의 한계 너머까지 바라볼 것을 요구한다. 가치제안은 하나의 명시적으로 협상이 이루어진 합의 속에 들어있는 경우는 드물지만, 무수한 전 세계의 이해관계자들 간에 공유되는 양해사항으로 나타나는데, 가치인도는 현재 활동하고 있는 사람들뿐만 아니라 미래 세대까지 감안한다.

멀티프로그램 엔터프라이즈가 단일 프로그램 수준에서 가치창조의 배경을 어떻게 제공하고 있는지 본 것처럼, 우리는 여기서 국가 및 국제 수준의 엔터프라이즈에서 많은 멀티프로그램 엔터프라이즈를 위한 이런 배경을 제공하는 것도 볼 수 있을 것이다.

항공우주산업계의 군용 및 상용 부문에서 창조된 가치는 국방 제품의 글로벌 표준을 설정하고, 국제수지 균형을 맞추고, 기술혁신을 주도하고, 미래 세대에 영감을 불어넣는 것과 같이 우리 사회에 대해 중심적인 역할을 해오고 있다.

우리는 지금 1장에서 이야기했던 항공우주 부문의 다음 네 가지 핵심 사명과 함께 시작되는 가치의 수많은 차원에 대해서 개방적으로 논의가 이루어지는 재구성과 방향 재정립의 과정에 처해 있다.

■ 사람과 상품의 전 세계적 이동을 가능하게 하는 것

- 정보 및 데이터의 전 세계적 획득과 확산을 가능하게 하는 것
- 국가 안보 이해관계의 진보
- 탐색과 혁신의 경계를 넓혀가는 것에 의한 영감의 근원을 제공하는 것

이 각각의 사명의 성공여부는 가치식별, 가치제안 그리고 가치인도의 상위 프로세스에 달려 있다. 그리고 국가 및 국제 수준에서 아주 기본적인 질문이 몇 개 놓여 있다. 자본, 노동력 그리고 기타 다른 자원들을 그 어느 사명이나 혹은 다른 사회적 우선순위에 바칠 수 있을 것인가? 시장 우선순위와 관련된 다른 것에게도 바칠 수 있는가? 더 나아가 이런 사명을 추구하기 위해 기존 항공우주 부문 이해관계자들의 역할은 어떻게 행해져야 할 것인가? 사회와 글로벌 경제활동의 다른 영역은 어떤 역할을 해야 할 것인가?

이들 수준에서 가치창조에 초점을 맞춤에 있어, 역학관계가 상당히 다르기 때문에 국방 및 상용 항공우주 부문 시장을 각각 별도로 다룬다.[1] 처음에는 가치창조의 위기가 가장 첨예한 최근 국방 부문의 중추적 발전이 이루어진 부문을 되돌아보는 것이 중요할 것이다.

국방 항공우주 부문의 위기인가?

1999년 이래 많은 연구와 기사 및 논설을 통해 국방 항공우주 부문 확장 엔터프라이즈의 쇠퇴에 관한 예측이 이루어졌다.[2] 국방 항공우주 부문은 기능장애가 일어나고 적합성도 점점 축소되며, 느리고 꾸준하게

진행되는 쇠퇴의 길에서 헤매고 있는가?

2000년 11월 국방과학위원회(DSB)의 연구는 국방 항공우주 부문 회사들의 금융시장 내에서의 약세에 초점을 맞추었고, 계약업체들의 투자 자본에 대한 부실한 이익이 이 산업계의 건전성을 심하게 훼손하고 있음을 경고하였다.[3] 다음과 같은 국방 항공우주 부문의 사업에서 철수한 한 회사로부터 나온 임원들의 선언문은 이 연구와 이 시기의 일반적인 분위기를 담고 있었다.

> 국방 산업은 수천 번의 비용 삭감으로 죽음에 이르는 것과 같은 프로세스를 통해 매력을 잃어버렸다. 이 사업의 매력이 사라지게 만든 사건은 한 번도 없었지만, 결국 더 이상 매력적인 수익을 제공할 수 없을 정도의 상황에 꽉 묶여 버리고 말았다. 더구나 이 사업은 매력적인 자금 흐름을 전혀 제공하지도 못하며, 회사는 대규모 프로젝트에 투입할 자금조차도 없다. 공정 개선으로 얻은 절감금액은 정부가 다 가져가 버리기 때문에, 이런 개선을 위해 우리가 투자한 많은 자본은 회사에 적자만 가져다주게 된다.[4]

이 DSB 보고서는 재능 있는 엔지니어와 다른 기술 인력을 끌어들이고 유지하는 급박한 문제도 언급하였으며, 이 때문에 산업계의 R&D 지출이 줄어들고 '흥미를 끄는 프로젝트'의 퇴출로 이어진다고 하였다. 2001년 3월에 미 의회는 향후 진로를 결정하기 위해 미래 미국의 항공우주 산업에 관한 대통령 자문위원회를 설립하였다. 이 대통령 자문위원회는 정부 예산집행 프로세스와 조달, 계약금 지원, 세금 및 항공우주 산업계와 관련된 통상 정책에 관해 연구하고, 국가 우주 발사 기반구조에 대한 조사, 과학과 공학 부문의 상위 교육 현황에 대한 검토 책임도 가지고 있었다. 항공우주 부문의 위기는 결국 국가적 의제로 떠오르게 되었는가?

다양한 보고서에 의해 조성된 관심과 이 자문위원회는 미국의 항공우주 부문 엔터프라이즈가 직면하고 있는 난제에 관련된 국민과 정책의 인식을 제고시키는 데 도움을 줄 것이며, 정책과 입법은 일부 혹은 보다 급박한 많은 니즈를 다루기 위해 잘 만들어져야 할 것이다.

그러나 궁극적으로 이 항공우주 부문 엔터프라이즈가 형성된 이후 이해관계자들의 가치가 발생되는 중요한 변화에 대한 인식까지 포함해서 더 많은 것이 요구되고 있다. 항공우주 부문이 직면한 난제에 대한 '총체적 엔터프라이즈 시각'이 없으면, 제시된 구제책들은 기존 잔재물만 공고하게 지탱하는 역할만 할 수도 있다.

린 엔터프라이즈 가치 프레임워크에 따라, 항공우주 부문의 미래를 다루려는 노력은 그 어떤 것이든 간에 다음 세 가지 핵심 질문에 답을 해야 할 필요가 있다.

- 국가 및 국제 수준에서 어떤 프로세스가 핵심 이해관계자를 위한 가치식별을 할 수 있는가?
- 이해관계자들의 이익을 다루기 위해, 즉 가치제안을 창조하기 위해 사회적 자원을 배치함에 있어서 어떤 인센티브, 합의 및 지원 기반구조가 필요한가?
- 어떤 제도적 기반구조와 다른 동인들이 이해관계자들에게 가치를 인도하는데 도움이 될 것인가?

국가 및 국제 수준의 확실한 가치제안은 없다

1989년 인간이 달에 착륙한 지 20주년이 되던 해에 조지 부시 미국 대통령은 이른바 우주탐사 추진계획(SEI)이라 불리는 야심찬 계획을 발표하였다. 그는 미국이 다시 달에 머물고 아폴로 11호의 달 착륙 50주년이 되는 2019년까지 화성에 가는 것에 도전하였다.

아마 NASA가 비전이나 장래 목표도 전혀 없이 어쩔 줄 모르고 헤맨 것은 쏟아진 비판 때문일 수도 있고, 베를린 장벽 붕괴 이후에 상처받은 미국의 방향감각이 상실되어 이를 만회하기 그랬을 수도 있지만, 부시 대통령의 도전은 미국 국민으로 하여금 인간의 영혼을 풍성하게 하고, 국가적 자존심을 함양하며, 젊은이들에게 야심찬, 미래지향적 노력을 통해 영감을 불어넣을 수 있는 노력에 동참하도록 하기 위한 것이었다. 그러나 안타깝게도 이 노력은 무위로 돌아갔다.

1990년 말 이 SEI의 막대한 예산은 강한 저항에 직면하였다.[5] 의회는 SEI 자금지원을 요청하는 부시 대통령의 첫 번째 예산안(FY91)을 백지화시켰다. 다음 몇 년 동안 연방 예산의 적자가 증가하여 반대가 계속 이어졌다. 수많은 다른 국가적 의제의 과학적, 기술적 '메가프로젝트'들이 SEI와 자금지원을 놓고 경쟁하였으며, 많은 프로젝트가 결국 취소되었다. 1992년에 NASA는 예산상의 타격을 받아 휘청거렸고 SEI 자금지원 요청은 계속 기각되어 클린턴 행정부 시절에 조용이 잠들어버리고, 결국 NASA의 '더 좋게, 더 빠르게, 더 값싸게'라는 추진 활동이 저비용으로 이룩한 극적인 성공이라는 찬사를 받는 신문 머릿기사로 대체되었다. SEI는 아폴로 계획의 후속계획으로서 제시되었지만, 20년이 흐른 후에 아폴로 계획을 지원했던 여러 가지 핵심적인 열쇠가 빠져 있었다.

아폴로 프로그램과 SEI의 배경에 깔려 있는 것은 가치에 관한 하나의 이야기이다. 아폴로 프로그램은 광범위한 기반의 이해관계자들에게 이 프로그램으로부터 수많은 차원으로 가치가 수용되었고, 지원이 제공되었기 때문에 가능했다. SEI는 결국 날개를 펴지도 못했는데, 그 이유는 이것을 지원하는 기반에 너무 협소한 초점이 주어졌고, 가치를 가져다 줄 이해 관계자들의 수도 너무 적었기 때문이었다. 미국의 국민과 그 리더십은 우주 탐색 이외의 것에서 보다 큰 가치를 보고 있었기 때문에, 이 계획에 선뜻 비용을 부담하려 하지 않았다.

이것이 항공우주산업계에 또한 다른 산업계에도 마찬가지로 주는 핵심 메시지는 어떤 공로나 뚜렷한 혜택이 그 무엇이든 간에 항상 확실한 가치제안이라는 것은 없다는 것이다. 항공우주사업, 항공우주 부문의 제품 그리고 사회에 대한 이들의 기여는 사회가 가지고 있는 수많은 각양각색의 니즈 가운데 한 면만을 형성하고 있다.

가치식별

국가 및 국제 수준에서의 린 엔터프라이즈는 그들의 이해관계자를 경제적, 정치적, 인구학적 및 식별하기 어려운 사회적 추세에 대한 이해를 필요로 하는 가치식별의 능동적인 프로세스에 반드시 참여시켜야 한다. 성공은 적절하고, 적응할 수 있는 제도적 기반구조에 의존하며, 처음부터 이 '엔터프라이즈'의 범위에 관한 투명성을 요구한다.

이것은 이해관계자, 그들의 가치 그리고 가치제안을 만들어가는 과정에서 그들이 수행할 수도 있는 진화하는 역할을 식별하기 위한 확고한 접근 방법을 필요로 한다.

가치식별 프로세스를 설명하기 위해 우리는 국가 및 국제 항공우주 부문 엔터프라이즈의 세 핵심 이해관계자, 즉 투자자, 국민 그리고 종업원의 시각으로 본 가치에 초점을 두기로 한다. 각각의 경우, 과거 가치식별이 이루어진 방법 주변에는 현저한 긴장이 있고, 그리고 만일 가치가 더 잘 식별될 수 있다면 역시 중요한 기회도 존재한다. 항공우주 부문에 우리가 초점을 두고 있지만, 이 세 이해관계자 모두에 대해 언급하는 것은 경제 활동의 다른 영역을 위한 함축된 의미가 있다.

투자자 가치

투자자들은 자본의 일차적인 출처로서, 많은 이해관계자들에게 관련된 가치창조를 위한 그리고 미래 가치창조 능력을 유지하기 위한 엔터프라이즈 역량의 중요한 요소이다. 사실 금융 및 항공우주 부문 공동체는 상호의존적이고 상호 이익을 생성시키기 위한 숨은 가능성을 가지고 있지만 이들은 곧잘 서로의 과거에 대해 이야기하는 듯 보인다.

투자자 가치식별에 도움이 되는 지표는 무엇이 있을까? 일차적인 기준은 투자 수익과 리스크이다. 이것들은 일반적으로 건강한 수익 흐름과 이에 상응하는 현금 흐름, 대규모 고객 기반 및 새로운 시장, 제품 차별화 및 기존 시장 내에서의 시장 세분화로 얻을 수도 있는 장기적 수익을 보장하는 성장 기회의 관점에서 평가가 이루어진다. 투자자들은 일차적으로 회사 주식에 대해 혹은 채권의 가치 평가를 통해 그들이 기꺼이 지불하고자 하는 가격으로 이 가치를 표현한다.

1979년 이래 항공우주 산업계는 투자자들에게 약 17.3퍼센트에 이르는 아주 양호한 수익을 주었다.[6] 사실 이것을 능가한 것은 제약산업 밖에 없었다. 1979년 이래 자기자본 이익률, 수익 및 자산과 같은 다른 기본적인 금융 척도로 본 항공우주산업계의 성과도 포춘 500대 기업 목록의 상위에 있지도 않지만 하위에도 속하지 않은 중간 수준이다.

수많은 측면에서 항공우주 부문은 비록 자체의 종합적인 금융 성과는 일관성 있게 그 범주의 다른 것들에 비해 우위를 보였지만 자동차, 농기구 및 산업 설비와 같은 다른 제조산업과 같은 움직임을 보였다.[7] 상위 금융 기준으로 볼 때, 최소한 항공우주 산업계의 실적은 최근에 많은 사람들이 생각했던 것만큼 나쁜 것은 아니었다.

냉전 시절의 지출로 지탱되었던 산업계의 잉여 설비를 감축해야 할 필요성에 의해 촉진된 1990년대에 이루어진 산업계의 합병은 다른 투자에 비해 항공우주산업 기업의 재무적 가치평가에 중요한 영향을 미쳤다. 이들 회사들의 재무 실적은 인수한 사업 단위와 그들 정부 고객이 주는 빈약한 수익폭을 통합하기 위한 주요 구조 조정상의 여러 과제와 씨름하면서 상처를 입었고, 일부 회사채 등급은 정크 본드와 같은 상태로 내몰렸다.

본질적으로 합병이 가장 집중적으로 이루어지던 기간에 투자 공동체는 항공우주 부문의 투자에 대해 심각한 의문을 표시하였다. 그림 10-1은 전반적인 시장의 맥락과 비교한 '항공우주 부문의 위기'를 보여준다.

항공우주 산업계의 미래에 대해 투자자들이 가지고 있는 기대를 이해하기 위해, 우리는 민간 및 군용 항공우주 사업을 별도로 다룰 필요가 있다. 민간 측면에서 2001년 초의 유료 승객 항공거리에 대한 추정치는 2009년까지 매년 5퍼센트씩 꾸준하게 증가할 것으로 예상되었고, 동일한 기간에 대형 제트여객기는 3.4퍼센트 성장할 것으로 예상되었다.[8]

이런 예상치에 미치는 국제 테러리즘으로 인한 장기적 영향은 두고 보아야 하겠지만, 신형 비행기 판매의 침체가 있다 하더라도 예비부품, 비행기 개조, 서비스 및 기반구조에 대한 시장은 향후 20년간 1조 달러에 달할 것으로 예상된다.[9] 유동성을 겪었던 몇 년이 지난 후, 상업용 우주비행 영역의 현재 예상치는 거의 성장은 없지만 제법 큰 시장 규모를

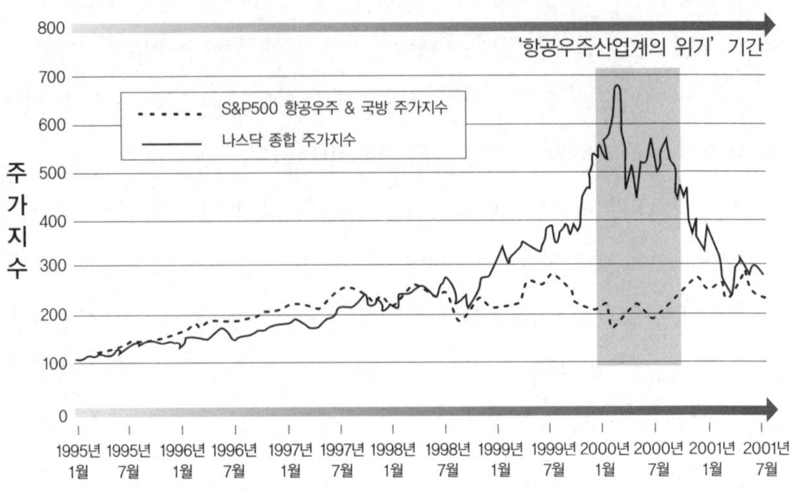

출처: Data from Thomson Financial Datastream.

그림 10-1 주변 정황 속에서 본 항공우주산업계의 금융 위기

유지하고 있다.[10]

민간 항공우주 부문 시장이 불확실성 속에서 최근에 증가한 모습을 보여주고 있음에 비해, 군용 항공우주 부문 시장은 투자자들에게 냉전 이후 어려운 과제로 남아있다.[11] 국방 시장은 고성장 영역이 아닐 수도 있지만, 그 자체는 꽤 큰 시장이다. 그러나 국방 예산의 증가가 항상 항공우주산업 제품의 판매 증대로 변환되지는 않는다. 인원의 유지에 들어가는 것까지 함께 포함된 운영 및 유지 보전 비용은 전체적인 국방 예산 총액보다 빠르게 증가하고 있다.

군대는 엄청난 그리고 노후화되는 자본 설비의 기반을 가지고 있으며 이것들은 교체, 갱신 혹은 유지보전을 필요로 하기 때문에 국방 산업이 미래를 위해 얻어낼 수 있는 잠재적인 여러 가지 다른 수익 흐름이 존재

하며, 민간 산업계에 의해 수행되어야 할 현재의 일을 둘러싸고 있는 미해결 문제들이 있다.

분명히 항공우주 부문 엔터프라이즈는 과거에 투자자들에게 가치를 제공하였고 계속 그렇게 할 수 있는 잠재력도 가지고 있다. 그러나 최근의 항공우주산업 주식 가격과 함께 대두된 신뢰의 위기와 이에 따른 회사 조직의 혼란은 미래 가치식별과 가치제안에 있어 투자공동체의 이해관계를 반영하는 것의 중요성에 대한 신호를 주고 있다.

국민의 가치

항공우주 부문의 엔터프라이즈는 국민으로부터 자원, 수익 그리고 근본적인 수준에서 그들이 가진 사명의 합법성을 얻을 수 있기를 기대하고 있다. 국민이 선출한 관료, 정부 기관, 협회 및 다른 실체의 형태를 빌어 또한 공항에서 항공교통 관리, 모든 통신수단, 우주발사 시설에 이르기까지 항공우주산업 제품의 사용을 가능하게 만들어주는 기반구조를 제공하고 규제한다.

국민은 미 항공우주산업 엔터프라이즈로부터 도출되는 가치를 어떻게 표현하는가? 여기서 가치의 직접적인 그리고 함축적인 척도 두 가지 모두를 고려해보기로 하자.

민간 경제활동 영역의 경우, 제품과 서비스에 대한 수요가 공공 가치에 대한 직접적인 척도를 제공한다. 여기에는 항공노선 승객 마일리지와 통신과 직접적인 방송 엔터테인먼트와 같은 우주 기반 서비스에 대한 수요도 포함되며, 이 두 가지 모두 사람과 상품을 이동시키고 데이터와 정보를 전달하는 항공우주 부문의 핵심 사명과 관련이 있다. 추가로 여기에 포함되어 있는 것으로는 민간 항공운송을 위한 국가 기반구조, 즉 항공교통 관리시스템, 공항 시설 및 항공 노선의 안전을 유지하는 제도적 기반구조에 자원을 투자하려 하는 국민의 의지이다.

대규모 우주 탐사 프로젝트 지원에 대해 변화하는 국민의 의지는 우리가 항공 및 우주 부문의 경계를 계속 넓혀감에 따라 영감을 제공하는 또 다른 핵심사명을 직접적으로 잉태하였다. NASA의 감소하는 예산은 이런 지원에 중요한 변화가 일어나고 있음을 반영한다.

국방 관련 경제활동 영역의 경우, 국가 안보로부터 국민이 도출하는 가치는 국민이 국방에 얼마나 많은 예산을 지출하려는가 하는 의지를 통해 궁극적으로 나타난다. 2장에서 전체 GDP 중에서 국방에 관련된 부분이 냉전 종식 이후 어떻게 감소하였는지 보았다. 그림 10-2는 지난 40년 동안 다른 연방 예산 지출 우선순위와 비교하는 시각에서 국가 방위에 자금지원이 이루어진 내용을 보여주고 있으며, 이는 국가 및 국제 수준에서 가치를 제공하는 것의 현실을 반영하고 있다.

국방 부문에만 전적으로 들어가는 예산 지출은 연방 예산상의 구성비율로 보면 계속 감소하고 있다. 국내 문제 전용 예산은 변동이 있지만, 지난 수십 년간 대략 연방 예산의 15~20퍼센트의 범위를 차지하고 있다. 위와 동일한 기간에 필수적인 프로그램에 대한 지출은 거의 두 배로 증가하였다.[12]

그림 10-2에서 볼 수 있는 것처럼, 필수적인 예산 지출은 국가 전용 예산에 압박을 가하고 있다. 국가 안보에 우선순위를 둔다고 생각하면, 사회가 직면하는 다른 전략적인 과제가 발생한다. 예를 들어 현재 속도로 가면 10년 후에 약 270만 명의 교사가 부족할 것으로 추정된 예상치를 고려해보자.[13] 혹은 미국 인구상 대규모 퇴직이 정점에 도달할 때의

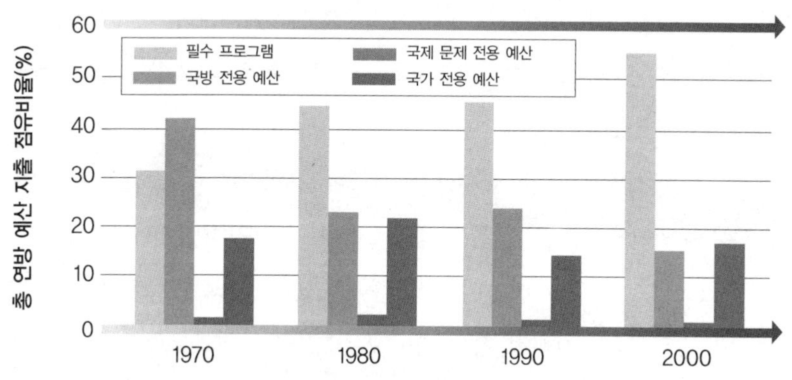

출처: Data from National Science Foundation.

그림 10-2 연방 예산 지출비용의 점유율로 나타낸 미 국방관련 지출비용

간호사와 요양원 근무 요원의 부족이 예상되는 것을 생각해보자.[14] 이 외에도 환경 및 에너지 문제 역시 크게 대두되고 있다. 이들 모두 점점 더 제약이 까다로워지는 연방 예산에 할당된 돈을 얻어내기 위해 국가방위 혹은 우주탐사 및 이 문제에 관련된 다른 항공우주 부문의 활동 문제와 경쟁하는 급박한 니즈들이다.

공공 가치에 대한 함축적 척도는 공공 혹은 사적 엔터프라이즈가 국민에게 가치가 있을 것으로 기대하며 미래 능력을 만들어내기 위해 투자하는 것에서 확인할 수 있다. 공공 및 사적 R&D지출현황을 한 사례로서 생각해보자.

1980년 이전에는 항공우주 부문은 미국 내에서 가장 돋보이는 대규모 R&D 수행자였지만, 오늘날에는 단지 다른 산업계와 거의 비슷한 규모가 되어, 자동차 산업과 비슷하지만 컴퓨터 산업계의 추월을 당했다.[15] 이것은 레이건 대통령 시절의 국방력 증강 이래 극적인 침체를 나타낸

다. 그리고 그 이후 항공우주 부문은 화학, 제약, 컴퓨터, 전자 및 자동
차와 같은 부문과 비교하였을 때, R&D 자금지원을 통해 최소한의 실질
이득만을 얻어냈다.

모든 산업계에서 전형적인 R&D 지출이 거의 7배 증가하였고, 서비
스 부문의 R&D 지출 역시 폭발적으로 40배나 증가하였지만, 항공우주
부문의 R&D 지출은 기껏 3배 남짓 증가하였다. 그러므로 항공우주 부
문이 미국 R&D의 지배적 힘을 가지고는 있지만, 항공우주 부문 외 경
제활동 영역에서 증가하는 R&D 투자는 그 영역에서 혁신적 역량 개발
이 더욱 촉진되고 있음을 의미한다.

흥미로운 것은 연방 예산 중 R&D 자금지원 비율에 대한 회사의 R&D
자금지원 비율이 다른 산업계에 비해 항공우주 부문이 상당히 낮다는
점이다. 생명과학의 경우도 이와 동일한 모습을 보이고 있다. 항공우주
부문과 생명과학은 그들의 현재 및 미래의 생산적인 그리고 혁신적인
능력 기반이 연방 연구개발 자금지원 순위에 의지하고 있다.

생명과학에서 예를 들면, 공공 가치가 강하게 대두되어 암과의 전쟁,
에이즈와의 싸움 혹은 인간 게놈 프로젝트와 같은 것에 대한 주요 연방
정책상 우선순위는 고도로 훈련된 연구원들로 이루어진 상비군, 과학지
식 기반 및 이 특정 활동에 관련된 기술적 기반구조를 새로 만들어내었
다. 이것은 9장에서 논의했던 엔터프라이즈 기반 구조의 개발에 있어서
R&D 자금지원이 행하는 커다란 역할을 잘 설명해준다. 이런 엔터프라
이즈 기반 구조의 개발은 산업계 혹은 국가가 장래에 취할 수 있는 기술
적 경로 그리고 길이 막혀버린 경로에 대한 함의를 가진다.

분명한 것은 국가 및 국제 수준에서 린 엔터프라이즈 가치는 사회적,
기술적 기반 구조 투자에 대한 지속적인 국민의 지지에 의존한다는 점

이다. 정부나 사적 경제활동 영역 그 어느 부문도 과거 국가가 향유했던 국방 항공우주 부문 능력 증강을 지속하기 위해 필요한 유형의 투자를 만들어낼 수 없다. 한정된 예산을 가지고 다른 사회적 수요와 경쟁하는 상황이 주어져 있으므로 국민적 지지가 현저하게 증가하는 일은 일어나기 어려울 것이다.

종업원의 가치

린 엔터프라이즈 가치창조에 관련된 '인적 자본'은 전체 린 엔터프라이즈의 가장 귀중한 투입 자원이다. 우리가 1장의 원칙에 언급한 바와 같이 린 가치를 유효하게 만들어내는 것은 바로 사람이다. 결과적으로, 항공우주 부문이 향유했던 재능 있고 고도의 숙련된 기량을 가진 사람들을 계속 끌어들이고 유지할 수 있는 항공우주 부문의 능력에 영향을 미칠 수 있는 체계적인 요인이 있는지 이해하는 것이 중요하다.[16]

노동력의 가치를 이해함에 있어서, 일의 환경과 일의 내용을 구별하는 것이 중요하다. 우리는 다음에 일의 환경에 대해 논의하며, 먼저 동기부여의 근원이 되는 일의 내용에 대해 다루는데, 그 이유는 이것이 성취, 인식, 일 그 자체, 책임 및 발전 혹은 성장과 연결되기 때문이다.[17]

항공우주 부문은 역사적으로 도전적이며 참신한 그리고 일을 함에 있어 자극을 주는 환경을 제공하였다. 지구를 한 나절 만에 거의 반 바퀴를 여행하고, 지구 대기권의 끝까지 솟아오르고, 또는 다른 행성을 찾아갈 수 있게 만들어주는 제품을 어디 가서 만날 수 있겠는가? '더 높이, 더 빨리, 더 멀리'의 과제는 아직까지 이 엔터프라이즈에서 이루어진 일을 정의하고 있다. 항공우주 시스템들은 기술의 전반적인 영역을 아우르고 있으며, 다른 어떤 분야보다도 광범위한 다양한 기술과 도구를 사용하고 있다.

그러나 이 많은 발전된 도구와 기술이 한 세대 혹은 그 이전에 만들어진 것들이다. 이 기술과 도구들이 해냈던 것처럼 새로운 도전에 부응하고 영감을 불어넣을 수 있는 새로운 세대의 기술이 나올 수 있겠는가? 이 질문에 대한 부분적인 답은 이 산업계에서 침체된 모습을 보았던 R&D 지출에서 찾아볼 수 있다.

일의 내용 중에서 다른 핵심적인 부분, 즉 성취는 어떤가? 성취의 개념은 부분적으로 한 사람의 행동이 영향력과 충격을 가지며, 그리고 부분적으로 그들의 활동이 완성과 성취를 이룰 수 있음을 의미한다. 항공우주 부문에 미친 충격을 보는 것은 확실히 쉬운 일이며, 네 가지 핵심 사명은 항공우주 부문이 성취한 것의 증거이다. 국방 항공우주 부문의 화이트칼라 및 블루칼라 노동력은 냉전의 승리 위해 국가의 부름에 응하였다.

항공우주 부문의 성취를 나타내는 한 가지 지표, 즉 종사자 당 특허의 수는 개인의 지적 성취 혹은 세상에 자신의 존재를 각인시킬 수 있는 잠재력의 징표를 보여주고 있는데, 여기서 거의 모든 하이테크 산업계 중에서 항공우주 부문은 맨 마지막 순위를 차지하고 있다. 항공우주 부문은 또한 개인당 판매비율에서도 하위이며, 이 역시 생산성을 나타내는 한 지표로 볼 수 있다.[18] 이 두 가지 모두 노동력을 끌어들이고 유지할 수 있는 능력에 영향을 미친다.

성취의 다른 요소는 완성과 관련되어 있는데, 이것은 제품의 라이프 사이클에 크게 의존한다. 프로그램이 완료되기까지 기간이 몇 년 혹은 10년 이상 계속될 경우 완성 감각을 유지하는 것이 어려울 수 있으며,

국방 항공우주 부문에서 라이프사이클은 오랜 기간에 걸쳐 계속 증가해 오고 있다.[19] 예를 들어 미국의 첫 번째 제트 전투기였던 록히드의 P-80은 9개월에 걸쳐서 설계가 이루어지고 제작되었는데, 고용 인력은 20년 혹은 그 이상의 기간 동안 그것의 생산이 이루어짐에 따라 미 공군의 현재 F-22 전투기 프로그램에서 일을 하고 있다.

항공우주 부문은 개인에 대한 인정과 책임에 대한 니즈를 어떻게 다루고 있는가? 항공우주 부문의 일은 대규모의 노력이 들어가는 다른 많은 산업계에서와 마찬가지로 거의 대부분 팀 활동노력으로 이루어진다. 그리고 제품이 더 크고 복잡할수록, 어느 한 개인의 기여도는 더 작아질 수밖에 없다. 이런 형태의 환경 속에서는 개인이 인정을 받는 일이 어려우며, 이것은 항공우주 부문만의 문제가 아니다.

마지막으로 항공우주 부문은 성장과 발전을 위한 기회를 제공하고 있는가? 민간 항공부문은 성숙 단계에 있으며 향후 꾸준한 성장세가 예상되기 때문에 발전을 위한 많은 기회를 제공할 수 있다. 가끔 새로운 사업 혹은 시장 창출의 결과를 가져와 참여자들의 성장과 리더십 기회도 만들어 내는 전략적인 추진 활동들도 있으며 그 한 가지 사례는 민간 우주 부문의 직접 위성방송 시스템을 들 수 있다.

그러나 국방 항공우주 부문은 개별 프로그램의 비용이 더욱 높아지면서 위축되고 있다. 이에 따라 프로그램 경영 혹은 시스템 수준의 엔지니어링 일자리가 더 적어져서, 발전과 학습 기회를 제한하고 있다.

조직의 방침 혹은 운영, 감독, 개인 간의 관계, 근로 조건, 임금, 지위 및 안전 문제가 연관된 일의 환경은 어떠한가? 적절하게 관리하지 않으면, 이런 일과 관련된 전후 관계는 중요한 불만의 근원이 될 수 있다.

먼저 보상에 관한 문제가 있다. 항공우주 부문에서 평생 얻는 수입은 경제활동의 다른 영역에서 일하는 비슷한 종사자들과 비교된다. 항공우주 부문의 기술 인력은 급여 수준이 가장 높은 엔지니어와 과학자에 속한다.(전기, 컴퓨터 및 소프트웨어 엔지니어들만이 이 수준을 약간 초과한다.) 진정한 문제는 이들 중 일부 로켓 과학자들이 더 높은 수준의 보상을 받고 다른 경제활동 영역으로 빠져나갔다는 것이다.[20]

시간급을 받고 일하는 노동력의 경우, 노조 활동이 항공우주 산업계에서 중요한 역할을 한다. 사실 항공우주 부문은 미국 내에서 가장 노조가 잘 구성되어 있는 산업계 중 하나다. 전체 생산인력의 약 40퍼센트, 혹은 산업계 전체 인력의 20퍼센트가 노동조합에 소속되어 있다. 전형적인 항공우주 산업계의 노동조합에 소속된 종업원은 다른 제조업의 노동력에 비해 보수를 50퍼센트 더 많이 받고 있으며, 포괄적인 복지 혜택을 누리고 있다.[21]

임금과 다른 협상 의제에 미치는 노동조합의 영향력을 넘어서, 노동조직은 일선 현장의 운영과 전략적 의사결정에 있어서 노동 주변 상황의 환경을 형성한다.[22] 공정한 처우와 보상에 관한 문제는 물론 교육 훈련, 신기술 및 새로운 작업 시스템에 대해 힘든 협상을 통해 노동조합은 항공우주산업의 생산 부문의 일자리를 그 어디에서도 볼 수 없을 정도의 최상의 산업계 일자리로 만드는데 도움을 주었다.

이해관계자로서 노동조합의 핵심 과제는 그들의 노동력을 대표하는 독립적인 역할을 유지하면서 근로 시스템의 변환과 관련하여 그들의 경영진과의 공동협력 관계를 확장시키는 것이다. 두 가지 역할은 노동력의 가치에 기여하지만, 종종 긴장관계를 형성시키기도 한다.

그러므로 일의 내용과 일의 환경 두 가지 측면으로 노동력에 가치를 가져다 줄 수 있는 항공우주 부문의 역량을 되돌아보면서, 우리는 기회와 과제가 서로 뒤섞여 있음을 발견한다. 국방 항공우주 부문의 가장 큰 과제는 아마 실제로 모든 사람이 생각하는 '지적 자본의 위기'일 것이다. 중요한 사람들의 집단이 정부 및 사적 경제활동 영역에서 퇴직하려 하고 있으며, 지난 6년 동안 작업자 양성 프로그램을 이수한 생산 작업자들이 거의 없다는 것과 규모가 축소된 군대는 한때 그들이 했던 대로 경험 많은 종업원들에게 더 이상 일자리를 제공하지 않을 것이라는 점이다.

이런 요인들은 경험이 축적된 기반을 새로 등장하는 세대의 리더, 엔지니어 및 기량을 가지고 있는 사람들에게 전달하는 프로세스의 단절을 가리킨다. 이것은 또한 투자와 작업을 통해 형성된 지식의 이전이 이루어지는 시스템을 새로 만들어내는 것과 관련된 높은 비용 압박을 동시에 받고 있다.

이 모든 것은 성숙한 기술적 기반 위에서 일어나는 현상이다. 새로 늘어난 성능은 예전의 작업 방식으로 달성하던 것에 비해 더 많은 비용이 들어가, 만들어지는 시스템이 거의 없어지고, 줄어든다.(그리고 새로운 경험을 만들어낼 기회 역시 줄어든다.) 마지막에는 직무 내에 필요한 경험의 임계량을 유지하고 끌어들일 수 있는, 따라서 미래 시스템을 설계하고 생산할 수 있는 능력에 필수적인 지적 자본 기반을 유지하는데 필요한 새로운 도전도 충분치 못하게 될 수도 있다.

이런 능력의 잠식은 미래 생산성 손실로 나타난다. 낮은 생산성은 시스템의 가격이 증가하여, 린이나 기타 다른 혁신 활동으로 생산성 개선을 통해 얻었던 이익을 잠재적으로 상쇄시켜버리는 것을 의미한다.

항공우주 부문은 실제로 기로에 서 있다. 세 핵심 이해관계자 가치에 대한 우리의 관점은 이 각각의 정도를 달리하여 항공우주 부문으로부터

지적 자본 이해하기

지적 자본(Intellectual capital; IC)은 회사 조직에 있어서 혁신, 생산성 및 경쟁우위의 일차적인 근원이다. 이것은 노동력의 기술과 경험, 구조, 방침 및 제반 절차 사용되는 도구와 기술 및 무수한 무형적 관계도 포함한다. 그러나 이것은 부실하게 정의되어 있으며 측정도 어렵다.

물리적 자본과 마찬가지로 지적 자본에 투자하면 가치창조 능력을 구축할 수 있다. MIT의 한 연구에서 지난 두 세대 동안의 상업용 항공기 설계 프로그램을 추적하여 역량의 성과와 실행 및 프로그램 성과 간에 강력한 연결고리가 있음을 발견하였다.[23] 인력의 충원이나 자연적 감소, 경력 개발에 혼란이 있었던 경우 프로그램 목표 달성에 보다 많은 문제를 겪는 경향을 보였다.

비록 지적 자본이 그 본질 면에서 상대적으로 정적이긴 하지만 도구와 데이터베이스 내에서 유지할 수는 있다. 교육훈련과 프로토타입 연습은 설계팀 역량의 한 부분을 개발하고 보존하는 데 도움을 준다. 그러나 궁극적으로 지적 자본의 문제에 이르게 되었을 때, 이런 것들이 실행 경험을 대체하기에는 미약한 것임을 연구에서 발견하였다.

실행 경험을 얻을 수 있는 기회가 제한적인 것은 부분적으로 기술이 성숙기에 도달한 때문에 일어난 것이지만, 생산적이고 혁신적인 기술 기반을 유지함에 있어 진지한 함의를 가질 수 있다. 결과적으로 정책을 만들어내는 사람들은 공급과 수요에 관한 선택을 할 때에 반드시 지적 자본에 대한 투자를 고려해야 한다. 이런 선택은 국가 및 국제 수준에서의 가치창조 능력의 핵심을 유지하는 것이다.

떼어낼 수도 있음을 의미한다. 공급업체, 제반 공동체 및 대학과 같은 다른 이해관계자들도 동일하다고 할 수 있다. 이해관계자들의 이익을 효과적으로 다룰 수 있는 국가 및 국제 수준에서의 확고한 가치제안이

가치식별을 위한 핵심 역량

가치식별의 중요성을 인정하였다 하더라도, 할 수 있는 충분한 능력이 있는가? 가치식별을 하는데 필요한 능력 혹은 핵심 역량을 여기에 소개한다.

- 이해관계자 식별 – 식별할 수 있는 대표자들을 제외한 나머지 사람들도 포함된 현재와 미래의 이해관계자를 이해하기
- 현재 상태 데이터 분석 – 이해관계자들의 이해관계/가치 분석하기
- 미래 추세 데이터 분석 – 복잡한 시스템 상호작용을 고려하면서 미래 추세 계획하기
- 검증/상호작용 – 상호 이해를 하고 현재 및 미래 상태를 인식하기 위한 이해관계자간 상호작용 촉진하기

핵심 이해관계자들의 참여 범위를 결정짓는데 있어서 가장 중요하다.

가치제안 만들기

가치제안은 국가 및 국제 수준의 린 엔터프라이즈에 대해 지향점과 방향을 제공한다. 기술적으로 만들어진 가치제안은 관련된 이해관계자를 위한 식별된 가치의 근원을 다루기 위해 미래 비전, 자원, 인센티브 및 다른 요인들을 활용한다. 이 수준에서 가치제안을 구성하는 일은 상호작용과 제도 구축 능력의 결합을 필요로 하며, 이해관계자들의 이익을 초점의 중심으로 삼아 작업이 이루어진다.

냉전시대의 가치제안이 하나뿐인 경우는 결코 없었다. 오히려 국가적 인 그리고 국제 수준의 가치제안이 등장했던 많은 획득 정책과 관련하 여 일련의 상호의존적인 양해관계, 연구개발 투자, 국제 상계 계약 및 다른 일들이 있었다. 뒤돌아보면 우리는 이 수준에서 다양한 이해관계 자들이 모두 항공우주 부문에서 가치를 발견하였던 여러 가지 방법들을 쉽게 볼 수 있다. 그리고 지금 우리는 가치를 발견했던 프로세스들이 붕 괴된 여러 가지 방식도 볼 수 있다.

국가 및 국제 수준에서 가치제안의 구성은 여러 가지 방식으로 이루 어진다. 어떤 경우 지도자들이 강력한 리더십 비전에 기반을 둔 창조를 주도하기도 한다. 또 다른 경우 가치제안은 입법 혹은 협정 형태로 구체 화되어 대개 아주 쉽게 눈으로 볼 수도 있다. 예를 들어 NASA의 탄생이 나 최근에 구성된 미래 미국 항공우주산업에 관한 대통령 자문위원회를 생각해보자. 그 규모와 범위에 있어서 아주 다르기는 하지만, 각각 의회 에서 만들어낸 법이 연관되어 있으며, 특별한 임무의 위임, 자금지원 및 기타 분명하게 명시된 약정사항이 있다.

보기가 더욱 어려운 다른 가치제안들도 전혀 중요치 않은 것이 아니 다. 예를 들어 미국 내에는 노동인력의 기술과 능력을 크게 고용자, 고 용인력 그리고 노동조합간의 사적인 문제로 간주하는 오래된 국가적 가 치제안이 존재하고 있다. 이것은 이 문제를 국가 정책의 중심적인 것으 로 바라보는 많은 유럽 국가들과 차이를 보이고 있다.

우리는 앞 장에서 프로그램 및 멀티프로그램 수준에서 가치제안의 역 동적 본질을 탐색하였다. 비록 이 엔터프라이즈 수준에서 국가적 이해 관계가 겹치는 것이 개발의 세계적 중요성을 고양시키기는 하지만, 국 가 및 국제 수준에서도 이와 동일한 것이 사실이다. 유럽 에어버스 컨소시엄 내에서 가치제안의 구성과 발전이 이루어진 것을 생각해보자.

에어버스가 30년 전에 처음 나왔을 때, 그것은 전반적인 시장 점유율을 획득하기 위해 각 국영 회사들의 자원을 한데 모으기 위한 메커니즘이었다. 여기에는 각 국가별로 책임을 분배하는 것과 관련하여 복잡한 내부적인 합의에 도달하는 것 혹은 가치제안 문제가 포함되어 있었다. 각 국영 회사가 설계 관리, 엔지니어링 및 자국에 할당된 항공기 구성요소의 생산을 책임지는 가운데 중앙 집중적인 마케팅, 고객 지원 및 경영 활동이 있었다. 참여 국가의 고용과 능력을 유지하면서 단일화되고 통합된 제품 계열을 구축하는 가치제안이 고안되었다.

이것은 또한 각각 국가적 자존심의 근원이었던 각 국가에 속한 다양한 회사들의 형태도 유지하였다. 컨소시엄의 초기 시절에 회사가 유럽 시장 이외의 곳에 항공기를 판매하려는 입찰에 실패하였고, 일부 관계자와 컨소시엄의 일부 구성원조차 에어버스가 생명력 있는 가치제안인지에 관한 의문을 제기하게 만들었다.

그러나 에어버스는 계열별 제품을 생산할 수 있었고 최초로 전기 신호로 제어가 이루어지는 디지털 방식의 항공기 그리고 전체 생산 라인의 공용 조종석 구성 개념으로 설명할 수 있는 혁신능력이 증가하고 있음을 보여주었다. 아직은 서로 분담된 컨소시엄 기반의 사업 운영을 지속하는 것과 관련된 비효율성과 실질적인 비용이 존재하고 있다.

따라서 2000년 6월 23일 에어버스의 새로운 통합 구조에 관한 공시는 회사 구조조정 이상의 것이었으며, 많은 이해관계자를 위한 가치제안에 있어서 근본적인 변화를 이룩한 것이었다.

공식적인 회사 역사를 통해, 이 회사는 시장에서의 지위를 얻기 위해 자원과 기술을 한데 모으는데 적합했던 컨소시엄 구조를 탈피하고 사업의 모든 측면에 중앙 집중적 관리를 할 수 있는 새로운 회사 조직을 필요로 한다고 설명하였다.[24] 이 공시에 뒤이어 에어버스는 단일 경영관리 팀에 의해 운영상의 모든 국면에 대해 일일 관리를 하기 시작하였다.

이 가치제안의 변화에 무엇이 관여되어 있는지 고려해보자. 이 제안은 효율적인 중앙 집중적 운영체제를 강조하고 국가적 자율성, 분산된 혹은 잉여 능력 및 기타 다른 요인의 중요성을 줄이는 것으로 변화시켰다. 프랑스 툴루즈의 중앙 본부로 물리적인 경영 체제를 구축하는데 6개월 소요되었지만, 에어버스 경영에 관련된 모든 활동과 의사결정을 주도 하기 위한 가치제안에는 보다 오랜 시간이 걸릴 것이다.

이 책을 저술하면서, 우리는 식별되어 이해관계자들에게 인도된 '가치' 와 주어진 사회 속에 유지되고 있는 '가치' 와 혼동이 일어나지 않도록 신중하게 작업하였다. 그러나 이 수준에서 이 두 가지는 서로 뒤엉키게 될 것이다. 이것은 냉전 시대에 소련보다 '더 높이, 더 빨리, 더 멀리' 가고자 했던 가치제안을 되돌아보면 분명해진다.

이것은 또한 '효율' 이 '자율성' 을 대체해버린 에어버스 컨소시엄의 중앙 집중화와 구조조정 속에서도 볼 수 있다. 우리가 만일 미 항공우주 부문을 국가 및 국제 엔터프라이즈로 생각한다면, 우리는 가치제안을 변화시키는 것에 관련된 많은 긴장을 보기 시작할 것이다.

군수품의 조달을 예로 들면, 군용기 계약을 공정하고 효과적으로 분배시키는 수단으로서 경쟁에 자리잡고 있는 깊이 내재된 가치가 있다. 이것은 아마 '날아가기' 경쟁에 참여할 수 있는 충분히 많은 회사들이 존재하고, 여러 경쟁자들을 지탱할 수 있는 충분히 큰 시장이 존재하는 미국의 상황 속에서만 타당할 수도 있다.

그렇지만 이 상황 속에서도, 이렇게 숨어있는 전제 속에는 복잡하게 만드는 수많은 함의가 존재한다. 여기서 핵심 포인트는 국가 수준에서 린 엔터프라이즈 사고는 이런 전제들과 함의가 명시적일 것을 강조하며, 그래서 수반된 제반 긴장에 대해 서로 이해를 하고 처리한다는 것이다.

우리는 이른바 '상계(계약)' 프로세스 속에 긴장이 있는 또 다른 일단의 국가 및 국제 가치제안의 사례를 발견한다. 미국 회사가 외국과 항공기 구입 계약을 맺을 때, 종종 구입 가격의 일부분을 해당 국가에서 항공기 구성 부품의 일부분을 생산하는 약정을 통해 '상계처리' 하는 조항이 들어간다. 이러한 가치제안에는 주어진 국가의 새로운 능력과 기술개발을 위한 실질적인 수출 이익과 절충을 시켜야 하는 문제가 게재되어 있다. 이런 일이 어느 한 계약의 상황에서 나름대로의 의미가 있는 것이지만, 이것이 누적된 효과로 인해 의도치 않은 결말이 만들어질 수도 있다.

오늘날 텍사스 포트워스에 있는 F-16 전투기 생산 시설을 방문하면 여러 국가로 수출되는 비행기를 볼 수 있다. 각 국가별로 제작된 다른 구성부품으로부터 멀지 않은 로딩 도크에 특정 항공기별 순서대로 국내 혹은 외국의 공급업체로부터 도착한 동일한 부품이 다음에 있는 항공기에 조립될 수 있도록 줄지어 기다리고 있다. 이 이야기가 수많은 다른 제품으로 다양화되었고, 그에 따른 순 효과는 지난 20년 동안 항공우주 부문의 부품 수입액의 꾸준한 증가로 이어졌다.

상계계약이 포함된 가치제안이 가지고 있는 기술적 관련성를 넘어, 다른 많은 산업계에서와 같이 인적 자본에 대한 관련성도 존재한다. 글로벌 노동력은 정의된 엔터프라이즈에 추가적인 인적자원을 제공할 수도 있지만, 미국의 기존 노동력의 능력과 경험을 구축할 수 있는 기회와 가능한 일자리가 줄어드는 것을 나타내기도 한다. 국방 관련 조인트벤처, 전략적 제휴 및 다른 연결 관계가, 예를 들어 예전 소련의 회사나 인도의 소프트웨어 회사들과 계약을 체결하는 것처럼 국가 대 국가 간에 맺어지면 국가 수준에서 긴장이 존재하게 된다.

국가적 수준에서 볼 때, 이런 일은 항공우주 부문의 노동력에 있어서 제도적 기반구조와 관련된 핵심 문제가 된다. 앞에서 우리는 일부 노동력의 가치제안들이 비록 언급하지는 않았지만 아직 중요하다는 점을 주지하였다. 여기에는 정부, 산업계, 전문기술협회 그리고 노동조합, 제반 공동체 및 각각의 투자 및 지분참여와 관련된 다른 이해관계자들 간에 효과적인 항공우주 부문의 노동력을 끌어들이고, 계발하고, 유지하기 위한 양해가 있어야 한다는 점을 포함한다.

아마 노동력과 관련된 가치식별에 관해 이야기하면서 우리가 확인한 간극을 효과적으로 다룰 수 있는 적절한 경제적 혹은 사회적 메커니즘이 없을지도 모른다. 예를 들어 21세기 항공우주 부문 노동력의 계발에 중점을 둔 다른 제도적 메커니즘이나 교육훈련 센터, 지역적인 혹은 국가적인 혁신 활동의 필요성이 있을 수도 있다.

MIT의 항공천문학부는 1990년대 초반에 전략적 계획 수립 프로세스를 시작하면서 이런 문제로 인한 사회적 이해관계에 직면하였다. 항공천문학부는 신속하게 항공우주 부문의 소프트웨어나 다른 새로 등장하는 영역의 정통한 교수 부족과 같은 교수진의 역량별 구색을 갖추는 문제에 있어서 격차가 있음을 간파하였다.

그러나 좀 더 자세히 들여다보았을 때에 복잡한 질문이 제기되었는데, 전통적인 항공우주 부문의 교육이 이런 능력을 갖춘 교수진을 항상 적절하게 배출하지 못한다는 점이었고, 경력 계발 기준이나 강의 순환 배정 및 정보기술과 같은 전혀 다른 배경을 가지고 들어오는 사람들에

국가 수준의 변화 메커니즘으로서의 연구 및 분과위원회

우리가 논의했던 많은 역학관계가 주어진 상황에서, 미래 미국 항공우주산업계에 관한 대통령 자문위원회의 헌장에는 국제 무역과 기술 수출에 관한 다음과 같은 두 가지 측면 즉, (a) 항공우주산업 상품, 서비스 및 기술을 통제하는 현재 시스템의 범위는 국가안전보장의 필요성과 글로벌 시장의 접근에 방해받지 않아야 할 필요성 간의 적절한 균형을 반영하고 (b) 미국 항공우주산업계의 국제 경쟁력을 유지하기 위한 미국과 다자간 무역에 관한 법과 정책의 적정성에 대해 연구를 해야 한다는 의무가 포함되어 있다.[25]

이것은 현재 국제 무역과 기술 수출을 지배하는 제반 가치제안의 관점에서 미국 입장의 상호의존적 인적 자본 문제를 효과적으로 다루기 위해 린 엔터프라이즈 시각을 필요로 할 것이다. 이 문제는 '핵심역량'과 관련하여 국가를 위해 '만들고 혹은 구매하는' 의사결정뿐만 아니라, 항공우주산업계 엔지니어, 기술인력 및 다른 사람들의 역량을 우리가 알고 있는 중요한 방식으로 개발하기 위한 기회가 얼마나 많이 있을 것인가에 관한 선택의 문제이다.

국가 차원의 위원회는 이 산업계의 초기 시절부터 제반 가치제안을 구축하는데 도움을 주는 결정적인 역할을 해왔다. 이들은 대중의 관심과 여론 생성을 도왔고, 과감한 새로운 방향을 정당화시켜주기도 하였다. 이런 위원회 속에는 많은 이해관계자들의 대표자들이 포함되어 있을 수 있지만, 모든 이해관계자들의 이해관계를 관철하려 하는 강렬한 그 본질적 속성과 확고한 합의를 만들어내기 위해 요구되는 힘때문에 제약을 받을 수도 있다.

따라서 이들은 의회 내에서 당면한 입법 논쟁에서 발생할 수 있는, 국가적 계약 문제를 보장하고 다른 국가적 차원의 포럼과 같은 이해관계의 상호작용을 새로 만들어내는 중요한 메커니즘이다.

가치제안을 구성하기 위한 핵심 역량

항구적이며 효과적인 가치제안을 구성하기 위해 요구되는 핵심 역량 혹은 능력은 다음과 같은 사항을 포함한다.

- 상호이익 거래 기술 – 협상에 관련된 역학관계의 함정에 빠지는 일 없이 상호이익에 관련된 복잡한 문제를 드러내어 구체화하는 능력
- 합의와 인센티브 구성하기 – (사명선언문, 입법 능력, 계약상 합의 및 기타 호혜적 상호이해 등에 들어가는) 전문성과 유연성의 균형을 맞추는 자기제어적 표현 입안하기
- 제도 구축하기 – 새로운 제도적 장치 구축하기, 기존 제도 재구성하기 및 포럼, 컨소시엄 그리고 기타 다른 대화, 행동 및 지속성을 담보하는 메커니즘 만들기
- 도덕적 및 윤리적 토대 – 권력의 정도가 서로 다른 이해관계자, 즉 다른 시각 및 기타 복잡한 역학관계 사이의 가교 역할하기

게 적합할 수 있는 다른 제도적인 뒷받침 역시 부족하였다.

이런 일단의 문제들은 항공우주 부문 노동력의 본질이 변화하는 문제를 다룸에 있어 협상이 이루어져야 할 공식적인 그리고 비공식적인 가치제안을 잘 설명해준다.

가치인도

국가 및 국제 엔터프라이즈 수준의 가치인도는 기존 가치제안의 환경에서 식별된 이해관계자들의 가치를 다루기 위한 사회적 자원의 효과적

이고 효율적인 배치에 있다. 이 수준에서 시장은 종종 사회의 이해관계자 간에 자원을 배분하기 위한 가장 효율적이고 효과적인 메커니즘을 대표한다. 그러나 때로는 시장이 실패할 때도 있다.

정부와 제도는 이해관계자들의 이익이 가치제안 속에서 식별되고 다루어질 수 있도록, 그래서 가치가 효율적이며 효과적으로 인도될 수 있도록 반드시 어느 한 시점의 적절한 중재가 나중에는 잔재물로 변할 수도 있음을 염두에 두면서 발을 들여놓아야 한다. 따라서 국가 및 국제 수준에서의 가치인도는 법적, 경제적 그리고 사회적 구조 혹은 프로세스의 구축, 유지 및 주기적 변환 문제가 관여되어 있다. 이런 역학관계는 항공우주 부문의 민간 및 국방 영역에서 독특한 방식으로 그 모습을 드러낸다.

민간 항공우주 부문

민간 항공우주 영역에서 가치인도는 크게 시장 속에서 주고받는 교환을 통해 일어난다. 이곳에서 상품과 서비스의 판매와 구입이 이루어지는 것은 물론 개별 엔터프라이즈의 자본과 노동력에 대한 상대적인 가치 평가가 이루어진다. 핵심 이해관계자 간의 상호작용이 시장에 기반을 두고 있기 때문에 민간 항공우주 부문에서 가치인도로 이어지는 자원의 할당은 크게 보면 자율조정 프로세스이다.

민간 영역에서 활동하고 있는 개별 항공우주 엔터프라이즈의 성공 여부는 상당히 큰 부분까지 전략과 실행에 의존한다. 린 엔터프라이즈 가치 시각으로 보면, 전략은 '올바른 일을 하는 것' 인 반면에, 실행은 '일을 올바르게 하는 것' 이다. 두 활동은 엔터프라이즈 이해관계자들에 대한 엔터프라이즈 리더십의 직위와 의무의 책임한계 내에 속한다. 성과가 높은 조직은 시간이 지남에 따라 점점 앞서가게 되어있다.

미국 민간 항공우주 부문의 많은 이해관계자들은 대부분 안전, 교통관리 및 해직된 근로자들의 재교육과 같은 한정된 정부의 중재와 함께 시장이 멀티프로그램 엔터프라이즈의 운명을 결정하는 것에 대한 대비가 되어 있다. 그러나 광범위한 시장 움직임의 밑바탕에는 국가의 법적 및 경제적 구조, 규제 환경, 정부 및 다른 이해관계자들에 의해 정의된 규칙은 물론 국가 간 상호작용을 지배하는 다양한 협정과 합의사항들이 있다.

사실 정부의 역할은 민간 항공우주 부문의 오랜 역사를 통해 시장이 개별 행위자의 운명을 결정하는 것처럼 보였을 때에도 크게 나타났다. 이런 관여는 우편 서비스에 대해 자금지원이 있었던 시절로 거슬러 올라가며, 기반 구조, 공공 안전 표준을 유지하고, 운영에 있어서 다른 차원의 현재 정부 역할로 계속 이어지고 있다.

민간 경제활동 영역이라도, 자세히 들여다보면 정부와 다른 제도적 기관들이 가치인도와 관련하여 많은 중요한 역할을 하고 있다. 그들이 시장의 규칙을 만들고 기반 구조를 제공하는 역할 외에도 정부는 민간 항공우주 부문 제품의 주요 고객이기도 하다. 예를 들어 미국 정부는 정부 임무수행을 위해 우주 접근 비용의 절감 수단으로서 진화형 소모성 발사체(EELV)의 첫 계약자가 되기도 하였다.

그러나 이 경우 정부의 두 번째 역할은 상업용 우주 발사 시장이 정부의 시장보다 잠재적으로 더 큰 것이 분명하게 되었을 때 드러났다. 그리고 나서 정부는 소수의 파트너로서의 역할로 스스로의 역할을 변경시켰으며, 필수적인 개발자금을 지원하는 기반을 조성하고 시장의 역동성에 의해 이 신세대 발사체에 대한 궁극적인 투자와 가격수립 정책이 결정되도록 하였다.

정부에 의한 이런 형태의 전략적 선택은 상당히 복잡한 것이다. 20세기의 전반 50년 동안 정부는 기반 구조를 구축하고, 운영 보조금을 지원하며, 항공역학과 같은 기술 분야에 대한 기본적인 연구 자금지원을 하느라 바빴다.

그러면 다음과 같은 질문이 나올 수 있을 것이다. '왜 민간 부문에서는 증기선과 철도가 비행기보다 더 많은 사람들과 상품을 더 멀리 그리고 더 빠르게 실어나르며 투자자들에게 더 나은 수익을 가져다주던 시절에 이 새로운 수송 기술 탄생의 후원을 꺼려하였을까?' 과거에는 오늘날에도 마찬가지이지만, 우리는 정부가 시장이 감수할 수 없는 위험을 대신 감수하는 방식으로 가치인도의 결정적인 역할을 하였던 것을 알 수 있다.

물론 많은 민간 항공우주 시장의 경우, 가치인도에 있어서 정부의 역할은 더욱 더 한정되어 있다. 수많은 항공기와 우주선 제품 및 서비스를 위한 크고 확실한 시장이 존재한다. 투자 의사결정은 리스크, 보상 및 예상 수익 흐름에 대한 합리적인 정확한 평가에 의거하여 이루어질 수 있다. 대규모 제조 회사들은 노동시장에서 직업 안정성에 관한 합리적인 보장방안을 제시한다. 이런 성숙한 환경에서 시장은 조만 간에 신제품 혁신을 위한 연구개발, 제품 현실화, 운영, 지원 및 이를 가능하게 하는 기반구조를 위해 효율적으로 자원을 할당할 수 있다.

그러나 장기적으로 시장이 자원 할당 의사결정을 위해 의존하는 정보가 존재하지 않을 수도 있으며, 따라서 정부나 제도적 기관의 간섭을 필요로 할 수도 있다.

민간 항공우주 부문 경제활동
영역을 창조하는 정부의 역할

미국은 산업 정책과 불안한 공존을 하고 있다. 이것은 필요한 듯 보이지만 피하는 것이 최선이다. 피할 수 없다면 효과적인 산업 정책은 무엇인가? 항공우주산업의 초기 시절이 유용한 통찰을 제공한다. 어려운 비즈니스 환경 속에서 미국의 항공기 산업계는 1908년 8월 미군에 첫 번째 항공기를 납품하였다. 산업계에서 나온 불만이 정부로 하여금 1915년에 산업계의 건전성과 연구 지원 수행에 관해 정부에 자문하기 위한 미국 항공자문위원회를 발족시키도록 이끌었다. 랭글리 항공기념연구소는 1917년에 설립되어, 공기역학 연구를 통해 항공기 엔진 덮개나 날개를 만들었고, 이는 항공기 성능의 빠르고 극적인 향상을 가져왔다.

제1차 세계대전은 초창기 항공기 산업계의 큰 도전이었는데, 먼저 엄청난 양의 항공기 주문을 충족시켜야 했고, 그 후에는 적대관계의 종식에 따라 과잉 상태의 항공기 공급 초과 문제에 대처해야만 했다. 일부 비행기는 1918년에 군에서 국가 항공우편 서비스를 시작함에 따라 사용처를 찾기도 하였지만, 항공기의 설계와 상태 그리고 통제받지 않은 조종사들 때문에 항공운항은 위험하였다. 이 서비스는 또한 국민의 요구에 미치지 못하고 느렸다.

1925년의 항공우편법은 항공우편 서비스에 경쟁 입찰의 문호를 개방하였고 항공 여행객 서비스를 촉진시켜서, 민간의 필요성에 맞춘 보다 새로운 항공기 설계에 대한 시장의 요구를 자극하였다. 그렇지만 1920년대에 여러 개의 정부 위원회에서는 안전 및 기반구조상의 많은 부적합성을 확인하였다.

1926년에 정부는 항공 관련 문제를 감독하기 위해 상무부 내에 항공영업국 신설 입법을 통해 조종사 면허발급 및 항공기 인증업무 위임, 무선, 항해 및 공항시설 건설, 지도제작 및 기상정보 제공, 공중교통 통제가 포함된 국가 영공 통제방안을 수립하여 이 문제를 다루었다. 또 다른 입법을 통해 군수조달 업무를 개정하였는데, 안정성을 증가시키기 위해 다년 간 생산 계획을 채택하였고 항공기 생산 및 유지보전에 관해 정부가 산업계와 직접 경쟁하는 것을 종식시켰고, 경쟁 입찰 프로세스 내에서 파멸을 초래하는 가격 경쟁을 제한하였다.

항공운항으로 얻어지는 부는 극적으로 향상되었다. 린드버그의 대서양 횡단은 대중의 상상력을 사로잡았다. 안전성이 향상되고 새로운 항공기 설계는 대중으로 하여금 항공여행을 하도록 북돋았다. 1928년에 민간 항공기 판매고는 전쟁 이후 처음으로 군용 항공기 판매고를 초월하였다. 1928~1929년에 항공 주식을 가진 회사는 주식 시장에서 어떤 것은 주가수익율이 100에 달할 정도로 인기가 있었다.[26]

그러나 1934년에 세 개의 거대 항공 트러스트가 우편 계약의 90퍼센트를 차지하자 예전 우편 정책에 대한 제약이 분명하게 되었다. 1934년 신설 항공우편법에 의해 항공우편 계약에 경쟁이 다시 이루어지게 되었고 단일 회사가 항공기 생산과 운항 두 가지 모두 영위하는 것을 금지하여, 산업의 집중과 신설 항공사 수요 확장으로 인한 시장의 왜곡을 제거시켰다. 1935년 12월에 DC-3기가 출시되었고, 이것은 항공 여행객 서비스만으로 수익을 얻어낸 첫 번째 항공기가 되었다.

초기 시절에 산업계와 정부 간의 관계는 긴장 상태가 많았고 정부가 '친산업적'인 경우는 거의 없었다. 그러나 시장 생성, 인센티브, 규제 및 민영화 정책을 현명하게 활용한 덕분에 산업계의 자급자족은 물론 제2차 세계대전 승리를 이끌게 된 기술적 토대를 다지게 되었다.

최근에 미국은 대부분 시장에 기반을 둔 압박 때문에 민간 경제부문의 후원을 받는 R&D의 투자가 위축된 기간을 보았다. 여기서 우리는 정부가 장기적인 기본 연구를 통해 새로운 시장을 창출할 수 있는 획기적인 기술을 생성시킬 수 있도록 보장해야 할 지속적인 역할을 가지고 있다고 강조할 수도 있다.[27]

국가 혹은 국제 수준에서 정부나 다른 제도적 기관은 린 엔터프라이즈 가치 원칙을 가지고 있을 때에만 시장을 창출하거나 형성시키는데 있어서 효과적일 수 있다. 정부나 다른 제도적 기관들이 새로운 수요를 충족시키기 위해 변화하는 시장처럼 빠르지 않지만, 이들은 적응 메커니즘을 가지고 있으며, 이는 이 수준에 있는 엔터프라이즈에게 요구되는 핵심 역량이다.

다양한 자문위원회, 연구 패널 및 로비 메커니즘 외에도 정부 스스로 새로운 니즈를 충족시키기 위한 신중한 혁신 활동들도 또한 존재한다. 예를 들어, 1990년대의 국가 성과평가위원회 혹은 정부 혁신 활동은 몇몇 가치인도를 훼손하는 정부 차원의 잔재물과 잘못된 점들을 다루었다.

그러나 우리는 이런 혁신 활동이 가치식별에 있어서의 정부 활동에 초점이 집중되어 않아, 많은 린 프로세스 개선 방법들이 사용되었을 수도 있었지만 보다 큰 엔터프라이즈 방향 설정이 결여되어 있었던 사실을 언급하지 않을 수 없다

정부와 다른 기관들은 현재 미 항공우주부문 엔터프라이즈가 수행하는 핵심 임무의 새로운 실행 방법을 보여주는 기술을 개발하고 식별하기 위한 기본적인 연구에 자금을 지원해주어야 할 중요한 책임을 가지고 있다.

다음과 같은 어려운 질문을 제기해야 할 필요가 있다. 전 세계적으로 사람과 상품을 운송하는데 있어서 안전성도 함께 증가시키면서 생산성을 10배 향상시키려면 무엇이 요구되는가? 혹은 현재 비용의 100분의 1 수준으로 정보에 대해 전 세계적 접근을 가능하게 하려면 무엇이 필요한가? 그러면 R&D 자금지원은 이런 문제를 다루는데 표적을 맞출 수

있을 것이다.

실험, 위험 감수 및 실패를 처리하는 것에 관한 규범과 제반 기대를 재조사하고 재정의하는데 있어서 정부와 다른 국가적 혹은 국제적 기관이 할 수 있는 핵심적인 역할이 존재한다. 현재의 규범은 가끔 일어나는 실패에 대해 불균형적으로 처벌을 하고, 새로운 일을 개척하는 것으로부터 얻어지는 학습과 경험을 억누른다.

궁극적으로 정부와 이 수준에 있는 다른 제도적 기관들이 린 엔터프라이즈와 같이 운영될 때에 민간 항공우주 부문의 표면적인 자유시장 환경 속에서의 가치창조에 최상으로 공헌할 수 있다.

국방 항공우주 부문

최근 몇 년 사이에 국방 항공우주 부문에서 일을 올바르게 하는 것에는 고객으로서의 정부가 자신의 공급업체들과의 제휴관계 속에서 행하는 활동도 포함되었다. 정부는 자체 군 니즈를 충족시키기 위해 한정된 예산 환경 속에서 획득업무의 개혁 법제화, 회사 간 합병을 통한 공급업체 기반 합리화 장려 및 생산성 향상을 위해 자체 공급업체와 공동 작업을 통해 일하고 있다. 국방 계약자들은 차례로 다른 계약자와 합병하였고, 5장에서 다루었던 성공의 섬과 같은 린 실행을 제도적으로 구현하기 시작하였다.

그러나 아직 정부는 스스로의 내부 운영 활동과 민간 부문과의 관계되는 업무 프로세스 개혁의 잠재력을 실현시켜야만 한다. 특히 중요한 것은 이해관계자로서 린 엔터프라이즈 가치 원칙을 정부 스스로의 운영 활동에 적용하고, 이해관계자 가치를 식별하고, 가치제안을 구성하는 방법을 재검토하는 정부 능력을 제한하는 많은 잔재물들과 잘못된 점들이 있다는 것이다.

지금까지 획득개혁 활동은 상업용 실행과 비슷한 실행을 채택하여 비용 삭감에 중점을 두었다. 기술 정책 역시 상용 기술의 더 많은 활용을 강조하였다. 그러나 이중 그 어느 형태의 혁신 활동도 린 엔터프라이즈 가치 원칙에 기반을 두고 만들어진 것은 없다.

예를 들어 회사와 노동력의 일부가 완전히 항공우주 부문 밖으로 나가는 것을 다루기 위한 정책은 실패하였다. 이해관계자 가치식별과 가치제안을 만들어가는 것의 핵심적인 부분은 미완성인 채로 남아있다.

만일 정부가 린 엔터프라이즈와 같이 운영되려면 회계 실행의 개혁이 핵심 과제이다.[28] 자체 스스로의 조직적 및 예산상 성과를 추적할 수 있는 능력이 없으면, '일을 올바르게 하는' 것을 가능하게 하는 변화를 확인하는 것이 불가능할 것이다. 전체 엔터프라이즈를 통해 조달 개혁 파일럿 프로그램을 제도적으로 실행하면서 배운 교훈을 확산시키는데 있어서 해야 할 일이 많다.

국방부 역시 필요 이상의 시설과 재고가 있다는 사실을 입증하기 위해, 혹은 이중 일부가 당면한 국방 문제와는 관련이 없음을 증명하기 위해 린 엔터프라이즈 시각이 필요하지는 않다. 그렇지만 이 문제를 장기적 가치인도를 가장 최선으로 보장할 수 있는 방법으로 다루기 위해 적절한 이해관계자 가치식별과 확고한 가치제안을 구축해야 한다. 달리 말하면 기존 군 작전의 합리화는 비용 삭감 훈련방식으로 접근하면 안 되고 가치창조에 초점을 두어야 한다.

올바른 일을 하는 것과 관련하여 국가적 군 전략은 필히 국가안보 위협이 변화하는 것에 대응할 수 있도록 꾸준하게 적응해야 한다. 군대의 작전은 냉전 계획 수립의 계기가 되었던 중부 유럽의 대규모 지상전투와 같은 것에 더 이상 지배되지 않는다. 최근 미 해병이 해외로 253회 파견되었던 사례 중에서 238건(94퍼센트)은 도시에서 이루어진 작전이었다.[29]

최근에는 국가 안보에 다른 형태의 위협들이 등장하고 있는데, 2001년 '코드 레드 웜' 컴퓨터 바이러스로 인해 발생한 경제적 손실의 추정치는 약 12억 달러에 달했고, '아이 러브 유' 컴퓨터 바이러스는 2000년도에 거의 90억 달러에 달하는 손해를 입혔다.[30]

2001년 미국이 공격을 받기 전까지 테러리즘은 치명적인 골칫거리로 간주되긴 했지만 국가안보 정책을 근본적인 수준에서 다시 조사해야 할 정도는 아니었다. 이 문제와 관련하여 세계무역센터와 펜타곤에 대한 공격의 즉각적인 대응으로 약 400억 달러의 예산이 법제화되었고, 또 다른 150억 달러의 예산은 이 공격으로 인해 수익 손실을 본 미 항공사를 지원하기 위해 책정되었다. 이로 인해 테러리즘에 대한 완전히 새로운 경제적 비용이 들어갔다.

이런 것들은 사소한 우려가 아니며, 국가가 직면하고 있는 새로 떠오르는 예상치 못한 위협을 다룸에 있어 린 엔터프라이즈의 중요성을 잘 설명해주고 있다.

국가 수준에서 국방 항공우주 부문 계약자와 정부를 별도로 분리하여 다루는 것은 합당하지 않다. 이 두 부문은 무엇이 올바른 일이 될 것인가를 정의하는데 있어서 서로 불가분의 상태로 연결되어 있다. 제시된 통합타격기(JSF)의 획득 문제를 고려해보기로 하자. 일부 추정치에 따르면 통합타격기 사업에 들어가는 총 자금은 미국과 국제 고객에게 판매될 총 4천 대의 항공기 생산에 약 4천억 달러를 예상하고 있다.[31] 이것은

국방 항공우주 부문을 위한 새로운 패러다임 탐색하기

걸프 전쟁중에 미국 사람들은 정밀유도탄이 표적을 추적하여 날아가 파괴시키는 비디오 화면을 수없이 보았다. 이런 공중 타격으로부터 안전하게 숨을 장소는 없다고 생각하는 것도 어렵지 않은 일이었다. 그렇지만 몇 년이 흐른 뒤에, NATO가 코소보에서 공중전을 시작했을 때, 세계는 공중 공격만으로 세르비아 민병대가 알바니아 족 마을로 들어가 주민들을 살해하거나, 그들의 집을 파괴하고, 인접한 마을로 진격해 들어가는 것을 막는데 실패하는 것을 바라보았다. 가장 큰 문제점은 표적이 작고, 움직이며, 방패가 되는 곳으로 숨어버릴 수 있다는 점이다.

이 문제는 새로운 것이 아닌데, 사막의 폭풍 작전에서 연합 공군은 기동력이 있는 스커드 미사일 발사대를 파괴하는데 상당한 노력을 한 바 있다. 움직이는 표적은 특히 도시와 같은 주거 환경의 경우 아직도 발견하고 추적하여 공격하기가 어렵다. 이 어려운 문제는 군대와 그리고 사회가 치명적일 수 있는 위협에 직면하는 경우를 상정하면 굉장히 곤란한 문제가 되어 버린다.

한정된 자금이 주어져 있고 정부와 군대 그 내부에서 이해관계를 두고 서로 다투고 있을 경우, 이런 문제를 다루고 이에 대한 해결책을 궁극적으로 얻을 수 있는 모든 엔터프라이즈 수준의 활동에 국가는 어떻게 접근해야 할 것인가? 한 가지 사례를 보면, 국방과학위원회는 요구되는 제반 능력과 관련하여 관심을 기울여야 할 그리고 노력을 해야 할 '중요한 과제들'의 윤곽을 그리고 있다.

여기에는 다음과 같은 것들이 포함되어 있다. '바이오실드(Bioshield; 실시간 검출, 특성파악, 대응, 및 재래식 및 비재래식 생물학적 위협의 원인 파악), '은신처 부재(No place to hide; 나타나고, 숨는 불가피한 표적 감지하기), '신속투입(Fast Forward; 재빠른, 결정적인 미국 군사력의 적용), 그리고 '인지력 C4(Cognitive C4; 기민하고, 안전하게 그리고 가용할 수 있는 컴퓨터(Computer), 명령(Command), 통제(Control) 및 커뮤니케이션

(Communication) 시스템).[32]

특정 해결책보다 요구되는 제반 능력을 식별하는 것으로 급박한 국가 안보문제 해결에 초점을 두고 있으면, 이런 '중요한 과제들'은 국가 및 국제 엔터프라이즈 수준에서 가치제안을 위한 비전을 창조하는데 흥미로운 시각을 제공한다.

이런 제반 능력에 기여하고 지원하는 것은 협소하게 정의된 이해관계보다는 어떤 문제에 대해 잠재적인 상업적 적용가능성과 새로 떠오르는 기술로 혜택을 얻을 수도 있는 편의성과 함께 사회적 이해관계자의 광범위한 스펙트럼으로부터 나올 수 있어야 한다.

표적이 정해진 정부의 자금지원과 정책은 개발을 장려하는 혹은 본질적으로 투자자들에게 매력적인 성장 시장에 대한 투자를 제고할 수 있는 가능성을 제공한다. 원대한 비전과 떠오르는 기술의 사용 가능성은 미래 니즈를 다루기 위해 요구되는 지적 자본 기반을 만들어내면서 또한 가장 영민한 사람들이 이런 문제를 해결할 수 있도록 하는 힘을 확보한다.

분명히 놓칠 수 없는 계약이다.

그러나 일부에서는 이것이 앞으로 미국이 장래에 개발할 수 있는 마지막 유인 전투기로 여기고 있다. 항공기 플랫폼으로서 고립된 점을 보면, 이것은 막다른 궁지에 몰린 사업이다. 최근 수행된 전투 경험을 통해 개별 항공기를 통합 소프트웨어, 센서 및 통신 장비가 포함된 지휘통제 시스템을 통해서 연결하는 것이 기존 시스템 속에서 전투성과를 극적으로 향상시킬 수 있음을 보여주었다.

정보기술 네트워크를 개별 군 플랫폼에 연결하는 응용 분야가 새롭게 등장하는 기술을 나타내고 있으나, 이것을 통합타격기와 비교해보면, 이런 시스템에 대한 계약은 단지 수천만 달러 혹은 수억 달러 혹은 아주 큰 규모의 프로젝트일 경우 몇 십억 달러의 가치가 있을 수도 있을 것이다. 달리 말하면 통합을 위해 눈에 잘 띄지 않는 시스템이 투자에 비해 상대적으로 더 큰 영향력을 가질 수 있다는 것이지만, 이것들은 수행해야 할 '올바른 일' 처럼 특출한 면목을 보여 주지 못했다.

린 엔터프라이즈 가치 지향이 없으면, 유인 전투기와 같이 현재 의지하고 있는 기술에 치우친 선입관으로부터 벗어난 국방부가 정의한 인센티브로 이동하는 것이 어렵다.[33] 국방 계약자가 이렇게 상당한 크기의 잠재적인 수익 흐름을 무시하는 것은 무모한 일이다. 특정 수익 흐름은 고객이나 혹은 고객의 공급업체가 미래 위협을 다루어야 할 필요가 있는 곳으로 이끌고 않을 수도 있다. 이것은 국가 엔터프라이즈 수준에서 국방 항공우주 부문의 핵심적인 가치인도상의 딜레마이다.

미래를 바라보면, 정부는 국가 방위 필요성을 충족시키고 강건한 국방 기반구조를 지속시키기 위해 중요한 전략적 선택에 직면하고 있다. 표 10-1은 미래로 가는 서로 다른 잠재적 경로를 나타내는 세 가지 일반적인 투자 전략을 잘 설명해주고 있다.

'현재 자산에의 투자' 전략은 제반 작전, 유지보전 및 항공기 비행과 군대 보급의 현대화를 위해 현재 작전 지출비용에 우선순위를 두고 있다. 여기에는 미군의 무기 시스템이 최근의 모든 도전자들을 지배하였고, 향후 어느 정도까지 전통적인 적대자들에 대한 지배를 계속할 수 있을 것이라는 전제가 깔려 있다.

현재 활용도 수준으로 설비의 유지보전이 이루어지고, 서비스 수명 연장 프로그램(SLEP)을 통해 작전 수명도 향상시킬 수 있을 것이며, 향후 몇 년 동안은 계속 사용할 수 있을 것이다. 이 접근 방법을 사용하면, B-52 폭격기가 퇴역할 때에는 거의 100년의 수명을 향유할 것으로 예

	현재 자산에의 투자	발전적 투자	혁명적 투자
주요 활동	기존 재고품의 유지 및 지속	현재 세대의 기술을 대체하는 것을 만들어냄	기술의 급진적 발전을 위한 R&D의 강조
논리적 근거	기존 기술 그 자체가 위협을 물리치고, 필요할 때 즉시 작전 능력 구조를 대신 충족시키고 있음이 증명되었음	기존 시스템의 점진적 개선은 미래에 등장할 위협보다 앞서 나가게 할 것임	새로운 위협에 대한 대비; 군이 위해를 당하는 방식이 아닌 일상적으로 할 수 없는 것들을 다룸
주요 수혜자	유지보전 기반구조(미국 정부의 유지 지지자들); 현재 전투수행자들	생산 기반구조(생산 작업자들, 생산자들); 투자자들	연구개발 기반구조(엔지니어및 과학자들); 기술로 인해 파급된 것으로부터 국민도 잠재적인 수혜를 받음
주요 책임	유지보전 비용이 장기적으로 증가하면 현대화 노력에 필요한 자원을 감소시킬 수 있음	진부화가 남모르게 진행될 가능성 및 역동적 능력의 위축으로 인해 떠오르는 니즈를 충족시키지 못하는 무능력	창조적 파괴는 대개 기득권자의 피해를 만들어 냄. 현재 니즈를 충족시키면서 미래 투자를 어떻게 조정해야 할 것인가?
주요 활동	운영 및 유지보전; 서비스 수명 확장 프로그램	패키지 생산 블록 업그레이드	기본 및 응용 연구: 새로운 프로그램 시작

표 10-1 가치인도를 위한 국방 능력 지속시키기: 세 가지 일반 전략

상된다.

  '발전적 투자' 전략은 현재 설비가 위협에 대해 상당한 대응 능력을 가지고 있음을 인정하지만, 유지보전 비용이 노후화가 진행되면서 증가하고 이에 따라 위협이 점증하는 것을 나타낸다.[34] 그리고 미래 시스템의 설계 및 생산 능력의 상실을 방지하기 위해 꾸준하게 사업의 흐름을 지속시켜 산업 기반을 필히 '따뜻하게 유지' 시켜야 한다.

  이런 복수의 제약조건에서의 해결책은 진화하는 위협에 대처할 수 있는 능력을 유지하기 위해 하위 시스템의 점진적인 혹은 발전적인 업그레이드와 함께 현 설계 제품의 생산을 계속하는 것이다. 이것은 다양한 기존 이해관계자들의 니즈를 충족시키는 정치적으로 강건한 전략이다. 그러나 이것은 새로운 핵심 기회를 탐색하지 않고 지나치는 일이 없도록 꾸준하게 이어지는 타협과 절충의 위험을 감수해야 한다.

  '혁명적 투자' 전략은 기존 시스템을 한층 '도약시켜 앞지를 수 있는' 발전된 고급의 또는 획기적인 기술에 우선순위를 둔다. 이 과정에서 국가는 그 어느 잠재적인 위협보다 앞선 상태에 머무를 수 있고 스스로 경제적으로 타당한 수명을 훨씬 넘은 대규모 기존 군 병력 구조 유지에 관련된 매몰비용을 피할 수 있다.

  이 전략은 또한 참여자들의 개발 및 조직 성장과 함께 기술적 격동의 새로운 기원을 지원함으로써 미 항공우주 부문을 위한 기술과 지적 자본의 기반을 새롭게 만들어준다. 그러나 이것은 새로 출현하는 제반 기회에 대해 꾸준하게 가치제안을 적응시켜 가는 능력을 필요로 한다.

  각 전략은 스스로의 강점과 약점을 가지고 있다. '현재 자산에의 투자' 방안은 현재 니즈를 충족시키지만, 미래 시스템 창조에 요구되는 능력을 위한 투자는 부족하다. '발전적 투자' 방안은 이 능력을 유지시키지만, 예상치 못한 위협을 다루기 위해 필요한 급진적 혁신방안을 만들어내지 못할 수도 있다. 두 가지 모두 현재 병력에 작용하고 있기 때문에, 계속 존재하고 있는 기존 잔재물에 대해 취약하다. '혁명적 투자' 전략은 비용이 많이 들 수도 있고, 새로운 능력이 등장할 것이라는 것에 대한 아무런 보장도 없으며(1980년대 시절에, 야전에 배치가 이루어진 것이 전혀 없었던 '스타워즈' 프로그램에 수십억 달러의 예산이 사용된 것을 생각해 보라.) 현재 보유 능력과의 격차로 인한 위험을 감수해야 한다.

우리는 정책 입안자들과 다른 이해관계자들이 미래에도 계속 이끌어 갈 수 있을지 예측할 수 없지만, 이 세 가지 전략들이 린 엔터프라이즈 가치 능력에 의존하고 있음을 확신하고 있다. 각각 서로 다른 이해관계자 가치를 강조하고 있으며, 효과적이고 효율적인 가치인도를 필요로 하는 서로 뚜렷한 차이를 보이는 가치제안의 특징을 보이고 있다. 전략에 논쟁의 여지가 있을 수 있지만, 린 엔터프라이즈 능력의 필요성은 분명한 것이다.

상용 조달 실무를 이행하는 것이나 혹은 상용 프로세스를 사용하기 시작하는 것은 중요한 첫 단계이지만, 문제의 일부분만 충족시킬 따름이다. 군용 기술과 비군용 기술 간에 그리고 이 두 영역의 바탕에 깔린 지식 기반의 격차를 더 벌리는 것에 관련된 보다 깊은 문제가 존재한다. 무력 분쟁과 군사 작전은 사회적 활동이 가장 적응하는 것 중의 하나이다. 이것은 현대 전장이 민간 인구와 점점 더 가까워질수록 특히 문제가 된다.

군사력, 이해관계 및 기반구조로 이루어진 거대한 집합체가 상당 부분 냉전 시대에 정의된 개발 방향과 사회의 진화하는 이해관계 사이의 간극을 어떻게 메울 수 있을 것인가? 이것은 수년 혹은 수십 년의 과정

DARPA: 미래 기술 발전의 모델

1958년 소련의 스푸트니크 인공위성 발사[35]에 대한 대응으로 설립된 국방부 고등연구기획국(DARPA)의 일차적 임무는 국방 기술의 하이 리스크(high-risk), 하이 페이오프(high-payoff) 즉, 위험도가 높지만 성공시 얻어지는 가치의 크기가 막대한 최첨단 연구개발 분야에 자금을 지원하여 어떤 기술적 격차로 인한 충격을 예방하는 것이었다.

국방에 초점을 두었지만, 상업 경제 분야에 끼친 영향력도 매우 컸고, 오늘날 정보기술을 주도하는 인터넷, 그래픽 사용자 인터페이스와 마우스, 네트워크 연결 프로토콜, 운영체제, 프로그래밍 언어, RISC나 VLSI와 같은 반도체 기술, 컴퓨터 그래픽 및 CAD와 같은 주요 혁신기술의 거의 절반을 차지하는 산실이 되었다.

초기 투자비 대비 사회에 환원된 액수의 크기는 대략 10만 퍼센트에 달한다.[36] 선 마이크로시스템즈, 실리콘 그래픽스 및 시스코 시스템즈와 같은 많은 회사들이 바로 이 DARPA 프로젝트에 기초를 두고 있다.[37] 무선통신은 DARPA가 개발한 갈륨 비소 반도체와 네트워크 기술에 의존하고 있다.

군사적 측면에서 DARPA가 남긴 유산에는 스텔스 항공기와 정밀유도탄이 포함된다. 현재 이루어지고 있는 노력을 보면, 여기서 나오는 파이프라인 속에 더욱 비약적인 기술들이 들어있음을 암시하고 있다.

사회 및 경제 변혁의 엔진으로서 DARPA는 그 스스로 만든 것의 잔재물에 사로잡히는 일을 피하면서 미래 과제에 초점을 맞추어 40년이 넘는 세월 동안 효과적으로 살아남았다. 여기에 영구 상주 요원의 수는 한계가 있고, 일단 프로젝트가 완료되면 해체되어 국방 부문을 떠나거나 혹은 상용 시장으로 나아가 계속 개발을 더 진행하는 각 프로젝트 별 여러 전문 분야를 지원하는 임시 요원들이 있다.

대부분의 기술적인 일은 대학, 회사 그리고 정부 연구기관으로부터 차출된 세계적인 과학자나 엔지니어에 의해 수행된다. 이들은 임시 프로그램 관리자로서의 역할을 수행하며 3년에서 5년마다 요원과 아이디어의 출처가 새롭게 갱신된다. 이 프로세스에 비판이 없는 것은 아닌데, DARPA 프로젝트의 약 85퍼센트가 실패했으며, DARPA의 초점이 군에 관련된 단기적 주문을 충족시키는 것으로 변해버렸다는 우려가 나타났다.[38]

DARPA의 역사는 엔터프라이즈의 핵심적 요구사항으로부터 벗어난 급진적인 새로운 기술 개발을 통해 큰 가치가 있는 성과를 거두는 것이 가능함을 두드러지게 보여준다. 그러나 뜻밖의 가장 유망한 기술이라도 성숙기에 들어선 조직의 '우리 것이 아니야(NIH)'라는 문화적 잔재를 만나면, 채택되기에 너무 급진적인 것이 될 수가 있다.

이것은 성숙기 조직에 존재하는 잔재를 극복하기 위한 핵심 요소를 가리키는데, 급진적인 아이디어를 생성시키기 위해 필요한 것은 DARPA와 같은 수단뿐만이 아니라, 이런 새로운 생각들을 기존의 역할, 임무 또는 시장 속으로 새롭게 대체시킬 수 있는 공식화된 공격적인 프로세스도 있다는 점이다. 시장은 이런 일을 자연적으로 수행한다. 군대와 같은 계층적 조직은 반드시 이러한 것을 신중하게 할 수 있도록 배워야 한다.

에 걸쳐 펼쳐질 프로세스이다. 그리고 시작하려면, 가치인도에 관한 논쟁은 반드시 적절한 가치식별과 확고한 가치제안을 끌어낼 수 있도록 방향을 다시 잡아야 한다.

국방 항공우주 부문이 린 엔터프라이즈처럼 운영되려면, 군 시스템 라이프사이클의 초기 단계에 시작해야 하며, 이때에 전투수행자들이 스스로의 역할, 임무 및 궁극적으로 스스로 사명을 달성시킬 수 있게 만들어주는 시스템에 대해서 정의해야 한다.

전투수행자들이 본질적으로 매우 혁신적이고, 최근에 '배틀 랩(전투실험실)'과 발전된 컨셉 기술 시연장비를 통해 보다 많은 실험을 하였지만,

가치인도를 위한 핵심 역량들

린 엔터프라이즈 시각에서 가치인도는 여러 가지 핵심 역량과 능력을 필요로 한다.

- 합법적, 경제적 그리고 사회적 구조 확립 – 프로그램과 멀티프로그램을 위한 규제, 투자, 기술적 지원 및 다른 동인을 위한 메커니즘을 구축하는 것
- 적응능력을 확보 – 핵심적인 법적, 경제적, 물리적 그리고 사회적 구조를 정립하고 주기적으로 변환시키는 것
- 린 가치인도의 원칙 확장 – 프로그램 및 멀티프로그램 수준에서 개척된 린 원칙을 국가 및 국제 수준의 상호작용에 적용시키는 것

국가 및 국제 수준에서 이런 노력이 취해진 것은 대부분 단편적인 것들이다. 이들은 핵심 이해관계자들 간에 새로운 가치제안의 수준을 얻어내야 한다.

이런 추이를 보면서, 핵심 이해관계자들의 가치에 대해 우리가 이해하고 있는 바와 전투수행자들의 니즈와 보다 더 큰 사회의 가치 사이의 공통분모를 창조할 수 있는 기회가 존재한다. 이점에 관해 가장 많은 기회를 생성시키는 것은 '혁명적 투자' 전략이다.

여기서 우리는 엄청난 양의 정보를 소화하고 필요한 것만을 추출해낼 수 있도록 능력을 확장하기 위한 생물학적 시스템에 대해서 점점 더 알아가고 있는 우리의 능력을 사용하기 위한 그리고 전투수행자들뿐만 아니라 사회의 수많은 다른 이해관계자들을 압박하는 난제를 다루는 다른 기술 영역을 위한 원격 감지 '기술'의 개발 가능성을 발견한다.

이런 기회들은 높은 위험도뿐만 아니라 물론 높은 보상 가능성도 존재하는 기술적 격동이 있는 영역을 나타내며, 이곳에서 개발자금 지원, 시장에 씨를 뿌리는 일 및 민간 부문의 지출을 제고시키는 정부의 역할을 통해 혜택을 얻을 수 있다.

기술 인력은 새로운 과제로 인해 혜택을 얻을 수 있을 것이고, 사회 전체적으로 보다 광범위한 수요 속에서 기량을 개발할 수 있는 가능성도 가지게 될 것이다. 투자자들은 대부분 새로운 성장 시장과 규모를 갖춘 생산을 통해 혜택을 볼 것이지만, 린 엔터프라이즈 능력이 없으면 이들 각각의 기회는 기존 잔재에 의해 앞길이 막힐 위험에 빠질 것이고, 가치인도가 온전히 실현되는 일은 결코 없을 것이다.

요약하기

우리는 국가 및 국제 수준의 엔터프라이즈에서 린 엔터프라이즈 시각 채택의 가치를 보았다. 사회가 가진 자원을 가장 최선으로 사용하기 위해 정부, 산업계 및 다른 이해관계자들의 상호작용을 정립하는 것이 열쇠이다. 각 당사자들이 그들 스스로를 공유된 엔터프라이즈의 한 부분으로서 보려는 의지가 없으면, 항공우주산업계는 항상 당리당략이나 단편적인 역학관계에 사로잡힐 것이다.

우리가 항공우주 부문, 혹은 다른 경제활동 영역에 대해 생각하고 있는 것을 강조함에 있어 국가 혹은 국제 엔터프라이즈로서의 문제에 대해 우리는 이해관계자 간에 가치의 공통적 관점에 대해 혹은 가치제안에 대해 자동적인 또는 쉬운 합의가 있을 것이라고 암시하는 것은 아니다. 오히려 우리가 생각하는 것은 수많은 서로 다른 이해관계자들 간에 공통적이고 경쟁적인 이해관계 속에서 온전한 그리고 창조적 상호작용을 강조하는 비전이다.

이런 상호작용은 복잡하고 때로는 서로 투쟁적이기도 하지만, 가치를 식별하고 제공하는 바로 그 프로세스는 이런 논쟁을 엔터프라이즈 수준으로 격상시키는 것에 좌우된다. 가치식별이 잘 이루어지고 가치제안이 잘 만들어지면, 가치인도가 일차적으로 시장 메커니즘을 통해 이루어져야 할 것인지 혹은 다른 제도적 장치를 통해 요구될 것인지를 결정하는 것이 가능해진다.

이 책을 처음 시작할 때, 우리는 국가가 항공우주 부문에 대해 네 가지의 핵심 사명의 실현에 주요 공헌을 할 것이라는 기대를 가지고 있음을 관찰하였다. 전 세계적인 사람과 제품의 이동에 초점을 두면서 우리는 민간 항공과 그 기반구조를 가능하게 하는 정부와 시장 각각의 역할을 관리하기 위한 엔터프라이즈 수준 메커니즘의 니즈를 보았다.

정보와 데이터의 전 세계적 조달과 확산을 고려하면서, 우리는 일부 핵심 이해관계자들이 우리가 항공우주 부문에 대해 전통적으로 생각해 오고 있었던 것 밖에 존재하고 있음을 알았고, 이 사실은 엔터프라이즈 자체에 대한 확장된 관점을 취하기 위해 관련된 모든 것을 필요로 하고 있는 것이다.

국가 안보의 이해관계를 다루면서 우리는 냉전 시대 사고의 한계를 보았고 새로운 시대의 가치를 추구하기 위해 기반구조와 운영 면에서 근본적인 변화 필요성을 보았다. 최종적으로 참여자들이 탐구와 혁신의 경계 확장을 시도할 때 존재하는 영감의 근원을 논의하면서, 우리는 새롭고 흥미진진한 시스템에 대해 일할 수 있는 한정된 기회의 중요성 관

한 근본적 질문들을 확인하였다

이 모든 것을 종합해 보면, 린 엔터프라이즈 가치의 관점은 국가 및 국제 수준에서 가치창조가 어떻게 잘못 정립되어 있는지 볼 수 있게 도와주며, 우리는 이 수준에서 가치창조를 위해 잘 정의된 메커니즘 속에 존재하는 잠재적인 힘을 본다.

항공우주 부문에서 우리는 고객으로서, 규제자로서 그리고 린 엔터프라이즈 가치 관점의 기반구조를 가능하게 만들어가는 주체로 행동하는 엔터프라이즈 통합자로서 정부의 중추적인 역할을 이끌어냈지만, 이 책임이 정부에게만 배타적으로 있는 것은 아니다.

모든 이해관계자들은 역동적인 국가 및 국제 수준에서 린 엔터프라이즈 가치창조를 지속시켜 나가야 할 핵심 역할과 책임을 가지고 있다. 이들 속에 함축된 의미는 다음 장에서 보게 되며, 항공우주 부문 외 경제활동의 다른 많은 영역에도 미친다.

'린', '엔터프라이즈' 그리고 '가치'에 관한 우리의 핵심 개념은 성숙기의 산업계에서 숨겨진 가능성을 들추어내고 계속적인 부활의 길로 출발하게 만들어주는 강력한 지렛대를 제공한다. 항공우주 부문에 동기를 부여하는 핵심 사명들은 결코 판에 박은 듯 일상적인 것은 없을 것이고, 이런 사명을 전담하는 산업계 역시 린 엔터프라이즈 가치에 초점을 계속 유지한다면, 그 역시 마찬가지일 것이다.

11 장

미래 가치

모든 산업과 경제 활동 영역은 그 자체의 핵심 사명이 있고, 이것에 의해 운영, 안정성 그리고 미래 가능성에 영향을 받는다. 항공우주 부문의 경우, 이 핵심 사명은 사람과 재화의 전 세계적 이동, 전 세계적 조달 및 정보와 데이터의 보급, 국가 안보 이해관계의 진전 그리고 탐색과 혁신의 한계를 넓혀가면서 영감을 제공하는 것까지 포함한다.

이 모든 경우, 항공우주 부문이든 다른 활동영역이든 간에 핵심 사명을 충족시킴에 있어서 미래의 성공은 기본적으로 일관성 있게 린 엔터프라이즈 가치를 가져다주는 능력을 확립하는 것이 중요하다.

미국과 다른 많은 국가들의 거의 모든 경제 활동영역도 광범위한 개선활동이 이루어지고 있는 모습을 보여주고 있고, 그 중 어떤 것은 린 원칙 및 실행와 연결된 것도 있고 어떤 것은 다른 품질이나 지속적 개선과 같은 개념과 연결된 것도 있다. 어떤 경우에는, 이 같은 개선 노력이 소극적 비용 삭감 사고에 종속되는 위험이 존재하고 있는데, 항공우주 부문에서의 이런 경험은 주어진 엔터프라이즈 내 핵심 이해관계자들 모두의 가치식별과 가치인도에 대한 더 광범위한 초점의 중요성을 일깨운다.

항공우주 부문으로부터 우리의 통찰을 구축해가면서 우리가 설정한 프레임워크의 광범위한 적용가능성을 설명하고자 한다. 1장에서 소개한 다섯 가지의 린 엔터프라이즈 원칙을 되돌아보면서, 이것을 제약, 자동차, 퍼스널 컴퓨터 및 제철과 같이 다양한 산업계에 적용할 수 있는 방법을 제시하고자 한다.[1] 필연적으로 이 작업은 이 경제활동 영역의 광범위한 추세에 초점을 집중하는 고도의 분석 작업이다.

그렇지만 이 일은 우리의 프레임워크를 자세히 설명하는데 도움을 줄 뿐만 아니라 다섯 가지 지도 원칙과 모든 경제활동 영역 및 산업계가 직면하고 있는 과제, 즉 미래 가치창조와 상호 연결된 본질을 나타낸다.

린 엔터프라이즈 가치의 다섯 가지 지도 원칙

거의 10년에 가까운 연구 결과에 기초를 둔 린 엔터프라이즈 가치의 다섯 가지 원칙은 프로그램 엔터프라이즈이든, 회사 혹은 정부기관 수준의 엔터프라이즈이든, 또는 국가 및 국제 수준의 엔터프라이즈이든 간에 그 종류에 관계없이 적용 가능한 지향점을 제공한다. 1장에서 다섯 가지 원칙을 소개할 때, 우리는 '린'이라는 용어를 '가치창조의 목표를 가지고 낭비를 제거하는 것'으로 정의하였다.

'린'과 '가치' 간의 연결 고리는 새로운 것이 아니지만, 아직도 항공우주 부문 생산시설이나 엔터프라이즈에서 낭비제거를 위한 체계적인 노력이 가치창조를 위한 중심으로 연결되지 않은 것 같다. 가치흐름 지도를 도구로서 사용하는 것조차 아쉽게도 과다비용 발생 영역을 찾아내기 위한 방편으로만 사용되고 있다. 우리는 '린 가치' 라는 용어를 너무나 많은 상황에서 형식적, 소극적으로 사용하고 있다.

초점을 '린 가치' 로 이동시키는 것의 중요성은 항공우주 부문에만 한정된 것이 아니다. 예를 들어 비록 린 개념이 지금은 실질적으로 모든 자동차 회사, 수많은 공장과 조직의 의제가 되어 있긴 하지만 편협한 비용 삭감 수준의 린에 초점을 집중하는 일이 계속되고 있다.

MIT의 국제자동차프로그램(IMVP)의 세 번째 전 세계 차량 조립공장에 관한 연구의 결과를 보면 승용차와 트럭 조립 공장이 두 개의 그룹으로 나누어 졌음을 알 수 있다.[2] 일단의 공장은 품질 개선과 비용 감축으로 지속적인 개선을 이루어냈다. 두 번째 집단은 품질 비용을 가지고 비용 감축을 하고 있는 듯 보인다.

이 IMVP 연구 결과에 대한 초기 해석은 그들이 린을 비용 삭감으로 편협하게 이해한 한 측면과 그리고 가치창조에 관한 더 광범위한 관점으로 린을 이해한 다른 측면으로, 관련된 기준이 다른 산출물을 직접적으로 반영하고 있다는 것이다.

가치창조의 중요성을 일깨우기 위해 우리의 첫 번째 원칙은 단순한 사실을 다시 한 번 강조한다.

원칙 1
올바른 일을 올바르게 함으로써 가치를 창조한다.

단순하게 보일 수도 있지만, 우리는 가치 흐름을 따라 '흐름'을 개선하기 위해, 그것이 올바른 가치 흐름인지 체계적으로 따져본 일도 없이 엄청난 자원을 쏟아 부은 많은 항공우주산업계의 생산 시설을 발견할 수 있다. 이것은 면밀한 조사를 통해 '상류' 부문에 질문을 던지게 되면 얼마나 많은 가치를 끌어낼 수 있는지 보여주었다. 이것은 어려운 작업이지만 반드시 필요한 일이다.

'일을 올바르게 하기' 및 '올바른 일을 하기'의 중요성과 어려움은 제약업계에서 흔히 발견할 수 있다. 제약업계는 역사적으로 신약 특허를 얻기 위한 연구개발 실험실의 능력과 혁신을 촉진하기 위한 마케팅 기능의 역량에 가치가 집중된 고도의 규제가 이루어지는 복잡한 산업이다. 제반 특허의 전체적인 기한 만료가 있기 때문에 신제품과 서비스 발굴의 필요성이 발생하고, 우리의 첫 번째 원칙 두 번째 부분, '올바른 일을 하기'에 관한 어려운 질문이 제약업계 때문에 만들어지게 되었다.

이와 동시에 왁스만해치법(Waxman-Hatch Act; 의약품 가격경쟁 및 특허복구법)[3]의 제정과 다른 요인들로 인해 1차적으로 제조효율을 통해 가치를 만들어내던 일반 의약품 제조업체에게 우리 원칙의 첫 번째 부분, '일을 올바르게 하기'에 관한 어려운 질문이 제기 되었다. 그리고 새로운 합성 화학 물질을 만들어내는 능력을 가진 생화학 분야가 출현하여 약품 연구와 생산에 완전히 새로운 길이 열렸다.(이는 원칙 1의 두 부분 모두 관련이 있다.)[4]

오늘날 가장 전통적인 제약회사는 신제품 개발, 제조 프로세스 효율 개선 그리고 새로운 생화학 방법 중에 어디에 자원을 배분할 것인지를 놓고 어려운 선택에 직면하고 있다. 이런 선택이 린 가치를 실현시키는 상호 연결된 양상으로서 프레임이 형성되는 일은 드물지만, 제약업계가 이런 과제에 대해 단편적인 형식으로 접근하는 것은 큰 실수가 될 수도 있다.

PC 산업계에서, 우리는 10년 이상 '일을 올바르게 하기' 와 관련된 괄목할 만한 성공이 이어지고 있음을 알고 있다. 마이크로프로세서의 속도 향상이 엄청난 속도로 이루어지고 새로운 소프트웨어와 PC용 응용 프로그램이 사용 가능하게 된 것은 많은 측면에서 항공우주 부문의 '더 높이, 더 빨리, 더 멀리' 주문과 동일한 것이다.

컴퓨터 칩의 속도는 계속 더 빨라질 것이지만, 대부분의 가정과 비즈니스 사용자들에게 실질적으로 향상된 가치로 전환되지는 않을 수도 있다. 이 외에도 소프트웨어 제품과 응용 제품의 인터넷을 통한 이동이 증가하고 있으며, 컴퓨터 칩 속도로 인한 혜택과 관련된 가치를 더 잠식할 수도 있다.

산업계는 어떻게 대응하고 있는가? 고전적으로 성숙화된 역동성을 반영하는 많은 회사들은 비용 삭감과 효율 향상에 초점을 맞추고 있다. 그들 자신의 제조 공정 없이 반가상적 사업의 운영 방법을 개발하는 회사들도 있다.[5] 그러나 '더 빠른 것이 더 좋다' 라는 것을 '더 값싼 것이 더 좋다' 로 교체하는 것은 일을 올바르게 하는 것과 관련된 더 깊은 가치문제를 완벽하게 대변하지 못한다.

우리의 첫 번째 원칙을 받아들인 조직에서 일을 한다는 것은 어떤 것일까? 올바른 일을 하는 것을 겨냥한 전략적 경영 의사결정에 관련된 정보는 물론 일을 올바르게 하는 것을 겨냥한 지속적 개선 노력에 관한 정보의 흐름이 개방되어 있어야 한다. 마찬가지로 이 두 가지 국면에 집중된 비전의 공유와 모든 고용인력이 기여할 수 있는 분명한 방법이 있어야 한다.

이같은 생각이 기본적인 것으로 보일 수도 있지만, 대규모 혹은 중간 규모의 기업 조직 중에 이 원칙을 단편적이고, 단절된 방식이 아닌 다른 방법으로 적용하려는 시도를 거의 허용하지 않는다는 것에 놀랐다.

우리의 가치창조를 위한 세 단계 모델은 단순하다. 세 단계, 즉 가치를 식별하고, 가치제안을 구성하고, 가치를 인도하는 것을 말하기는 쉬운 일이지만, 실제로 이 각각의 것을 하기 위한 체계적인 실행 체제를 확립하는 것은 크고 어려운 과제이다.

> **원칙 2**
> 이해관계자의 가치를 식별하고 확고한 가치제안을 구성한 후에만 가치를 인도한다.

가치를 성공적으로 인도하는 것은 '누가 핵심적인 이해관계자인가?', '우리는 그 각각을 위한 가치를 식별하였는가?', '가치제안은 적절하게 구성되었는가?'와 같은 질문에 대한 답에 기초를 두고 있을 때에만 가능하다.

이런 질문의 중요성은 항공우주산업 부문에만 국한되지 않고 더 광범위하게 적용된다. PC의 출현을 예로 들어보면, 이것은 가치의 새로운 형태에 대한 식별이 반영되어 있고 이에 따라 고객, 제조업체 및 공급업체 간에 아주 서로 다른 가치제안은 물론 가치인도의 새로운 형태를 요구하였다. IBM은 초기 PC 개발을 앞서갈 때에 애플, 마이크로소프트 및 다른 회사들의 가치식별에 대한 새로운 접근 방식의 도전을 받았다.

다른 모든 회사 중에서 델 컴퓨터는 가치인도 방식을 재정의하였는데, 이제 다양한 이해관계자를 연결시키는 가치제안이 인터넷의 e비즈니스 추진 활동 경쟁우위의 핵심 근원으로서 등장하고 있다. 사실 인터넷을 통해 확대된 고객의 목소리는 가치식별에 있어서 공동 생산자로서의 특징까지 갖기도 한다.

가치창조에 대한 우리의 접근 방법은 국방 항공우주 부문의 영역을 넘어 정부의 운영에 대해서도 적용 가능한 의미를 가지고 있다. 지난 수십 년간 정보통신에서부터 항공사, 은행, 트럭 운송, 에너지에 이르는 정부의 규제 해제 경험들을 고려해보자. 각 사례의 경우, 의회 논쟁의 논리는 협소하게 두 이해관계자, 즉 고객과 생산자에 초점이 맞추어졌다.

노동인력이나 공급업체와 같은 다른 이해관계자들에 대한 가치식별은 '시장'이 알아서 그들의 이해를 대변할 것이라는 이데올로기적 관점으로 축소되었으며, 규제 해제가 어느 정도나 사회에 공헌했는가에 관한 공공 논쟁이 지속되는 가운데 일부 이해관계자에 대해서는 실제적이며, 예기치 못한 파멸적인 결과를 가져왔음이 분명하다.

이것은 만일 가치제안이 이 규제 해제의 경우에 있어서, 미래에도 생명력이 있으려면 모든 이해관계자들의 이해관계를 감안해야 한다는 필요성을 잘 설명해준다.

초점을 엔터프라이즈 수준으로 올리는 것 또한, 믿기 어려울 정도로 간단한 원칙이다. '굴뚝'과 같은 잔재물이나 다른 형태의 부분 최적화를 피하는 것의 중요성은 새로운 것이 아니다. 아직 대부분의 개선 노력이 제조 혹은 제품개발 또는 판매나 마케팅과 같은 엔터프라이즈의 특별한 부분에 한정되고 있다.

더 나아가 이런 노력들은 종종 고립된 '카이젠 이벤트'처럼 수행되어 측정 가능한 성과를 만들어낼 수도 있지만, 필요한 시스템 변화는 이루어내지 못할 수도 있다. 뚜렷한 성과가 거두어졌다 하더라도 이런 노력들은 종종 리더가 바뀌면 취약한 면모를 보인다.

여기서의 문제는 대부분의 회사 조직이 완전하게 엔터프라이즈 수준에서 운영이 이루어지지 않고 있다는 사실에 있다. 그 결과 각 리더들은 먼저 린 가치를 완전히 실현시키기 위해 엔터프라이즈 수준의 구조, 전략 그리고 프로세스를 만들어내기 위한 '엔터프라이즈'의 존재 그 자체를 반드시 주장해야만 한다.

> **원칙 3**
> 엔터프라이즈 시각으로 린 가치를 채택하였을 때에만 린 가치를 완전하게 실현할 수 있다.

엔터프라이즈 시각을 갖기 위한 도전 과제에 직면한 소매금융의 경우, 우리에게 이야기해주는 실례를 보면, 이 산업계는 수표 처리와 같은 '비영업 부문' 기능을 자동화하기 위해 정보 기술에 큰 투자를 하였고, 오늘날 새로운 PC 뱅킹[7]과 같은 서비스 제공 시스템을 통해 고객에게 계속 성장하는 일단의 금융 서비스를 제공하고 있다.

그러나 제공된 서비스 확산이 심각한 부가 비용을 가져 왔고, 이 서비스의 이행이 각 지점의 운영에 따라 편차가 발생하였는데, 여기가 엔터프라이즈 시각의 채택으로 현저한 혜택을 주장할 수 있는 영역이다.

건강관리 부문은 우리가 볼 때 부분적인 엔터프라이즈 구조의 출현으로 간주될 수 있는 산업이다. 건강 유지 조직 및 기타 경영 관리 구조의 등장은 예전에는 보다 분산되었던 운영 활동 간에 엔터프라이즈 연결 관계가 만들어지고 있음을 나타낸다. 그러나 비교적 대표성이 적은 환자와 노동력의 이해관계와 함께 주주의 이해관계는 가치창조의 중요한 초점으로 계속 이어지고 있다.

흥미로운 것은 자동차 산업계에서 린 생산의 개념을 개척하였지만, 이를 엔터프라이즈 수준으로 구축하는 것에 있어서 미국의 자동차 산업계는 미국의 항공우주산업계에 미치지 못했다. 미국의 자동차 회사들은 엔터프라이즈 가치흐름을 일관하는 책임 구조를 만들고 린 변환의 유지에 필요한 엔터프라이즈 기반 구조를 다루는 일을 이제 막 시작하였다. 물론 이렇게 새로운 구조를 만들어내는 것은 첫 단계에 불과할 뿐이다.

엔터프라이즈 수준 상호작용 패턴과 린 엔터프라이즈의 마음가짐을 확립하는 것은 대부분의 자동차 산업에 있어서 중요한 과제로 남아 있다. 특히 리더십의 변화(경영층의 교체)가 있더라도 유지될 수 있는 엔터프라이즈 수준의 기반구조를 만들어내야 할 필요성이 있다.

엔터프라이즈 수준 간 상호의존성을 다루는 일은 사람을 현혹시키는 간단한 제안이 아니며, 이것은 처음부터 생각해야 하는 복잡한 과제이다. 항공우주 부문에서 얻은 경험은 어떤 프로그램 엔터프라이즈라도 멀티프로그램 수준에 존재하는 사회적, 기술적 지원 시스템에 의존하고 있음을 가르쳐준다.

이것은 회사뿐만 아니라 정부기관에 대해서도 마찬가지로 적용된다. 사실 우리는 정부의 운영 활동에 있어서 이런 상호의존성에 대해 주의를 기울여야 할 중요성을 다시 한 번 강조한다.

원칙 4
린 가치를 증대시키기 위해 엔터프라이즈 각 수준의 전체에 걸친 상호의존성에 초점을 맞추어야 한다.

인들은 경제활동 영역을 불문하고 장기적인 생명력을 확보하기 위한 필수적인 것들이다. 시장의 해결책이 가장 효율적인 것으로 보일 수도 있지만, 시장은 완벽하게 기능하는 경우가 드물고 이런 불완전성은 시간이 지남에 따라 증가할 수 있다.

경제학자들이 '외부효과(externalities; 어떤 경제 주체의 행위가 의도하지 않은 결과를 제3자에게 유발하는 현상)'라 부르는 것과 기타 시장의 불완전성을 다룰 가치제안을 구성하는 것은 흔히 정부의 중재나 혹은 다른 제도적 메커니즘을 통한 주의를 필요로 한다.

예를 들어 가정용 공구의 경우, 프로그램 수준으로부터 멀티프로그램 수준에 이르는 연결성의 중요성을 알 수 있다. 이 영역에서 모든 동력 공구에 이중 절연을 요하는 입법이 엔터프라이즈 환경을 변화시켰다. 이것은 전체 생산 라인을 재설계해야만 함을 의미한다. 초점이 우리가 프로그램 수준이라고 부르는 생산라인에게만 주어졌다면 이런 경우 엄청나게 비용이 많이 증가하는 상황으로 이끌어갈 수 있다.

그러나 블랙 & 데커는 자체 제조 및 제품개발 기능에 대해 근본적인 재조사를 하는 것으로 대응하였다. 이 회사는 공통적인 모터를 사용하고, 인간공학적 특성과 기타, 다른 장점을 갖춘 자사 모든 제품을 설계하기 위한 표준 플랫폼을 새로 만들었고, 이 모든 것들은 운영 부문의 부사장 휘하에 있는 새로운 통합 조직 구조의 지원을 받았다.

이 사례의 경우, 멀티프로그램 수준에 있는 개별 생산라인의 연결에 의한 각 수준을 이어주는 연결 고리가 있었고, 제조, 제품개발 및 마케팅의 연결을 위한 각 분기점을 이어주는 연결 고리가 있었다. 그 결과 각 생산라인 간 새로운 효율을 반영하는 제품 가격의 하락과 시장에서 현저한 수익이 한데 결합하여 궁극적으로 통합 생산라인 접근 방법이 소비자 동력 공구의 새로운 표준으로 확립되었다.

국가 및 국제 수준에서 멀티프로그램 엔터프라이즈를 연결하는 것은 더욱 더 복잡한 일이지만, 그것이 가져올 영향력은 상상을 초월한다. 내부 공급업체 인증 프로그램을 확립한 회사들을 위한 글로벌 기준이 되었으며, 지속적 개선 노력의 초기 벤치마크가 된 ISO 9000 품질 표준에 관련된 경험을 생각해보자.

국제표준화기구(ISO)[8]에서 개발한 이 품질 표준은 경제 활동의 많은 영역을 위한 기반구조의 가치 있는 분야가 되었다. 이 표준은 유럽 경제 통합의 일환으로 무역 촉진을 하려는 유럽인의 노력으로부터 비롯되었다. 전 세계의 시장에 머지않아 북아메리카, 극동 및 세계 여러 곳으로 이 표준의 적용이 이루어지게 될 것이다.

이 표준은 ISO 9001과 다른 반복적 내용으로 발전해왔으며, ISO 14000으로 시작하는 환경 관련 표준과 짝을 이루고 있다. 이런 표준의 수립과 발전은 프로그램 및 멀티프로그램 수준에서 상호작용을 촉진시키는 국가 및 국제 수준의 가치제안으로 이해될 수 있다.

미국의 제철 산업은 위기와 성공 그리고 지속되는 도전을 통하여 교훈을 얻고 있는데, 이것은 우리의 첫 세 가지 린 엔터프라이즈 원칙뿐만 아니라 네 번째 원칙을 채택해야 할 중요성까지 자세하게 설명하고 있다. 1980년대 제철 산업은 오랫동안 세계에서 가장 규모가 컸으며, 근대화되고 가장 효율적인 전 세계적 산업의 최고의 위치에서 내리막길을 걸어, 미국 제품에 대한 관심을 불러일으킨 것의 주요 원인이 되어 버렸다.[9]

외국의 경쟁업체들은 신기술과 프로세스 개선의 조합으로 극적인 새로운 효율을 보여주었는데, 이 모든 것은 일을 올바르게 한 것이 가져온 혜택이다. 그리고 나서 미국 내에서 이른바 미니밀(mini-mills; 전기로에서 쇳물을 만들어 제품을 만드는 소규모 제철소)이라 불리는 것과 다른 특수강 생산업체의 등장으로 일을 올바르게 하는 것과 올바른 일을 하기 위한 새로운 접근 방법을 통해 이익을 얻는 것이 가능함을 실증하였다.[10]

지난 10년 동안, 산업계 내 많은 통합 제철 생산업체가 조직과 운영의 성공적인 구조 조정을 이루었다. 그들은 보다 효과적인 R&D 자원의 관리, 프로세스 개선 및 공급업체, 고객 그리고 경쟁자의 기술까지 획득하여 기술 혁신을 실현하였고, 이 모든 혜택은 엔터프라이즈 수준에서 이루어진 운영에 의한 것이다. 결과적으로 이 산업계는 경쟁력과 수익성이 현저하게 향상되었다.[11]

아직은 최근 세계적인 수요 침체로 인하여 제철 산업계는 국가 및 국제 수준에서 상호의존성에 관한 더 깊은 주의가 필요할 것이고, 린 엔터프라이즈 가치창조를 위한 과정도 이 경제활동 영역의 근본적인 쇄신을 요구할 것이다.

우리의 마지막 원칙은 다른 모든 것들을 받아들이는데 있어서 그 가능성을 열어주는 핵심 요인이다. 린과 다른 시스템 변혁 개선 활동에 관한 너무나 많은 문헌 자료들이 지속적인 개선과 비약적인 도약과 같은 혁신의 역동적인 혼합체를 사람이 온전하게 받아들이고 추진하는 것에 관련된 중추적이고 취약한 역동성에 충분한 주의를 기울이지 않은 채 새로운 프로세스와 절차에만 초점을 맞추고 있다.

우리가 앞에서 언급한 바와 같이 이것은 사람이 가장 귀중한 자원이라고 선언하는 그 이상의 것이다. 이것은 전체 노동력의 가치를 인정하고 지식과 능력을 계발하기 위한 메커니즘을 확립하는 것과 관련이 있다.[12]

원칙 5

프로세스가 아닌 사람이 린 가치를 실현시킨다.

MIT에 기반을 두고 있던 연구원들은 10여 년 '인적자원의 경시'에 관한 문제를 미국의 산업이 취약한 원인으로 언급하며 강조한 바 있다. 미국 사람들이 어느 정도 그들의 직업윤리를 상실하였다는 의견을 거부하면서 이 연구원들은 '일을 위해 미국 사람들을 교육하는 기관들'의 많은 실수가 있음을 발견하였다.[13]

우리가 항공우주 부문의 경험에서 본 것처럼, 이 과제는 21세기 노동력을 끌어들이고, 유지하고, 계발하기 위해 요구되는 일자리와 사회적 제도의 광범위한 범위를 포용하기 위한 교육 기관의 역할에 대해 주장하고 있다.

혁신적인 인적자원 사례의 경제적 영향력은 경제 활동의 많은 영역에 충분히 문서화되어 있다. 단편적인 혁신이 거의 영향력이 없다는 것은 더욱 분명한 것이지만, 통합된 사례들은 비용, 품질, 일정 등과 같은 것들에 대해 극적인 영향력을 미칠 수 있다.[14] 엔터프라이즈 가치 프레임워크 내에서 이런 사례들은 사람으로 하여금 린 엔터프라이즈 가치창조에 공헌을 가능하게 하는 엔터프라이즈 수준의 메커니즘을 나타낸다.

MIT의 항공우주 린 추진활동 경험은 수많은 다른 조직에 속한 사람을 한데 결속시킬 수 있는 메커니즘에 대한 것이다. 공유된 비전과 사명에 대한 통찰은 실행 리더십 그룹과 여러 가지 공공 이벤트의 참여자들이 한데 결합된 다양한 협력 연구와 이행팀에 속한 사람들의 네트워크에 의해 촉진되었다.

우리가 유명한 조직 문화 전문가와 수행한 연구에서 이 컨소시엄이
학습 네트워크로서 고객과 공급업체, 작업자와 관리자, 과학자와 정부
관료 그리고 직접적인 경쟁업체까지 한데 불러들여 새로운 형태의 상호
작용을 촉진시켰다.[15]

또한 이 연구에서 컨소시엄의 구조에 의해 만들어지게 된 가치를 완
전히 실현하기 위해 상당히 다른 시각과 기대치를 지속적으로 연결해주
어야 할 필요성이 확인되었다. 학계에서는 종종 데이터 수집과 분석에
집중하고 산업계 구성원들은 도구 세트를 가지고 이행하거나 혹은 '어
떻게 해야 하는가'에 관한 지침에 더 관심을 가지며 정부의 구성원들은
자신의 계약 사고방식과 함께 대부분 프로그램의 산출물, 일정 및 비용
감축에 관심을 가졌다.

조직과 각 구성원 그룹을 결속시키는 운영 방법을 만들어가는 것은
모든 사람들에게 가치를 인도하기 위해 필수적이다. 제반 기대수준을
각 이해관계자 간의 능력에 맞게 일치시키는 것은 엔터프라이즈의 어떤
수준이라도 적용할 수 있는 교훈이다.

이런 형태의 상호작용처럼 강력한 것이 가치를 생성시키지만, 우리
는 이것이 잔재물, 잘못된 제휴 및 기타 장벽에 부딪히며 좌절하는 모
습도 보았다. 이 책을 저술하게 만든 동기는 린 엔터프라이즈 가치에
관한 새로운 통찰이 가져온 자극과 이 새로운 통찰을 모든 수준에 있는
사람들로 하여금 실행에 적용하는 것이 시급하다는 생각이 한데 묶는
것이었다.

결론

　시장과 일의 근본적 본질은 변화한다. 글로벌 지식주도 경제에서 상호의존성이 떠오르고 있으며, 이것은 이해관계자 간에 새로운 기회와 긴장의 원인을 만들어낸다. 항공우주 부문과 경제 활동의 다른 영역에서 린 엔터프라이즈 가치창조 능력은 이 새로운 기회를 추구하고 이렇게 나타나는 긴장을 다루기 위한 실마리를 쥐고 있다.

　린 엔터프라이즈 가치로의 변환은 갑자기 일어나는 것이 아니며 지금도 진행중이다. 몇 년 전에 계속된 회사의 다운사이징을 반겼던 금융 시장은 이제 이런 회사 능력의 가지치기가 가져온 영향에 관해 곤란한 질문을 던지고 있다. 시장 원칙에 따르는 독립된 당사자로서 관계를 맺었던 제조업체와 공급업체는 이제 장기적인 전략적 제휴관계를 탐색하고 있다.

　노동조합과 근로자들이 높은 목표의 작업 시스템을 수립하기 위해 함께 손을 잡고 있다. 이런 상황에서 낭비제거에 관한 어려운 의사결정은 사라지지 않지만, 이런 의사결정을 주도하는 가치는 더 큰 초점을 제공할 수 있는 가능성을 가지고 있다.

　앞을 바라보면, 모든 관련된 이해관계자를 위한 가치를 적절하게 식별하는 것, 확고한 가치제안을 구성하는 것 그리고 많은 이해관계자들에게 일관성 있게 가치를 인도하는 것의 중요성이 그 어느 때보다 필요한 시점이 되었다. 항공우주 부문과 경제활동의 다른 영역에 있어서 성공의 결정적인 방식은 오늘뿐만 아니라 앞으로 다가올 미래 세대를 위한 가치창조와 함께 린 엔터프라이즈 가치를 창조하는 것에 달려 있다.

부 록

항공우주 린 추진 컨소시엄 참여 멤버(2001년 10월)

기체 부문
Boeing Commercial Airplane Group
Boeing Military Aircraft & Missile Systems Group
Boeing Phantom Works
Lockheed Martin Aeronautics Company
Northrop Grumman Integrated Systems
Raytheon Aircraft Company
Sikorsky Aircraft Corporation

항공전자공학 부문
BAE Systems North America
Northrop Grumman Electronic Systems
Raytheon Company
Raytheon Systems Company
Rockwell Collins, Inc.
Textron Systems Division

추진체, 동력 시스템 및 제어 부문
Curtiss-Wright Flight Systems, Inc.
Hamilton Sundstrand Corporation
Parker Aerospace
Pratt & Whitney Military Engines
Pratt & Whitney Space Propulsion
Rolls-Royce North America, Incorporate

우주 부문
Boeing Space and Communications Systems Group

GenCorp Aerojet
Lockheed Martin Missiles & Space
Northrop Grumman Electronic Space Systems
Spectrum Astro, Incorporated
TRW Space & Electronics Group

미 공군

Aeronautical Systems Center
Air Force Research Laboratory, Materials and Manufacturing Directorate,
    Manufacturing Technology Division
Space and Missile Systems Center
Electronics Systems Center
Secretary of the Air Force, Office of the Assistant Secretary for Acquisition
F-22 System Program Office
Joint Strike Fighter Joint Program Office
C-17 System Program Office
Flight Training System Program Office - Joint Primary Aircraft Training System

기타 정부 기관

US Department of the Navy, Naval Air Systems Command
US Department of the Army, Aviation and Missile Command
US Department of Defense, Office of the Under Secretary for Acquisition,
    Technology & Logistics
Defense Contract Management Agency
National Reconnaissance Office
US National Aeronautics and Astronautics Administration

초빙 멤버 – 노동 부문

International Association of Machinists and Aerospace Workers
United Auto Workers - International Union of Automobile, Aerospace
    and Agricultural Implement Workers of America

초빙 멤버 – 산업계 및 정부

US Department of Defense, Ballistic Missile Defense Office
Defense Systems Management College
Institute for Defense Analyses
Aerospace Industries Association

24. M. Duffy, 'Rumsfeld: Older But Wiser?', *Time* (August 27th, 200 1),22.

25. 이 맥락에서, '국방 프로그램'은 무기, 소프트웨어 및 야전 보급식품에 이르기까지 모든 것이 포함된다.

26. McNutt (1999)– 2장의 주석 10 참조. 맥너트는 다음 자료를 사용하였다: J. M. Jarvaise, J. A. Drezner, and D. Norton, *The Defense System Cost Performance Database: Cost Growth Analysis Using Selected Acquisition Reports* (Santa Monica, CA: The RAND Corporation, 1996), MR-625-OSD.The data were current as of December 1994.

27. 이 사업부는 보잉에 팔렸고 현재 보잉 우주 및 통신그룹이 되었다.

28. 이 사업 모델은 9장에서 보다 상세하게 기술하고 있다.

29. Charles H. Fine 교수는 이런 형태의 사업 주기 증폭을 '채찍 효과'로 기술하고 있다 이것은 많은 산업계에서 볼 수 있지만, 특히 상업용 수송기의 경우 두드러진다. Fine (1998) - Note 15, Chapter 3 참조.

30. J. P. Womack, 'Working Toward Hassle-Free Solutions', *Aviation Week & Space Technology* (January 1st, 2000), 52.

31. 록히드 마틴사의 과학 및 공학 부문의 부사장이었던 윌리엄 볼하우스는 MIT 항공 및 천문학부의 전략 계획 인터뷰에서 "엔지니어링 작업 현장은 변했다. 엔지니어링의 저변 환경도 변했다. 학부 졸업생들은 반드시 (1) 엔지니어링 과학의 기본 자질을 철저히 갖추고 (2) 설계 및 제조 프로세스를 잘 이해하고 (3) 여러 전문분야 시스템의 시각을 가지고 (4) 비판적으로 및 창조적으로 생각할 수 있는 능력과 (5) 신속하고/중요한 변화에 적응할 수 있는 융통성과 능력으로 (6) 인생에 대한 호기심과 배우고자 하는 열망과 (7) 팀워크의 중요성에 대해 깊은 이해를 가지고 산업 현장의 작업 여건에 적응할 수 있어야 한다"라고 이야기하였다.

32. 공학 및 기술검정위원회(ABET), 엔지니어링 프로그램 인가 기준: 2000~2001년의 기간의 인가 주기 중 평가에 대해 적용됨(2000년 3월에 개정); MIT School of Engineering Committee on Undergraduate Educa 'Eight Goals of an Undergraduate Education' (Cambridge, MA: 1998); E. F. Crawley, 'The CDIO Syllabus: A Statement of Goals for Undergraduate Engineering Education' (Cambridge, MA: MIT CDIO Report #1, January 2001).

33. BRAC 위원회의 안은 그 안이 수립되던 해에 참조되었다. 이 안대로 1983, 1991, 1993 및 1995년 네 번에 걸쳐 이루어졌다. 여기에는 각각 군사위원 소속 네 명의 대표자가 포함되었고, 이들은 국방장관에게 기지 폐쇄에 대한 권고안을 만들었다. 국방장관은 대통령을 통해 의회에 보낼 목록을 결정하였다. 의회는 전체 목록의 수용 혹은 기각 권한을 위임받았다. 이 프로세스는 특정 기지의 폐쇄로 인한 정치적 오해로부터 백악관과 의회를 단절시키기 위한 의도로 고안되었으며 개시되었다.

34. 때때로 작업자들이 잔재물을 인식하며, 잘못된 것을 바로잡으려는 필요성이 경영진보다 앞선다. 미국 정부로 하여금 냉전 종식이 일어나기 10년도 더 전에 '국방 전환(defense conversion)'에 대해 전략적 접근 방법을 채택하도록 재촉한 것은 미국의 노동운동이었다. 그러나 이 목소리는 아무도 듣지 않았다.

35. 여러 개 대규모 시설들의 존속 필요성 여부에 관한 합리적인 평가 때문만이 아니고 해당 장소의 부동산 가격이 매우 커진 이유 때문에 극적으로 감축된 것에 주목할 가치가 있다. 예를 들어, 록히드사는 캘리포니아 버어뱅크 소유지를 매각하였는데, 이것은 비행장에 포함되었다. 그리고 실리콘 밸리에서 록히드는 캘리포니아 서니베일의 소유지 중 상당 부분도 매각하였다. 기존 건물들은 e비즈니스 산업 단지가 들어설 수 있도록 모두 철거되었다.

36. 간단히 말하면, 가치 기반 설계는 최소 자원을 가지고 요구조건에 대한 조기의 과잉 규격화 없이 이해관계자의 효용을 극대화하는 설계를 말한다.

37. D. Patillo, *Pushing the Envelope: The American Aircraft Industry* (Ann Arbor. MI: The University of Michigan Press, 1998).

38. 이 600달러짜리 망치는 앨 고어 부통령의 정부 낭비삭감 활동을 보상하기 위한 '정부 혁신' 프로그램의 한 부분으로서 '해머 어워드' 로서 죽지 않고 영원히 살아남게 되었다. 이 600달러짜리 망치 이야기가 허구라는 일부 분석도 있다. 이런 분석에 의존하기 보다는, 국방부 예비품목 대량 구매에 따라 구입된 15달러짜리 망치 하나가 수백 달러의 '간접비용' 항목과 함께 회계 시스템 속의 한 항목으로 기록되었다는 것이 의미가 있다.

39. 생산 이력에 따른 비용에 대해, 군 바이어는 추가 수익 비율을 임의로 추가해주었다. 이것은 본질적으로 계약자에게 돌아갈 수 있는 보상을 제한시켰다. 프로그램 예산은 연간 단위로 검토되고 편성된다. 만일 연간 검토가 과거 이력별 비용에 의거하여 이루어진다고 하면, 어떤 원가 절감이 이루어지면 그것이 나중에 새로운 비용 기준으로 책정되어 수익 역시 이에 비례하여 줄어들게 된다. 결과적으로, 공급업체로서는 원가절감에 투자할 인센티브가 없는 셈이었고, 투자자의 관심을 끌어낼 수도 있는 원가절감을 통한 수익이 현저하게 향상될 가능성도 거의 없었다.

40. L. Thurow, *Building Wealth: The New Rules for Individuals, Companies and Nations in a Knowledge-Based Economy* (New York: HarperCollins, 1999)

4 장

1. T. Ohno, *Toyota Production System: Beyond Large-Scale Production* (Portland, OR: Productivity Press, 1988), p.3.

2. M. Imai, *KAIZEN: The Key to Japan's Competitive Success* (New York: McGraw-Hill, 1986), p.1 ; W E. Deming, Out of the Crisis (Cambridge, MA: Center for Advanced Engineering Study, 1987), 7th edn (originally published in 1982); J. Juran et al., Juran's Quality Handbook, 5th edn (New York: McGraw-Hill Professional Book Group, 1999).

3. Imai (1986).

4. Y Monden, *Toyota Production System: An Integrated Approach to just-in-time* (Norcross, GA: Engineering & Management Press, 1988), 3rd edn, p. xiii.

5. J. F. Krafcik, 'A New Diet for US Manufacturing', *Technology Review* Ganuary 30th, 1989), 28- 36. Sloan Management Review (Fall 1988호)에 실린 이 논설의 상세한

내용을 참조. 이 두 논설은 MIT 크라프칙의 연구 결과를 바탕으로 하고 있음. 크라프칙의 석사
논문 *'Comparative Analysis of Performance Indicators of World Auto Assembly
Plants'*, MIT Sloan School of Management Master's Thesis (1988)도 참조할 것. 후에
IMVP의 리더가 되었던 다니엘 존스에 따르면, 연구원 모두가 '린' 이라는 명칭을 확정하기 전
까지 이 용어 문제를 가지고 고민을 하였다 함. (2000년 8월 24일, 다니엘 존스와 개인적으로
대화 하던 중에 들은 이야기임.)

6. Womack, Jones, and Roos (1990), Note 1, Chapter 1 참조.

7. 품질은 최초 3개월의 사용기간에 차량 소유주가 보고하여 차량의 조립 공장을 추적할 수 있는
   차량 100대당 결함의 수로 정의되었음. Womack, Jones, and Roos (1990), p. 86, 그림
   4-4 참조.

8. Womack, Jones, and Roos (1990), p. 89.

9. Womack, Jones, and Roos (1990), p. 93.

10. K. Clark and T Fujimoto, *Product Development Performance: Strategy,
    Organization and Management in the World Auto Industry* (Boston: Harvard
    Business School Press, 1990).

11. Womack, Jones, and Roos (1990), p.111.

12. 7장에서 우리는 고객의 풀(pull)이 반드시 이해관계자, 노동인력, 및 사회의 풀과 동시에 고려
    되어야 함을 암시하는 가치의 여러 차원을 소개하고 있음.

13. 생산 시스템 내에서 이 사람의 결정적인 역할은 H. Shimada and J. P. MacDuffie,
    'Industrial Relations and Humanware', MIT Sloan School of Management Working
    Paper (September 1986) 속에 최초로 제시된 고유한 프레임워크 통해 강조되었다

14. W. Lin, 'Identifying the Determinants of a Kaizen-suggested System and Assessing
    its Impact on Plant-level Productivity: A Pooled Cross-Sectional and Time Series
    Analysis: PhD dissertation, Michigan State University School of Labor and
    Industrial Relations (1995).

15. T. Osada, *The 5 S's. · Five Keys to a Total Quality Environment* (Portland, OR:
    Productivity Press, 1991); H. Hirano and M. Rubin (illus.), *5S for Operators: 5
    Pillars of the Visual Workplace* (Portland, OR: Productivity Press, 1996).

16. W. L. Duncan. *Total Quality: Key Terms and Concepts* (New York: AMACOM,
    1995).

17. J. Cutcher-Gershenfeld, M. Nitta, B. Barrett. N. Belhedi, S. Sai-Chung Chow, T.
    Inaba, I. Ishino, W. Un, M. L. Moore, W. Mothersell, J. Palthe, S. Ramananad, M.
    E. Strolle, and A. C. Wheaton, *Knowledge-Driven Work: Unexpected Lessons from
    Japanese and United States Work Practices* (New York: Oxford University Press,
    1998), p. 81.

18. Imai (1986), p. xxxi.

19. 데밍 스터디 그룹은 'continual(계속 되풀이 되는)' 이라고 바꾼 용어를 채택하였고, 지금은 여

러 품질개선 전문 조직에서 사용되고 있다.

20. 린(lean)에 관한 논의가 미국에서 펼쳐지면서, 1990년대 초반에 이와 비슷한 즉, '유연한 제조' 라는 개념이 등장하였다. 생산 즉, '사이클 타임을 감축하고 제품이 가진 특색을 고객 요구에 맞추는 것' 은 유연한 접근 방법의 중심이 되는 것이었고, 엔터프라이즈 전체적 관점에는 초점이 덜 집중되었다. 린 사고에 있는 '흐름(flow)' 과 '풀(pull)' 의 개념과 대조할 때, 이 유연한 제조방식은 새로운 성장기회를 발견하고 이에 대응할 수 있는 적응능력의 구축을 지향하고 있다. 이에 관한 여러 문헌들이 나오고 있는데, 린과 비교하였을 때 이 접근방법의 영향력에 대한 증거는 한정적이다.

21. D. McGregor, *The Human Side of the Enterprise* (New York: McGraw Hill, 1960) N. Rosenberg (ed.), *The American System of Manufactures: The Report of the Committee on the Machinery of the United States 1855, and the Special Reports of George Wallis and Joseph Whitworth 1854* (Edinburgh: Edinburgh University Press, 1969) Ohno (1988)R. Clark, *The Japanese Company* (New Haven: Yale University Press, 1979): J. Woodward, *Industrial Organization: Theory and Practice*, 2nd edn (New York: Oxford University Press, 1980) S. Shingo, *A Study of the Toyota Production System from an Industrial Engineering Viewpoint*, rev. edn, A. P Dillon, trans. (Portland, OR: Productivity Press, 1989)Deming (1987) Y.Monden (1988)D. A. Hounshell, *From the American System to Mass Production, 1800~ 1932: Development of Manufacturing Technology in the United States* (Baltimore: Johns l-lopkins University Press, 1984) M. Aoki (ed.), The Economic Analysis of the Japanese Firm (Amsterdam: Elsevier Science Publishers, 1984)M. J. Piore and C. F. Sabel, *The Second Industrial Divide: Possibilities for Prosperity* (New York: Basic Books, 1984) T. Kochan, H. Katz, and R. McKersie, *The Transformation of American Industrial Relations* (New York: Basic Books, 1984)J. C. Abegglen and G. Stalk Jr, *KAISHA: The Japanese Corporation* (New York: Basic Books, 1985): M. A. Cusumano, *The Japanese Auto Industry: Technology and Management at Toyota and Nissan* (Cambridge, MA: Published by the Council on East Asian Studies, Harvard University, and distributed by the Harvard University Press, 1985): Imai (1986) J. F. Krafcik, 'Triumph of Lean Production', *Sloan Management Review* 30: I (1988), 41-52 Dertouzos, Lester, Solow, and the MIT Commission on Industrial Productivity (1989), Note 4, Chapter 3 Womack, Jones, and Roos (1990), Note 1, Chapter 1: D. Chandler, *Scale and Scope: The Dynamics of Industrial Capitalism* (Cambridge, MA: Belknap Press, 1990) P Senge, *The Fifth Discipline: The Art and Practice of the Learning Organization* (New York: Doubleday/Currency, 1990) Clark and Fujimoto (1990) M. S. Scott Morton (ed.), *The Corporation of the 1990s* (New York: Oxford University Press, 1990) M. Kenney and R. Florida, *Beyond Mass Production: The Japanese System and its*

Transfer to the US (New York: Oxford University Press, 1993): P. Drucker, *Post-Capitalist Society* (New York: HarperBusiness, 1993)K. Suzaki, *The New Shop Floor Management Empowering People for Continuous Improvement* (New York: Free Press, 1993) M. Hammer and J. Champy, *Reengineering the Corporation: A Manifesto for Business Revolution* (New York: HarperBusiness, 1993) J. P Womack and D. T Jones, 'From Lean Production to the Lean Enterprise', *Harvard Business Review* (March-April 1994), 93-103 T Nishiguchi, *Strategic Industrial Sourcing: The Japanese Advantage* (New York: Oxford University Press, 1994) M. Aoki and R. Dore (eds), *The Japanese Firm: The Sources of Competitive Strength* (New York: Oxford University Press, 1994) E. Bowman and B. Kogut (eds), Redesigning the Firm (New York: Oxford University Press, 1995) I. Nonaka and H. Takeuchi, *The Knowledge-Creating Company: How Japanese Companies Create the Dynamics of Innovation* (New York: Oxford University Press, 1995): J. K. Liker, J. E. Ettlie, and J. C. Campbell (eds), *Engineered in Japan: Japanese Technology-Management Practices* (New York: Oxford UniverPress, 1995) Goldman, Nagel, and Preiss (1995) Womack and Jones (1996), Note 3, Chapter 1: Dyer (1996), Note 13, Chapter 3 J. P. MacDuffie and S. Helper, 'Creating Lean Suppliers: *California Management Review* 39:4 (1997), 118-51: M. Imai, *Gemba Kaizen: A Commonsense, Low-Cost Approach to Management* (New York: McGraw-Hill, 1997)T Kochan, R. Lansbury, and J. P. MacDuffie, *After Lean Production: Evolving Employment Practices in the World Auto Industry* (Ithaca, NY: Cornell University Press, 1997): J. K. Liker (ed.), *Becoming Lean: Inside Stories of U.S. Manufacturers* (Portland, OR: Productivity Press, 1997)M. A. Cusumano, K. Nobeoka, and K. Nobeoka, *Thinking Beyond Lean: How Multi-Project Management Is Transforming Product Development at Toyota and Other Companies* (New York: Simon & Schuster, 1998) K. Bozdogan, J. Deyst, D. Hoult and M. Lucas, 'Architectural Innovation in Product Development through Early Supplier Integration', *R&D Management* 28:3 (July 1998), 163-73 Fine (1998), Note 15, Chapter 3 J. Cutcher-Gershenfeld et al. (1998): D. C. Mowery (ed.), *US. Industry in 2000: Studies in Competitive Performance*, National Research Council, Board on Science, Technology, and Economic Policy (Washington, DC: National Academy Press, 1999): J. K. Liker, W .M. Fruin, and P A. Adler (eds), *Remade in America: Transplanting and Transforming Japanese Management Systems* (New York: Oxford University Press, 1999)T Fujimoto, *The Evolution of a Manufacturing System at Toyota* (New York: Oxford University Press, 1999) R. L. Ackoff, *Recreating the Corporation* (New York: Oxford University Press, I 999): S. Spear and H. K. Bowen, 'Decoding the DNA of the Toyota Production System', *Harvard*

Business Review (September-October 1999), 97-106 S. A. Ruffa and M. J. Perozziello, *Breaking the Cost Barner: A Proven Approach to Managing and Implementing Lean Manufacturing* (New York: John Wiley & Sons, 2000) J. H. Dyer, *Collaborative Advantage: Winning through Extended Enterprise Supplier Networks* (New York: Oxford University Press, 2000): P. S. Pande, R. P. Neuman, and R. R. Cavanagh, *The SixSigma Way* (New York: McGraw-Hill, 2000) J. H. Dyer and K. Nobeoka, 'Creating and Managing a High-Performance Knowledge-Sharing Network: The Toyota Case', *Strategic Management Journal* 21 (2000), 345-67M. Harry and R. Schroeder, *Six Sigma* (New York: Currency, 2000): G. Eckes, *The Six Sigma Revolution* (New York: John Wiley & Sons, 2001)J. A. Jordan, Jr and F. J. Michel, *The Lean Company: Making the Right Choices*, Society of Manufacturing Engineers, 2001.

22. 도요타 생산 시스템의 모든 측면이 만들어진 것에 관련된 사고 프로세스(thought process)를 검토하지는 않을 것이다. 비슷한 이야기는 다른 것들이 만들어진 경우를 통해서 들을 수도 있을 것이다.

23. Womack and Jones (1996) - see Note 3, Chapter 1.

24. 마이클 포터의 '*Competitive Advantage: Creating and Sustaining Superior Performance* (New York: The Free Press, 1985)'에 따르면, '가치사슬(value chain)'은 경쟁우위의 근원을 이해하기 위해 회사가 수행하는 모든 활동과 그들간의 상호작용의 체계적인 분석을 수행하기 위한 기본적인 도구이다. 이 가치사슬은 공급업체, 채널, 및 바이어와 관련된 가치사슬을 포함하는 보다 큰 '가치 시스템(value system)' 속에 내재되어 있다. 회사의 특정 가치사슬(그리고 이것이 설계하고, 생산하고, 시장을 개척하고, 자체 제품을 지원하는 방식)은 그 자체의 특별한 역사, 전략, 이행 방법, 및 활동 그 자체의 바탕에 내제되어 있는 경제성에 따라 그 모습이 형성된다.

25. 가치흐름과 가치사슬에 관한 논의는 종종 분명하게 정의된 고객을 지원함에 있어서 모든 이해관계자들이 동일하거나 혹은 정립되어 있다는 것을 전제로 하고 있다. 사실, 우리가 앞에서 지적한 것처럼, 다양한 고객과 이해관계자들이 있을 수 있고, 이들 모두 시간에 따라 변하는 복수의 가치 흐름에 관련된 권력관계가 서로 복잡하게 뒤섞인 그 속에 포함되어 있다. 이런 맥락 속에서, 가치흐름 정립의 원칙들은 모두 다 중요하지 않은 것이 전혀 없지만, 실현하기는 더욱 어렵다. 실제로 오늘날의 진화하는 시장과 산업 환경은 수요의 변동과 정보기술에 관련된 기회를 다루기 위한 새로운 형태의 고객 공급자 통합을 요구하고 있다. 이런 새로운 발전은 우리가 〈린 사고(*lean thinking*)〉으로 명명한 미개척 분야를 진전시키기 위해 계속될 것이다.

26. Ohno (1988), p. 84.

27. 오노는 일본의 100년 동안의 상품취급 방법과는 전혀 다른 슈퍼마켓을 방문한 것이 과잉생산과 관련된 낭비를 더욱 잘 볼 수 있도록 도와주었다고 말하고 있다. 오노에게 있어서, 이 미국 슈퍼마켓의 아이디어 또한 가치를 향한 저스트 인 타임(just-in-time) 생산과 연결되었다. 가치를 가지려면, 제품은 수입 외국 모델에 비해 경쟁력이 있는 낮은 가격으로 제공되어야 했고,

고객들은 그들이 구입한 제품을 통해 기쁨을 얻을 수 있어야 했다. 물론, 낮은 가격이 저급한 품질의 물건을 의미 한다면 아무것도 성취할 수 없었다. Ohno (1988), p. 84 참조.

28. Shingo (1989).

29. Ohno (1988), pp. 4-5.

30. 이 수량들은 두 연속된 기간에 생산 수준의 변동을 최소화하기 위한 것이다. 반면에 생산(수준)의 평균화는 '택트 타임(takt time)' 즉, 가용시간을 고객 수요로 나누어 얻어지는 시간에 의거한 많은 프로세스 간 생산의 균형을 필요로 한다. 상세한 사항은 Monden (1988), pp. 75-87 참조.

31. 포드 시스템은 연속으로 이어진 컨베이어 벨트를 통해 연결된 각 작업 스테이션의 생산 흐름의 동기화를 만들어냈다. 이 시스템은 단일-모델을 생산할 경우에 특히 효과가 있었다. Womack, Jones, and Roos (1990), p. 27 참조.

32. Shingo , pp. 43-58.

33. Shingo(1989), p. xxiii. 이것은 도요타의 'small lot sizes and quick setups' 슬로건을 언급하였던 오노(1988)의 관점과 일치한다.(p. 95) 이 결과, 도요타는 소로트의 많은 모델을 혼합 모델 조립공정(혼류공정)을 통해 만들었다. 포드는 조립과 부품 제작을 분리하였지만, 도요타는 이들을 직접 연결시켰다. 또한 포드가 조립 프로세스에서 대규모 로트로 생산된 부품을 가지고 단품흐름을 사용한 반면에, 도요타는 모든 생산을 소규모 로트로 진행하였다. Shingo (1989), p. 94 참조.

34. Ohno (1988), p. 6; Shingo (1989), p. 58. 이 지도카(Jidoka; 자동화(自働化)는 두 가지 의미를 가지고 있으며, 두 개의 서로 다른 한자가 의미하는 바가 들어 있다: '자동화' 는 통상적인 관점에서 사람의 수작업을 기계가 행하는 프로세스로 바꾸는 것이며 '결함의 자동제어' 가 일반적으로 더 많이 쓰이는 의미인데, 이것은 '사람의 생각이 결합된 자동화' 라는 의미에 아주 가깝다. Monden (1988), pp. 224-5 참조.

35. 본질적으로, 완전한 자동화의 혜택은 문제를 검출할 수 있도록 설계되어 작업자가 자신의 기량과 지식을 가지고 실시간으로 고장을 발견하고 처리함으로써 상대적으로 문제를 해결하는 어떤 교정 조치를 하지 않아도 되는 저렴한 비용의 기계사용을 통해 달성된다. 오토노메이션(autonomation; 自働化)의 실제 이행은 이상이 발생하였을 때 작업자를 교육시키기 위해, 생산을 감시하기 위해서, 그리고 문제를 바로잡기 위해 생산라인의 중지까지 포함하는 모든 방법들이 포함된다. 따라서 이 오토노메이션, 혹은 사전자동화는 완전한 자동화의 전 단계이며, 작업자와 기계 능력을 최적으로 활용할 수 있게 만들어준다. Shingo (1989), pp. 58--61 참조.

36. Shingo (1989), p. xxi.

37. As Shingo(1989, p. xxi)는 다음과 같이 언급하였다. "과잉생산은 일반적으로 바람직하지 않은 것으로 생각되고 있으며 많은 사람들은 이것을 나쁜 것으로 간주하고 최소화 하려는 노력을 한다."

38. Fujimoto (1999), p. 111.

39. Krafcik (1988, 1989). 참조.

40. 전형적으로 대량생산 모델에서, 납품업체와의 관계는 독립당사자 시장원리에 의거하며, 적대

적이고, 단기적인 거래 위주의 관계이다.

41. Ohno (1988), pp. 31-5.

42. 일본식 작업 실무가 하나의 린 모델에 수렴되지 않은 채 광범위하게 확산되었음이 연구를 통해 발견되었다. Kenney and Florida (1993); Kochan, Lansbury, and MacDuffie (1997). 참조. 이 연구원들은 MIT의 국제 자동차 프로그램과 관련하여, 일본, 미국, 캐나다, 독일, 영국, 이태리, 스페인, 스웨덴, 및 호주 자동차 회사들에 관해 연구를 수행하였다.

43. Cutcher-Gershenfeld et al. (1998).

44. 보잉사 군용기 및 미사일 시스템 부문의 엔지니어링 부사장이었던 알렌 해거티가 본 저자들에게 2001년에 언급한 내용.

45. 예를 들어, 작업자 참여 및 공동협력관계 혹은 변동 감축 및 지속적 개선의 개념은 제2차 세계대전 중에 모두 중요한 방식으로 성문화되었다. F. E. Emery and E. L. Trist, *Towards A Social Ecology* (London: Plenum Press, 1973) 참조.

46. J. Cutcher-Gershenfeld et aI., 'Japanese Team-Based Work Systems in the United States: Explaining the Diversity', *California Management Review* 37:1 (Fall 1994).

47. P Crosby, *Quality is Free: The Art of Making Quality Certain* (New York: Mentor Books, 1979).

48. 벨 연구소에서 이루어진 연구는 통계적 프로세스 관리(SPC)에 초점을 두었다. 이런 아이디어는 제2차 세계대전 후 복구가 이루어지던 중에 맥아더 장군의 부관들에게 교육을 받았던 일본 엔지니어들에 의해 일본의 산업계에 전달되었다. 이 기간 중에, 미국의 통계학자이자 경영 전문가였던 에드워드 데밍이 중심적인 역할을 하였으며 그가 정립한 원칙들은 많은 일본 회사들에 의해 수용되었고, (일본 과학기술연맹에 의해 설립된) 제품의 품질과 신뢰성에 기여한 회사에 대해 매년 수상하는 데밍상에 반영되었다. Deming (1987), pp. 1-4 참조.

49. 통계적 프로세스 제어, 소집단에 의한 체계적인 문제 해결, 및 사후 검사 보다는 설계시 품질 확보가 포함됨.

50. 아담 스미스의 〈국부론(*The Wealth of Nations*)〉은 열 명의 작업자가 각각 핀 생산에 관련된 여러 과업 별로 전문화된 '분업'에 의해 하루에 정확하게 4만8천 개의 핀을 생산하는 '핀 제작자'의 거래'를 기술하는 유명한 일화를 낳았다. 스미스는 이 산출 결과를 작업자 홀로 작업했을 때 나올 수 있는 (단 하나일 수도 있는) 소량의 핀과 비교하였다.

51. Hammer and Champy (1993), p. 32. For further readings on reengineering, see M. Hammer; 'Reengineering Work: Don't Automate, Obliterate' Harvard Business Review (July-August 1990), 104-12; and J. Champy, *Reengineering Management The Mandate for New Leadership* (New York: Harper Business, 1995).

52. Hammer and Champy (1993), pp. 2-5, 35.

53. Hammer and Champy (1993), p. 49.

54. 백지 상태에서 새로 시작하는 것을 강조한 리엔지니어링은 지속적 개선을 크게 훼손하는 급진적이고 일시적인 획기적 변화를 본의 아니게 추구하는 사고를 새로 창조하였을 수도 있다. 이것을 다른 방식으로 한다면, 리엔지니어링 운동이 채택했던 급진적 변혁을 필히 해야만 하는

강제적 사안과 실험, 적용, 및 학습된 교훈의 확산 프로세스를 통해 얻어진 암묵적 지식의 공유와 누적적인 창조를 바탕으로 한 발전적인 조직 학습의 중요성 간의 중심적인 분쟁을 해결하였는지는 확실하지 않다. 더 나아가, 급진적인 변혁을 성공적으로 이룩하려면 일관성이 있는 일단의 지배 원칙과 성공여부를 알 수 있는 분명한 척도를 필요로 한다. 문제를 드러내는 초기 징후는 해머와 챔피(1993)가 그들의 '선언문'에 "회사가 리엔지니어링의 첫 단계에 들어설 때에는 정확히 어느 방향으로 나아가게 될 것인지 실제로 아는 사람과 정확히 무엇이 될 것인지, 현재 회사의 어느 측면이 변화하게 될 것인가 조차 아는 사람도 없으며, 예언할 수도 없다.(p. 154)" 라고 언급하였던 때에는 분명하였을 수도 있을 것이다. 게다가 급진적인 변혁은 조직 전체적으로 상호 관련된 변혁 연쇄 반응의 움직임 속으로 들어감을 의미한다. 그러나 변화의 물결이 조직의 다른 부분으로 파급되어 감을 그대로 인정한다고 하더라도(p. 181), 리엔지니어링은 근본적인 변혁을 향한 린 접근방법에 내포되어 있는 근본적인 시스템 사고의 도구들이 결핍되어 있다. 이런 것들 그리고 다른 이유들로 인해, 리엔지니어링 노력을 시작했던 많은 회사들이 실패를 경험했으며, 해머와 챔피는 그들의 책 말미에(p. 200) 그리고 계속된 공개 포럼에서 이를 그대로 인정하였다.

55. Eckes (2001), pp. 1-5: Pande, Neuman, and Cavanagh (2000), pp. 41-9.

56. Pande, Neuman, 및 Cavanagh (2000), p. 28를 참조. 표준편차(그리스 문자 σ, 혹은 시그마로 표기)를 만들어낸 것은, 평균값 주위로의 분산을 측정하는 척도로, 통계적 개념으로서 식스시그마의 바탕에 깔려있다. M. J. Harry and J. R. Lawson, *Six Sigma Producibility Analysis and Process Characterization*, (Reading, MA: Addison-Wesley, 1992); and Eckes (2001) 참조.

57. GE를 비롯한 여러 회사들은 식스시그마를 'DMAIC' 사이클의 다섯 단계 즉, 고객의 요구조건을 정의하고 개선해야 할 프로세스 맵(map)의 개발 유효성과 효율성의 핵심 지표를 측정하여 시그마 개념으로 변환 개선을 필요로 하는 문제의 제반 원인을 분석 해결책의 생성, 선정 및 이행의 개선 및 지속적인 개선이 될 수 있도록 통제하는 것을 따르는 구조적인 경영 도구로서 활용하였다. Eckes (2001), p.10 참조. 이 프로세스는 기본적으로 데이터 기반 개선 프로세스로 잘 알려진 데밍의 계획-실행-점검-조치(Plan-Do-Check-Act cycle PDCA) 사이클에 바탕을 두고 있다.

58. Harry and Schroeder (2000).

59. Pande, Neuman, and Cavanagh (2000), pp. 41-9.

60. 국제 기계항공노동조합, 'Ten Steps to Achieving a High Performance Work Organization Partnership'. 이 노조의 웹사이트에, 다음과 같은 10단계 프로세스에 대하여 간략하게 기술하고 있다. (1) 현장의 숙지 (2) HPWO 제휴관계 계획수립 세션 (3) 공동 의사소통 전략 (4) HPWO 모델 설계 및 이행 계획 (5) HPWO 제휴관계 약정 초안 (6) HPWO 제휴관계 교육 프로그램 수행 (7) HPWO 제휴 전략 이행 (8) 지속적 교육이행 방안 수립 (9) HPWO 약정 협상 및 (10) HPWO 제휴관계 감시/평가.

61. 이 그림 속에 있는 자료는 위치타 레이시온사의 조직 실효성 컨설턴트인 존슨이 LAI 린 학습 워크숍(2000 10/31~11/1)에서 발표한 자료. 드루즈가 LAI 총회에서(2001 4/10-4/11) 발표

한 자료를 바탕으로 한 것이다.

62. 이 UAW 및 항공우주산업계를 대표하는 다른 노동조합은 린 사고를 가능하게 하는 강력한 역할을 하는 비슷한 언어를 고안해 내었다. 그렇지만 주의를 해야 할 것이 강조되는 데, 경영진과 노동조합은 전략적 수준의 제휴관계의 일환으로 만들어진 공약대로 이행할 때가 오면 서로 뒤섞인 전력을 가지게 된다. 회사 구조조정은 때에 따라 HPWO 약정 속에 있는 특정 작업장을 잘라내어 버리기도 한다. B. Barrett (with Input from other members of Labor Aerospace Research Agenda), 'Fostering Workplace Innovation and Labor-Management Partnership: The Challenge of Strategic Shifts in Business Operations', LARA Case Study (2000) 참조.

63. R. L. Ackoff, *Re-Creating the Corporation* (New York: Oxford University Press, 1999), p. 49.

5 장

1. 이 연구에서 새로운 국방성 획득과 특히 린 제조방식의 제조 환경을 과거 역사적인 비용 추정 관계 혹은 방식에 어떻게 통합시킬 것인가를 조사하였다. 1988년 군용기 산업계의 린 이행 상태를 평가하면서, 이 연구는 거의 모든 제조업체에서 린을 수용하기는 하였지만, '린 이행은 특정 기능 부문이나 파일럿 프로젝트에 국한된 경향이 아주 심했다'는 결론을 내렸다. 가치흐름의 처음부터 끝까지 린을 실행한 곳은 아무도 없었고, 공장 내 곳곳에서 이루어진 경우조차 있었다. 저자들은 오늘날 린 실행이 계속적으로 느리게 앞으로 나아가고 있으며, 그리고 대부분의 린 성공 사례가 국한된 영역 혹은 기능 부문에 남아있다고 믿고 있다.

2. 이런 사례 대부분은 LAI 컨퍼런스 혹은 다른 회의에서 발표되었다.

3. Based on information in J. C. Hoppes, 'Lean Manufacturing Practices in the Defense Aircraft Industry', Master's thesis, MIT (1995), pp. 56-82.

4. S. Kandebo, 'Lean Thinking Spurs Culture Shift at LMAS', *Aviation Week & Space Technology* (July 12th, 1999), 56-9.

5. *Aviation Week*지의 이 기사는 약 50만 달러의 평균 C-130J 수송기 가격이 하락했다는 위 보고서를 인용하였다. 대당 50만 달러의 평균 판매 가격을 가정한다면, 최종 수익에 미치는 영향은 약 1퍼센트가 된다.

6. B. Ippolito and E. M. Murman, 'End User Involvement in Establishing Software Requirement for Aerospace Software Systems', INCOSE 2000, Minneapolis, MN. (July 2000).

7. J. Menendez, 'Building Software Factories in the Aerospace Industry', Master's thesis, MIT (1997).

8. B. Ippolito and E. M. Murman, 'Improving the Software Upgrade Value Stream', LAI Report RP01-01 (2001).

9. Ippolito and Murman (2001).

16. LAI 연구를 통해 신뢰 관계와 정부와 주 공급업체간 정보의 개방적 공유가 여섯 개 주요 프로
그램의 윈윈 성과를 달성함에 있어 필수적인 역할을 하는 것이 확인되었다. 이들 프로그램에서
의 가치창조 틀은 7장에서 소개된 모델과 함께 정립 되었다. S. A. Cowap, 'Economic
Incentives in Aerospace Weapon Systems Procurement Thesis', Master's thesis,
MIT (1998) 참조.

17. J. Mandelbaum (team leader) et aI., *Incentive Strategies for Defense Acquisition*
(Fort Belvoir; VA: Defense Acquisition University Press, 2001).

18. http://www.acq.osd.mil/ar/doc/incentivesguide-0201.doc.

19. 예를 들어, A. Griffin and J. R. Hauser; 'The Voice of the Customer', Marketing
Science 12:1 (Winter 1993) 참조.

20. J. Hauser and D. Clausing, 'The House of Quality', *Harvard Business Review* 66:3
(1988), 63~73.

21. Rouse (2001), pp. 79-84 - see Note 4, Chapter 7; J. Warmkessel and N. Diller;
'Applying Multi-Attribute Utility Analysis to Architecture Research for the
Terrestrial Observer Swarm', Digital Avionics Systems Conference, Daytona,
Beach, Florida (October 14th--18th, 2001).

22. 외부 인터페이스와 운영상의 및 지원 요건을 포함하는 제품의 시방, 설계, 제작, 및 테스트를
위한 기초를 제공하는 일단의 문서들.

23. 예를 들어, Institute of Electrical Engineers, *IEEE Standard for Software Project
Management Plans* (New York: IEEE, 1998), IEEE Standard 1058-1998; H. Eisner;
Essentials of Project and Systems Engineering Management (New York: John
Wiley & Sons, 1997) 참조.

24. 존슨 앤 존슨 사의 신조에 느슨하게 기초를 두고 있음. J. C. Collins and J. I. Porras, *in
Built to Lost: Successful Habits of Visionary Companies* (New York: HarperCollins,
1994)에서 J&J사의 탁월한 성과의 출처는 회사가 자신의 신조를 대하는 진지함과 그들이 실제
로 이것을 일일 경영의사결정의 지침으로서 사용하고 있다는 것이라고 가정하고 있다. 우리의
가치창조 체계의 용어로, J&J사는 이 신조를 회사가 참여하고 있는 모든 프로그램의 가치 제안
의 템플릿으로서 사용하고 있다.

25. W. J. Fabrycky의 *Engineering Economy*, © 1989에 의거하고 있음. Pearson
Education, Inc., Upper Saddle River; New Jersey의 허락을 얻어 파일 복사를 한 것임.
이 그림은 개념적인 것임.

26. 이 기법들이 효과적이지만 마술 탄환은 아니라는 것을 초기의 증거들이 보여주었다. 오히려,
제대로 이행이 된다면, 이들은 충분하지는 않지만 필요한 조직의 도구가 된다. C. M.
Hernandez, 'Challenges and Benefits to the Implementation of Integrated Product
Teams on Large Military Procurements', Master's thesis, MIT (1995) 참조.

27. J. Warmkessel and B. Kaliardos, 'Architecting Space Systems', Proceedings of the
International Council on Systems Engineering (INCOSE), Melbourne, Australia

(July 1st-5th, 2001); H. McManus and J. Warmkessel, 'Creating Advanced Architectures for Space Systems: Product and Process', AIAA Space 2001-4738, AIAA Space 2001 Conference Proceedings, Albuquerque, New Mexico (August 2001).

28. DSM에 관해 보다 상세한 논의는 web.mit.edu/DSM 참조. 그리고 S.D. Eppinger. 'Innovation at the Speed of Information', *Harvard Business Review* 79:1 (January 2001), 149-58 참조. T. R. Browning, in 'Modeling and Analyzing Cost, Schedule, and Performance in Complex System Product Development', PhD dissertation, MIT (1998)는 이들이 나중에 할 작업에서 발견되는 오류로 인한 재작업을 하게 될 확률과 함께 그들의 잠재 비용과 일정상의 위험도를 포함시키기 위한 일련의 과업에 대한 DSM 능력을 확장시켰다.

29. K. Bozdogan, J. Deyst, D. Hoult, 및 M. Lucas의 'Architectural Innovation in Product Development through Early Supplier Integration', *R&D Management* 28:3 (July 1998), 163-73에 의거하고 있음.

30. J. Klein, Presentation at LAI Implementation Workshop on High Performance Work Organizations, Los Angeles (February 5th~6th, 1997).

31. P Carlile, 'A Pragmatic View of Knowledge and Boundaries: Boundary Objects in New Product Development', forthcoming in *Organization Science* (2002); J. I. Bernstein, 'MultiDesign Problem Solving on Product Development Teams', PhD dissertation, MIT (2001).

32. 여기서 사용되는 새로 등장하는 상당 부문의 견해들은 LAI 제품개발팀에 의해 진행된 일련의 워크숍과 그로부터 나온 백서를 통해 만들어진 것들이다. 산업계와 정부 노력, 파일럿 적용, 학계 연구, 및 교환 미팅의 '선순환'은 이 프로세스를 가속화시켰다. 연구 노력은 가치 근원에 대한 린 견해가 새로운 문제를 잉태하면서 종종 그들이 연구하던 프로젝트의 촉매 작용을 하였다. 얻어진 결과물들은 연구 논문에 담겨졌고 (주 29의 연구 논문과, H. McManus, 'Outputs of the Winter 2000 Workshop on Mapping the Product Development Value Stream', LAI Working Paper WP00-02 (January 2000) 참조. 보다 중요한 점은, 제품 개발에 대해 린이 어떻게 적용될 것인가에 관해 이 공동체가 암묵적인 공감대를 구축한 것이었다.

33. J. Chase, 'Measuring Value in Product Development,' LAI Working Paper WP00-05 (March 2000).

34. N. R. Joglekar and D. E. Whitney, 'Where Does Time Go? - Design Automation Usage Patterns During Complex Electro-Mechanical Product Development', presentation at the LAI Product Development Workshop (January 2000); H. McManus, 'Outputs of the Summer 1999 Workshop on Flow and Pull in Product Development', LAI Working Paper WP00-01 (January 2000).

35. Millard (2001) Note 6, Chapter 7 참조.

36. M. Rother and J. Shook, *Learning To See: Value Stream Mopping to Add Value and*

37. 대략 절반 정도의 절감 금액은 새로운 설비, 예비부품, 훈련 및 지원 설비 그리고 이와 연관된 것들에 들어가는 비용 절감에 따른 것으로 볼 수 있었다. 나머지는 인원, 훈련, 지원 기반구조 및 전투 예비품과 지원 설비의 수송 비행에 요구되는 추가 항공기 능력에 들어갈 비용을 포함한 작전 및 지원 수명주기 비용으로 볼 수 있었다.

10 장

1. 이 차이점들은 (2장에 상세하게 서술되어 있음) 집중도와 바이어들의 시장 권력, 위험도와 보상의 할당 및 재무 모델, 그리고 제품과 기술의 정의에 있다. 제품에 대해 단 하나의 고객이 있는 것으로 특징지을 수도 있는 군수품 시장은 제품 정의에 있어서 명령적인 역할을 하며, 요건 충족의 위험(그리고 따라서 보상 한계)의 상당 부분을 떠안으며, 제품이 인도될 때가 아닌 일이 완료되었을 때에 제공자에게 보상을 해준다.

2. 인용된 보고서 외에도, 예를 들어, W. B. Scott in *Aviation Week & Space Technology*: 'People Issues Are Cracks in Aero Industry Foundation' (June 21 st, 1999), 63; 'Industry's Loss of Expertise Spurs Counterattack'(March 13th, 2000), 60: and 'Worries Deepen Over Dearth of Technical Talent' (April 23rd, 2001), 32.와 같은 여러 기사를 참조할 것.

3. Defense Science Board, 'Preserving a Healthy and Competitive US Defense Industry to Ensure Our Future National Security - Final Briefing' (November 2000).

4. Cited in Defense Science Board (2000).

5. 1988년 후반에 NASA 내부 연구를 통해 이 프로그램에 들어갈 비용을 2천억 달러~5천억 달러로 추산하였지만, 보고서의 이 부분은 출판되기 전에 삭제되었다.

6. 대부분의 투자자들은 산업계에 투자하지 않고 개별 회사에 대해 투자한다. 산업계 수준의 척도는 자본시장에서 그 산업계가 얼마나 혁신적인 것으로 인식되고 있는지를 알려주는 일반적인 지표를 제공한다.

7. 모두 포춘 500대 기업 목록에 정의된, 수익 소득율(소득/수익), 자산 이익율(소득/자산), 및 자기자본 이익률 (소득/주주 지분)에 있어서 항공우주 부문은 다른 중공업 회사들에 비해 꾸준히 우위를 보이고 있으며, 포춘 500대 기업의 중위에 꾸준하게 랭크되어 있다. 항공우주 부문의 자산 활용도(수익/자산)는 다른 많은 부문에 비해 우월하며, 중공업의 일반적으로 상위 수준의 성과와 일치한다.

8. Federal Aviation Administration, 'FAA Aerospace Forecasts Fiscal Years 2001-2012'(Washington, DC: US Government Printing Office, March 2001). 지역별/통근 비행편은 2.9퍼센트, 승객 마일 수익은 2009년까지 성장할 것으로 예측되었다.

9. J. H. McMasters and R. M. Cummings, 'The Demise of Aerospace - Part 2 [We doubt it]', *Flight Journal* 6:4 (August 2001).

10. Federal Aviation Administration's Associate Administrator for Commercial Space

Trans(AST) and Commercial Space Transportation Advisory Committee (COMSTAC), '2001 Commercial Space Forecasts' (Washington, DC: US Government Printing Office, May 2001).

11. 미국 정부는 더 이상 항공우주산업계에 수익을 가져다주는 일차적인 동인이 아니다. 1985년에 총 산업계 판매고의 63퍼센트는 미국 군대로 갔고, 27퍼센트는 다른 고객으로, 나머지 10퍼센트는 NASA로 들어갔다. 1998년에 이 비율은 대략 30퍼센트, 60퍼센트, 및 10퍼센트의 비율로 각각 변했다. 유럽에서도, 동일한 비율만큼 정부와 민간 판매 부문 간에 변화가 일어났다. 군용기의 상업용 수출 판매액이 민간 시장 부문 판매액 증대 원인이 되어 민간 시장이 더욱 커졌다.

12. 'Historical tables, Budget of the United States Government, Fiscal Year 2002' (Washington, DC: US Government Printing Office, 2001). '2002 회계연도 미 정부 예산 (이력표) (Historical tables, Budget of the United States Government, Fiscal Year 2002)' (Washington, DC: US Government Printing Office, 2001). 국내 전용 지출예산에는 연방 법 집행자금, 일반 행정, 교육 및 훈련, 과학기술 연구 및 우주탐사, 에너지, 천연자원, 주택보급, 농업, 및 수송 자금이 포함된다. 영구법에 의해 인가되는 필수 집행자금으로는 사회보장, 의료, 참전용사 복지, 및 소득은 물론 국가 채무 이자도 포함된다.

13. W. J. Hussar 'Predicting the Need for Newly Hired Teachers in the United States to 2008-09' (Washington, DC: US Department of Education, National Center for Education Statistics, 1999).

14. 'Who Will Care for Each of Us?', Panel on the 'Future of the Health Care Labor Force in a Graying Society', Nursing Institute, University of Illinois at Chicago College of Nursing (May 2001).

15. 이 R&D 논의를 위한 데이터는 National Science Board, 'Science and Engineering Indicators - 2000' (Arlington, VA.: National Science Foundation, 2000)에서 인용한 것이다.

16. 예를 들어, Defense Science Board (November 2000); Scott (1999; 2000; 2001); and J. R. Harbison, General T.A. Moorman Jr, M.W. Jones, and J. Kim, 'US Defense Industry UnderSiege - An Agenda for Change', Booz Allen & Hamilton Viewpoint (2000) 참조.

17. 직무 내용과 전후 관계 맥락을 형성하는 요인에 관한 더 많은 설명은 F. Herzberg, 'One More Time: How Do You Motivate Employees?', *Harvard Business Review* (January/February 1968) 참조.

18. 항공우주 부문의 생산성은 1979년 이래 유틸리티 부문의 3.7퍼센트, 포춘 500대 기업의 중위 기업수준 3.9퍼센트, 제약산업의 4.3퍼센트 및 컴퓨터 및 사무설비 제조업체의 8.1퍼센트와 비교하여 보았을 때 매년 2.9퍼센트의 비율로 성장하였다.(포춘 500대 기업군에 속한 데이터 기준) 그러나 항공우주 부문의 생산성증가율은 다른 중공업계, 특히 산업 농기구설비 부문(2.3퍼센트) 및 자동차산업(1.5퍼센트)을 능가하였다.

19. McNutt (1999) Note 10, Chapter 2 참조.

20. National Science Board (2000), p. A-147.

21. E. Rebentisch, 'Creating Value Across the Enterprise: Pathways to a Robust and Prosperous US Aerospace Enterprise', LAI Position Paper (April 2000).

22. 이 세 계층 프레임워크는 작업장에서의 제반 관계, 단체 교섭, 및 전략 수준과 함께, T. Kochan, H. Katz, and R. McKersie, *The Transformation of American Industrial Relations* (New York: Basic Books, 1994)에서 인용하였다.

23. W. G. Andrew, 'Do Modern Design Tools Utilized in the Design and Development of Modern Aircraft Counteract the Impact of Lost Intellectual Capital within the Aerospace Industry?', Master's thesis, MIT (2001).

24. www2.airbus.com/media/review.asp.

25. Public Law 106-398, Section 1092.

26. Patillo (1998) -- see Note 37, Chapter 3.

27. MIT 총장이었던 찰스 베스트는 연방 정부가 기본 학문 연구에 충분한 자금을 지원하고 있지 않다는 우려를 꾸준하게 제기하였다. 기본 연구는 장기적 경제 성장의 토대를 제공하고, 이 성장을 충족시킬 수 있는 인적 자본을 창조한다. 예를 들어, 미 의회 통합 경제 위원회에서(1999년 6월 15일) 획득 및 기술에 관한 의회 소 위원회(1997년 4월 10일)에서 베스트가 행한 증언을 참고할 것.

28. US Government Accounting Office reports: 'Financial Management: An Overview of Finance and Accounting Activities in DOD', GAO/NSIAD/AIMD-97-61 (February 19th, 1997); 'High-Risk Series: Defense Financial Management'. GAO/HR-97-3 (February 1997); and 'Major Management Challenges and Program Risks: Department of Defense', GAO/OCG-99-4 (January 1st, 1999) 참조.

29. Lt. Col. K. Birkholz (PMA-276M), 'Impact of Commonality on the H-1 Acquisition', Presentation at LAI Plenary workshop (April 10th, 2001).

30. CNN, 'Code Red Worm Spreads, Pentagon Reacts: Rate of Outbreak Believed to Be Subsiding: http://www10.cnn.com/2001/TECH/internet/08/01/code.red/index.html (August 1st, 2001); CNN, 'Cost of "Code Red" Rising', at http://www1.cnn.com/2001/TECH/internet/08/08/code.red.lI/index.html (August 8th, 2001).

31. D. A. Fulghum, 'USAF's Joint Strike Fighter Price Estimates Jump 10 percent'. Aviation Week & Space Technology (December 4th, 2000),41.

32. Defense Science Board 1999 Summer Study Task Force (D. Latham and V. L. Lynn, cochairs), *21st Century Defense Technology Strategies*, 'Vol. II: Supporting Reports' (Washington DC: Defense Science Board, March 2000), p. xii.

33. 성숙 기술을 영속시키는 시장 인센티브를 창조하는 이런 고객들의 패턴은 수많은 산업계에서 발생한다. Christensen (1997) - Note II, Chapter 8 참조. 종종, 새로 등장하는 기술이 자체

기존의 생산자가 효과적으로 대응할 수 있기도 전에 성숙 기술의 지위를 빼앗기도 한다. 이런 경우, 정부 고객이 시장, 시장의 구조, 그리고 새로운 시범 항공기 및 그 획득 전략의 요건을 정의하였다.

34. Congress of the United States, Congressional Budget Office, 'The Effects of Aging on the Costs of Operating and Maintaining Military Equipment' (August 2001). 이 보고서는 매년 유지보전 비용이 2~3퍼센트 증가하는 것으로 보고 있지만, 다른 연구에서는 노후화 된 항공기의 유지 보전이 더욱 비싸다는 주장을 하고 있다.

35. 'DARPA Over the Years', at http://www.darpa.mil/body/overtheyears.html (April 18th, 2001).

36. M. Dertouzos, 'An Open Letter to DARPA', *Technology Review* 104:8 (October 2001), 50.

37. Defense Advanced Research Projects Agency, 'DARPA Technology Transition' (January 1997).

38. D. Talbot, 'DARPA's Disruptive Technologies', *Technology Review* 104:8 (October 2001), 42-50.

11 장

1. 경제활동의 다른 영역을 보면, 광범위한 산업계 수준의 연구를 할 수 있다. 1980년에 후반 미국 산업 경쟁력의 취약성이 고도로 위급했던 그 때에 아마 그 어느 것보다 잘 알려진 일련의 평가를 얻었던 '메이드 인 아메리카'를 되돌아본다. M. L. Dertouzos et al. (1989) - Note 4, Chapter 3 참조. 우리는 또한 과학, 기술 및 경제정책에 관한 국립연구심의위원회(National Research Council Board)에 의해 '메이드 인 아메리카'에 비해 보다 낙관적인 반대 관점에서 쓰여진 이 보고서를 이용하였다. Mowery (1999) - Note 24, Chapter 4 참조. 슬로안 재단을 통해 지원을 받은 각 13개 대학의 18개 산업 센터에서 나온 다양한 연구 논문 및 보고서도 또한 도움이 될 것임.

2. IMVP 총 책임자였던 존 폴 맥두피와의 개인적인 교신

3. 1984년 왁스만해치법으로 알려진 약값 경쟁 및 특허기간 회복법은 미 식품의약국(FDA)으로 하여금 1962년 이후 첫 승인을 받은 약품의 일반적인 사용에 대해 승인 절차를 수립하도록 인가하였고, 이는 일반 약품의 가용성을 엄청나게 향상시켰다. 이 법은 또한 FDA의 검토 및 승인 절차 때문에 잃어버린 시간을 보상하기 위해 신약 특허를 연장시키는 프로세스도 설정하였다.

4. S. C. Stallings, R. H. Rubin, T j. Allen, C. M. Cooney, A. J. Sinskey, and S. N. Finkelstein, 'Technological Innovation in Pharmaceuticals', MIT Program on the Pharmaceutical Industry Working Paper 59-01 (May 2001) 참조.

5. R. C. Leachman and C. H. Leachman, 'E-Commerce and the Changing Terms of Competition in the Semiconductor Industry', University of California,

린 경영전략

2008년 8월 10일 초판 발행

지은이 ｜ 얼 머만 외
옮긴이 ｜ 네오플럭스
펴낸이 ｜ 이종헌
만든이 ｜ 최윤서
마케팅 ｜ 정현우
펴낸곳 ｜ 가산출판
주 소 ｜ 서울시 마포구 신수동 85-15
　　　　　 TEL (02) 3272-5530~1
　　　　　 FAX (02) 3272-5532
등 록 ｜ 1995년 12월 7일 제10-1238호
E-mail　 gasanbook@empal.com

ISBN 978-89-88933-77-0 03320

책값은 뒤 표지에 있습니다.